U0920927

乌什年鉴

WUSHI NIANJIAN

2019

乌什县史志编纂委员会　编

图书在版编目（CIP）数据

乌什年鉴. 2019 / 乌什县史志编纂委员会编.—北京：方志出版社, 2022.2
ISBN 978-7-5144-5260-0

Ⅰ. ①乌… Ⅱ. ①乌… Ⅲ. ①乌什县—2019—年鉴
Ⅳ. ①Z524.54

中国版本图书馆CIP数据核字(2022)第204927号

责任编辑：李晓晓
责任校对：刘玉霞
责任印制：梅中英
出 版 者：方志出版社
地　　址：北京市朝阳区潘家园东里 9 号（国家方志馆4层）
邮　　编：100021
网　　址：http：//www.zgfzcb.cn
发　　行：方志出版社图书营销中心（010-67110500）
印　　刷：阿克苏飞达印务有限责任公司
开　　本：889毫米×1194毫米　1/16
印　　张：22.25
字　　数：431千字
版　　次：2022年2月第1版
印　　次：2022年2月第1次印刷
定　　价：380.00元

《乌什年鉴（2019）》编纂委员会

主任委员 刘国强

副主任委员 吐尔洪·阿不拉 刘 宁 祝升明 刘世峰
张林辉 张 君 阿孜古丽·阿布都肉素力

委　　员 刘 玮 王 红 周建运 黄 刚 蔡怀利
王永伦 熊遇红 田三平 贺宏坤 李金锁
陈学军 汪喜平 王玉珠

《乌什年鉴（2019）》编辑人员

主 审 张 君

主 编 汪喜平

编 辑 王建梅 龚海燕

《乌什年鉴（2019）》供稿人员名单

（按资料入编先后顺序排列）

康　华　刀顺荣　赵志国　顾冉冉　陈慧莉　杨金香　孙　翼
田清元　文贺金　梅雪玲　龚海燕　宋国平　秦加加　阿曼古丽
帕提曼·吐尔曼　贾　飞　盛喜军　高胜男　拜丽克孜·艾肯
帕提古丽·亚森　艾海提·依米尔　关青丽　邹林静　柳艳华
万天永　李秋霞　梅　芳　青长磊　郑　元　王真真　孙　宇
曹创平　贾　飞　王　飞　蔡紫阳　王碧霞　徐　航　王　婷
巩红玉　王维维　李江龙　杜春兰　杨　涛　甄　妮　李永红
牛　瑞　谢金娥　李　蕊　韩　勇　许立燕　马俊武　赵　艳
蔡　琳　阿迪力　徐巍卫　王　燕　刘耀才　刘子安　李瑞东
郭如美　王秀娟　李　江　魏国徽　龙小华　王浩东　达尼亚尔
杨　腾　王　军　郭晓森　刘飞德　胡义军　何美玲　张卫民
侯亚洲　谭学兰　阿卜杜克依木·阿吉　阿依仙木·艾海提
热沙来提·孜亚吾东　古再丽努尔·麦麦提　茹孜古丽·玉苏甫
阿孜古丽·克然木　买尔比牙·艾尔肯　阿米娜·阿布都沙拉木
伊力哈木·尼扎木丁　吐尔逊阿依·提力瓦力地　阿娜古丽

1月10日，地区妇联在乌什县召开乡（镇）妇联区域化建设经验交流观摩会

2月16日，乌什县委副书记、县长吐尔洪·阿不拉（前排中）与群众一起欢度春节

3月8日，自治区防震减灾工作督查组到乌什县检查工作

3月22日，结亲干部和结对亲戚一起学习党的惠民政策

4月8日，乌什县“互联网+政务服务”一体化平台向基层推广应用培训班开班

4月28日，乌什县税务局干部主动上门服务，帮助纳税人释法解惑

4月29日，乌什县妇联组织“爱心妈妈”、巾帼志愿者、青年志愿者赴县社会综合福利中心开展“送温暖”活动，为集中居住的老人、孩子义务理发

5月9日，乌什县卫生系统组织开展疾病预防宣传活动

5月12日，乌什县开展地震应急实战演练

5月15日，乌什县在英阿瓦提乡召开农村改厕现场推进会

5月18日，乌什县职业技术学校举办第四届职教活动周暨成人礼仪式

6月1日，乌什县结亲干部为孩子们穿上新校服

6月2日，衢州市对口支援乌什县指挥部开展爱心助学资金发放活动

6月24日，乌什县举行南疆天然气利民工程乌什支线项目开工仪式

6月27日，乌什县组织退休老干部参观依麻木镇托万克麦盖提村阵地建设

8月13日，乌什县召开“访惠聚”驻村工作现场推进会

8月20日，乌什县举办“共筑中国梦·唱响新时代”2018年“燕山运输杯”好歌曲演唱大赛决赛

8月25日，乌什县举行“乌什·衢州小学启用仪式”

8月28日，“2018年衢州援疆资金资助其他省市普通高校乌什籍贫困大学生发放仪式”在乌什县第一中学举行

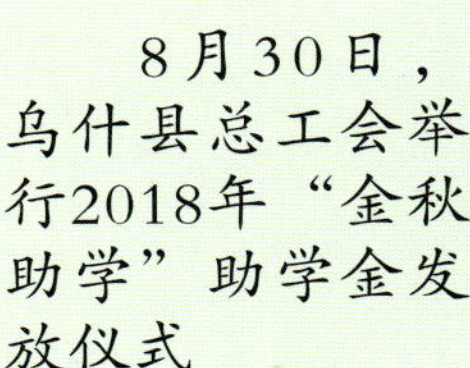

8月30日，乌什县总工会举行2018年“金秋助学”助学金发放仪式

9月7日，乌什县教科系统各学校组织开展“老师，您好！”主题工会活动

9月13日，20名援疆教师在衢州中学进行中小学部分学科课程标准和教材解读培训

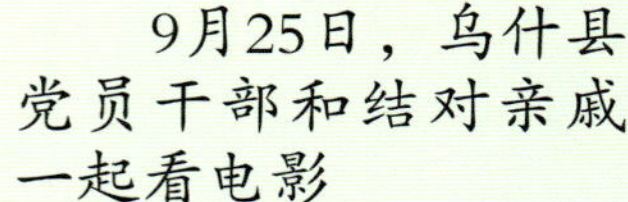
9月25日，乌什县党员干部和结对亲戚一起看电影

10月5—6日，乌什县召开黑木耳采摘销售暨生产管理技术培训现场会

10月25日，地委书记窦万贵（右二）到乌什县调研脱贫攻坚工作

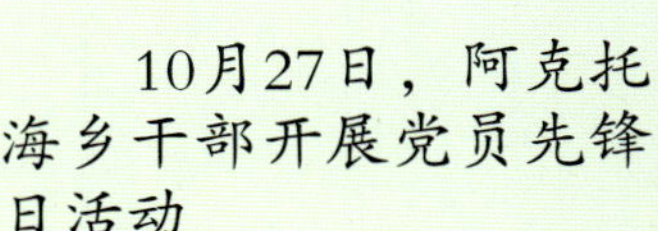

10月27日，阿克托海乡干部开展党员先锋日活动

11月1日，以全国人大代表、第六届全国道德模范提名奖获得者、乌什县依麻木镇国家通用语言小学校长库尔班·尼亚孜为原型的电影《奔腾的托什干河》开机仪式在乌什县举行

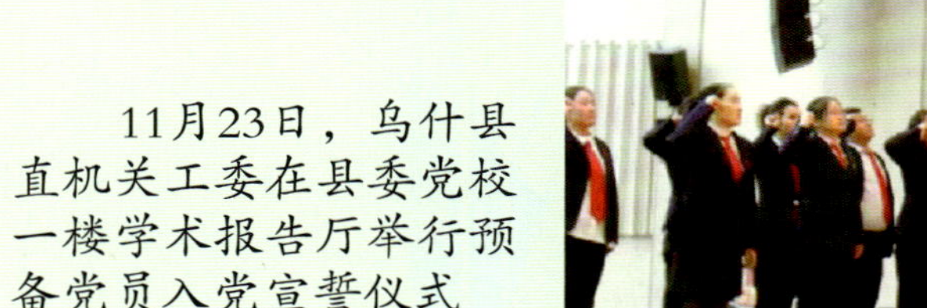

11月23日，乌什县直机关工委在县委党校一楼学术报告厅举行预备党员入党宣誓仪式

12月6日，乌什县举行“勿忘峥嵘月 共图中华强”纪念“12·9”爱国运动83周年暨百名新团员集体入团仪式

12月14日，乌什县委书记王凯旋（中）带着慰问品看望生病住院的“亲戚”米吉提·尤努斯

12月19日，乌什县委副书记、县长吐尔洪·阿不拉（左一）在英阿瓦提乡开展脱贫攻坚工作调研

12月25日，阿恰塔格乡村民举行拔河比赛

12月28日，浙江省机关党团员“倾情援疆我先行·点亮万个微心愿”圆梦仪式在乌什县阿克托海乡中心小学举行

12月29日，乌什县举行乡（镇）纪检监察办公室揭牌仪式

12月31日，乌什县消防救援大队举行授衔和换装仪式

数字乌什 2018

面积:8693.17 平方千米(不含一师四团)
镇:3 个
乡:6 个
社区:11 个
人口:233034 人(含一师四团)
其中少数民族人口:221969 人(含一师四团)
民族:28 个
生产总值:32.12 亿元
人均生产总值:13783 元/人
第一产业增加值:10.04 亿元
第二产业增加值:5.35 亿元
第三产业增加值:16.73 亿元
财政一般公共预算收入:15100 万元
财政一般公共预算支出:350109 万元
农业机械总动力:32.04 万千瓦
农作物种植面积:4.19 万公顷
粮食播种面积:3.41 万公顷
油料播种面积:760 公顷
甜菜播种面积:606.67 公顷
蔬菜播种面积(含工业番茄):3666.67 公顷
林果产量:13.14 万吨
年末牲畜存栏:77.34 万头(只)
年末牲畜出栏:64.67 万头(只)
肉类总产量:27340 吨
羊毛总产量:542.68 吨
牛奶总产量:6060 吨
禽蛋总产量:1430 吨
工业增加值:1.6 亿元
用电量:11944.29 万千瓦时
社会固定资产投资:24.63 亿元
社会消费品零售总额:2.4 亿元
旅游人数:48 万人次
电信业务总量(含移动、联通):6462 万元
邮政业务总量:496 万元
固定电话用户:8200 户
互联网用户:3.55 万户
普通中小学:79 所
医疗机构(含村卫生室):134 个
普通中小学在校生:35143 人
医疗病床:650 张
天然气用户:5303 户
富民安居房:3857 套
城镇居民可支配收入:28148 元
城镇居民医保参保:201296 人
农牧民人均纯收入:10198.7 元
全国文明单位:1 个
自治区级文明单位:14 个
自治区级文明村:1 个
地区级文明单位:1 个
地区级文明村:11 个
县级文明单位:26 个
县级文明村:32 个
艺术表演团体:1 个
文化馆:1 个
科技馆:1 个
公共图书馆:1 个
广播电台:1 座
电视台:1 座

编 辑 说 明

一、《乌什年鉴(2019)》坚持以马克思列宁主义、毛泽东思想、邓小平理论、“三个代表”重要思想、科学发展观、习近平新时代中国特色社会主义思想为指导,坚持辩证唯物主义和历史唯物主义的立场、观点和方法,坚持存真求实,力求全面、客观、系统地记载乌什县 2018 年度政治、经济、文化、社会生活、生态文明建设等方面的基本情况和重要活动,反映乌什县 2018 年各行各业取得的新进展和新成就,为各级领导决策提供参考依据,为社会各界人士了解、研究乌什提供翔实资料,也为编纂各类志书积累基本史料。

二、《乌什年鉴(2019)》记载 2018 年 1—12 月乌什县全貌,采用分类编辑法,设类目、分目、条目,部分内容增设子分目,基本表现形式为条目,条目标题均为黑体字加【】。

三、《乌什年鉴(2019)》行文使用规范语体文、记述体。数字用法、标点符号、计量单位分别执行国家标准《出版物上数字用法》(GB/T 15835—2011)、《标点符号用法》(GB/T 15834—2011)、《国际单位制及其应用》(GB 3100—1993)和《有关量、单位和符号的一般原则》(GB 3101—1993)。

四、《乌什年鉴(2019)》所使用数据,除国民经济和社会发展统计数据以县统计部门正式公布数据为准之外,其余数据均由供稿单位提供并审核。由于来源、统计方法或口径不同,不同部门提供的同项数据或有不一致的,以县统计部门公布的数据为准。

五、《乌什年鉴(2019)》采用稿件由县域各单位提供,所有资料、数据均经供稿单位审核后上报编入。

目　录

特　载

大事记

县情概览

建置区划

地理环境

自然资源

人口　民族　宗教

国民经济和社会发展

对口援乌

中国共产党乌什县委员会

综　述

重要会议

县委办公室

纪委监委

督查考评管理

组织工作

综　述

党史地方志

档案工作

老干部管理

党校教育

乌什县人民代表大会

综　述

重要活动

乌什县人民政府

综　述

乌什县妇女联合会

乌什县科学技术协会

乌什县工商业联合会

乌什县残疾人联合会

乌什县红十字会

法　治

政法委及综治工作

法治政府建设

公　安

消　防

检　察

法　院

司法行政

农　业

综　述

农村经济

农业技术推广

林果业

畜牧业

农业机械

水　利

农业综合开发

工贸·招商引资

经贸管理

工业园区

银行·保险

中国人民银行乌什县支行

中国农业银行股份有限公司乌什县支行

中国农业发展银行乌什县支行

乌什县农村信用合作联社

邮储银行乌什县支行

中国人民财产保险乌什县支公司

中华联合财产保险股份有限公司乌什县支公司

中国人寿保险股份有限公司乌什县支公司

经济管理和监督

发展和改革委工作

物价管理

粮食管理

统　计

审　计

市场监督与管理

安全生产监督管理

国土资源管理

城乡建设·环境保护

建设规划

房地产管理

市政建设与管理

环境保护

邮政·通信·交通

邮　政

通　信

电　信

移　动

联　通

人力资源和社会保障

社会保险

扶贫开发

民族和宗教事务管理

老龄工作

乡（镇）建设及生产建设兵团四团简介

阿合雅镇

阿恰塔格乡

依麻木镇

英阿瓦提乡

亚科瑞克乡

阿克托海乡

乌什镇

附 录

特　载

聚焦聚力总目标　决战决胜脱贫攻坚战
努力建设富裕文明生态秀美全面小康长治久安的幸福乌什

——在中共乌什县第十四届委员会第十次全委(扩大)会议上的报告

乌什县委书记　王凯旋

(2018 年 12 月)

一、在习近平新时代中国特色社会主义思想指引下,勠力同心、团结奋斗,开创了乌什稳定发展改革新局面

一年来,在以习近平同志为核心的党中央英明领导和亲切关怀下,县委牢固树立“四个意识”、坚定“四个自信”、践行“两个维护”,团结带领全县各族干部群众,紧紧围绕社会稳定和长治久安总目标,坚定坚决贯彻落实党中央治疆方略和自治区党委“1 + 3 + 3 + 改革开放”工作部署及地委决策部署,抓重点、补短板、强弱项,扎实做好脱贫攻坚、民生改善等各项工作,开创了稳定发展改革新局面。

一年来,我们以“要摘帽”为目标,开创了脱贫攻坚新局面。“六个精准”全面落实,实现 12 个贫困村退出、1370 户 5875 人脱贫,贫困发生率从 2017 年底的 9.86% 下降至 6.8%。主体责任有效落实,脱贫攻坚项目指挥部挂牌成立,2018—2020 年脱贫项目库编制完成;结对帮扶单位、浙江省衢州市、村第一书记、“访惠聚”工作队包联责任进一步压实,县级领导联系深度贫困村实现全覆盖。党建促脱贫成效显著,自治区 2017 年扶贫开发工作成效考核、财政专项扶贫资金绩效评价、三次联合督查巡查等反馈问题整改成效明显。“六个一批”精准实施,整建制转移贫困劳动力 4310 人、就近就地转移 3894 人、季节性务工转移 6703 人、农业内部转移 230 人;订单种植蔬菜、鹰嘴豆、番茄 0.13 万公顷,9595 户贫困户种植的 2100 余吨蔬菜配送至 242 个机关、学校食堂,2293 户贫困户托管牛羊平均分红 7% ~10%,138 户贫困户试点种植黑木耳户均增收 4000 元以上,360 户贫困户入股农家乐、渔家乐,43 户贫困户

通过农村电商实现创业就业,建成13个卫星工厂并带动312人就业;通过土地清理开发公益性岗位2017个;贫困户护边员、草场管护员、生态护林员补助全部落实;老弱病残、鳏寡孤独及丧失劳动能力的贫困人员全部纳入兜底保障范畴。“三个加大力度”不断强化,新建贫困户安全住房360套,自来水入户1150户,村党组织阵地、幼儿园、文化活动场所、卫生室等基础设施实现全覆盖;落实各项教育资助政策及资助金6945.1万元,惠及学生6.2万名;实施健康扶贫“三个一批”行动,畅通就医“绿色通道”,贫困户报销比例达95%以上。乌什县成功纳入“国家健康扶贫工程示范县”,健康扶贫经验做法在全疆推广。

一年来,我们以“稳增长”为基础,开创了经济发展新局面。2018年,预计实现地方生产总值32.78亿元、同比增长9.12%,全社会固定资产投资24.63亿元、同比增长27.22%,工业增加值2.2亿元、同比增长4.5%,公共财政预算收入1.45亿元、同比增长12.24%,社会消费品零售总额2.54亿元、同比增长11%,城镇居民人均可支配收入28146元、同比增长9%,农牧民人均纯收入10198.7元、同比增长12.2%。一产基础不断夯实。乡村振兴战略稳步实施,全年实现农村经济总收入26.71亿元。果品业总产值13.06亿元,畜牧业总产值6.13亿元。农业产业化步伐不断加快,建立“百十一”[①]林果基地3100公顷、粮食基地780公顷,依托“十城百店”工程[②]销售农副产品2000余吨,“浙里美”“驿疆南”“西域小羔羊”等品牌打开市场。二产水平不断提升。实施固投项目117个,新签约项目24个,落实到位资金13.51亿元;先后引进金勺果业万吨核桃精深加工、汇源果汁沙棘综合水果深加工、兴疆牧歌20万头生猪养殖等项目。乌依布拉克水电站二期工程并网发电,大石峡水利枢纽工程和华能亚曼苏水电站项目进展顺利。2018年以前形成的隐性债务全部整改完毕。对口援疆成效显著,投入援疆资金2.45亿元,实施各类援建项目27个。197项改革任务落地见效,“放管服”“互联网+政务服务”“最多跑一次”等改革红利惠及各族群众。三产活力不断迸发。“旅游+”模式深入推进,乡村旅游带动就业脱贫成效凸显,成功创建“自治区旅游扶贫示范点”11个、占全疆的六分之一、占全地区的九成以上;“千辆房车游新疆”活动成功引入,吸引22批150辆房车和近千名各地旅游爱好者畅游乌什。成功创建“自治区全域旅游示范区”,成为地区唯一获此殊荣的县市。全年累计接待游客48万人次,实现旅游收入5200万元、同比增长82.3%。农村电商管理机制和物流配送体系不断完善,县乡村电商服务站点规范运行,预计完成网上交易额2300万元。生态文明建设成效显著。蓝天、碧水、净土“三大保卫战”战果显著,城市建成区燃煤小锅炉全部淘汰,天气优良率达67.5%。城镇污水处理厂调试运行。河长制全面落实，托什干河生态治理深入推进，造林0.34万公顷，森林覆盖率达12.8%；新增城市绿地6公顷，城市绿化覆盖率达61.92%。

一年来，我们以“惠民生”为根本，开创了民生改善新局面。就业状况持续改善，实现农村富余劳动力转移就业2.46万人次、新增城镇就业1890人次，城镇就业失业率控制在3.9%以内，乌什镇团结社区成功创建自治区级“充分就业社区”，自治区2018年“春风行动”启动仪式暨首场招聘会在乌什县圆满召开。教科事业全面发展，26个“改薄”项目顺利实施，教育均衡发展取得新进展，高考上线率达95.5%。职业教育兜底保障工程稳步实施，与183家企业签订校企合作协议，贫困代际传递有效阻断。引进教师787名，转岗分流372名，教师队伍结构不断优化。衢州·乌什小学全面启用。国家通用语言文字普及攻坚工程扎实推进。农村“户户都有科技明白人”培育工程深入实施，科普e站项目落地见效。卫生事业健康发展，“医共体”“医联体”建设成效明显，“医生+公卫+护士+村医”家庭医生签约服务体系更加完善，全民健康体检全面完成，“先诊疗后付费”和“一站式”结算服务模式有效落实，“四重医疗保障”[③]体系不断健全。农村“普遍二孩”政策稳步实施。爱国卫生运动成效显著，顺利通过自治区卫生县城复审。民生建设暖心前行，市政基础设施不断完善，燕泉河污染治理及棚户区改造项目全面完成；交通小区（二期）、新华小区、综合体育馆等民生项目有序推进，新建农村安居富民房3857套，棚户区改造500户，新（改）建农村卫生厕所11667座，新修农村道路260.34千米，新建、改造农村电网178.8千米，各族群众的生产生活条件极大改善。全国殡葬综合改革示范引领作用凸显，绿色生态节地公墓全面推行。安全生产主体责任全面落实，安全生产形势持续向好。兵地共建深入推进，融合发展迈上新台阶。社会救助力度持续加大，各类保障机制不断完善，“双集中”和残疾人康复服务等工作成效显著，符合条件的困难群体全部纳入低保范畴。自治区残疾人脱贫攻坚推进会在我县圆满召开。

一年来，我们以“促和谐”为重点，开创了民族宗教工作新局面。民族团结宣传教育和民族团结进步创建深入开展，创建地区级示范单位17个、教育基地2个，依麻木镇国家通用语言小学、米吉提·尤努斯民族团结大院等一批教育基地作用发挥明显。“五个嵌入”[④]扎实推进，打造民族团结嵌入式示范点8个，举办汉族和少数民族“双民族”婚礼16场。“三进两联一交友”[⑤]、“民族团结一家亲”和民族团结联谊活动持续推进，开展各类融情活动4.8万场次。

一年来，我们以“主旋律”为引领，开创了意识形态领域工作新局面。“六学模式”[⑥]、“十大活动”创新开展，习近平新时代中国特色社会主义思想和中共十九大精神入脑入心。“四大文明行动”[⑦]有序开展,评选“中国好人”1 人、“最美阿克苏人”3 人。举办道德讲堂 250 场次,荣获“自治区岗位学雷锋示范标兵”1 人。“一月一主题”活动扎实开展,文化惠民工程深入实施,群众精神文化生活不断丰富。全国人大代表、自治区道德模范库尔班·尼亚孜被党中央、国务院授予“改革先锋——民族团结进步的践行者”称号,以其真实事迹改编的院线电影《奔腾的托什干河》(暂定名)顺利杀青。

一年来,我们以“强根基”为抓手,开创了全面从严治党新局面。“两学一做”学习教育常态化推进,民主集中制、“三会一课”等制度有力落实,党的生机活力全面增强。软弱涣散基层党组织得到铁腕整顿,社区大党委不断完善,打造基层党建示范点 23 个,爱心超市、村干部暖心食堂试点运行。选派 45 名国家公职人员担任村党组织书记,村(社区)第一书记、行政村科技副职、村民小组第一小组长实现全覆盖。村干部培养选拔“三大工程”[8]全面实施,储备年轻干部 843 名;发展农牧民党员 613 名;“三定三包三覆盖”群众工作法[9]全面落实,基层战斗堡垒进一步夯实。“聚焦总目标、作风再整顿”专项活动扎实开展,59 个党组织巡察成效明显,反腐败斗争压倒性态势基本形成。民主政治建设不断加强,依麻木镇库尔干村获评全国民主法治示范村。县委以刀刃向内、自我革命的精神,以刮骨疗毒、壮士断腕的勇气,以猛药祛疴、重典治乱的决心,全力以赴抓好自治区党委第十巡视组反馈意见整改,全县政治生态焕然一新,党心民心为之一振。

二、坚持以习近平新时代中国特色社会主义思想为指导,明确 2019 年的工作总体要求和奋斗目标

2019 年,是新中国成立 70 周年,是我县打赢脱贫攻坚战、实现脱贫“摘帽”的决胜之年,也是实现三年基本常态、全面建成小康社会的关键之年。全县各级党组织和广大党员干部要坚决贯彻落实以习近平同志为核心的党中央治疆方略、特别是社会稳定和长治久安总目标,按照自治区党委“1 + 3 + 3 + 改革开放”工作部署、“十二个常态”要求和地委“76331”定位[10]及县委“一区一圈一带”布局[11],坚持新发展理念,当好“排头兵”,打好“三大攻坚战”,统筹推进保稳定、稳增长、促改革、调结构、惠民生、防风险各项工作,为共建幸福乌什、建设美丽新疆、共圆祖国梦想贡献智慧力量。

总体要求是:坚持以习近平新时代中国特色社会主义思想为指导,坚定坚决贯彻落实中央、自治区党委、地委各项决策部署,以社会稳定和长治久安总目标为统领,以改革开放为动力,抓住全面从严治党“一个关键”,统筹推进社会稳定、脱贫攻坚“两大历史任务”,全力抓好融入丝绸之路经济带核心区建设、乡村振兴、全域旅游“三项重点工作”,不断夯实民族团结、宗教和睦和谐、意识形态领域工作、边境安全“四个重要基础”,深入实施“九大惠民工程”,始终做到“十个坚定不移”，决战决胜脱贫攻坚战，努力建设富裕文明生态秀美全面小康长治久安的幸福乌什。

奋斗目标是：力争地方生产总值增长9%，全社会固定资产投资增长15%，工业增加值增长6%，公共财政预算收入增长15%，社会消费品零售总额增长10%，城镇居民人均可支配收入增长9.1%，农牧民人均纯收入增长10%。社会大局持续稳定，民族宗教和睦和谐，民生建设保障有力，脱贫攻坚决胜收官，生态环境持续改善，改革开放全面深化，党的建设全面加强。

实现上述目标，我们必须坚持六项原则。

一是坚持政治引领。广大党员干部要认真贯彻落实习近平总书记“把党的政治建设摆在首位”的重要指示精神，坚持以习近平新时代中国特色社会主义思想为指导，全面贯彻中共十九大精神，深刻理解党中央治疆方略的核心要义，牢固树立“四个意识”，坚定“四个自信”，践行“两个维护”，在思想上、政治上、行动上始终同以习近平同志为核心的党中央保持高度一致，做到对党绝对忠诚、绝对纯洁、绝对可靠。

二是坚持总目标统领。广大党员干部要认真贯彻落实习近平总书记“社会稳定和长治久安是新疆工作的总目标”的重要指示精神，坚定不移聚焦总目标、落实总目标，一切工作都以贯彻落实总目标为前提，都要服从服务于总目标，任何时候都不能偏离总目标，时刻把总目标放在心上、扛在肩上、抓在手上、落实到行动上，用总目标统一思想、统一认识、统一步调、统一行动，确保党中央治疆方略落地生根、开花结果。

三是坚持新发展理念。广大党员干部要认真贯彻落实习近平总书记“必须坚持质量第一、效益优先”的重要指示精神，始终贯彻创新、协调、绿色、开放、共享的发展理念，把经济发展的着力点放在调结构、转方式上，放在推动质量变革、效率变革、动力变革上，放在推动实现更高质量、更有效率、更加公平、更可持续的发展上，处理好稳定与发展的关系，夯实实现总目标的物质基础。

四是坚持以人民为中心。广大党员干部要认真贯彻落实习近平总书记“人民对美好生活的向往就是我们的奋斗目标”的重要指示精神，始终站稳人民立场，把群众的安危冷暖放在心中最高位置，不忘为人民谋幸福的初心，牢记全心全意为人民服务的宗旨，着力解决群众最关心、最直接、最现实的利益问题，不断满足群众日益增长的美好生活需要。

五是坚持优良的作风。广大党员干部要认真贯彻落实习近平总书记“作风建设永远在路上”的重要指示精神，严格落实“三严三实”要求，自觉践行党的群众路线，大力弘扬求真务实、真抓实干的思想作风和雷厉风行、事不过夜的工作作风，强化使命担当，注重实绩实效，持之以恒正风肃纪，争当维护稳定、脱贫攻坚等

"十一个排头兵"。

六是坚持党的全面领导。广大党员干部要认真贯彻落实习近平总书记"坚持党对一切工作的领导"的重要指示精神，始终把坚持和加强党的全面领导贯穿于工作全过程、各方面，以党的坚强领导和顽强奋斗有效应对重大挑战、抵御重大风险、克服重大阻力、解决重大矛盾，把全县各族干部群众紧密团结在以习近平同志为核心的党中央周围，凝聚起推进新时代党的建设新的伟大工程的磅礴力量。

三、坚决贯彻落实习近平总书记重要指示批示精神，始终聚焦社会稳定和长治久安总目标，坚定不移开创稳定发展新局面

(一)坚持精准扶贫战略思想，坚定不移打赢脱贫摘帽决胜战。深入贯彻落实《党中央、国务院关于打赢脱贫攻坚战三年行动的指导意见》，严格执行贫困户脱贫"123"、贫困村退出"157"、贫困县摘帽"311"的标准及程序，坚持问题导向，对标查缺补漏，继续推进"四个六"攻坚举措，认真开展2015—2018年扶贫项目"回头看"，实施好2019年产业扶贫、基础设施建设等项目，着力构建专项、行业、援疆、定点、兵团(军队)、社会扶贫"六大格局"，确保3113户13012人脱贫、26个贫困村退出，实现贫困县"摘帽"。一是在组织领导上下功夫，落实脱贫攻坚责任。坚持党政一把手亲自抓、分管领导具体抓，建立健全各部门密切配合、协力攻坚的工作格局，压紧压实各级各部门和广大领导干部包联贫困村、贫困户责任。深入开展"冬季攻势"培训活动，强化扶贫领域干部队伍建设，加强大数据平台建设与应用，建强脱贫攻坚"一线指挥部"。二是在发展产业上下功夫，推进产业带动促脱贫。进一步做大做强劳务输出、特色林果业、优质畜牧业、订单农业、黑木耳种植、农村电商等产业，加大对增收带动作用明显的种植养殖业、农产品加工业、休闲农业和乡村旅游等产业扶持力度，积极培育和推广有市场、有品牌、有效益的特色产品，持续打好"红、黄、绿、黑"四张特色农业订单牌，订单种植番茄185.06公顷、鹰嘴豆83.56公顷、蔬菜249.56公顷、黑木耳23.27公顷，实现有条件的贫困村种植黑木耳全覆盖。健全产业扶持贫困户和贫困村的利益联结机制，完善"基地+卫星工厂+村集体+贫困户"的服务体系，强化农村电商、养殖小区、合作社等产业拉动作用，力促扶贫项目资金使用效益最大化。三是在补齐短板上下功夫，改善群众生产生活条件。大力实施贫困村能力提升工程，持续加大教育、卫生、安全住房、安全饮水、道路交通、农网改造等基础设施建设力度，新建贫困户安全住房479户，完成自来水管道改造118千米、电网改造550.8千米，新建农村道路100千米，切实补齐贫困乡村基础设施短板。四是在精神扶贫上下功夫，激发贫困户内生动力。坚持扶贫与扶志、扶智相结合，突出抓好文化扶贫和精神脱贫，深入开展"致富思源、感恩奋进"行动，持续推进“四个一批”选树表彰宣传工作，教育引导贫困群众消除“等靠要”思想，增强脱贫致富信心。着力提高贫困户务工就业、自主创业、发展生产、当家理财的能力，实现各行政村“爱心公益超市”全覆盖，不断增强贫困户“造血”功能和内生动力。积极推进村级幸福院、互助养老站建设，不断健全邻里互助居家养老服务机制。进一步完善村规民约，加强对子女不赡养老人等问题的专项治理，切实增强村民组织自治水平。五是在凝聚力量上下功夫，汇聚脱贫攻坚强大合力。深入推进“五个一”包联帮扶责任落实，积极争取中央、自治区、地区定点帮扶单位的支持；加大产业、就业、教育等对口援疆力度，进一步优化哈密市伊州区资金支持、人才支援、产业合作、劳务协作等合作关系，推动一师四团在产业带动、劳务对接、人才支持等方面融合发展。积极发挥各类企业、社会组织扶贫作用，通过发展产业、对接市场、安置就业等多种方式帮助贫困户脱贫。六是在抓党建促脱贫上下功夫，发挥村级党组织战斗堡垒作用。大力整顿贫困村软弱涣散党组织，选优配强“两委”班子，打造坚强的扶贫干部队伍。完善贫困村党员结对帮扶机制，落实派出单位项目、资金、责任捆绑要求，切实加大保障支持力度。深入开展“巾帼脱贫行动”“青年助力脱贫攻坚”等活动，充分发挥群团组织在脱贫攻坚中的作用。七是在作风建设上下功夫，为脱贫摘帽提供纪律保障。深入开展扶贫领域腐败和作风问题专项治理，集中力量解决扶贫领域“四个意识”不强、责任落实不到位、工作措施不精准、资金管理使用不规范、工作作风不扎实等问题，以“零容忍”的态度查处扶贫领域违纪违法问题，坚决纠正脱贫攻坚工作中的不正之风。

（二）坚持新发展理念，坚定不移推动经济高质量发展。坚持稳中求进工作总基调，深入贯彻落实新发展理念，以供给侧结构性改革为主线，以提高发展质量和效益为中心，大力转变发展方式、优化产业结构、转变增长动力，推动经济持续健康发展。一是实施乡村振兴战略，推动一产上水平。按照“稳粮、抓特色”的发展思路，围绕农民增收核心，积极推广高产、优质、高效农业生产技术，粮食种植面积稳定在2.4万公顷以上、总产20万吨以上，种植经济作物0.4万公顷，发展设施农业333.33公顷。按照“稳定面积、转型升级、优化结构、提质增效”的特色林果产业发展思路，落实春促、夏管、秋控、冬护措施，加快特色林果资源优势向产业优势转变，实现林果业质量和效益双提升，力争果品总产量达13万吨以上。坚持“稳羊增牛扩草、降本提质增效、产业化经营”的总体思路，健全完善现代畜牧业产业体系，年内力争牲畜出栏达61.12万头（只），产肉达2.81万吨。持续优化农机装备结构，力争总动力达32.5万千瓦。持续加大农田水利基础设施建设，年内建设防渗渠10千米，建立高产示范田0.67万公顷以上。借力衢州援疆优势，继续抓好“百十一”基地建设,巩固壮大“十仓百企”企业联盟,畅通“十城百店”营销快车道,拉长产业链,加大品牌培育和管理力度,积极开拓疆内外市场。二是把握稳中求进总基调,实现二产新突破。充分发挥项目指挥部作用,严格落实项目调度、督查、例会等制度,确保项目高效快速推进,年内实施各类项目94个,完成投资28.32亿元。主动加强与上级部门沟通联系,加大以工代赈、兴边富民、重点农村公路等中央预算内投资项目的争取力度,年内计划争取资金3亿元以上。严格落实防范化解地方政府隐性债务风险的意见及隐性债务问责办法,按照“四个一律”[12]要求,确保申报投资计划符合财政承受能力和政府投资能力,坚决防止违规变相举债。大力实施招商引资一号工程,持续改善招商引资环境,营造亲商、安商、爱商、惠商的良好氛围。重点围绕产业链短板和劳动力就业需求,面向纺织服装、农副产品精深加工、电子元件组装等劳动密集型产业开展精准招商,力争落实招商引资到位资金16.21亿元。抓好签约项目落地服务工作,力促兴疆牧歌、金勺果业、汇源果汁等重大项目投产。加快发展纺织服装、农副产品深加工等优势产业,力争年内新投产纺织服装和农副产品深加工企业6家以上。积极推动清洁能源开发利用,重点抓好排孜艾则孜水电站项目开工建设,持续推进大石峡水利枢纽工程、华能亚曼苏水电站项目。年内培育“小升规”企业1家,进一步壮大实体经济规模。三是坚持以全域旅游为主导,助推三产大发展。全面实施全域旅游改革试点工作,进一步完善餐饮、住宿、购物、娱乐等配套设施,着力巩固自治区全域旅游示范区、自治区旅游扶贫示范县创建成果,重点加大百里绿道、燕泉山基础设施建设力度,加快推进“杏花村民俗旅游区”、“核桃王”旅游小镇等乡村旅游区建设。以解决旅游业发展“三难两不畅”[13]为突破口,不断完善景区景点及沿线旅游厕所、停车场、加油站、通信、旅游道路等基础设施。加快推进“智慧旅游”,着力建设集食住行游购娱为一体的“乌什旅游”微信公众号和语音导览系统,推进重点景区景点、乡村旅游点、旅游沿线Wi－Fi全覆盖,实现一部手机游乌什。大力实施“旅游＋”行动,促进旅游业与农业、文化、体育等产业有机融合;全力发展农家乐、渔家乐、度假疗养等乡村特色旅游,培育特色乡村旅游点3处、乡村旅游接待户10家。进一步优化乡村旅游布局,每个乡镇打造旅游特色村1个以上。年内力争接待游客50万人次,实现旅游收入6000万元。深入实施“互联网＋”行动计划,进一步健全完善县乡村三级电子商务服务网络和物流体系,畅通工业品下乡和农产品进城的双向流通渠道。加大电商品牌创建和推广力度,着力打响1～2个电商品牌。加强农村电商人才队伍建设,提升贫困人口利用电商创业就业能力,不断拓宽农副产品销售渠道。以培育壮大实体经济为重点,以促进就业为核心,按照“线上＋线下、商品+服务、零售+科技”的发展思路，积极发展“卫星工厂”、小作坊、小商铺等实体经济，努力形成覆盖城乡的“大企小店”，推动新兴业态多元化发展。四是加强基础设施建设，提升新型城镇化发展水平。坚持“景城一体化”融合发展思路，贯彻“泉在城中流、城在泉中映、人在泉城游”的园林式城市建设理念，结合棚户区改造、新华小区等建设项目，着力打造文化、美食、旅游、购物、娱乐一条街，形成多元业态集聚发展的优质环境生活圈。持续加大市政基础设施建设力度，实施好亮化、绿化、美化、净化工程，着力打造宜居宜业宜游的“幸福之城”和天蓝地绿水清的“养生福地”。

（三）坚持以人民为中心，坚定不移保障改善民生。始终把人民利益摆在至高无上的地位，多谋民生之利、多解民生之忧，在幼有所育、学有所教、劳有所得、病有所医、老有所养、住有所居、弱有所扶上下功夫，不断提升群众的获得感、幸福感。一是坚持就业第一，实现更高质量就业。全面落实各项就业和创业扶持政策，重点抓好高校应届毕业生、就业困难群体、农村富余劳动力转移就业工作，持续做好“两后生”整建制学制培训和“技能+国家通用语言”培训促就业工程，深入推进纺织服装、旅游、餐饮等劳动密集型产业和小微企业建设，最大限度开发就业岗位、拓宽就业渠道、扩大就业容量。年内力争开展职业技能培训990人以上，农村富余劳动力转移就业1.2万人次，城镇新增就业1200人以上。二是优先发展教育，办好人民满意教育。坚持党对教育工作的绝对领导，始终坚持社会主义办学方向，落实立德树人、以德育人根本任务，积极稳妥推进义务教育标准化建设和均衡化发展，扩大集团化办学规模，切实提升教育教学质量和水平。加大师德师风建设力度，强化教师思想政治教育、培养培训、招聘引进等工作，打造高素质专业教师队伍。以促进就业为导向，积极探索推进产教融合、校企合作的职业教育办学模式。大力实施“国家通用语言文字普及攻坚工程”，力争打造国家通用语言示范校2所。以建设“智慧乌什”为抓手，深入开展“农村户户都有科技明白人”工程，开展“科技之冬”培训485期，培训3.8万人次。三是实施医疗惠民，提升群众健康水平。大力实施“健康乌什”战略，持续深化医疗卫生体制改革，严格落实双向诊疗、“一站式”服务、药品采购“两票制”[14]等制度。继续做好全民健康体检工作，持续推进“三个一批”分类救治、“光明工程”专项救治行动。不断加大艾滋病、结核病、地方病防治工作力度，持续扩大家庭医生签约服务规模。持续巩固标准化建设成果，年内力争县人民医院急救综合楼、妇幼保健院建成投用，实现县级医疗机构远程医疗覆盖所有乡（镇）卫生院。四是强化社会保障，提高居民幸福指数。深入实施全民参保计划，持续推进“五项保险”扩面收缴，城乡居民参保率达95%以上。完善统一的城乡居民养老、医疗保险制度,落实好贫困人口个人缴费部分政府代缴、“一站式”结算等社保惠民政策,实现贫困人口参保全覆盖。进一步完善城乡居民基本医疗、政策性大病、商业补充医疗保险和民政救助有序衔接的医疗救治体系,健全“双集中”、流浪乞讨、生活无着落人员救助保护等社会服务保障机制,织密社会救助保障网。实施好贫困残疾人关爱工程、“七彩梦行动计划”、“爱心天使就业创业”等项目,不断提升残疾人康复服务水平。五是办好利民实事,不断增进民生福祉。坚持在发展中补齐民生短板,把80%以上公共预算支出投入民生领域,其中50%的资金向深度贫困乡村倾斜,实施好“九到农家”工程⑮,年内新建、改建安居富民房3953套、保障性住房2000套、棚户区改造500套,推动交通小区(二期)、新华小区、综合体育馆和南疆天然气利民工程乌什支线等项目建成投入使用。做好公益性生态公墓、殡葬服务中心各项基础设施维护,不断满足群众治丧需求。进一步健全安全生产责任体系,严格落实安全生产责任,坚决遏制较大以上安全生产事故发生。强化防震减灾工作,统筹做好应急物资储备,确保各族群众生命财产安全。

(四)坚持贯彻党的民族政策,坚定不移巩固发展民族团结。坚持把民族团结作为各族人民的生命线,广泛开展民族团结宣传教育,充分发挥各级驻村工作力量作用,以村民大会、周一升国旗、草根宣讲和扶贫帮困、结亲住户等为契机,深入开展党的民族政策、民族团结典型人物和事迹宣讲活动,实现宣传教育全覆盖,筑牢民族团结思想之基。扎实开展民族团结创建活动,深入推进“五个嵌入”,打造民族团结嵌入式示范点8个,促进各民族交往交流交融。常态化开展“民族团结一家亲”和民族团结联谊活动,以“结亲周”为契机,做到入户住户、宣传教育、帮扶解困、群众工作全覆盖。积极开展形式多样、喜闻乐见的融情联谊活动,在同吃、同住、同学习、同劳动、同娱乐中不断增进民族感情。坚持民族团结从娃娃抓起,持续开展“十个一”融情活动⑯,打牢民族团结的感情基础和社会基础。

(五)坚持先进思想文化引领,坚定不移推进宣传文化事业。一是坚持政治引领,提升宣传引导效果。坚持把学习宣传贯彻习近平新时代中国特色社会主义思想、中共十九大以及习近平总书记系列讲话精神作为重大政治任务,充分发挥党委(党组)中心组示范引领作用,抓好干部群众日常政治学习教育,坚持经常学、反复学、深入学,真正学出坚定信念、学出绝对忠诚、学出使命担当。大力宣传新中国成立70周年伟大成就,抓好《奔腾的托什干河》宣传工作,讲好乌什故事,传播乌什声音,展示乌什形象。充分发挥典型模范引领带动作用,采取群众喜闻乐见的形式,广泛开展法律法规、脱贫攻坚、惠民政策等方面的学习宣传,不断扩大宣传覆盖面、提升影响力。二是加强文明建设,提高公民道德素质。大力培育和践行社会主义核心价值观，扎实推进社会公德、职业道德、家庭美德、个人品德和未成年人思想道德建设，深入宣传学习道德模范和先进典型事迹，让崇德向善、见贤思齐的社会风尚深入人心。持续开展文明校园、文明家庭、“十星级文明户”和“最美人物”创建评选活动，深入推进“四大文明行动”，为建设“文明乌什”提供强大道德支撑。三是坚定文化自信，推动文化事业发展。大力实施中华优秀传统文化传承发展工程，推进中华优秀传统文化进机关、进校园、进企业、进基层文化阵地。实施文化“百千万”工程，搭好“百村文化大舞台”，建好“千人腰鼓队”，跳好“万人广场舞”，不断丰富群众精神文化生活。深入实施文化扶贫、文化惠民工程，加强标准化文化服务中心、标准化文化站、特色文化村建设，持续深入开展“一月一主题”大型文化活动，扎实做好“三馆一站”[17]免费开放工作，组织开展“双百日”活动450场次、“送戏下基层”120场次、“送电影下乡”1500场次。四是加大“扫黄打非”和文化市场专项整治力度，加强网络安全和信息化工作，确保网络空间清朗。

（六）坚持全面深化改革，坚定不移推动深度融合发展。以改革创新、融合发展为动力，主动融入丝绸之路经济带核心区建设，不断提升改革开放水平。一是主动融入核心区建设，持续扩大改革开放。坚持以推进社会治理体系和治理能力现代化为重点，以深化供给侧结构性改革为主线，积极探索改革试点，深入推进“放管服”改革，全面完成党政机构改革，扎实推进经济体制、党的建设等各领域改革落地见效，让改革红利惠及各族群众。加快“开放乌什”建设进程，积极推进别迭里口岸公路、通用机场建设，加强与周边兄弟县（市）交流合作，推动形成全面开放新格局。二是强化对口支援合作，促进互惠互利共赢。强化对口援乌工作，统筹推进产业、教育、医疗、人才等“组团式”援疆，着力打造新时代对口援疆升级版。全县各单位要主动做好与衢州市援疆指挥部的沟通协调，加强对接、搞好服务、提供保障，为援疆工作创造良好条件。衢州市援疆指挥部要继续发扬“舍家报国、倾情援疆”的奉献精神，在援疆项目安排中坚持“输血”与“造血”结合、“硬件”与“软件”并重，年内计划安排援疆资金2.3亿元，实施各类项目24个。强化对口帮扶，要主动加强与自治区党委组织部、林业厅、环保厅等区直单位和对口帮扶民营企业的沟通对接，争取更多项目及资金助力乌什发展；加强与哈密市伊州区和各友好县（市）的沟通联络，深化区域内协作，努力在产业发展、教育科技、就业培训等方面争取更大的支持。三是持续深化“四同”机制，共绘兵地融合同心圆。牢固树立“兵地一盘棋”和“兵地一家人”思想，以“四同”主题为核心，坚持协调、包容、共享发展理念，积极探索深度融合发展合作机制，持续在维稳责任共担、民族团结共创、文化交流共荣等方面精准施策、持续发力，不断拓展兵地融合发展的广度和深度。

(七)坚持绿色发展理念,坚定不移打好“三大保卫战”。始终坚持以习近平生态文明思想为根本遵循,自觉践行“绿水青山就是金山银山”的绿色发展理念,大力实施“生态立县”战略,实行最严格的生态保护制度,着力打好“三大保卫战”,努力建设天蓝地绿水清的美丽乌什。一是强化污染全防全控,持续改善环境质量。抓好扬尘污染整治、燃煤治理、垃圾和秸秆焚烧整治,加大老旧机动车清理淘汰整顿力度。严守水源管理“三条红线”,持续抓好水污染治理和污水处理厂运营监管,提高工业用水重复利用率;做好集中式饮用水水源地保护工作,确保城乡居民饮水安全;全面落实河长制,促进托什干河及其支流水环境持续改善。做好农田残膜回收利用,开展土壤污染详查、重点企业监督,推进生活垃圾和危险废弃物无害化处理,加强已关闭矿山等环境破坏区域的生态修复工作。二是推进农村人居环境整治,建设美丽宜居乡村。重点抓好生活垃圾、厕所粪污、农村污水、畜禽养殖污染等治理工作,着力解决城乡环境“脏乱差”等突出问题。全面开展清洁能源推广试点工作,有序推进“煤改电”项目建设。大力开展乡村公共空间整治行动,推进乡村道路硬化、夜间亮化、村庄美化工程,持续开展庭院环境整治,不断改善村容村貌。按照“能绿则绿、见缝插绿”原则,大力实施村旁、宅旁、路旁、水旁“四旁”绿化建设,让村庄的每一个角落都绿起来、美起来。三是大力发展低碳经济,加快生态文明建设。严守生态功能保障基线、环境质量安全底线、自然资源利用上线“三大红线”,严禁“三高”项目[18]进乌什,依法治理非法开荒、非法采砂、非法取水,严厉惩处破坏生态环境行为。大力弘扬“柯柯牙精神”[19],深入开展国土绿化行动,稳步推进水源地、湿地、草场等重点领域生态保护和修复工作,注重将“三北”五期防护林体系建设与城乡绿化、农村防护林、国道219线绿色通道、重点公益林补植补造“四大生态工程”有机结合,加快推进托什干河生态治理,做好沙棘林湿地公园国家验收工作,对荒漠植被退化严重区域进行生态修复,不断巩固国家重点生态功能区建设成果。年内计划植树造林0.13万公顷,退耕还林0.2万公顷。

四、坚持全面从严治党,坚定不移厚植党的执政根基

坚定坚决贯彻落实新时代党的建设总要求,坚持党要管党、全面从严治党,不断提高新时代党的执政能力和领导水平。

(一)强化思想政治建设,坚决做到“两个维护”。始终把政治建设作为党的根本性建设,坚持不懈用习近平新时代中国特色社会主义思想武装头脑,深入学习中共十九大精神,推进“两学一做”学习教育常态化制度化,教育引导党员干部提高政治站位,增强“四个意识”,坚定“四个自信”,践行“两个维护”,做到“三个一以贯之”,确保党中央定于一尊、一锤定音的权威,坚决在思想上、政治上、行动上同以习近平同志为核心的党中央保持高度一致。严肃党内政治生活，加强党支部建设，坚决贯彻民主集中制，规范落实“三会一课”、党支部“5＋X”计划、民主生活会和组织生活会等党的基本组织生活制度，营造风清气正的良好政治生态。加强机关党的政治建设，做到“一个带头”“三个表率”[20]，着力建设让党中央放心、人民满意的模范机关。

（二）严格选人用人标准，锻造高素质干部队伍。坚持“二十字”好干部标准和民族地区好干部“三个特别”政治标准，树立重实干重实绩的鲜明选人用人导向，注重在脱贫攻坚等基层一线培养选拔干部，重点做好其他省市招录干部、选调生、留疆战士等各类基层优秀干部的培养使用。全面落实“三个区分开来”要求，建立健全容错纠错机制，努力营造敢想、敢干、敢担当的党内政治文化。坚持严管就是厚爱，综合运用教育引导、制度约束、考核评价等措施，建好“人才四库”，着力锻造忠诚干净担当的高素质专业化干部队伍。一如既往地做好服务管理老干部和关心下一代工作，为老干部发挥余热搭建平台。

（三）加强基层组织建设，不断夯实基层基础。以提升组织力为重点，突出政治功能，深入推进社区大党委建设和共驻共建工作，扩大新兴组织党团组织覆盖面，不断加强基层组织和基层政权建设，努力把基层党组织建设成为服务群众、维护稳定、反对分裂的坚强战斗堡垒。探索开发和推广运用基层党建服务管理平台。建好用好村级党校、村干部实训基地，实现村组干部实训全覆盖。加强基层队伍建设，注重从致富能手、外出务工经商人员、返乡未就业大学毕业生、复员退伍军人等群体中发展党员；全面实施村干部培养选拔“三大工程”，加大村党组织书记培养选拔力度，管好用好行政村科技副职，选好育好村级储备年轻干部，建强基层骨干力量。有序推进村组干部暖心食堂建设，力争有条件的村应建尽建。持续深化“访惠聚”驻村工作，严格落实“1＋2＋5”目标任务[21]，发挥第一书记、各级驻村工作队作用，推进驻村工作常态化、长效化。

（四）持之以恒正风肃纪，密切党群干群关系。巩固深化“聚焦总目标、作风再整顿”专项活动成果，坚决贯彻落实中央八项规定及其实施细则精神和自治区“十要十严禁”、地区“三十二不准”要求，驰而不息纠正“四风”“四气”及其隐形变异问题。坚持把纪律挺在前面，扎紧制度的“笼子”，不断健全不敢腐、不能腐、不想腐的长效机制。坚持教育监督并重，加强廉洁教育、警示教育和纪律教育，抓好廉政文化“七进”工作，筑牢党员领导干部廉洁自律思想防线。运用监督执纪“四种形态”，强化日常监督管理，紧盯不落实的事、严查不落实的人。深化政治巡察，坚决查处在落实总目标、“三大攻坚战”中打折扣、搞变通、做棚架的人和事。认真做好群众工作“回头看”，及时解决群众反映的问题，给群众一个满意的答复。

(五)从严落实“两个责任”,确保政治生态风清气正。坚持无禁区、全覆盖、零容忍,坚持重遏制、强高压、长震慑,坚持“老虎”“苍蝇”一起打、受贿行贿一起查,从严从重查处不收手不收敛、问题线索反映集中、群众反映强烈,政治问题和经济问题交织的腐败案件。严厉整治扶贫领域腐败和发生在群众身边的作风问题,以及利用名贵特产类特殊资源牟取私利问题,坚决斩断伸向扶贫“奶酪”的黑手和利益输送链条。持续抓好自治区党委巡视反馈问题和各级扶贫督查反馈问题整改巩固工作,建立整改落实长效机制,以整改的实际成效体现对党的绝对忠诚。

(六)始终坚持依法治县,提升民主政治建设水平。坚持党的领导,发挥党委总揽全局、协调各方的领导核心作用,积极支持县人大、政协、司法机关和人民团体依法依章履职、开展工作、发挥作用。支持和保证县人大及其常委会依法履行职能,加强对“一府一委两院”的监督,更好发挥人大代表作用。支持政府转变职能,深化简政放权,增强政府公信力和执行力,建设人民满意的服务型政府。支持人民政协聚焦党委和政府中心任务,有序履行政治协商、民主监督、参政议政职能。加强与民主党派、工商联和无党派人士的团结合作,巩固和发展最广泛的爱国统一战线。充分发挥工会、共青团、妇联等人民团体作用,不断巩固和发展民主团结、生动活泼、安定和谐的政治局面。加强基层民主政治建设,不断提升村民自治水平。深化司法体制改革,加强法治队伍、法治社会、法治政府建设,严格执法、公正司法、全民守法,加快推进“法治乌什”进程。

名词解释:

①**“百十一”工程:**在产业基地建设上,打造百万亩0.07公顷优质林果业产业基地、十万亩优质粮食产业基地、一万吨优质牛羊肉生产基地。

②**“十城百店”工程:**在浙江省10个地级市建设阿克苏特色农产品公共仓,统一平台运作、统一仓储服务、统一地域品牌、统一质量追溯,组建上百个阿克苏优质特色农产品销售终端,利用大型农产品批发市场及物流配送网络,不断扩大阿克苏特色农产品销售。

③**四重医疗保障:**基本医疗保险、大病保险、民政救助、补助医疗保险。

④**五个嵌入:**居住嵌入、文化嵌入、源头嵌入、生产嵌入、经济嵌入。

⑤**三进两联一交友:**“三进”是进班级、进宿舍、进食堂;“两联”是联系学生、联系家长;“一交友”是与学生交朋友。

⑥**六学模式:**党组织集中学、专题培训辅导学、区分对象灵活学、座谈讨论交流学、理论测试检验学、跟进媒体实时学。

⑦**四大文明行动:**文明交通、文明餐桌、文明旅游、文明上网。

⑧**村干部培养选拔“三大工程”:**村“两委”班子成员国家通用语言强化工程、村党组织书记(村委会主任)素质提升工

程、村党组织书记后备人选选拔培养工程。

⑨**“三定三包三覆盖”群众工作法**：“三定”，即定责任人员、定任务职责、定走访方案；“三包”，即分类包、分组包、分片包；“三覆盖”，即群众包联全覆盖、走访入户全覆盖、工作责任全覆盖。

⑩**“76331”定位**：“7”就是建设稳定和谐平安区、一体多元文化区、民生建设示范区、生态治理先行区、特色产业优势区、能源产业聚集区、融合发展创新区；“6”就是发展能源化工、纺织服装、农副产品加工、商贸物流、建材冶金、战略新兴产业等“六大产业集群”；第一个“3”就是建设阿克苏市、库车县、阿拉尔市“三座区域性中心城市”；第二个“3”就是培育区域性经济发展中心、交通枢纽中心、特色农产品集散中心；“1”就是打造南疆乃至新疆重要的旅游目的地。

⑪**“一区一圈一带”布局**：打造东联阿克苏的阿合雅生态循环经济示范区，振兴以县城为中心的新型产业经济圈，共建西出别迭里的边境口岸经济带。

⑫**四个一律**：发改、财政、金融等部门一律不准下达可能导致债务风险或隐性债务风险的指标，一律不准受理无资金来源的项目；各地各部门一律不准申报无资金来源的项目，一律不准开工建设无资金来源的项目。

⑬**三难两不畅**：上厕所难、停车难、加油难，通信信号不畅、通行道路不畅。

⑭**药品采购“两票制”**：药品、医用耗材生产企业到流通企业开一次购销发票，流通企业到公立医疗机构开一次购销发票。

⑮**“九到农家”工程**：水、电、路、气、讯、邮政、广播电视、电影、书屋到农家工程。

⑯**“十个一”融情活动**：开展一次民族团结主题班团、队会、体验一次民族团结实践活动、了解一个民族团结模范、讲一个民族团结故事、唱一首民族团结歌曲、创作一幅民族团结书画、交一个不同民族好朋友、创作一幅民族团结手抄报、写一篇民族团结作文、参观一个爱国主义教育基地。

⑰**三馆一站**：图书馆、文化馆、博物馆、文化站。

⑱**“三高”项目**：高污染、高耗能、高排放项目。

⑲**柯柯牙精神**：自力更生、团结奋斗、艰苦创业、无私奉献。

⑳**一个带头、三个表率**：带头维护党中央权威和集中统一领导，在深入学习贯彻新时代中国特色社会主义思想上作表率，在始终同党中央保持高度一致上作表率，在坚决贯彻落实党中央各项决策部署上作表率。

㉑**“1+2+5”目标任务**：一个总目标是维护社会稳定；两项任务是做好群众工作和建强基层组织；五件好事是推进脱贫攻坚、落实惠民政策、拓宽致富门路、办好实事好事、壮大党员队伍。

乌什县人民政府工作报告

——2019年1月在乌什县第十五届人民代表大会第四次会议上

乌什县人民政府县长　吐尔洪·阿不拉

2018年工作回顾

过去的2018年,是改革开放40周年,是实现"十三五"规划承上启下的关键一年,是打牢社会稳定和长治久安根基的重要一年,也是实现脱贫"摘帽"的攻坚之年。一年来,在地委、行署和县委的坚强领导下,在县人大、政协的监督支持下,我们坚持以习近平新时代中国特色社会主义思想为指导,深入贯彻落实中共十九大精神,坚定坚决贯彻以习近平同志为核心的党中央治疆方略,严格落实"1+3+3+改革开放"工作要求,担当实干、砥砺奋进,圆满完成了县十五届人大三次会议确定的各项目标任务。2018年,预计实现地方生产总值32.78亿元、同比增长9.12%,其中,第一产业10.04亿元、同比增长6.43%,第二产业5.43亿元、同比增长13.45%,第三产业17.31亿元、同比增长9.57%,一、二、三产业的比重达30.63∶16.56∶52.81。完成全社会固定资产投资24.63亿元、同比增长27.22%,工业增加值2.2亿元、同比增长4.5%,公共财政预算收入1.45亿元、同比增长12.24%,社会消费品零售总额2.54亿元、同比增长11%,城镇居民人均可支配收入28146元、同比增长9%,农牧民人均纯收入10198.7元、同比增长12.2%。

一年来,我们聚焦"总目标",精准发力,"三大攻坚战"初战告捷

债务风险有效化解。坚定坚决执行中央、自治区、地区关于化解重大风险的系列决策部署,严格按照"四个一律""四个不得""两条红线"要求,严禁各类违法违规举债、担保等行为。通过争取上级财政化债专项资金、压减一般性支出、盘活存量资金等方式,及时偿还隐性债务;通过撤回政府出具的承诺函、推进重大民生建设项目转PPP模式进程、分年度纳入财政预算和中长期规划等有效措施,积极稳妥化解隐性存量债务,实现了2018年以来违规举债"零举债",守住了不发生系统性、区域性金融风险的底线。脱贫攻坚成效显著。紧扣"两不愁、三保障""一高于、一接近"脱贫标准,对照"六个精准"要求,实施"六个一批""三个加大力度"脱贫路径,实现12个贫困村退出、1370户5875人脱贫,贫困发生率从2017年底的9.86%下降至6.8%。实施"六个一批",实现精准脱贫。转移就业脱贫一批,采取订单式培训、多渠道输出就业等方

式，实现贫困户转移就业7151人、季节性劳务转移6703人，43户贫困户通过农村电商实现创业增收。发展产业脱贫一批，大力实施订单产业，9595户贫困户种植蔬菜209.27公顷、人均增收300元以上，1937户贫困户种植鹰嘴豆408.89公顷、户均增收700元，2148户贫困户种植番茄670.87公顷、户均增收1200元，138户贫困户试种黑木耳、户均增收4000元以上；采取“龙头企业+合作社+农户”的模式，引导贫困户托管牛羊年均分红7%～10%，360户贫困户入股农家乐、渔家乐分红；实行“一村一品”特色养禽，共发放鸡、鸭、鹅、鸽55.79万羽；按照“一乡一特色”“一村一产业”的发展思路，落实“政府建设厂房、5至10年免费租赁”等特惠政策，在贫困村建设卫星工厂（扶贫车间）25个、爱心超市56个、靓发屋46个，带动800余名贫困人口就近就地就业。土地清理脱贫一批，落实“土地清理再分配扶持一批”政策，清理土地1.67万公顷，开发环卫、林果技术服务队等9大类农村公益性岗位2017个，落实每人每月工资1000元。守边护边脱贫一批，加强护边员差别化考核，调减考核不合格的非贫困户护边员164名，落实护边员每人每月2000元补助政策。生态补偿脱贫一批，落实国家草原补助奖励和生态林保护政策，增设贫困户生态护林员555名、草场管护员300名，落实每人每年1万元补助政策。社会保障兜底脱贫一批，执行低保、扶贫“两线合一”政策，将符合条件、无法通过自己劳动摆脱贫困的7131名贫困户纳入农村低保范围。强化“三个加大力度”，提高脱贫质量。实施全民体检和健康扶贫“三个一批”行动计划，建立“基本医疗保险+大病保险+民政救助+补助医疗保险”四重保障体系，畅通贫困户就医“绿色通道”，报销比例达到95%以上，农村建档立卡贫困人口因病致贫、因病返贫问题得到有效解决。严格落实15年免费教育政策，落实学前教育、义务教育、高中阶段以及贫困大学生资助政策资金6945.1万元，惠及6.2万名学生；大力实施贫困村能力提升工程，实现74个贫困村村级阵地、幼儿园（中心幼儿园）、文化活动场所、卫生室、广播电视、通讯网络全覆盖。积极争取上级扶贫项目资金，全年到位上级财政专项扶贫资金47592万元，实施项目95个；持续抓好中央、自治区等各级扶贫督查巡查反馈问题整改落实，102条问题已整改完毕，脱贫攻坚成效显著提升。生态环境持续好转。牢固树立“绿水青山就是金山银山”的理念，大力弘扬“柯柯牙精神”，扎实推进“百万亩”生态工程建设，新增造林0.34万公顷，森林覆盖率达12.8%，新增城市绿地6公顷，城市绿化覆盖率达61.92%。深入开展大气污染防治，加强城区扬尘污染控制，全面实施机动车尾气排放监测，年内共监测机动车4648辆，淘汰黄标车230辆，加大建成区小型燃煤锅炉整治力度，年内共淘汰燃煤小锅炉8台，空气质量好于二级天数比上年基数增加28天。扎实开展水污染防治,完成9个加油站33个地下油罐防渗改造和16家养殖企业污染防治设施建设,城镇污水处理厂正式调试运行,集中式饮用水源地水质达标率达100%,地表水水质好于III类标准,水质优良比例达100%;全面落实河长制,确定28条河流名录,各级河长累计巡河325次。加强影响土壤环境重点企业监管,消减污染物总量减排目标全面完成。全国第二次污染源普查工作顺利推进。中央环保督查反馈的问题整改工作全面完成,坚决严把入口关,杜绝"三高"企业落户乌什,生态环境和人居环境明显改善。

一年来,我们聚焦"总目标",真抓实干,"三项重点工作"成果丰硕

城市经济势头强劲。项目建设高速推进,全年实施固定资产投资项目117个,累计完成投资27.22亿元,其中:争取中央、自治区预算内投资项目69个,到位资金3.66亿元、增长30%;华盛纺织10万锭棉纺、汇源果汁沙棘综合水果深加工等项目有序推进,项目投资拉动经济发展的作用进一步增强。优势资源高效利用,乌依布拉克水电站二期工程已并网发电,大石峡水利枢纽工程和华能亚曼苏水电站项目进展顺利。招商引资成果丰硕,依托优势资源和工业园区平台,创新招商方式,优化投资环境,全年新签约项目24个,签约金额16.26亿元,落实到位资金13.51亿元、同比增长10.74%,为全县经济发展注入了新的活力。全面落实扶持企业发展的各项政策措施,持续加大"一园两区"配套基础设施建设力度,园区功能更加完善,承载能力不断提升。乡村振兴战略稳步推进。全年农村经济总收入预计达26.71亿元、同比增长13.9%。种植结构不断优化,稳定粮食面积3.08万公顷、总产24万吨,实现种植业总收入6.6亿元、同比增长12.2%。林果业发展态势良好,新增经济林0.34万公顷,申报有机果品生产基地533.33公顷,完成核桃密植园改造0.09万公顷,新建核桃"两高一优"示范园97个,林果业总面积达2.45万公顷,果品总产13.02万吨,实现林果总收入13.06亿元、同比增长14.9%。畜牧业转型壮大,积极推广"四良一规范"饲养管理模式,全年完成肉羊改良7.56万只、黄牛冷配1.64万头,年内牲畜存栏77.34万头(只)、出栏64.67万头(只),家禽存栏60.99万羽,出栏312.11万羽,产肉2.73万吨,实现畜牧业总收入6.13亿元、同比增长13.8%。农业产业化发展步伐稳步推进,借助"十城百店"工程销售农副产品2000余吨,建成"百十一"林果基地0.31万公顷、粮食基地780公顷,精选优质牛羊肉联合生产基地2家,获得乌什鹰嘴豆地理标志1个,认证有机生产基地2个、有机产品7个。农村电商持续发展,深入实施"互联网+"行动计划和农村电商"12366"工程[①],建成村级电商服务点103个,年销售额达2300万元,顺利通过国家电子商务进农村示范县创建中期评估。为农服务体系不断完善,全年发放农机购置补贴资金1170万元,

补贴各类农机具769台，受益农户344户，全县农机总动力达32.04万千瓦，建设国家级农机化示范区388.33公顷，农机装备水平大幅提升；动植物等重大疫病防控工作扎实开展；县金融、保险、水利、气象、人影、电力等部门以服务“三农”为重点，服务意识明显增强，农业抗御自然灾害能力显著提高。旅游产业迅猛发展。大力实施“生态立县、旅游兴县”战略，加大旅游资源整合力度，成功举办第五届“杏花节”、燕泉山杯首届钓鱼节，积极引入“千辆房车游新疆”活动。深化“旅游+”模式，大力实施乡村旅游产业带动就业脱贫项目和乡村旅游精准扶贫项目，通过创建“自治区旅游扶贫示范点”，成功带动一批贫困劳动力实现就地就近就业。持续加大旅游宣传推介力度，“泉在城中流、城在泉中映、人在泉城游”的城市名片和“丝路泉城·养生乌什”“烽燧古道·远迈汉唐”旅游品牌知名度进一步提升，成功创建自治区全域旅游示范区，跻身国家“全域旅游示范区”创建名单，全年累计接待游客48万人次，实现旅游收入5200万元、同比增长82.3%，旅游业呈现强劲发展势头。

一年来，我们聚焦“总目标”，主动作为，改革开放持续深化

“放管服”改革纵深推进。有效落实行政审批、收费清理、商事制度和“13345”专项改革目标，县乡便民服务中心“三集中三到位”等规范化建设有序推进；全面落实“双随机一公开”[②]监管措施，100个群众办事堵点问题已解决97%以上；扎实推进“互联网+政务服务”一体化平台标准化建设，编制完成2018年版《乌什县政府部门权力清单和责任清单目录》《乌什县政府部门清理规范“减证便民”事项目录》，451项“最多跑一次”事项、197项不见面审批办理事项落实到位，群众办事更加便利。对口援疆成果丰硕。真诚关心支持援疆干部工作生活，围绕打赢脱贫攻坚战和民生建设两个方面，用好“衢州有礼”对口支援政策优势，积极配合、全力推进对口援疆工作，全面做好与衢州市的工作机制对接、人员对接、项目和资金对接，不断深化衢乌两地各领域交流交往。全年共实施援疆项目27个，落实援疆资金2.45亿元，一批民生项目、产业援疆项目、人才培养项目顺利实施，有效改善了各族群众的生产生活条件。

一年来，我们聚焦“总目标”，持续发力，民生事业全面进步

就业惠民成效显著。大力实施整建制转移就业、职业培训和创业增收“三大举措”，实现农牧民群众转移就业2.46万人次，新增城镇就业1890人，就业困难人员就业166人，应届高校毕业生就业率达95%以上，全年开展职业技能培训77期5200人次；零就业家庭动态清零，城镇失业率控制在3.9%以内，成功创建自治区级“充分就业社区”。社会救助体系逐步健全。持续开展“五保”老人集中供养和孤儿集中收养工作，全面落实残疾人“两

项补贴”[3]政策,建立健全临时救助制度,为539名困难群众发放临时救助资金94.19万元,低保兜底能力显著增强,公共服务保障能力进一步提升。科教事业蓬勃发展。加快推进义务教育学校标准化建设,投入资金3229万元,实施各类教育项目36个,教育基础设施和办学条件极大改善。全方位开展“国家通用语言文字普及攻坚工程”,开展培训1500人次。大力推进职业教育兜底保障工程,与183家企业签订校企合作协议。多渠道补充教师787名,转岗分流372名,教师队伍进一步优化,教学质量稳步提升,本(专)科上线率95.5%、录取率78.1%。持续推进“户户都有科技明白人”培育工程,依托“科技之冬”“科技活动周”“科技明白人”开展各级各类培训514场次,受益群众14.13万人次,科普e站项目落地见效,各族群众科学文化素质进一步提升。卫生事业协调推进。加快“医共体”“医联体”建设步伐,按照“1名医生+1名公卫+1名护士+村医”的模式组建家庭医生签约服务团队,签约服务人数17.6万人,覆盖率77.2%;严格实行“先诊疗后付费”和“一站式”结算;强化基本医疗卫生服务管理,建立电子健康档案21.48万人,建档率95.3%;“农村两孩”政策全面推广,全县领取“两证”家庭共1421户,农牧民领证率39.6%。文体事业健康发展。不断完善公共文化服务体系,稳步实施文化惠民项目,配送“东风工程”图书、期刊4.9万册,“送戏下乡”129场次,“送电影下乡”1605场次,开展民间传统体育活动210场次,各族群众精神文化生活不断丰富。深化精神文明建设成果,年内评选“中国好人”1人、“自治区岗位学雷锋示范标兵”1人、“最美阿克苏人”3人、首届“感动乌什十大人物”10人,确定“最美拾花之星”8人,以全国人大代表、道德模范、“改革先锋”荣誉称号获得者库尔班·尼亚孜为原型的院线电影《奔腾的托什干河》(暂定名)拍摄完成。大力开展“扫黄打非”等专项行动,文化市场秩序井然有序。基础设施日趋完善。完成棚户区改造任务500户,交通智能小区(二期)、新华小区主体完工,各族群众住房条件得到进一步改善;顺利完成南疆天然气利民工程乌什支线项目和迎宾大道建设项目,大力实施燕泉河景观带提升改造项目,稳步推进重要路段美化、亮化工程,不断提升城市品位,顺利通过自治区卫生县城复审,群众幸福感大幅提高。进一步完善农村基础设施,新建防渗渠道29.32千米,维修加固堤坝59.39千米、主要输水渠道5.47千米,渠道清淤212.4千米;新建安居富民房3857套、农村公路260.34千米、自来水入户17996户,新(改)建农村配电线路178.8千米、农村厕所11667座、城乡公厕31座,农牧民生产生活条件得到明显改善。

一年来,我们聚焦“总目标”,转变作风,为民服务能力明显提升

过去的一年,我们始终坚持在县委的坚强领导下,依法全面履行政府职责,坚

持政府常务会议学法制度，遵守议事规则，行政决策制度科学、程序规范、民主高效。自觉接受人大法律监督和政协民主监督，全年办理县人大代表议案2件、建议22件，政协委员提案25件，受理县长信箱来信49件，办理质量和效率明显提高。严格政府投资项目招投标控制价审核和决算审计，审减资金7078万元。持续巩固和拓展政府系统“两学一做”学习教育常态化成果，扎实开展“聚焦总目标、作风再整顿”专项活动，突出抓好干部作风转变；严格落实党风廉政建设责任制，全面推进惩治和预防腐败体系建设，加强扶贫领域监督执纪和领导干部经济责任审计，依法开展草原生态奖补、扶贫等专项资金审计工作，扎实开展扶贫领域腐败和作风问题专项治理。

工会、共青团、妇联、残联、红十字会等群团组织在经济社会发展中发挥了重要作用，外事侨务、统计、档案、老龄等工作取得了新进展，驻县各单位为我县经济社会发展做出了新贡献。与一师四团“四同”机制进一步健全，兵地经济社会融合发展成效显著，“双拥”共建活动取得新成果，军民团结进一步巩固。

各位代表，我们必须清醒地看到，在发展的道路上，仍然有许多困难和问题，需要我们深刻反思和有效应对。一是影响社会和谐稳定的潜在因素较多且长期存在，维护民族团结和社会稳定的任务依然艰巨繁重。二是农业基础薄弱，产业化程度不高，规模以上企业数量少，二三产业发展滞后，优势资源转化程度不高，经济发展速度放缓。三是城镇化水平低，城乡差距明显，基础设施建设滞后，公共服务能力不足，群众收入门路不宽，脱贫攻坚的任务依然艰巨繁重，一些突出的民生问题急需解决。四是政府职能转变还不到位，“放管服”改革措施落实还不够彻底，个别政府部门依法行政意识还不强，一些领域的不正之风仍然存在。我们必须勇于面对和正视这些困难和问题，在今后的工作中采取有力措施，认真加以解决。

2019年工作安排

2019年，是新中国成立70周年，是持续贯彻中共十九大精神和全面建成小康社会承上启下的关键一年，是实现社会稳定三年基本常态的重要一年，也是实现脱贫“摘帽”的决胜之年。

2019年的总体要求是：坚持以习近平新时代中国特色社会主义思想为指导，坚定坚决贯彻落实中央和自治区党委、地委各项决策部署，以社会稳定和长治久安总目标为统领，以改革开放为动力，抓住全面从严治党“一个关键”，统筹推进社会稳定、脱贫攻坚“两大历史任务”，全力抓好融入丝绸之路经济带核心区建设、乡村振兴、全域旅游“三项重点工作”，不断夯实民族团结、宗教和睦和谐、意识形态领域反分裂斗争、边境安全“四个重要基础”，深入实施“九大惠民工程”，始终做到“十个坚定不移”，决战决胜脱贫攻坚战，努力建设富裕文明生态秀美全面小康长治久安的幸福乌什。

2019年的奋斗目标是:力争实现地方生产总值34.9亿元、同比增长9%,其中:第一产业10.9亿元、同比增长6.2%,第二产业6亿元、同比增长10.3%,第三产业18亿元、同比增长8.7%。完成全社会固定资产投资28.32亿元、同比增长15%,工业增加值2.3亿元、同比增长6%,公共财政预算收入1.8亿元、同比增长15%,社会消费品零售总额2.7亿元、同比增长10%,城镇居民人均可支配收入达到30707元、同比增长9.1%,农牧民人均纯收入达到11218.57元、同比增长10%。

完成上述目标,我们必须坚持以习近平新时代中国特色社会主义思想为指引,持续贯彻落实中共十九大、十九届二中、三中全会精神,自治区党委九届六次全会精神和地委(扩大)会议精神,坚决贯彻落实县委第十次全委(扩大)会议各项决策部署,按照"1+3+3+改革开放"工作总要求,统筹兼顾、突出重点,主动作为、务求实效,重点抓好以下几个方面的工作:

一、以实现如期脱贫为目标,坚决打好脱贫攻坚决胜战

坚持精准扶贫、精准脱贫基本方略,严格对照脱贫标准、准确把握退出程序,聚焦落实"六个精准",纵深推进"四个六"攻坚举措,持续深化"三个加大力度",确保3113户13012人脱贫、26个贫困村退出,全面完成脱贫"摘帽"任务。

——汇聚帮扶合力助推脱贫进程。进一步完善"1+4+46+10+16"脱贫攻坚工作体系④,强化落实各单位党政脱贫攻坚主体责任,深化县乡干部"一对一"精准帮扶工作,形成县乡村主要领导亲自负责、分管领导具体落实、全县上下共同参与脱贫攻坚的良好格局。结合"访惠聚"驻村工作,积极争取中央、自治区、地区定点帮扶单位支持,协调引进一批项目和企业助力脱贫攻坚。结合对口援疆工作,持续加大产业、就业、教育等领域对口支援力度,加速一批援疆项目落地见效。结合区内协作共建,加强与哈密市伊州区资金支持、人才支援、产业合作、劳务协作等方面的交往交流。结合兵地融合工作,推动一师四团在产业带动、劳务对接、人才支持等方面的融合发展。结合社会扶贫,充分发挥各类企业、社会组织扶贫作用,通过发展产业、对接市场、安置就业等多种方式帮助贫困户实现脱贫。

——落实帮扶措施凸显脱贫成效。持续推进"六个一批",加大贫困户转移就业力度,采取政府搭桥、订单式培训、多渠道输出就业等方式,力争年内实现贫困户整建制转移就业3000人以上;加大产业助脱贫力度、持续发展订单农业和黑木耳种植,全年订单种植番茄185.07公顷、鹰嘴豆83.53公顷、蔬菜249.53公顷、黑木耳23.27公顷,实现有条件的贫困村黑木耳种植全覆盖,继续鼓励贫困户以家禽、土地等方式入股分红,实现稳定增收;健全产业扶持贫困户和贫困村利益联结

机制，完善“基地＋卫星工厂＋村集体＋贫困户”的扶贫带动模式，强化农村电商、养殖小区、合作社等产业拉动作用，确保扶贫项目资金使用效益最大化。强化对已加入林果技术服务队、防洪应急队、自来水管道维护队、道路养护（环卫）队和护边员队伍贫困户的考核管理工作，严格落实工资待遇；落实好贫困户生态护林员和草场管护员每人每年1万元补助政策；执行好低保、扶贫“两线合一”政策，切实将符合条件、无法通过自己劳动摆脱贫困的贫困人口全部纳入农村低保范围。继续深入开展“冬季攻势”培训活动，强化扶贫领域干部队伍建设，加强大数据平台建设与应用，建强脱贫攻坚“一线指挥部”。坚持“资金跟着项目走、项目跟着规划走、规划跟着贫困群众需求走”的原则，健全完善2019年扶贫资金项目库，严格按照编制的项目计划，加快扶贫项目实施，加大资金拨付力度，确保各类项目保质保量如期完工，早日见效。

——强化政策保障确保脱贫质量。坚持将更多项目、资金、政策向深度贫困乡村倾斜，加快深度贫困村水、电、路、气、房等设施建设，新建贫困户安全住房479套，完成自来水管道改造118千米、电网改造550.8千米，新建农村道路100千米，全面补齐贫困乡村基础设施短板，切实改善贫困群众生产生活条件。进一步加强村级阵地、幼儿园（中心幼儿园）、文化活动场所、卫生室、广播电视、通讯网络等方面的建设力度，不断提升贫困村公共服务能力。大力实施健康扶贫“三个一批”行动计划，运用“基本医疗保险＋大病保险＋民政救助＋补助医疗保险”四重保障体系，有效解决农村建档立卡贫困人口因病致贫、因病返贫问题。全面落实学前教育、义务教育、高中阶段以及贫困大学生资助政策，切实解决好贫困家庭子女入学难问题。注重扶贫同扶智、扶志相结合，突出抓好文化扶贫和精神脱贫，深入开展脱贫攻坚“四个一批”典型挖掘宣传活动，不断激发贫困户内生动力，破除“等靠要”思想，增强脱贫致富信心。

——完善扶贫机制守好脱贫成果。进一步完善考核督查问责机制，紧盯关键环节，扎实开展巡察督查、跟踪督办，严格落实考核评价、激励表彰、责任追究等制度，确保各项扶贫措施落地见效。不断加大扶贫领域执纪问责力度，紧盯扶贫项目建设管理和资金监管使用等方面的问题线索，以“零容忍”态度严查责任落实不到位，不作为、慢作为、乱作为，挤占挪用、截留私分、虚报冒领扶贫资金等问题，以强有力的纪律保障为脱贫攻坚保驾护航，确保扶贫工作务实、脱贫过程扎实、脱贫结果真实。

二、以实现乡村振兴为目标，坚决打好强农惠农巩固战

坚持“产业兴旺、生态宜居、乡风文明、治理有效、生活富裕”二十字方针，以实施乡村振兴战略为总抓手，坚定不移做好新时代“三农”工作，统筹推进农业农村经济持续健康发展。

——调整优化种植产业结构。以农业供给侧结构性改革为主线,加快建设现代农业产业体系、生产体系、经营体系,推动现代农业发展。全面完成第二轮承包土地确权颁证,衔接落实再延长30年承包政策,稳步推进“三权分置”⑤,试点推行土地流转,发展多种形式的适度规模经营。按照“稳粮、抓特色”的农业发展思路,以“农民增收”为主线,不断优化种植结构,推广高产、优质、高效农业生产技术,稳定粮食生产、发展蔬菜产业,粮食种植面积保持在2.4万公顷以上、总产20万吨以上,种植经济作物0.4万公顷、番茄666.67公顷、鹰嘴豆666.67公顷;建设高产示范田0.67万公顷,划定生产功能区小麦2万公顷、玉米1.2万公顷、水稻0.67万公顷。

——持续推进林果业提质增效。坚持“稳定面积、转型升级、优化结构、提质增效”的发展思路,加快特色林果资源优势向产业优势转变,实现林果业质量和效益同步提高。采取行政与技术手段相结合的方式,严格执行示范园挂牌、验收、考核、通报等管理制度,充分发挥“典范引路、示范带动”作用,全面落实“春促、夏管、秋控、冬护”等技术措施,实施配方施肥、物化投入,由“扩果”向“管果”转变,不断提升林果业管护水平。2019年,新增果园面积0.13万公顷,实施林果业提质增效0.47万公顷,稳定核桃标准化管理2.08万公顷,改造核桃密植园666.67公顷,力争实现林果业收入12.7亿元,林果业人均纯收入达到4645元、同比增长3%。

——大力发展现代畜牧产业。坚持“稳羊增牛扩草、降本提质增效、产业化经营”总体思路,加快畜牧业增长方式转变,大力发展健康养殖,积极构建现代畜牧业产业体系,不断提升综合生产能力,切实保障产品供给和质量安全。大力推行饲草料基地和林下特色养殖,稳定家禽养殖规模,确保牲畜、家禽养殖数量都有新突破。推进“四良一规范”科学饲养模式,确保饲草料供需平衡。2019年,力争牲畜出栏61.12万头(只)、产肉2.81万吨,制作“三贮一化”⑥饲料20万吨、饲草收储42万吨,畜牧业人均纯收入达到2250元以上、同比增长10.5%。

——不断完善为农服务体系。加快农业科技成果转化,强化林果、畜牧专业技术人员培训,积极推广种植作物测土配方施肥和高效节水灌溉技术,不断提高土地产出率和水资源利用率。扎实做好重大动植物疫病防控工作,加强病虫害机械化防治队伍和基层兽医队伍建设,发挥病虫害防治监测中心、兽医实验室作用,加大信息技术服务力度,力争在产业发展的关键环节上取得新突破。强化农业基础设施建设和国家各项强农惠农政策落实,加强购机补贴管理、农机服务体系建设、农机安全生产等工作。2019年,力争实现农机总动力32.5万千瓦,创建国家级农机化示范区126.67公顷,实施深松作业0.13万公顷、高效节水0.33万公顷。

进一步完善县乡村三级为农服务网络,加大金融、保险、气象、电力等行业服务力度,建立健全多层次、全方位、多元化的为农服务体系。

——强力推动农业产业化进程。加速农村一二三产业融合发展,继续推进“百十一”基地建设,健全完善农产品质量体系、生产标准体系、质量安全追溯体系,强化标准化生产管理。持续巩固“十仓百企”企业联盟,吸纳自治区、地区级龙头企业、合作社组成精深加工联合体,不断壮大联盟企业队伍。持续深化衢乌交流合作,加快构建“十城百店”营销快车道。加大品牌培育与管理力度,集中打造核桃、鹰嘴豆、番茄、黑木耳、沙棘、畜产品等绿色生态品牌,坚持统一使用阿克苏区域公用品牌商标和二维码,将区域品牌与产品品牌、企业品牌相互融合、相互支持,不断提升品牌竞争力。2019 年,建立“百十一”林果基地 0.23 万公顷,粮食基地 0.16 万公顷。

三、以实现高质量发展为目标,坚决打好经济效益提升战

坚持经济发展稳中求进总基调,以提高发展质量和效益为中心,着力提升产业层次、做大产业规模,持续推动经济高质量发展。

——加强优势项目建设管理。强化“抓经济必须抓项目”的理念,全面落实项目管理“十套组合拳”⑦,严格执行调度督查、排名通报、挂牌督办、跟踪问效等措施,确保项目建设按计划高标准、高效率快速推进,年内争取上级资金 3 亿元以上,实施各类项目 94 个,完成投资 28.32 亿元。重点围绕脱贫攻坚,抓好投资额度大、带动能力强的产业类重大项目和易实施、见效快、受益面广的重点民生项目,年内力争新投产纺织服装和农副产品深加工企业 6 家以上,培育“小升规”企业 1 家,新建卫星工厂全部运营,排孜艾则孜水电站项目开工建设,汇源果汁、兴疆牧歌、金勺果业等产业项目顺利投产。

——提升招商引资工作成效。充分利用特色资源优势,不断完善招商引资优惠政策,采取飞地招商、跨县(市)招商、产业招商等模式,重点围绕产业链短板和劳动力就业需求,面向纺织服装、农副产品精深加工、装备制造、电子元件组装等劳动密集型产业,开展精准招商,力争落实招商引资到位资金 16.21 亿元。加强园区产业布局,引导项目资金、技术、人才等要素向园区集聚,进一步完善“一园两区”基础设施,着力提升产业承载力,为招商引资打好硬件基础。

——保持经济平稳健康运行。强化财税金融支撑作用,调整优化财政收支结构,压缩一般性支出,集中财力用于维护社会稳定和重大民生项目建设。加强与金融机构的合作,完善银企对接机制,引导金融机构加大对薄弱环节、重点领域、重大项目的资金支持力度。按照“四个一律”的要求,严格执行防范化解地方政府隐性债务风险的意见及隐性债务问责办法,确保申报投资计划符合财政承受能力

和政府投资能力,严防产生新的政府隐性债务。

——全面推进衢州对口援疆。按照“产业援疆促就业、民生援疆聚民心、智力援疆育人才”的思路,围绕基层维稳、民生保障、产业就业、教育保障、干部人才、交流交往六大领域援疆重点,用好“衢州有礼”对口支援政策优势,加强与衢州市的经济技术合作交流,鼓励衢州企业来乌投资兴业,实现优势互补、互利共赢、持续发展的良好局面。进一步拓宽援疆领域,推动衢乌两地在政治、经济、文化等方面的交流与合作,不断增进两地友谊。加大对援疆项目的跟踪服务和管理力度,全力解决好援疆项目实施过程中遇到的各种问题。2019 年,力争实施援疆项目 24 个,落实援疆资金 2.3 亿元。

四、以实现旅游兴县为目标,坚决打好三产发展升级战

以旅游业为龙头,以电商服务业为依托,把推动旅游、商贸物流、非公有制经济发展作为产业结构优化升级的战略重点,全力推动第三产业健康蓬勃发展。

——着力促进旅游业融合发展。大力实施“生态立县、旅游兴县”战略,依托生态资源、田园风光、民风民俗等优势发展乡村旅游,重点实施“十大工程”,努力将乌什打造成“新疆重要旅游目的地”。实施旅游“一把手”工程,加强旅游人才队伍建设,营造旅游发展良好环境。以提高游客满意度为目标,持续加大旅游厕所、停车场、加油站、通信、道路等基础设施建设力度,创建“乌什旅游”微信公众号和 App,推进旅游公共服务标准化、便利化、高效化、智慧化进程,补齐“三难两不畅”短板,做到旅游配套设施全覆盖,努力实现一部手机游乌什。结合乡村振兴战略和美丽乡村建设,高起点、高水平、高标准实施全域旅游提升项目,加快推进“杏花村”沙疗养生度假区和“核桃王”旅游小镇建设,继续实施燕泉山景区改造项目,着力提升景区的综合品位,办好杏花节、垂钓节、沙棘采摘节等“四季旅游”活动,构建旅游大格局。大力实施“旅游+”工程,不断拓宽旅游发展模式、开发特色旅游产品、打造旅游文化品牌,促进旅游业与农业、文化、康养、体育等相关产业和行业融合发展;推广应用“旅游+扶贫”模式成功经验,持续抓好 11 个自治区旅游扶贫示范点接待设施改造提升工作,重点培育特色乡村旅游点 3 处、乡村旅游接待户 10 家,精心打造 1 个特色旅游示范村,建设一条特色旅游街区,推出一批特色旅游产品,为有条件的行政村每村培养 1 名“旅游致富带头人”,实现乡村旅游资源高效利用,多渠道带动贫困户增收。大力完善旅游公共服务体系建设,规范旅游市场秩序,加快推进金融服务、中介服务、社区服务等现代服务业发展,不断提高餐饮住宿、休闲娱乐消费档次,着力提升服务业发展质量和水平。加强旅游整体营销力度,巩固自治区全域旅游示范区和 2 个 AAAA 级旅游景区创建成果,采取多种营销方式和渠道将旅游产品“打

包”宣传推介，不断提升“丝路泉城·养生乌什”“烽燧古道·远迈汉唐”品牌知名度和美誉度。力争2019年实现接待游客50万人次，实现旅游收入6000万元。

——积极活跃市场商贸流通。持续推进电子商务进农村综合示范工作，强化电商产业园和电商集散区功能，不断提升乡村电商服务站(点)服务能力，健全完善县乡村三级电商服务网络和服务体系，进一步打通消费品下乡和农产品进城的双向流通渠道；扎实开展电商人才培训工作，加大电商品牌创建和推广力度，提高电商培训孵化率；规范使用电商专项资金，加快物流寄递、餐饮住宿等服务行业发展，积极探索“电商+旅游”“电商+家政”“电商+访惠聚”等模式，促进电商规模化、规范化和多元化发展。2019年，力争创建电商品牌1~2个，实现村级电商服务点全覆盖，交易额增长10%以上，顺利通过“国家电子商务进农村综合示范县”验收。

——全面提升企业发展服务水平。持续深化“放管服”改革，加速推进政务服务事项网上办理和“一窗”分类受理工作，100个高频事项实现“最多跑一次”目标；逐步清理制约企业发展的体制障碍，放宽准入领域，在涉企收费、融资、土地、税收等方面创造更加宽松的发展环境。继续做好企业服务工作，研究制定帮助企业增强活力的配套政策，加大中小民营企业的扶持力度，培育具有竞争优势的规模型民营企业；不断细化便民服务措施，重点提升供电、供水、供气、供热等行业服务质量和效率，努力提升群众满意度。全面加强市场监管工作，进一步完善食品药品安全监管体制，创新监管方式，充分发挥三个中心市场监管所作用，全面构建食品药品安全大环境，切实保障好群众“舌尖上的安全”。

五、以实现全面小康为目标，坚决打好城乡发展融合战

坚持统筹规划、适度超前的方针，不断加快城乡基础设施建设步伐，缩小城乡差距，努力解决发展不平衡不充分的问题，夯实经济社会发展基础，提高人民群众生活水平，为建设幸福乌什创造良好硬件环境。

——推进新型城镇化建设。坚持“景城一体化”融合发展思路，建立健全多主体供给、多渠道保障、租购并举的住房制度，继续抓好城区棚户区改造工程，稳妥做好拆迁补偿及群众安置等工作，年内新建保障性住房2000套、棚户区改造500套。不断加快城市基础设施建设步伐，深入实施“厕所革命”，加强供水管网改造、市政基础设施维修维护，进一步优化居民生活环境。逐步完善燕泉河景观带服务功能，扎实做好城区主要街道绿化、美化、亮化工作，着力铸造“泉在城中流、城在泉中映、人在泉城游”的城市名片。持续推进城市环境卫生整治，建立健全物业小区卫生管理制度，常态化开展城区垃圾清运及卫生保洁工作。充分发挥融资平台作用，大力推行多种投融资合作模式，加快

城市基础设施建设项目的施工进度,确保污水处理厂达标排放,交通小区(二期)、新华小区、综合体育馆、团结大巴扎商贸中心全面竣工,南疆天然气利民工程乌什支线投入使用。

——改善农村基础设施条件。进一步加强农牧区特别是边远村组基础设施建设,大力推进“九到农家”工程;继续深化安居富民工程建设,新(改)建农村安居富民房3953套;不断完善村级基础设施,投入1200万元实施安全饮水提升、通村油路、动力电网、“村级惠民生”项目,加速电气化乌什进程,切实改善群众生产生活条件。重点抓好亚曼苏乡—别迭里边防公路、农村公路建设,加快推进大石峡水利枢纽、华能亚曼苏水电站、卡拉玉尔滚渡槽上下游防洪堤和阿合雅低位调蓄水库等重大项目建设,年内建设防渗渠10千米,新建防洪堤6.5千米,渠道清淤88千米,加固维护防洪坝20千米,切实提升洪灾防范能力。

六、以实现绿水青山为目标,坚决打好污染防治攻坚战

牢固树立社会主义生态文明观,始终坚持以习近平生态文明思想为根本遵循,以更大的力度,更扎实的措施,推进污染防治取得更大成效。

——坚决抓好环境保护。严守生态保护“三大红线”,实行最严格的生态环境保护机制,加强源头防治,严格落实产业准入负面清单,严禁“三高”项目进乌什;加大建设单位的监管力度,对重大项目提前介入,在环评审批、环境监测等重点环节实行全程超前服务;强化重点企业污染防治,认真落实国控、区控企业减排任务,推行环境标准化建设和环境信用评价等级评定,强化已建成减排设施的运行监管。抓好扬尘污染治理、燃煤治理及重点行业污染源治理,推动空气质量全面改善。推进城镇污水处理设施不断完善和稳定运行,提高城镇污水收集处理率;进一步加强饮用水源地环境保护,确保城乡居民饮水安全。强化农业面源污染治理,推动农业生产清洁化、产业模式生态化。扎实推进全国第二次污染源普查工作,持续抓好中央环保督查反馈问题的序时整改,努力打造天蓝、地绿、水清的养生乌什。

——切实改善生态环境。加快推进托什干河生态治理,继续实施好水土保持、退牧还草、退耕还林、天然林保护等生态修护补偿项目,大力弘扬“柯柯牙精神”,深入实施“三北”五期防护林体系建设与城乡绿化、农村防护林、国道219线绿色通道、重点公益林补植补造“四大生态工程”,年内计划植树造林0.13万公顷,实施退耕还林0.2万公顷,不断巩固国家重点生态功能区建设成果。严格落实草原生态保护补助奖励机制,继续做好草原禁牧和草畜平衡工作。实施农村人居环境整治三年行动,推进乡村道路硬化、夜间亮化、村庄美化工程,营造干净、整洁的乡村人居环境。

——全面促进资源节约。严格落实

环境保护目标责任制，切实把生态环境保护融入经济社会发展全过程。严格执行耕地保护和节约用地制度，严禁各类建设项目占用基本农田，严厉查处非法开垦土地行为。实施最严格的水资源管理制度，认真落实水资源管理“三条红线”，全面推行河长制，坚持“以水定地、以水定产业、以水定发展”的原则，严厉打击超采地下水行为。按照“谁开发、谁保护，谁破坏、谁恢复，谁污染、谁治理”的生态环境保护原则，执行政府“一支笔”审批制度、环境保护“一票否决”制度，落实环境保护和企业污染治理主体责任，不断加大对县域内河流、工矿企业的环境监管，进一步完善探矿权和采矿权申请、延续、变更、注销等相关管理制度，确保资源开发、项目建设在生态环境可承载范围以内。

七、以实现美好生活为目标，坚决打好民生事业普惠战

坚持以民生保障为着力点，以群众满意为落脚点，切实解决好与群众生活密切相关的教育、就业、医疗等问题，让各族群众共享改革发展的红利，不断提高人民群众的获得感、幸福感。

——强化就业和社会保障。坚持转移促就业、培训促就业、创业促就业“三轮驱动”，健全培训、就业、维权“三位一体”就业创业工作机制，通过“政策支持、创业扶持、平台支撑”等措施，以高校应届毕业生、就业困难群体、农村富余劳动力为重点，拓宽就业渠道、提升就业创业服务，加大企业稳岗支持力度，优化就业创业环境，提高农牧民工资性收入，年内力争完成农村富余劳动力转移就业 1.2 万人次，开展各类职业培训 990 人次，城镇新增就业 1200 人以上，确保城镇零就业家庭动态清零。加大创业政策扶持和服务力度，积极打造创业孵化园平台，鼓励创业带动就业。加快完善养老、医疗、生育、工伤、失业、流乞人员和流浪未成年人救助等社会保障机制，积极构建以城乡低保为基础，医疗、住房、教育、法律等专项救助为辅助的“8 +1”社会救助体系⑧，推进五项保险扩面收缴，城乡居民参保率达 95% 以上；按照“应保尽保、应退尽退”的原则，严格执行城乡低保动态管理制度；统筹抓好社会福利、公益慈善、救灾救济等工作，逐步实现城镇“三无”人员、农村“五保”人员集中供养和孤儿全部集中收养；突出抓好流乞孤残儿童救助安置等工作，实施贫困残疾人关爱工程、“七彩梦行动计划”、“爱心天使就业创业”等残疾人康复服务项目，筑牢社会保障安全网。

——大力发展科技和教育事业。不断加大教育基础设施投入力度，持续推进义务学校教育标准化建设和均衡化发展；大力推行“国家通用语言文字普及攻坚工程”，打造国家通用语言示范校 2 所、幼儿园 2 所；加强师资队伍建设，通过教师自主招聘、不胜任教师分流等措施，多渠道补充教师 650 名，不断提升教师队伍整体素质；以促进就业为导向，不断探索产教融合、校企合作的职业教育办学模式；扎实开展“三进两联一交友”活动，着力构

建学校、家庭、社会“三位一体”教育网络,力争创建“德育示范校”“依法治校示范校”“家长示范校”各1所,地区级平安校园4所、县级平安学校复验率达100%。大力实施“人才强县”战略,着力完善有利于培养、吸收和合理使用人才的配套政策,优化人才成长和鼓励创新的良好环境。加速科技成果转化应用,促进科学技术普及推广,认真做好各类科技项目及本级科技计划项目的征集、筛选、上报工作;持续开展“科技活动周”“科技之冬”等活动,加大科普e站建设力度,做好科技特派员、科技工作者及农牧民群众的培训工作,年内开展“科技之冬”培训485期、培训3.8万人次,“科技明白人”覆盖达90%以上。

——持续提高医疗卫生服务水平。以推进“健康乌什”为目标,持续深化医疗卫生体制改革,全面落实双向转诊、“一站式”服务和药品采购“两票制”,不断加快“医联体”“医共体”内涵建设;坚决落实健康扶贫政策,重点推进“三个一批”分类救治、“光明工程”专项救治行动,做到“发现一例、管理一例、救治一例”;加快县人民医院急救综合楼、妇幼保健院建设进度,持续巩固乡(镇)卫生院和村卫生室标准化建设成果,实现远程医疗全覆盖,全面加大基层医疗服务人员的培训培养力度,进一步提升基层医疗服务水平;持续推进全民免费健康体检,不断扩大家庭医生签约服务规模,认真做好妇幼保健、卫生监督、免疫规划、地方病防治、艾滋病防控等工作,健全公共卫生应急机制,进一步提升公共卫生服务能力。全面推广“农村两孩”政策,将贫困户、农村党员、村干部等人群纳入“农村两孩”政策试点范围,加大计划生育家庭惠民政策和资金倾斜力度,完善考核评价体系,坚决落实“一票否决”;大力开展“婚育新风进万家”“人口知识进校园”等活动,扎实开展“三查一治”工作,努力创建“自治区级计划生育优质服务先进县”。

——不断繁荣文化体育事业。坚持以现代文化为引领,实施文化精品战略,大力宣传新中国成立70周年伟大成就,抓好《奔腾的托什干河》(暂定名)宣传工作,讲好乌什故事、传播乌什声音、展示乌什形象,不断提升乌什文化软实力;认真抓好文明单位、文明校园、文明家庭、“十星级文明户”和“最美人物”创建评选工作,持续推进“四大文明行动”,不断巩固和深化文明创建成果。积极推进村级文化阵地建设,继续做好“三馆一站”免费开放工作,充分发挥群众主体作用,深入开展“一月一主题”等文化活动,全面落实“百千万”、“东风工程”、“文化下乡”、“户户通”、农村电影放映等文化惠民工程,年内开展“送图书下乡”“送戏下乡”“送电影下乡”活动不少于1640场次。广泛开展全民健身运动,促进群众体育和竞技体育全面发展,年内力争开展大型体育活动不少于4场次、百日文化广场活动不少于50场次、乡村百日文体活动不少于400场次,大力弘扬中华优秀传统文化,让各族群众共享文化发展成果。加大文化市场监管,强化“扫黄打非”工作力度,努力营造健康向上的文化氛围。

八、以实现和睦和谐为目标,坚决打好民族团结阵地战

始终坚持抓牢民族团结这一生命线,深化民族团结进步教育,筑牢中华民族共同体意识,加强交往交流交融,促进各民族像石榴籽一样紧紧抱在一起,共同团结奋斗、共同繁荣发展。

——持续深化民族团结。深入开展党的民族理论、民族政策、民族团结典型事迹宣传工作,将民族团结教育纳入国民教育、公民道德教育、法治教育、精神文明建设全过程,严格落实《新疆维吾尔自治区民族团结进步工作条例》,引导群众牢固树立“三个离不开”、“五个认同”和中华民族共同体意识,巩固和发展平等、团结、互助、和谐的民族关系。深化民族团结创建活动,强化细胞工程建设,打造民族团结嵌入式示范点8个,积极营造各族群众相互交往交流交融的良好氛围。按照“成熟一个、申报一个、逐级申报”的原则,积极推荐国家级、自治区级、地区级民族团结先进集体和先进个人,大力挖掘选树民族团结进步模范集体、模范家庭、模范个人,引导各族群众争当民族团结的模范,打牢民族团结的感情基础和社会基础。

九、以实现廉洁高效为目标,坚决打好作风建设持久战

新形势、新任务对政府工作能力、服务水平提出了新的更高要求。我们将进一步加强自身建设,勤勉履职、开拓创新、勇于担当、甘于奉献,以更大的作为推动发展,以良好的形象取信于民。

——坚持党的领导。坚定理想信念,始终在思想上、政治上和行动上同以习近平同志为核心的党中央保持高度一致,充分发挥政府系统党组织的领导核心作用,牢固树立“四个意识”,坚定“四个自信”,坚决做到“两个维护”,严守政治纪律、政治规矩,坚持把政府的一切工作都置于党的领导之下,始终坚定正确的政治方向,确保党中央治疆方略特别是社会稳定和长治久安总目标及自治区党委、地委、县委的各项决策部署落地见效。

——坚持狠抓落实。“实”字当头、“干”字为先,大兴“崇尚实干、狠抓落实”之风。完善激励约束、容错纠错机制,旗帜鲜明地给积极干事者撑腰鼓劲,对庸政懒政者严肃问责。坚持讲实话、出实招、干实事,决不能表态多调门高、行动少落实差,决不允许占着位置不干事。进一步加大督查、督办、督导工作力度,健全并严格执行工作责任制,确保重点工作、重大事项层层分解、落实到人。始终保持群众感情、工作热情和干事激情,实现好、维护好、发展好最广大人民群众的根本利益。

——坚持依法行政。遵循权责法定原则,严格执行政府工作规则,着力提升政府工作的法治化水平。自觉接受人大和政协监督,主动接受舆论和公众监督,

拓宽政府信息公开范围,提高政府工作透明度和群众满意度。进一步加强行政监察和行政复议,严格按照法定权限和程序管理经济社会事务,不断规范行政执法,坚决查处履责不力、滥用职权、执法不公、以权谋私等行为,不断提高政府公信力和依法行政能力。

——坚持勤政廉洁。持续推进“两学一做”学习教育常态化制度化,驰而不息的整治“四风”“四气”,特别是不作为、慢作为、乱作为等突出问题。落实民主集中制原则和重大事项报告制度,加强审计监督和财政监管,强化政府采购、工程招投标等公共资源交易领域的监管,从源头上控制腐败。深入开展党风廉政建设,层层压实责任,抓好风险防控管理,巩固发展反腐败斗争压倒性态势,坚决遏制损害群众利益的不正之风。坚持勤俭办事、厉行节约,把有限的资源和财力用到经济社会发展和民生改善最需要的地方。

名词解释:

①**农村电商“12366”工程:**打造一个县级电子商务产业园,建设电子商务培训和大学生创业孵化两个基地,形成公共服务、网货配送、金融服务三个中心,加强电商服务村级阵地、供销社、邮政物流、创业个体、农业合作社、蔬菜配送站六大基层站点建设,开展电子商务分类培训、引进企业注册本地公司、建设本土人才队伍、强化品牌管理、落实网络全覆盖、农产品仓储前移内地六大服务项目建设。

②**双随机一公开:**在监管过程中随机抽取检查对象,随机选派执法检查人员,抽查情况及查处结果及时向社会公开。

③**残疾人“两项补贴”:**困难残疾人生活补贴、重度残疾人护理补贴。

④**“1+4+46+10+16”脱贫攻坚工作体系:**“1”是指乌什县深度贫困地区脱贫实施方案;“4”是指四个深度贫困乡镇脱贫实施方案;“46”是指46个深度贫困村脱贫实施方案;“10”是十大专项行动;“16”是乌什县成立16个深度贫困脱贫攻坚专项组。

⑤**三权分置:**所有权、承包权、经营权。

⑥**三贮一化:**青贮、黄贮、微贮和氨化。

⑦**项目管理“十套组合拳”:**责任分包、倒排工期、每周例会、进度旬报、专项督查、排名通报、每月调度、季度考核、跟踪督办、奖惩问责。

⑧**“8+1”社会救助体系:**最低生活保障、特困人员供养、受灾人员救助、医疗救助、教育救助、住房救助、就业救助、临时救助社会慈善事业。

大 事 记

1 月

8 日 乌什县妇联举办学习中共十九大精神“巾帼心向党 建功新时代”主题演讲比赛，各乡（镇）、县直及驻县各单位、各驻村工作队共 31 名妇女干部参加比赛。

9 日 乌什县市场监督管理局组织开展学校、幼儿园食堂食品安全巡查活动，确保全县师生饮食安全。

10 日 衢州市援乌指挥部为乌什县人民医院捐赠的价值 200 万元的医疗设备正式投入使用。设备包括多功能病床、液晶三维多功能颈腰椎牵引床、神经外科动力系统、灰阶显示器、麻醉机、超声高频外科集成系统、腔内气压弹道碎石机、输尿管肾镜等。

是日 阿克苏地区乡（镇）妇联组织区域化改革现场推进会在乌什县阿恰塔格乡召开。各县（市）妇联主要负责人、妇女代表共 23 人参加会议。

是日 乌什县阿恰塔格乡为加依塔格村 50 户贫困户发放缝纫机，拓宽贫困户家庭就业、增收途径。

12 日 政协乌什县第十四届委员会第三次会议在县行政服务中心召开。会议以举手表决等额选举的方式选举陈瑞喜为政协乌什县第十四届委员会副主席，一致通过政协乌什县第十四届委员会第三次会议常委会报告决议、提案工作报告决议、政治决议，审议通过政协乌什县第十四届委员会提案审查委员会关于十四届三次会议提案审查情况的报告，对 2017 年度 7 个提案承办先进单位、5 个优秀乡（镇）政协联络组和 10 名优秀政协委员、10 名提案先进个人进行表彰。会议期间，参会各界委员向大会提交提案、意见和建议 81 件。

16 日 乌什县监察委员会揭牌仪式在县委后楼举行。

25 日 乌什县土地清理工作动员大会在县影剧院召开。

31 日 乌什县市场监督管理局对全县酒类生产企业、酒类专卖店、超市、酒类加工小作坊、散装酒零售点等酒类生产经营单位开展专项整治，对不按照规定进行查验登记、不落实索证索票的 3 家经营单位及 2 家餐饮服务提供者下达责令改正通知书，现场指导整改 15 家。

是月 乌什县审计局对 6 乡 3 镇扶贫领域专项资金审计问题整改情况进行督察，对资金使用过程中的困难和问题进行调研，对资金如何规范合规使用进行专题培训。其间,共召开座谈会9次,各乡(镇)党委书记、乡(镇)长、分管扶贫工作副职领导、财政所所长、扶贫干事50人参加会议。

2月

9日 乌什县在县博物馆二楼举办“幸福中国年·乌什书画展”暨“新春对联到家门·幸福和谐中国年”写对联、送对联活动,全县社会各界书法爱好者和机关干部、教师、环卫工人、社区居民200人参加活动。

22日 乌什县委农办下发渠道维修和清淤通知,在春灌前2月15日至3月1日、春灌结束5月10日至6月20日、8月14至20日期间,完成主要输水渠道维修5.47千米、渠道清淤212.4千米、维修闸口26座,确保农业灌溉正常开展。

3月

5日 乌什县市场监督管理局联合县农业局、公安局、种子站、农业技术推广站等部门,对全县6乡3镇的农资经营点进行联合大检查,共出动执法人员62人次,出动执法车辆24台次,检查农资产品经营店27家,没收过期种子107袋。

是日 浙江省考察组一行到乌什县考察“科技援疆万亩亿元增收示范工程”。

5—8日 乌什县妇联联合县妇幼保健院对全县近200名女性干部职工开展“两癌”免费筛查活动。

5—28日 乌什县档案局先后在阿克托海乡、亚科瑞克乡开展精准识别阶段档案资料收集整理归档指导工作,其间,共整理各类档案562件157卷。

8日 自治区林业厅扶贫办工作组到乌什县进行林业精准扶贫工作对接,在县林业局三楼会议室召开座谈会。县委常委王俊武,县林业局、财政局、扶贫办等相关部门负责人参加会议。

是日 乌什县妇联组织县委机关各族女干部开展庆“三八”、“民族团结一家亲”干部趣味游戏等活动。

14日 中央水利部稽察小组到乌什县,对秋格尔拦河闸下游防洪工程进行稽察。

15日 乌什县市场监督管理局联合县公安局、文广局、法院、消防大队等27家消费维权成员单位及金融、保险、通信等7家企业,以“品质消费 美好生活”为主题共同开展“3·15”国际消费者权益日宣传咨询服务活动。发放宣传材料2800份,解答各类咨询360人次,受理投诉2件,强化消费者的维权意识和防范能力。

27日 乌什县“贫困母亲两癌救助金”暨“爱心一元捐”临时救助金发放仪式在县委二楼会议室举行,为9名符合条件的“两癌”患病妇女发放救助金9万元,用募集的“爱心一元捐”资金为4名患重病、大病妇女发放临时救助金8160元。

29 日　乌什县组织干部职工在阿合雅镇植树基地召开春季植树造林动员会。

是日　自治区以“特色林果带来绿色财富”为主题的“推进南疆特色林果业提质增效、助力脱贫攻坚”首场活动在乌什县奥特贝希乡库木布隆村举行。

4 月

1 日　乌什县召开 2018 年春季农业生产和脱贫攻坚现场会。

2 日　乌什县依麻木镇托万克麦盖提村黑木耳种植推广工作正式启动。启动仪式上，自治区党委组织部、老干部局驻村工作队负责人为该村 13 户种植黑木耳的示范户发放 3000 个培育好的木耳菌棒，帮助农民增收致富。

4 日　乌什县全国“两会”精神和党的惠民政策巡回宣讲报告会在阿合雅镇果鲁克村和尤喀克阿合雅村召开，1000 余名群众聆听宣讲。

7 日　乌什县宣传思想文化、教科、卫生暨计划生育工作会议在县委党校会议室召开，会议对 10 名乌什县首届“感动乌什十大人物”进行表彰。

8 日　乌什县“民族团结一家亲示范街”经营户及周边个体工商户在海尔巴格餐厅举行“民族团结一家亲”联谊活动，全县个私从业人员和结对“亲戚”120 人参加活动。

10 日　乌什县乌什镇新城社区举办以“婚育新风进万家 创造新型婚育文化”为主题的集体婚礼，27 对来自乌什镇、亚科瑞克乡、亚曼苏柯尔克孜民族乡的新人喜结连理。

16 日　乌什县组织开展打击食品非法添加和滥用食品添加剂专项整治行动，检查食品生产企业 11 家、小作坊 8 家、学校食堂 12 家、餐饮店 9 家。

21 日　乌什县召开脱贫攻坚现场观摩推进会暨 2017 年度“访惠聚”驻村工作、村级组织“星级化”创建工作表彰大会。

25 日　阿克苏地区精准扶贫档案工作推进会在乌什县召开。地区档案局、地区扶贫办主要负责人及各县（市）档案局、扶贫办负责人、扶贫专干等 80 人参加会议。与会人员先后到亚科瑞克乡依力克其墩村、阿克托海乡苏依提喀村现场观摩精准扶贫档案整理、贫困户档案核实等情况。

是月　自治区喀赞布拉克水厂饮水安全巩固提升工程项目第二期工程投资计划正式下达，乌什县获批专项资金 2741 万元，用于铺设输水管网 476.74 千米，新建沉淀池 1 座、调蓄池 2 座、消毒间 1 座、闸阀井 265 座、户表井 700 座、管道交叉建筑物 97 处、水源保护 1 处、自来水入户 2800 户。

是月　自治区发改委下达 2018 年中央财政预算内第一批以工代赈计划项目，乌什县争取项目 9 个，涉及中央预算内投资 6000 万元。投资计划项目主要用于乡村道路建设和农田水利建设，其中乡村道路建设8个,总投资5240万元;农田水利建设1个,总投资760万元。

5月

4日 乌什县召开2018年春季田间管理暨产业扶贫现场推进会。

9—10日 阿克苏地区发改委督察组到乌什县督察易地扶贫搬迁及游牧民定居项目,主要采取查阅文件资料、检查账簿凭证、核对账户资金、实地查看项目、随机走访等方式,追踪检查项目实施情况。

15日 乌什县组织200名生态护林员对湿地公园沙棘林进行抚育,共涉及乌什县国家级公益林林区16林班、8小班区域内的沙棘林面积106.67公顷。

19日 乌什县人民医院与依麻木镇、英阿瓦提乡及亚曼苏柯尔克孜民族乡卫生院"医共体"建设启动仪式先后在3个乡(镇)卫生院举行。

25日 阿克苏地区科技特派专家一行4人到乌什县,对英阿瓦提乡特日木村核桃示范园、畜牧合作社和农户庭院开展现场技术指导培训,现场解答群众提出的问题。

27—28日 自治区卫生计生委扶贫办、自治区第一济困医院督导组到乌什县,现场督导各医疗机构健康扶贫措施落实情况,了解建档立卡贫困人口"先诊疗后付费"、一站式结算等工作运行情况,在依麻木镇亚贝希村开展健康扶贫政策宣讲。

29日 衢州市柯城区人民医院调研组到乌什县人民医院调研指导工作。

是日 乌什县妇联联合县委组织部、老干部局、党校、总工会、团县委、残联、民政局、乌什镇人民政府等部门,在乌什县衢州综合社会福利中心开展"大手拉小手 爱心在行动"暨庆"六一"系列活动。

6月

2日 乌什县召开全民健康体检动员会暨结核病防治工作协调会,县全民健康体检工作及结核病防治工作领导小组各成员单位负责人、各乡(镇)卫生院院长、防疫专干、妇幼专干及相关科室负责人共75人参加会议。

4日 乌什县委宣传部在党校学术报告厅举行"习近平新时代中国特色社会主义思想和中共十九大精神"知识竞赛,全县干部、群众510人参加活动。

15日 乌什县喀赞布拉克水厂饮水安全巩固提升工程一标主管道注水排气;21日,乌什县喀赞布拉克水厂饮水安全巩固提升工程二标主管道进行通水试验。

19—21日 乌什县档案局开展"国际档案日"走进档案馆活动,向全县各单位开放县档案馆爱国主义教育基地展厅。县老干部局、司法局、政府办等7家单位154人参加活动。

20日 阿克苏地区美丽乡村暨文明单位创建工作推进会在乌什县召开,地区及各级文明单位主要负责人150人参加活动。

23日 乌什县国土资源局联合县国土资源执法监察大队开展第28个“全国土地日”主题宣传活动。

24日 南疆天然气利民工程乌什支线项目奠基仪式在乌什县举行。县发改委、商信委、招商局、园区办等30个部门150人参加奠基仪式。南疆天然气利民工程乌什支线项目属南疆天然气利民新增二支线工程的乌什支线，项目总投资1.03亿元，由中国石油塔里木油田公司承建。该项目建成后每年可为全县提供5000万立方米输气量，直接惠及群众22.8万人。

26—30日 乌什县林业有害生物防治站为各乡(镇)统一发放黄板1.05万张、苦参碱500千克、杀蛉脲300千克，帮助果农开展林果业病虫害防治工作。

7月

1—2日 乌什县卫生局、教育局、科协依托“诺华健康快车”项目，在学校巡回开展健康教育讲座6场次，乌什县一校、二校三年级以上班级1100名学生受教。

4日 乌什县2018年3857户安居富民房自来水入户工程在地区完成招投标工作。

是日 乌什县举办第三届“大美新疆·大爱故事”讲故事大赛暨文明创建推进会，各乡(镇)、县直及驻县各单位分管领导和干部200人参加活动。

17日 乌什县阿克托海乡等6乡2镇农村备用水源和主管网改造项目在地区公共资源交易中心召开工程开标会。

20日 国家税务总局乌什县税务局正式挂牌。

25日 乌什县农机局、公安交警大队联合举办的道路交通安全培训班，先后完成全县6乡3镇655名劝导员培训，强化村级劝导员农机安全和文明出行意识。

28日 乌什县召开第二十个党风廉政教育月警示教育大会，通过集中通报查处违纪情况、剖析违纪违法典型案件，用身边事教育身边人。

8月

1日 乌什县电子商务公共服务中心以“返乡大学生微营销培训”为主题，对英阿瓦提乡150名返乡大学生进行专题辅导，助力农村电商发展。

是日 地区调研组一行到乌什县英阿瓦提乡，调研乌什县与一师四团永宁镇工作。

是日 乌什县残联组织发放上半年残疾人“两项补贴”(困难残疾人生活补贴和重度残疾人护理补贴)283.42万元，涉及重度残疾人3829人次、困难残疾人7980人次，保障和改善残疾人基本生活。

2日 浙江省衢州市政协考察团到乌什县考察援乌项目，先后考察新疆振兴园牧业有限责任公司、乌什县欣禧源葡萄酒业有限公司万亩葡萄园基地、阿克苏金勺果业有限公司、乌什·衢州新时代创新大厦、燕泉山旅游援乌项目、燕泉河景观带衢乌情雕塑、衢州风情廊等援乌项目,看望慰问衢州市援乌干部,与援乌干部座谈,详细了解工作、生活情况。

3日　乌什县林业有害生物飞机防治黄刺蛾工作全面启动,采取喷洒生物制剂的方式,由1架直升机分3个作业区完成,第一作业区为阿克托海乡、乌什镇、奥特贝希乡、亚曼苏乡,第二作业区为依麻木镇、亚科瑞克乡、英阿瓦提乡,第三作业区为阿合雅镇、阿恰塔格乡。计划飞行100架次,喷施苦参碱6吨、尿素2.5吨,防治核桃果树1.33万公顷。

6日　乌什县防汛抗旱总指挥部在阿合雅镇果鲁克村开展山洪灾害防御应急演练。

7日　乌什县市场监督管理局与旅游局联合举办旅游扶贫就业人员特种设备操作取证培训班,为乌什县乡村旅游合作社40名驾驶旅游观光车的贫困户免费进行特种设备操作人员取证培训。

7—12日　自治区城乡建设用地增减挂钩项目技术检查组和地区国土资源局对乌什县城乡建设用地增减挂钩项目实施情况进行技术检查。

14日　乌什县举办“互联网+政务服务”一体化平台权力清单标准化建设推广应用培训班,县直及驻县37个单位45名业务人员参加培训。

是日　阿克苏地区基层组织建设暨“访惠聚”驻村工作现场推进会在乌什县召开。

20日　阿克苏地区聋儿语训中心在乌什县针对前期初查的25名0~6岁听障儿童开展为期一天的筛查。

是日　地区外侨办(侨联)在乌什县亚科瑞克乡皮羌村举行扶贫羊发放仪式,该村“两委”班子成员、村民代表257人参加发放仪式。

是日　乌什县阿克托海乡、亚科瑞克乡等辖区内6个饮水安全巩固提升工程施工单位进场,业主、施工、监理三方现场交桩。

21日　乌什县阿恰塔格乡在加依塔格村村委会举行广场舞大赛,全乡13支代表队参赛。

是日　地区残联检查组到乌什县检查指导贫困残疾人脱贫攻坚工作。

24日　乌什县汗代克吉然灌区骨干工程节水改造项目(阿合雅镇托什干河生态治理工程放水渠)全面开工,项目总投资1500万元。

25日　乌什县被授予自治区全域旅游示范区称号。

28日　乌什县核桃分品种采摘及品种改良打标记现场推进会在依麻木镇亚贝希村召开,各乡(镇)分管领导、林管站专业技术人员等110人参加会议。通过实地观摩核桃提质增效示范基地建设、现场技术指导培训等方式,讲解不同核桃品种果实、叶片、枝条等细微区别,明确核桃分品种采摘及品种改良打标记相关技术要点。

29—31 日 衢州市 2018 年第二期短期援乌医疗队到乌什县，该医疗队由衢州市卫生计生委、人民医院、中医医院、保健办、疾控中心、妇幼保健院组成，在乌什县人民医院开展短期传帮带教工作。

9 月

6—7 日 浙江省绍兴商会、衢州市宜视眼科医院周武英眼科团队到乌什县开展短期服务工作，该团队由衢州市援乌指挥部牵线，服务项目为免费实施白内障手术，为乌什县捐赠面包车 1 辆。

7 日 乌什县首个“老科技工作者协会”正式成立。

是日 自治区残联调研组到乌什县，对贫困残疾人脱贫攻坚工作开展情况进行实地调研指导。

是日 地区中医医院 9 名专家到乌什县人民医院，开展 2018 年“服务百姓健康行动”全国大型义诊活动。

10 日 乌什县启动全县 79 所学校 41793 名学生健康体检项目。

10—14 日 乌什县组织宣讲队到乡（镇）、村（社区）开展党的惠农惠民政策进万家宣讲活动，共宣讲 27 场次，宣传教育群众 7500 人次。

12 日 国家卫健委 2018 年“根在基层”青年干部调研组一行 10 人到乌什县，在乌什县人民医院调研健康扶贫工作。

15 日 地委组织部带领由厅级退休干部及地直单位退休干部、优秀党务工作者代表 28 人组成的老干部参观团到乌什县参观考察。

15—16 日 乌什县人民医院“白求恩医疗志愿者服务队”联合衢州援乌医疗队先后到阿恰塔格乡加依塔格村和乌什镇大巴扎开展义诊活动。

17 日 阿克苏地区行政服务中心组织人员到乌什县开展推广应用“互联网 + 政务服务”综合平台相关业务指导培训，乌什县 41 家相关单位 123 名业务人员参加培训。

20 日 乌什县统计局在县城大十字路口、亚科瑞克乡巴扎开展第九届“中国统计开放日 · 走进四经普”宣传活动。

21 日 阿克苏地区卫生系统主办的首届“健康阿克苏、我们在行动”男子篮球比赛开幕式在乌什县人民医院文化体育场举行，各县（市）130 名参赛运动员参加开幕式。

是日 阿克苏地区安监局巡查组到乌什县各企业开展安全生产巡查工作，排查企业安全隐患，督促施工企业落实安全生产责任。

22 日 乌什县举办中华人民共和国成立 69 周年、改革开放 40 年乡村文艺大赛，各族干部群众 520 人参加活动。

28 日 教育部经费监管事务中心一行 6 人到乌什县，对中央专项彩票公益金教育助学项目实施情况和资金使用效果开展绩效评价，对 2007—2017 年中央专项彩票公益金学生资助项目(滋蕙计划、大学新生入学资助项目)、教师资助项目(励耕计划、幼儿教师资助项目)和工程建设项目开展调研和评价指标体系核验工作。

是日 乌什县举办"幸福乌什·舞动人生"迎国庆广场舞大赛,全县6乡3镇9支代表队、2支助演队1100人参加。

是日 乌什县脱贫攻坚问题整改推进会暨2018年度扶贫对象动态管理和信息采集工作动员会在亚科瑞克乡亚巴格村召开。县四套班子领导、县扶贫开发领导小组成员单位负责人及县扶贫办全体干部,各乡(镇)党委书记、分管领导及负责扶贫动态管理工作的干部,108个行政村的第一书记、扶贫专干460人参加会议。

10月

5日 乌什县召开黑木耳采摘销售暨生产管理技术培训现场会,对4个乡(镇)134名2019年拟种植黑木耳的村干部、合作社理事、操作工、农技站技术员进行培训。

6日 新和县人民医院服务基层义诊团一行4人到乌什县人民医院,开展2018年地区优秀人才服务基层义诊活动。

12日 阿克苏地区畜牧兽医局检查组到乌什县检查游牧民定居项目实施进展情况。

16—17日 新疆农业职业技术学院讲师团一行4人到乌什县开展畜牧业技术培训。培训分两期进行,第一期设在乌什县农业综合大楼会议室,培训对象为县城周边乡(镇)100名养殖户;第二期设在英阿瓦提乡贡格拉提村,培训对象为英阿瓦提乡60名养殖户。

17日 衢州市特种设备检验中心调研组到乌什县调研特种设备安全监管工作,先后到乌什县燕山游乐场、乌什县别迭里旅游发展有限公司、乌什县人民医院了解企业特种设备安全运行情况,重点查看企业特种设备管理制度、设备台账和检验检测及特种设备应急救援预案制定等情况。

28日 乌什县开展"党纪印我心"——《中国共产党纪律处分条例》知识竞赛。

是月 乌什县提高城乡居民基本养老保险基础养老金最低标准,由每人每月115元提高至每人每月140元。即中央基础养老金最低标准由每人每月70元提高至88元,增加18元;自治区基础养老金最低标准由每人每月45元提高至52元,增加7元。提高的基础养老金从2018年1月1日起补发,2018年10月全部调整到位,共补发调资金额307万元,1.23万人受益。

11月

1日 院线电影《奔腾的托什干河》开机仪式在乌什县依麻木镇国家通用语言小学举行。

6 日 自治区妇联发展部、地区妇联督察组到乌什县，对 2017 年受益的 4 家南疆纺织服装“星火项目”企业、2018 年新申请的 8 家“星火项目”企业、1 家全国巾帼示范基地的建设规模、运行情况进行实地督查和现场指导。

是日 乌什县丝路科技袜业有限责任公司获“全国巾帼脱贫示范基地”称号，举行现场授牌仪式，获扶持资金 5 万元。

9 日 乌什县消防大队举办第一届全民消防运动会，乌什县消防重点单位微型消防站和便民警务站 52 人参加活动。

14 日 阿克苏地区水利局完成乌什县加恩巴依洪沟防洪工程、乌什县牙满牙防洪工程、乌什县南山依麻木镇托普浪吉然段应急防洪工程阶段验收工作。

11 月 16 日至 12 月 2 日 乌什县审计局对乌什县 2017 年 10 月至 2018 年 10 月支持新疆发展资金和项目进行跟踪审计，涉及 2017 年安居富民、乌什县轻工业园区供水、供暖管网建设、游牧民定居等 12 个援乌项目。

22 日 乌什县妇联联合团县委召开“美丽庭院”建设现场推进会，县妇联、团县委及各乡（镇）妇联、团委干部职工 35 人参加会议。

26 日 自治区贫困残疾人脱贫攻坚工作推进会在乌什县召开，伊犁、阿勒泰、哈密、喀什、和田等 14 个地州（市）35 个贫困县 110 名代表参加会议。与会人员先后参观新疆振兴园牧业有限责任公司、乌什县鼎力服装商贸公司、乌什县奥特贝希乡电子商务服务站、乌什县阿合雅镇老年养护院。

30 日 乌什县阿克托海乡、亚科瑞克乡等 6 个饮水安全巩固提升工程经业主、设计、监理、施工单位分部工程验收通过。

12 月

7 日 乌什县妇女第十二次代表大会在县委党校召开，全县 171 名妇女代表参加会议。会议选举产生乌什县妇联第十二届执行委员会主席 1 名、副主席 2 名、常务委员 13 名。

8 日 乌什县阿合雅镇尤喀克阿合雅村举行 2018 年第一批旅游扶贫分红发放仪式，全村 40 户建档立卡贫困户每户领到 1500 元红利。

是日 温州市第一幼儿园儿童冬衣捐赠仪式在乌什县亚曼苏柯尔克孜民族乡中心幼儿园举行，现场向该乡捐赠 1000 套儿童冬衣。

17 日 乌什县基层卫生人才能力提升培训项目正式启动。

24—25 日 自治区医改处一行 3 人到乌什县，调研公立医院改革工作。

25 日 乌什县特色林果业冬春季管理暨乡村环境整治现场推进会召开，各乡（镇）主要领导、分管领导、林管站站长及县直有关单位负责人 52 人参加会议。

是日 自治区人民医院组建医疗队到乌什县开展健康知识宣教及大型义诊活动。

27日　乌什县召开“万人大宣讲”动员会,县四套班子在家领导、各乡(镇)党政主要领导、县直及驻县各单位负责人参加会议。

28日　乌什县人民政府牵头,联合建设、设计、监理、施工、运行管理等单位,对乌什县喀赞布拉克水厂饮水安全巩固提升工程进行预验收,工程评定为合格。

29日　乌什县2018年儿童营养改善项目启动会暨儿童营养与喂养培训班召开,乌什县妇幼保健院、乌什县人民医院及各乡(镇)卫生院35人参会。

是日　乌什县在依麻木镇举行各乡(镇)纪委检查委员会(监察办公室)揭牌仪式。

是月　乌什县实施农村土地经营权确权颁证登记工作,年底通过自治区验收。

县情概览

建置区划

【历史沿革】 汉代以前,乌什为西域三十六国的温宿国、龟兹国属地。西汉神爵二年(公元前60年),西汉中央政府统一西域,设西域都护府作为管理西域广大地区的最高军政机构,龟兹国归属于西域都护府管辖,包括乌什县在内的新疆广大地区正式纳入祖国版图。隋唐时,唐中央政府设立的龟兹都督府管辖温肃州,乌什为温肃州辖地。元明时期,包括乌什在内的新疆广大地区为东察合台汗国属地。清乾隆年间,清政府设乌什办事大臣,并定其名为乌什。清光绪九年(1883年),置乌什直隶厅,隶属阿克苏道。民国2年(1913年),北洋中央政府改乌什直隶厅为乌什县,仍隶属于阿克苏道。1949年9月25日,新疆和平解放,1950年5月1日,成立乌什县人民政府,隶属阿克苏区行政督察专员公署(后易名为阿克苏专员公署)。1978年11月,乌什县隶属阿克苏地区行政公署。至2018年12月,乌什县隶属关系不变。

【行政区划】 2018年,乌什县辖3镇、6乡,11个社区居民委员会、107个行政村、537个村民小组。

地理环境

【地理位置】 乌什县位于新疆天山南麓、塔里木盆地西北边缘。地理坐标为北纬40°43′08″~41°51′12″、东经78°23′41″~80°01′09″。东西长139.5千米,南北宽124.5千米,全县山地占59.9%,戈壁占27.6%,谷地平原仅占12.5%,俗称“六山、三滩、一分地”。乌什平均海拔1396米,县城所在地海拔1400米。县境内扎特克列峰海拔5153米,为全县最高点。总面积8693.17平方千米(不含兵团第一师四团),折合面积869317公顷。县境东邻阿克苏市和温宿县,西部与阿合奇县毗连,南以卡拉铁克山为界与柯坪县隔山相望,北以天山山脉与吉尔吉斯共和国接壤。县城距乌鲁木齐市1111千米,距阿克苏市111千米。境内国境边界线长117千米。

【地质构造】 乌什县在大地构造位置上跨及南天山地槽和塔里木盆地及其之间的过渡地带,可划分为4个构造单元。北部为处于南天山地槽褶皱带中的阔克萨勒复向斜构造,中部为库车边拗陷上的托什干山前拗陷,南部为柯坪断隆上的阿克苏隆起和木垒杜克沉降带构造。

阔克萨勒复向斜构造区位于北部山区,包括阿依里向斜、别迭里—英阿瓦提背斜、阿合奇河向斜等褶皱构造。出露地层主要为泥盆系、石炭系,在英阿瓦提有小片寒武系分布。托什干山前拗陷位于乌什县中部,沿托什干河谷呈东西向展布,西起阿合奇,经乌什向东过库马力克河,与库车边缘拗陷构造相连。由西向东逐渐展开,最宽处 50 千米,最窄处只有 10 千米,为中、新生代拗陷构造,沉降深度可达几千米,堆积有大量第三系、第四系沉积物,地表只有第四系大量分布。阿克苏隆起和木垒杜克沉降带为柯坪断隆上两个完全不同的构造单元,阿克苏隆起位于乌什县东南与阿克苏市交界区域,是长期隆起的构造;木垒杜克沉降带为柯坪县交界处,分布有震旦系、寒武系、奥陶系、志留系、泥盆系、石炭系等。

【地形地貌】 乌什县北靠天山山脉,南邻卡拉铁克山,托什干河流经县境中部,形成两山夹谷之势,其地形地貌可分为山地带、山前戈壁带和托什干河谷带 3 个单元。山地带为北部天山属古生长的地槽褶皱带,海拔 3000 ~ 4000 米,最高峰扎特克列峰海拔 5153 米。县境内西接别迭里山口,东至温宿县吐木秀克镇,东西长 140 千米,全部在英阿瓦提乡、亚曼苏柯尔克孜民族乡境内,总面积 2840 平方千米,海拔 4000 米以上,有终年积雪和高山谷冰川,是托什干河及北部 10 多条河系主要补给水来源。北部山地因雨水较多,又多山溪、泉流,植被生长较好,是全县主要夏冬牧场。南部山地在县境内西起阿克塔克山,东至阿合雅镇东端,长 120 千米。最高山峰 3628 米。该区只有季节性积雪,夏季气候干燥炎热、少雨,山岭风化剥蚀严重。由于降水较少,只有少数泉眼有水可供人畜饮用。山区植被稀少,是主要夏牧场;山前戈壁带主要分布在南山山前阿恰塔格山到阿合雅荒地农场公路沿线以南,直抵沙井子矿区,面积 858 平方千米,海拔 1200 ~ 1700 米,由西南向东北呈冲积扇倾斜;北部天山山前戈壁主要分布在亚曼苏、英阿瓦提山前一带,面积 1611.36 平方千米,海拔由北向南从2000 ~ 1400 米,坡降大。由于山前戈壁坡降大,每年山洪常使戈壁边缘农区受威胁;托什干河谷带是在大地构造运动中形成的陷落地带,海拔 1143 ~ 1700 米,为县内农业区。在南北山前是洪积上冲积坡地,地下水位低,土层深厚,耕作历史悠久,大都是灌淤土,是县境农业高产和中产区。在冲积扇缘阶地以下为古河道冲积平原。托什干河先由上游卡日塔克山冲向下游,后又北迁从东切割分成数股直流向下游冲去,形成上游古河床戈壁裸露,到中下部以冲积堆积物覆盖戈壁砾石,高处岗地保留冲积,堆积黄土母质,低凹处成草甸或沼泽草甸土,稍高处为灰潮土或灌淤潮土。大部分下潮地因土层薄,耕作粗放,地下水位高，是低产区，有耕地963.2公顷，占全县耕地面积的37%。

【气候特征】 乌什县地处欧亚大陆腹地，属大陆性干旱气候区，干燥少雨蒸发大，光照充足，温差大。山区热量随高度递减，降水随高度增加。南北大山相峙，山中又多小谷，呈狭长的喇叭口形。全县分4个主要气候区。高山寒冷区，海拔高度约2500米以上，冷季长，暖季短，山顶终年积雪。山地最大降水带的上界在此区，较低处有夏牧场分布。中山冷凉区，海拔高度在2000～2500米，冷暖季分明，为山地最大降水带的分布区。向阳处有零星树林，荒漠旱生灌木、草类分布较广，为夏冬牧场所在。近山温凉区，海拔高度在1550～2000米，降水相对平原地区多，热量条件尚好。河谷平原温和区与温暖区，海拔高度在1200～1550米，热量较丰富，生长季较长，降水较山地最大降水带明显偏少，但较相邻的南疆盆地内的平原区为多，春季漫长多浮尘，夏季短促少炎热，秋高气爽降温快，冬季寒冷少积雪。

【日照】 2018年，乌什县全年日照2901.5小时，全年平均日照率65%。

【气温】 2018年，乌什县平均气温9.0℃，比历年平均气温偏低0.2℃，年极端最高气温34.8℃（7月25日），年极端最低气温－24.4℃（1月29日），年总降水量151.8毫米，比历年降水偏多9.7毫米。开春期略偏晚，春季气温略偏低，6—8月降水量明显偏多，一日最大降水量24.4毫米（6月15日）。秋季气温接近常年，降水偏多，其中10—12月以晴好天气为主，气温偏低。

【无霜期】 2018年，乌什县全年无霜冻期157天，初霜10月13日，终霜5月8日。

【湿度】 2018年，乌什县气候较湿润，降水量适中，蒸发量大。相对湿度年平均58%，年极大风速18.9米/秒（西北风）。

【冻土】 2018年，乌什县最大冻土深度73厘米，累计9天（2月）。

自然资源

【水资源】 乌什县地势西高东低，托什干河是乌什县境内主要河流，年径流量25.6亿立方米，托什干河发源于天山山脉、吉尔吉斯斯坦境内的科克沙勒山，主峰海拔6000米，全长444千米，落差1075米，平均坡降5‰，在乌什县境内河段长240千米。天山南坡有别迭里、科克鲁木、喀依奇、英阿瓦提、臻丹、特日木6条支流，年总径流量约3亿立方米。阿图孜、沙拉木、排孜艾格孜、比得力克、三道沟、畏依布拉克6条支流，年总径流量平均1.79亿立方米。

【土地资源】 乌什县县域总面积

869317.11 公顷(不含兵团第一师四团),耕地总面积 46999.85 公顷,园地总面积 9648.34 公顷,林地总面积 38991.99 公顷,草地总面积 613407.49 公顷,城(镇)及工矿用地 10028.16 公顷,交通运输用地 2611.79 公顷,水域及水利设施用地 35374.54 公顷,其他土地 112254.95 公顷。

【土壤】 乌什县的生物气候条件属于温暖带半荒漠区类型。自成型荒地土壤主要是棕漠土,是塔里木地带性土壤类型。县内的棕漠土分布在南北山前坡地上,经人为耕种而为灌溉棕漠土,灌淤熟化演变为灌淤土,又由于实行水旱轮作,使土体理化性状有所改变,成为独特的水旱轮作类型的灌淤土。水成型土壤为县境地形、水文地质影响下形成的隐域性土壤,分布在托什干河冲积发育成的阶地、河滩以及高阶地与低阶地、山前坡地与冲积平原交接处的泉水溢出带。这里的生物过程不同,土壤发育与分布规律又往往与高程和生物演化规律一致,经人为耕种而成灌溉沼泽地、灌溉草甸土、水稻土、灰潮土、灌淤灰潮土和潮土型灌淤灰土等。

土壤类型的形成受成土因素综合影响和人类从事农业生产的时间、能力的影响,土壤也在不断地演变,演变的主要过程是熟化和荒漠化,前者占据主导地位。县境农业历史悠久,水资源丰富,土壤次生盐渍化不易发生,极少见随水而耕,存在种种歇歇的现象。乌什县内土壤有 7 个土类、17 个亚类、3 个土属、20 个土种。

【植被】 乌什县依植被类型和生长情况,分天山区、喀拉提克山区、谷地平原区。天山区植被呈垂直分布规律,海拔 3600 米以上,主要是地衣、苔藓类低等植物,开始有土壤发育,为高山冰沼土。海拔 2000 ~ 3600 米,由于多雨和热量条件的改善,生长有蒿草、苔草、狐茅、羽衣草、党参、雪莲等植物群落,阴坡还有少量云杉等生长,发育着山地草甸草原土和较低部位上的栗钙土。2000 米以下的低山、戈壁带主要是琵琶柴、假木贼、麻黄、黑刺、野蔷薇、柽柳等荒漠带植物群落,形成棕钙土、棕漠土等土壤。人工栽种的杨、柳等生长良好。

喀拉提克山区植被特别稀疏,组成十分单一,主要生长琵琶柴、麻黄、盐爪爪、合头草、假木贼等。山地土壤发育微弱,主要为山地棕漠土及东部戈壁上发育的石膏棕漠土等。

谷地平原区的南北倾斜地黄土带属于托什干河南山两翼,是乌什古老绿洲耕作区。棕色荒漠土上,主要生长有琵琶柴、盐爪爪、骆驼刺、假木贼、柽柳及少量胡杨;灌区主要生长芨芨草、苦豆子、甘草、大蓟、三叶草、田旋花、马莲等。作物为小麦、棉花、西红柿(酱用)、玉米、水稻、蔬菜、胡麻、瓜类、甜菜、鹰嘴豆、大豆、黄豆等;果树有核桃、杏、葡萄、香梨、苹果、红枣、桃、桑等;林木有新疆杨、银白杨、大叶杨、沙枣、柳树等。这一黄土带土壤,已发育为灌淤土。

河滩、低阶地冲积平原带地下水高,

在地下水溢出地段以生长牛毛毡、芦苇为主，还有水葱、蒲草、三棱草等植物群落，发育着厚度不等的腐殖质层，厚40厘米，间断分布有腐殖质沼泽土和草甸沼泽土，并带有盐化现象。在一般下潮地上生长有滨草、芦苇、芨芨草、甘草、苍耳、马莲、灰条、蓟草等，并常伴生牛毛毡、三棱草等沼泽植物和黑刺、白刺、野蔷薇、沙枣等灌木植物，形成草甸类。

【野生动物资源】 乌什县境内野生动物种类繁多。有狼、雪豹、野猪、熊、青羊、黄羊、大头羊、北山羊、野兔、狐狸、水獭、野骆驼、野驴、山猫、刺猬、跳鼠、仓鼠、小家鼠、蝙蝠19种哺乳类动物；有雪鸡、野鸡、石鸡、乌鸦、喜鹊、麻雀、黄雀、山雀、云雀、黑雀、苏雀、野百灵、画眉、燕子、野鸽、布谷鸟、啄木鸟、水鸟、斑鸠、鹤、鹭鸶、猫头鹰、山鹰、秃鹫、蓝点颏25种鸟类动物；有蝗虫、螳螂、蜻蜓、蚊子、苍蝇、蟋蟀、野蜂、萤火虫、潮虫、蚜虫、瓢虫、羊虱子、纺织娘、蚂蚁、蝼蛄15种昆虫类动物；有蛇、蜥蜴、沙蜥等爬行类动物；有青蛙、牛蛙、蟾蜍等两栖类动物；有蜘蛛、蝎子等蛛形类动物；有蜈蚣等多足类动物；有大头鱼、尖嘴鱼、小狗鱼、新疆鱼等鱼类动物。

【野生植物资源】 2018年，乌什县境内野生植物有56科、205属、347种，其中木本植物43科、81属、171种，药材135种。

乔木主要有胡杨、灰杨、白榆、圆冠榆、雪岭云杉、新疆杨、托穆尔峰密叶杨、光皮银白杨、白柳、沙棘、尖果沙枣、大果沙枣、野杏等。灌木主要有乌什锦鸡儿、多刺锦鸡儿、琵琶柴、盐爪爪、圆叶假木贼、木碱蓬、刺木蓼、盐穗木、心叶驼绒藜、灌木旋花、铁线莲、黑果枸杞、木霸王、西伯利亚白刺、中亚圆柏、欧亚圆柏、疏花蔷薇、喀什疏花蔷薇、线叶柳、黄皮柳、蓝叶柳、红果小檗、具鳞水柏枝、刚毛柽柳、多枝柽柳、裸果木、铃铛刺、骆驼刺、塔里木沙枣等。草本植物主要有珠芽蓼、沼委陵菜、猪毛茅、沙生针茅、戈壁针茅、细柄茅、狐茅、刺儿茅、苔草、鹅观草、芦苇、芨芨草、嵩47草、银穗草、沿沟草、香蒲、水葫芦、黄花苜蓿（野苜蓿）、多叶葱、野韭菜、牛毛毡等。中草药主要有大叶白麻、马蔺、火绒草、雪莲、蒲公英、菟丝子、车前、柴胡、锁阳、远志、甘草、党参、蓝枝麻黄、膜果麻黄、紫草等。

【矿藏资源】 *金属矿物* 铅锌铜矿分布在县城南偏东坎岭地区，形态呈脉状、似层状、板状、透镜状和楔形脉状。结构为块状、条带状、斑状、细脉状、星点状和角砾状。金属矿物以方铅矿为主，闪锌矿次之，其他尚有黄铜矿、黄铁矿以及铅、锌、铜的次生矿物。

汞（锶）矿分3个矿带。矿石品位汞最低0.003%，最高0.36%，平均0.01%～0.015%，大部分不够工业品位，矿床普遍伴生有锶元素，汞C2级储量5.55吨，锶地质储量1.083吨。

铅土矿含矿岩系厚48.7～365.6米，

矿层以多层状形式产于层间侵蚀面上。以滚滚铁列克和阿依里两个矿区为主,矿体出露多、质量好、褶皱断裂发育,矿层顶底板均为较纯的石灰岩,底板在成矿前喀斯特溶洞发育,部分矿体充填在溶洞中,矿体单个长30~255米,厚0.1~10米,一般在0.5~1.5米。矿石品位氧化铝一般为50%~70%,氧化硅8%~12%,氧化铁13%~18%,氧化钛1.6%~2.2%。储量C1级0.79万吨,C2级57.65万吨。

锑矿含量平均品位40%,且矿体深部有金,含量在3.08~5.54克/吨。黄铁矿分布在阿依里山区土铝矿北矿区8千米外,距中吉边境3千米,交通不便,品位1.1%~3.38%,品位低,规模小。

非金属矿物　石膏矿产于中下石炭统地层中,主要有4层矿。第一层不太稳定,厚0.005~0.045千米,平均厚0.017千米,矿体长0.9~1千米。第二层较稳定,厚0.025~0.027千米,断续延长5千米以上。第三层矿层厚0.011~0.017千米,矿体长0.2~0.25千米。第四层矿体厚0.01千米,长1千米,质量佳,品位好。

石灰岩矿分布在奥特贝希乡、亚曼苏柯尔克孜民族乡等地。

白云岩矿分布在苏盖提布拉克、阿克赛、沙依里克西部、喀拉喀塔格、土斯甘布拉克、阿恰塔格乡西南等地,均有较大规模。苏盖提布拉克白云岩矿体位于县城西南46千米。

黏土矿分布在英阿瓦提乡一带,产于侏罗系地层的顶部,未进行过地质勘探。据吉木萨尔陶瓷厂试验,黏土矿质量高于宁夏石嘴山陶瓷厂所用本地原料。

磷矿主要有阿克赛磷矿、土斯甘布拉克磷矿、苏盖提布拉克磷矿、平顶山磷矿、拜雷尔布拉克磷矿。

重晶石分布在苏盖提布拉克磷矿层,底部一层蓝色重晶石矿,厚0.15~0.25千米。

2018年,乌什县境内已设置探矿权11项,勘查总面积166.11平方千米,采矿权21个(县发证13个、厅发证8个),其中,磷矿5个,金矿1个,铝土矿1个,铅锌矿1个,建筑用砂矿8个,黏土矿3家,砖瓦用砂矿1个,建筑用片石1家。

人口　民族　宗教

【人口】　2018年,乌什县辖3镇6乡,境内驻有新疆生产建设兵团第一师四团。年末总人口233034人(含兵团第一师四团人口),其中乡村人口199478人,城镇人口33556人,城镇化率14.4%。人口出生率14.58‰,自然增长率3.81‰。

【民族】　乌什县境内有汉族、维吾尔族、回族、柯尔克孜族等28个民族。

【宗教】　历史上,乌什的古代居民曾信仰过多种原始宗教和萨满教,后来相继信仰过祆教、佛教、摩尼教、景教、伊斯兰教等。唐宋时期,民众普遍信仰佛教。元明时期,伊斯兰教传入新疆,维吾尔族等民族改信伊斯兰教。至2018

年，乌什县民众主要信仰佛教、伊斯兰教。维吾尔族、回族、柯尔克孜族等少数民族的部分群众信仰伊斯兰教，部分汉族群众信仰佛教。

国民经济和社会发展

【概况】 2018 年，乌什县完成地方生产总值（GDP）32.12 亿元，比上年增长 7.2%。其中第一产业增加值 10.04 亿元，同比增长 6.4%；第二产业增加值 5.35 亿元，同比增长 15.8%；第三产业增加值 16.73 元，同比增长 5.3%。三次产业结构比为 31.27∶16.66∶52.07。完成社会固定资产投资 24.63 亿元。完成社会消费品零售总额 2.4 亿元，比上年增长 5.01%。一般公共预算收入 1.51 亿元，同比增长 16.88%。城镇居民人均可支配收入 28148 元，同比增长 9%；农牧民人均可支配收入 8826 元，同比增长 8.8%。

【农业经济】 2018 年，乌什县实现农村经济总收入 267113.78 万元，比上年增长 13.9%。其中，农业（种植业）收入 65716.17 万元，同比增长 12.2%；林果业收入 130606.09 万元，同比增长 14.9%；畜牧业总收入 61266.52 万元，同比增长 13.8%。

【工业经济】 2018 年，乌什县实现地方全口径工业增加值 19995.4 万元，同比增长 13.19%。规模以上工业企业 8 家，实现工业总产值 3.74 亿元；工业增加值 1.6 亿元，工业销售产值 2.74 亿元；利润总额 5974 万元。完成进出口贸易总额 1664.7 万美元，其中出口额 1664.7 万美元。全年累计招商到位资金 13.51 亿元。售电量 11944.29 万千瓦时。

【第三产业】 2018 年，乌什县第三产业实现增加值 16.73 亿元，比上年增长 5.3%。全县有旅游星级饭店 1 个，A 级景区 2 个，星级农家乐 11 个。年内接待国内游客 48 万人次；旅游收入 5200 万元。

【固定资产投资】 2018 年，乌什县完成全社会固定资产投资 24.63 亿元，比上年增长 27.2%。其中，第一产业投资 1.64 亿元，同比增长 9.40%；第二产业投资 6.04 亿元，同比增长 24.5%；第三产业投资 16.95 亿元，同比增长 30.3%。三次产业投资结构比率 6.6∶24.5∶68.9。房地产开发投资 50 万元。

【财政金融】 2018 年，乌什县全口径地方财政收入 18844 万元，同比增长 17.06%。其中，一般公共预算收入 15100 万元，同比增长 16.88%；政府性基金预算收入 3744 万元，同比增长 17.77%。地方财政支出 356381 万元，同比增长 13.54%。一般公共预算支出 350109 万元，同比增长 11.01%；基金预算支出 6272 万元，同比增长 301%。

【脱贫攻坚】 2018 年，乌什县以“要摘帽”为目标，持续推进脱贫攻坚工程。挂牌成立乌什县脱贫攻坚项目指挥部,编制完成2018—2020年脱贫项目库;压实结对帮扶单位、浙江衢州市、村第一书记、“访惠聚”工作队贫困户、贫困村包联责任,县级领导联系深度贫困村,实现包联全覆盖。落实主体责任,持续整改自治区2017年扶贫开发工作成效考核、财政专项扶贫资金绩效评价、历次联合督查巡查反馈问题。实施“六个一批”(转移就业扶持一批、发展产业扶持一批、土地清理再分配扶持一批、转为护边员扶持一批、实施生态补偿扶持一批、综合社会保障措施兜底一批),整建制转移贫困劳动力4310人、就近就地转移3894人、季节性务工转移6703人、农业内部转移230人;订单种植蔬菜、鹰嘴豆、番茄1288.86公顷,将全县9595户贫困户种植的2100吨蔬菜配送至242个机关、学校食堂,督促落实2293户贫困户托管牛羊平均分红7%~10%,引导138户贫困户试点种植黑木耳户均增收4000元以上,组织360户贫困户入股农家乐、渔家乐,扶持43户贫困户通过农村电商实现创业就业,建成13个卫星工厂,带动312人就业;通过土地清理,开发公益性岗位2017个;落实贫困户护边员、草场管护员、生态护林员补助;老弱病残、鳏寡孤独及丧失劳动能力的贫困人员全部纳入兜底保障范畴。新建贫困户安全住房360套,自来水入户1150户,全面实现村党组织阵地、幼儿园、文化活动场所、卫生室等基础设施全覆盖;落实各项教育资助政策及资助金6945.1万元,惠及学生6.2万人;实施健康扶贫“三个一批”(大病集中救治一批、慢病签约服务管理一批、重病兜底保障一批)行动,畅通就医“绿色通道”,提高贫困户就医报销比例。年内,乌什县纳入国家健康扶贫工程示范县,健康扶贫经验做法在全疆推广。全年实现12个贫困村退出、1370户5875人脱贫,贫困发生率从2017年底的9.86%下降至6.8%。

【农业农村经济发展】 2018年,乌什县优化种植结构,稳定粮食面积3.08万公顷、总产24万吨,实现种植业总收入6.6亿元、比上年增长12.2%。大力发展林果业,年内新增经济林3420公顷,申报有机果品生产基地533.33公顷,完成核桃密植园改造866.67公顷,新建核桃“两高一优”(高产、高效、优质)示范园97个,全县林果业总面积2.45万公顷,果品总产13.02万吨,实现林果总收入13.06亿元、同比增长14.9%。持续壮大畜牧业,推广“四良一规范”(良种、良料、良舍、良法和规范化防疫)饲养管理模式,完成肉羊改良7.56万只、黄牛冷配1.64万头,年内实现牲畜存栏77.34万头(只)、出栏64.67万头(只),家禽存栏60.99万羽,出栏312.11万羽,产肉2.73万吨,实现畜牧业总收入6.13亿元、同比增长13.8%。稳步推进农业产业化发展,借助“十城百店”(在浙江省10个地级市建设阿克苏特色农产品公共仓,统一平台运作、统一仓储服务、统一地域品牌、统一质量追溯,组建上百个阿克苏优质特色农产品销售终端，利用大型农产品批发市场及物流配送网络，不断扩大阿克苏特色农产品销售）工程，销售农副产品2000吨，建成“百十一”（在产业基地建设上，打造百万亩0.07公顷优质林果业产业基地、十万亩优质粮食产业基地、一万吨优质牛羊肉生产基地）林果基地3066.67公顷、粮食基地780公顷，精选优质牛羊肉联合生产基地2家，获得乌什鹰嘴豆地理标志1个，认证有机生产基地2个、有机产品7个。持续发展农村电商，实施“互联网+”行动计划和农村电商“12366”（打造一个县级电子商务产业园，建设电子商务培训和大学生创业孵化两个基地，形成公共服务、网货配送、金融服务三个中心，加强电商服务村级阵地、供销社、邮政物流、创业个体、农业合作社、蔬菜配送站六大基层站点建设，开展电子商务分类培训、引进企业注册本地公司、建设本土人才队伍、强化品牌管理、落实网络全覆盖、农产品仓储前移内地六大服务项目建设）工程，建成村级电商服务点103个，实现年销售额2300万元，年内乌什县通过国家电子商务进农村示范县创建中期评估。不断完善为农服务体系，发放农机购置补贴资金1170万元，补贴各类农机具769台，受益农户344户；大幅提升农机装备水平，建设国家级农机化示范区388.33公顷，年内全县农机总动力32.04万千瓦。

【民生工程建设】 2018年，乌什县落实就业惠民政策，实施整建制转移就业、职业培训和创业增收“三大举措”，实现农牧民群众转移就业2.46万人次，新增城镇就业1890人，就业困难人员就业166人，应届高校毕业生就业率95%以上，开展职业技能培训77期5200人次。保持零就业家庭动态清零，将城镇失业率控制在3.9%以内，成功创建自治区级“充分就业社区”。健全社会救助体系，增强低保兜底能力和公共服务保障能力，持续开展“五保”老人集中供养和孤儿集中收养工作，全面落实残疾人“两项补贴”政策，建立健全临时救助制度，为539名困难群众发放临时救助资金94.19万元。落实行政审批、收费清理、商事制度和“13345”专项改革目标任务，推进县、乡便民服务中心“三集中三到位”（部门许可职能向一个科室集中，审批科室向政务大厅集中，审批事项网上办理集中；做到事项进驻大厅到位，审批授权窗口到位，电子监察到位）规范化建设；落实“双随机一公开”（在监管过程中随机抽取检查对象，随机选派执法检查人员，抽查情况及查处结果及时向社会公开）监管措施，成功解决全县100个群众办事堵点问题；推进“互联网+政务服务”一体化平台标准化建设，编制完成2018年版《乌什县政府部门权力清单和责任清单目录》《乌什县政府部门清理规范“减证便民”事项目录》，方便群众办事。落实“最多跑一次”事项451项，不见面审批办理事项197项。持续实施县城棚户区改造工程，改善群众住房条件。年内，全县完成棚户区改造500户，实现交通智能小区（二期）、新华小区主体完工；实施完成南疆天然气利民工程乌什支线项目、迎宾大道建设项目和燕泉河景观带提升改造项目，推进重要路段美化、亮化工程，提升城市品位，提高群众幸福感。年内，乌什县通过自治区卫生县城复审。完善农村基础设施，改善农牧民生产生活条件，新建防渗渠道29.32千米，维修加固堤坝59.39千米、主要输水渠道5.47千米，完成渠道清淤212.4千米；新建安居富民房3857套，新修农村公路260.34千米，新增自来水入户17996户，新（改）建农村配电线路178.8千米、农村厕所11667座、城乡公厕31座。

【项目建设与招商引资】 2018年，乌什县坚持推进项目建设，促进城市经济发展，全年实施固定资产投资项目117个，累计完成投资27.22亿元，其中，争取中央、自治区预算内投资项目69个，到位资金3.66亿元、同比增长30%。增强项目投资拉动经济发展的作用，推进乌什县华盛纺织10万锭紧密纺棉纺项目、汇源果汁沙棘综合水果深加工项目；利用县域优势资源，推进大石峡水利枢纽工程和华能亚曼苏水电站项目建设，实现乌依布拉克水电站二期工程并网发电。依托优势资源和工业园区平台，创新招商方式，优化投资环境，不断巩固招商引资成果，为全县经济发展注入新活力。全年新签约项目24个，签约金额16.26亿元，落实到位资金13.51亿元、同比增长10.74%。全面落实扶持企业发展的各项政策措施，持续加大“一园两区”配套基础设施建设力度，完善园区功能，提升园区承载能力，为招商引资项目落地创造条件。

【教育科技文化卫生事业发展】 2018年，乌什县加快推进义务教育学校标准化建设，投入资金3229万元，实施各类教育项目36个，改善教育基础设施和办学条件。实施“国家通用语言文字普及攻坚工程”，培训1500人次。推进职业教育兜底保障工程，与183家企业签订校企合作协议。优化教师队伍，提升教学质量，多渠道补充教师787名，转岗分流372名，实现年内本（专）科上线率95.5%、录取率78.1%。持续推进“户户都有科技明白人”培育工程，推进科普e站项目落地见效，提升群众科学文化素质，依托“科技之冬”“科技活动周”“科技明白人”开展培训514场次，受益群众14.13万人次。完善公共文化服务体系，实施文化惠民项目，丰富群众精神文化生活。年内，配送“东风工程”图书、期刊4.9万册，“送戏下乡”129场次，“送电影下乡”1605场次，开展民间传统体育活动210场次。深化精神文明建设成果，评选中国好人1人、自治区岗位学雷锋示范标兵1人、最美阿克苏人3人、首届感动乌什十大人物10人，确定最美拾花之星8人，拍摄完成以全国人大代表、道德模范、“改革先锋”称号获得者库尔班·尼亚孜为原型的院线电影《奔腾的托什干河》(暂定名)。加快医共体、医联体建设步伐,按照“1名医生+1名公卫+1名护士+村医”的模式组建家庭医生签约服务团队,签约服务17.6万人,覆盖率77.2%;实行“先诊疗后付费”和“一站式”结算,落实基本医疗卫生服务管理,建立电子健康档案21.48万人,建档率95.3%。

【生态环境建设】 2018年,乌什县树立“绿水青山就是金山银山”的理念,弘扬“柯柯牙精神”,推进“百万亩”生态工程建设,新增造林3406.67公顷,森林覆盖率12.8%,新增城市绿地6公顷,城市绿化覆盖率61.92%。开展大气污染防治,加强城区扬尘污染控制,全面实施机动车尾气排放监测,年内监测机动车4648辆,淘汰黄标车230辆。加大建成区小型燃煤锅炉整治力度,年内淘汰燃煤小锅炉8台,空气质量好于二级天数比上年基数增加28天。开展水污染防治,完成9个加油站33个地下油罐防渗改造和16家养殖企业污染防治设施建设,城镇污水处理厂正式调试运行。年内集中式饮用水源地水质达标率100%,地表水水质好于III类标准,水质优良比例100%。全面落实河长制,确定28条河流名录,各级河长累计巡河325次。加强影响土壤环境重点企业监管,全面完成消减污染物总量减排目标。持续推进全国第二次污染源普查,全面完成中央环保督查反馈问题整改工作,改善全县生态环境和人居环境。

【旅游产业发展】 2018年,乌什县实施“生态立县、旅游兴县”战略,持续加大旅游宣传推介力度,不断提升“泉在城中流、城在泉中映、人在泉城游”的城市名片和“丝路泉城·养生乌什”“烽燧古道·远迈汉唐”旅游品牌知名度。加大旅游资源整合力度,抓好景区综合品位和服务水平提升,推进丝绸之路百里绿色旅游休闲漫游道建设项目,新增百里绿道旅游观光停靠区5处,新建旅游驿站2处。开展“国家全域旅游示范区”创建,完善城乡旅游公共服务体系建设。年内,乌什县跻身国家“全域旅游示范区”创建名单,成功创建自治区“全域旅游示范区”,创建自治区“旅游扶贫示范点”11个。成功举办第五届杏花节、燕泉山杯首届钓鱼节、中国旅游日等活动,与康辉旅行社签订协议,合作开发“一日游”精品线路。开发“两日游”并成功纳入全疆自驾游线路,引入“千辆房车游新疆”活动,来自全国各地的22批156辆631名房车游爱好者游览乌什。年内投入580万元,对杏花村65套特色民居实施保护、新建,投入120万元集中打造“民居民俗一条街”。培育、推荐幔利庄园农家乐申报自治区三星级农家乐。深化“旅游+扶贫”模式,实施乡村旅游产业带动就业脱贫项目,成立乡村旅游合作社1个。整合扶贫资金200万元,采购山地自行车、三人骑行自行车、四人连排骑行自行车、单人水上自行车、双人水上自行车、皮划艇、摩托艇、观光电瓶车等旅游设施,启动进入试运营。成立桥头堡旅游合作社,吸纳阿克托海乡、乌什镇、依麻木镇、奥特贝希乡32名贫困户参与燕泉河景观带旅游服务;开发精品线路带动100人就业。投入扶贫资金270万元,新建幔利庄园、闸口、荷塘月色、皇园休闲园、依麻木镇闸口5家农家乐,改建水上绿洲生态园、天逸庄生态河谷度假村、水上乐园、玛尔江湖休闲园4家农家乐,带动360户贫困户增收。年内,全县累计接待游客48万人次,旅游收入5200万元、比上年增长82.3%。

【党的建设】 2018年,乌什县委发挥统揽全局作用,先后22次召开常委会研究部署基层党建工作。发挥乡(镇)党委主体作用,推进乡(镇)站所管理体制改革,破除条块分割、有责无权、多头管理、资源分散等弊端。落实"一岗三责"制度,坚持"好人让基层干部当、好事让基层组织办",落实惠民补贴现金发放制度,强化村党组织领导核心。坚持问题导向,对照农村(城市)基层党建65条工作任务,聚焦重点、难点和中央、自治区巡视反馈问题,制定任务书,制定对策措施,逐项解决。开展基层党建述职评议考核,先后17次邀请部门负责人为基层党建工作"问诊把脉"、培训指导。试点推行"一总多支"模式,在条件成熟的10个行政村建立党总支、所辖56个村民小组建立党支部,在其余村471个村民小组建立党小组。按照"一正三副"标准配齐配强村民小组管理层,建立"村'两委'+村民小组长+十支队伍"的三级架构。推选64名辖区单位党组织负责人兼任社区"大党委"委员,划分网格54个,构建"社区大党委—网格党支部—楼栋党小组"三级党组织体系。向援乌产业"百村千厂"企业等新兴组织选派党建指导员125名,推进党的组织和工作覆盖。对照认定标准,按照不低于10%的比例倒排确定11个软弱涣散基层党组织,由县乡领导包联进行整顿。贯彻《中国共产党支部工作条例(试行)》《新疆维吾尔自治区村党支部工作规范》,规范落实基层组织工作机制,推进基层组织工作规范化、制度化、长效化。贯彻落实《关于建立健全村务监督委员会的指导意见》,推进村务监督委员会建设。完善制定村规民约(居民公约),引导基层群众实行自我管理、自我教育、自我服务、自我监督。坚持"抓两头带中间",挖掘基层党建工作特色亮点,打造示范点23个。开展"聚焦总目标、作风再整顿"专项活动,年内对59个党组织开展巡察,严厉查处"四风""四气"案件。落实"25154"(每个村每年至少累计储备25名左右优秀中青年作为入党积极分子后备人选,培养15名左右入党积极分子,发展4名新党员)工作机制,建立乡(镇)、村、"访惠聚"驻村工作队联系帮带入党积极分子和发展党员签字把关制度,从村组干部、种养殖大户、脱贫致富能手等一线先进分子中培养发展党员613人。实施村干部及村级储备年轻干部国家通用语言强化工程,建立村干部实训基地(农村实用人才培训基地)4 个,结合"冬季攻势"活动,依托远程教育、村级党校、农牧民夜校等平台,分批分期轮训村干部及村级储备年轻干部 843 名。落实乡(镇)机关运转经费 100 万元、村级组织运转经费 5 万元、社区运转经费 12 万元、社区服务群众专项经费 20 万元。坚持"三个不吃亏"(不让老实人吃亏、不让综合素质高能干事的人吃亏、不让长期在一线埋头苦干的人吃亏)用人导向,38 名长期在基层一线工作的干部享受职务与职级并行待遇、43 名乡(镇)干部享受主任科员和副主任科员待遇,累计推荐解决 15 名村党组织书记转为乡(镇)公务员或事业编制人员身份。按照党政正职 500 元、党政副职 300 元、一般工作人员 200 元的标准持续落实基层补贴,根据乡(镇)艰苦边远程度分四类,落实差别化待遇补贴 300~600 元。改善社区基础设施条件,新建友谊社区、虹桥社区 2 个办公阵地。依托村级阵地,开展"十个起来"活动,坚持把村级阵地打造成议事决策、维稳指挥、便民服务、宣传教育、科技培训、文体活动、纠纷调解"七大中心"。

【"访惠聚"驻村工作】 2018 年,乌什县持续推进"访惠聚"驻村工作任务落地见效,定期召开县委常委会会议,研究部署"访惠聚"驻村工作,完善组织领导,健全工作机构,充实工作力量。围绕"1+2+5"(一个总目标是维护社会稳定;两项任务是做好群众工作和建强基层组织;五件好事是推进脱贫攻坚、落实惠民政策、拓宽致富门路、办好实事好事、壮大党员队伍)目标任务,落实每月"访惠聚"驻村工作队自评、乡(镇)党委复核工作机制,县"访惠聚"办每两月组织召开现场推进会。先后 10 次邀请自治区党委组织部、地委组织部驻村干部、下沉带队干部现场"把脉问诊",举办"乌什讲坛"20 期。建立每月一次工作例会、一期工作要点、一轮全覆盖调研、一期调研通报"四个一"工作法,全面推进工作。坚持常态化民情走访,落实"八个一"(要做到定期走访一遍辖区户,定期召开一次村级"两委"联席会议、一次党员会议、一次村民代表会议,定期走访一遍贫困户和"四老"人员、走访一遍重点户、走访一遍清真寺和宗教人士,每星期督促一遍升国旗)、"八必问"(要做到问清家庭情况、思想状况、困难诉求、邻里关系、重要问题和安全隐患、对村级管理和发展稳定的意见建议、对党员干部作风方面的反映、对驻村工作队的要求)、"八必讲"(要做到讲党的恩情、讲富民惠民政策、讲稳定形势、讲社会发展变化、讲民族团结、讲宗教政策、讲法律知识、讲村级事务)要求,掌握村情民意、摸排风险隐患、办理群众诉求。年内,全县工作队累计走访村(社区)群众 35 万户次、150 万人次,排查化解矛盾纠纷 4340 件,治理安全隐患 3820 件。坚持把精准脱贫作为硬任务,选派 44 名国家公职人员到村担任党支部书记,108 个村选派第一书记全覆盖。46 个深度贫困村采取第一书记统筹1名扶贫助理、2名驻村干部、2名村“两委”班子成员专职负责扶贫工作。落实脱贫攻坚“五个一”责任制,实施“六个一批”措施,工作队全程参与扶贫工作。年内,实现建档立卡贫困户1372户5892人脱贫“摘帽”,12个深度贫困村退出。开展“习近平新时代中国特色社会主义思想进万家”活动,编印《乌什县干部开展群众工作宣传手册》1万册,发放到各级驻村工作队,持续开展组织群众、宣传群众、发动群众工作。全县“访惠聚”驻村工作队开展民族团结联谊融情活动1400场次,覆盖人群28万人次;实施“九大惠民工程”,组建村(社区)文艺队、体育队、志愿服务队310个,常态化开展村(社区)文体活动2130场次,参与群众40万人次。发挥“访惠聚”驻村工作队员“传帮带”作用,推行每名工作队员联系1名村(社区)干部、联系1名基层年轻干部、联系1名党员,培育1名入党积极分子、培育1名致富能手“五个一”联系帮带机制,提升基层党组织凝聚力、战斗力。推进村干部及村级储备年轻干部国家通用语言强化、素质提升、培养选拔“三大工程”,选派40名村级储备年轻干部参加自治区、地区示范培训。依托村级党校、农牧民夜校、远程教育站点、实训基地“四位一体”平台,协助培养、轮训村级储备年轻干部843名、“托峰”计划人员324名。全力解决群众关心的利益问题,投入1.86亿元实施惠民生项目175个,协助发放各类惠民补贴、补偿资金1亿元;办实事好事13520件,投入慰问资金500万元。持续推进政策下乡、文化下乡、医疗下乡、科技下乡,送政策、送法律、送技术、送信息,开展普法宣传教育2420场次,国家通用语言文字培训9400场次,举办农牧民夜校9530场次。

【园区建设】 2018年,乌什县贯彻新发展理念,强化园区招商引资,完善园区基础设施,提升园区承载能力和发展空间。年内,园区固定资产总投资2.43亿元,培育“小升规”企业1家(乌什县丝路科技袜业有限公司)。完成工业总产值3.2亿元,比上年增长32%;完成工业增加值1.2亿元,同比增长35%。

园区基础设施建设　2018年,园区基础设施建设项目4个,总投资0.88亿元。其中,衢乌商贸大厦建设项目投资4200万元,年底投入使用;园区供水、供暖建设项目投资1100万元,年内竣工验收;中小企业孵化基地标准化厂房建设项目总投资1100万元,年内完工并投入使用;衢乌中小企业创业园标准化厂房建设项目投资2400万元,年内厂房建设完工。

招商产业项目建设　2018年,园区招商引资企业建设项目5个,总投资3.55亿元(年内投资1.73亿元)。其中,阿克苏金勺果业核桃深加工项目一期投资2亿元,建设厂房办公设施等2.81万平方米,年底投入试生产;年产600万件品牌服装项目总投资0.55亿元,年内建设厂房及附属设施;乌什县鹰嘴豆精深加工项目总投资5000万元,年内项目建设完工并试生产;乌什县新农通黑木耳加工项目总投资3000万元,年内进行厂房主体施工;乌什飞宇针织袜业有限公司项目总投资2000万元,年内安装80台袜机并正常生产。

园区闲置土地利用　2018年,乌什县提高园区土地集约利用效率,组织县商信委、招商局、法院、司法局等部门形成合力,对园区企业的46.67公顷土地进行摸底调查,建立清查档案,通过司法处置和友好协商,盘活园区土地14.67公顷,将金河种业置换成新疆域上沙棘加工项目、富硒康粮置换成乌什县新农通黑木耳加工项目,为园区新招商项目降低政府投资成本700万元。

对口援乌

【概况】　2018年,衢州援乌指挥部贯彻落实以习近平同志为核心的党中央治疆方略,以"干在实处、走在前列、勇立潮头,努力打造援疆标杆市"的工作要求和"翻篇归零、继续前行"的姿态,自加压力,创新理念,抓好固本强基、项目惠民、产业富民、人才培育、文化交融等5件大事,打好产业援助、项目援助、民生援助、智力援助、融合援助工作组合拳,倾心打造新时代对口援乌工作升级版。

【产业援助】　推进"十城百店",实现"疆果东送",浙里美驿疆南、西域小羔羊新疆特色餐饮、欣禧源葡萄酒业品鉴店等一批"十城百店"项目落户衢州,开设80家旗舰店、专卖店、超市、机关食堂专柜,年销售额4000万元。推进"百村千厂",在乡(镇)、村建设一批标准厂房,引进纺织服装、特色农副产品加工等就业容量大的劳动密集型产业。年内,共投入资金3.9亿元,其中援助资金9000万元,建成厂房21个,面积6万平方米;在建厂房30个,面积8.6万平方米。引进10家企业落户乌什县,帮助带动2万名当地群众脱贫增收。2017年引进的衢州籍企业(阿克苏金勺果业有限公司),投资4.3亿元,占地13.05公顷,至2018年年加工核桃1万吨、鹰嘴豆2000吨,分别占乌什县总产量20%和40%,带动4万农户增收。推进"万亩亿元"科技引领,在依麻木镇托万克麦盖提村试验林下食用菌栽培技术,投入援助资金1450万元建设的6000平方米的菌棒科研生产车间,年内黑木耳科技援乌试点取得成功,试点户户均增收2万元,并在阿克苏地区进行推广。以产业带动就业,集中开展贫困劳动力"地毯式"摸排,在摸清全县贫困劳动力基本情况的基础上,以市场需求为导向与其他省市对接洽谈,开展"订单式"岗前培训,确保贫困劳动力稳定就业。年内完成纺织服装、西式面点、建筑施工等技能培训1800人,成建制输出1200人。

【项目援助】　第九批援助全额投资类项目14个,至年底全额投资最大的三个建设类交钥匙项目全部竣工,并投入使用。

其中,乌什·衢州新时代创新大厦总投资4200万元,建筑面积8975平方米,集电子商务、企业培训孵化于一体,是中小企业的孵化器、智慧产业的研发地。人才公寓项目分三期建设,第三期工程总投资1800万元,建设公寓90套。乌什县第一中学综合教学楼建设项目投资额2000万元,建筑面积6130平方米。2018年,安排援助资金1200万元,新建县妇幼保健院业务用房5784平方米;安排援助资金500万元,实施深度贫困村扶持项目,改造提升"三农"设施和村庄道路等;安排援助资金600万元,在两个基础设施落后村实施安居富民示范点建设项目;安排援助资金1500万元,实施自来水入户项目,惠及村民17996户。将援助资金80%以上用于民生领域,50%以上安排在贫困乡村,新建一批"衢州团结新村",建成3个安居富民示范点,新建农田水利、道路绿化、路灯、厕所等一批公共设施,改善贫困村群众生产、生活环境。至年底,全县农民饮用水、文化大礼堂、基层组织阵地、安居富民房等4个方面实现村村全覆盖。

【民生援助】 投入援助资金2980万元,对全县79所幼儿园实施配套基础设施建设和课桌椅、学生床等教学设备及食堂餐具购置;投入援助资金420万元建设乌什县维吾尔医医院配套附属建设项目;投入援助资金350万元,为乡(镇)卫生院、县级医院配备必须的医疗医用设备;投入援助资金4000万元,按照每户80平方米标准改建或新建安居房4000户、游牧民定居点125户;投入援助资金900万元在依麻木镇托万克麦盖提村、奥特贝希乡苏盖特里克村和阿克托海乡阿克托海村建成3个安居富民示范点;投入援助资金1000万元,在阿合雅镇、亚科瑞克乡、英阿瓦提乡、乌什镇、亚曼苏乡新建农村文化礼堂10个;投入援助资金650万元援赠设备,其中教育类300万元,医疗卫生350万元。投入援助资金实施旧城区改造、公厕改建、基层阵地等一批便民惠民项目。

【智力援助】 浙江衢州市通过援助基础设施、选派援助教师、结对帮扶等途径形成涵盖学前教育、中小学教育、职业教育的教育援助模式。通过建专家工作站、派短期服务队、技术人员进修、捐爱心物资等措施,实现"全联动"帮扶。至年内累计选派服务队12支,人员交流进修200人次,发动后方捐赠书籍、衣物、药品、设备等物品价值120万元,联合义诊20次、服务3310人次。通过捐赠孔子像、开展活动比赛、录制国家通用语言教材音频等方式,营造学国学、学国家通用语言的氛围。探索乌什县结核病防治综合措施,调研形成《乌什县结核病防治》调研报告,遏制因病致贫、因病返贫现象。

【融合援助】 启动"衢州有礼"系列活动,先后举办文艺会演、文化走亲、文艺下乡、《论语》诵读比赛、"小手拉大手"青少年国家通用语言大赛、读书会等大型互动活动20场次，组织浙江省、衢州市艺术家50人次走进乌什，组织乌什少先队员到衢州开展文化之旅，增进两地文化交流。9月28日，衢州市与乌什县同步举办祭孔典礼，祭拜孔子，沐浴礼乐之风，全国人大代表库尔班·尼亚孜等6名教师代表在衢州参加祭祀典礼。《奔腾的托什干河》拍摄剧组，运用电影场景展示"祖国大家庭、衢乌一家亲"援乌成果。开展政经交流，先后组织30批次衢州、乌什党政代表团和企业代表团进行考察，签订帮扶协议及战略合作书20份。组织乌什企业赴衢州参加年货节、展览会，协调乌什电商与衢州电商业务对接，既向衢州市民提供乌什优特农产品，也拓展乌什农产品的市场。通过协调对接和服务，促成150名乌什干部人才赴衢州市考察、学习、交流。对口支援干部人才与乌什县群众结对认亲，推进"民族团结一家亲"活动，通过常走动、常交流、常帮助，在生产生活和工作学习中加深友谊、增进感情。

（供稿人：夏灵飞）

中国共产党乌什县委员会

综　述

【县委班子建设】　2018年,乌什县委班子始终把政治建设作为党的根本性建设,坚持不懈用习近平新时代中国特色社会主义思想武装头脑,深入学习中共十九大精神,以推进“两学一做”学习教育常态化制度化为抓手,紧紧围绕社会稳定和长治久安总目标,教育引导党员干部提高政治站位,增强“四个意识”、坚定“四个自信”、做到“两个维护”。围绕提高领导班子思想政治水平和执政能力建设,以县委理论学习中心组为龙头,重点对习近平总书记系列重要讲话特别是关于新疆工作的重要讲话和重要指示批示精神及党中央决策部署,以及自治区党委、地委领导重要讲话、重要文件、重要会议精神进行深入系统学习,并围绕学习内容,组织县四套班子成员逐人进行研讨发言,谈体会、谈想法,把文件精神转化为抓好工作落实的行动指南,全县各级领导班子理想信念更加坚定,各级领导干部引领发展、促进和谐的能力明显提高。发挥县委班子的领导核心作用,积极支持人大依法监督、政府依法行政、政协参政议政,妥善处理好与兵团第一师四团的关系,形成上下一心、齐抓共管、整体推进的工作局面。抓民主集中制、“三重一大”(重大事项决策、重要干部任免、重要项目安排、大额资金使用)等规章制度的规范执行,推动各级领导班子依法合规办事。注重加强领导班子能力建设,推动各级班子有力推进经济社会发展。

【党建工作】　2018年,乌什县委深入贯彻落实中共十九大和习近平总书记系列重要讲话精神,严格落实党建工作责任制,深入推进党的建设工作。常态化推进“两学一做”学习教育,有力落实民主集中制、“三会一课”(支部党员大会、支部委员会、党小组会、党课)等制度,全面增强党的生机活力。铁腕整顿软弱涣散基层党组织,不断完善社区大党委,打造基层党建示范点23个;爱心超市、村干部暖心食堂试点运行。选派45名国家公职人员担任村党组织书记,村(社区)第一书记、行政村科技副职、村民小组第一小组长实现全覆盖。全面实施村干部培养选拔“三大工程”[村“两委”班子成员国家通用语言强化工程、村党组织书记(村委会主任)素质提升工程、村党组织书记后备人选选拔培养工程],储备年轻干部843名;发展农牧民党员613名;落实“三定三包三覆盖”(“三定”,即定责任人员、定任务职责、定走访方案;“三包”,即分类包、分组包、分片包;“三覆盖”,即群众包联全覆盖、走访入户全覆盖、工作责任全覆盖)群众工作法,夯实基层战斗堡垒。开展“聚焦总目标、作风再整顿”专项活动,59个党组织巡察成效明显,查处“四风”“四气”案件181件。加强民主政治建设,依麻木镇库尔干村获全国“民主法治示范村”称号。

重要会议

【县委全委(扩大)会议】 2018年12月30日,中共乌什县第十四届委员会第十次全委(扩大)会议召开,会期半天。县委书记王凯旋作题为《聚焦聚力总目标、决战决胜脱贫攻坚战,努力建设富裕文明生态秀美全面小康长治久安的幸福乌什》的报告。会议紧紧围绕高举习近平新时代中国特色社会主义思想伟大旗帜,深入贯彻落实中共十九大精神和党中央治疆方略,坚决贯彻落实习近平总书记关于新疆工作的重要指示批示精神,全面落实自治区党委九届六次全会和地委(扩大)会议精神,认真总结2018年各项工作,安排部署2019年目标任务,动员乌什县各级党组织和广大党员干部,聚焦聚力总目标,决战决胜脱贫攻坚战,努力建设富裕文明生态秀美全面小康长治久安的幸福乌什。

会议强调,2019年,乌什县将继续坚持新发展理念,当好“排头兵”,打好“三大攻坚战”(防范化解重大风险、精准脱贫、污染防治),统筹推进保稳定、稳增长、促改革、调结构、惠民生、防风险各项工作,为共建幸福乌什、建设美丽新疆、共圆祖国梦想贡献智慧力量。

【县委常委会会议】 2018年,中共乌什县第十四届委员会召开常委会会议38次。

1月2日,中共乌什县第十四届委员会2018年第一次常委会会议召开,由县委书记王凯旋主持。会议主要审议《干部议题》《研究2017年度党员领导干部专题民主生活会相关事宜》等相关议题。

1月19日,中共乌什县第十四届委员会2018年第二次常委会会议召开,由县委书记王凯旋主持。会议主要审议《乌什县2017年度绩效考评结果及奖励情况方案》《关于表彰“优秀护边员”的请示》等相关议题。

2月3日,中共乌什县第十四届委员会2018年第三次常委会会议召开,由县委书记王凯旋主持。会议审议通过《关于命名乌什县民族团结进步模范单位和民族团结进步教育基地的请示》等相关议题。

3月11日,中共乌什县第十四届委员会2018年第四次常委会会议召开,由县委书记王凯旋主持。会议审议通过《干部违纪议题》《各乡(镇)、县直农口及相关单位贯彻落实县委(扩大)会议精神责任分工方案》等议题。

4月24日,中共乌什县第十四届委员会2018年第五次常委会会议召开,由县委书记王凯旋主持。会议审议通过《乌什县护边员管理实施规定(试行)》等相关议题。

4月29日,中共乌什县第十四届委员会2018年第六次常委会会议召开,由县委书记王凯旋主持。会议主要学习《自治区党委办公厅印发〈被巡视党组织配合自治区党委巡视工作办法〉的通知》《自治区党委办公厅关于印发〈2018年自治区党委巡视工作要点〉的通知》等相关文件,并审议相关议题。

6月2日,中共乌什县第十四届委员会2018年第七次常委会会议召开,由县委书记王凯旋主持。会议主要审议《乌什县2018年绩效考评办法》《关于贯彻落实中央、自治区、地区实施乡村振兴战略意见的实施意见》等相关议题。

6月5日,中共乌什县第十四届委员会2018年第八次常委会会议召开,由县委书记王凯旋主持。会议主要学习《关于转发自治区党委巡视工作领导小组〈关于认真学习贯彻赵乐际同志在贯彻落实中央巡视工作规划推进会上的讲话精神的通知〉的通知》等相关文件,审议《干部议题》等相关议题。

6月27日,中共乌什县第十四届委员会2018年第九次常委会会议召开,由县委书记王凯旋主持。会议主要审议《关于审议乌什县先进基层党组织、优秀共产党员和优秀党务工作者拟表彰对象的请示》《关于审议乌什县庆祝建党97周年暨"一先双优"表彰大会的请示》,听取《2018年上半年食品药品安全监管工作情况汇报》等相关事宜。

7月2日,中共乌什县第十四届委员会2018年第十次常委会会议召开,由县委书记王凯旋主持。会议主要审议《乌什县国防动员拉动准备工作方案》《关于调整充实乌什县国防动员委员会领导成员和办事机构的意见》等相关议题。

8月2日,中共乌什县第十四届委员会2018年第十二次常委会会议召开,由县委书记王凯旋主持。会议主要学习《关于防范应对强降水天气过程做好安全生产工作的紧急通知》等相关文件,审议《关于调整乌什县"1+6"安全生产专业委员会组织体系的通知》等相关议题。

8月16日,中共乌什县第十四届委员会2018年第十三次常委会会议召开,由县委书记王凯旋主持。会议主要审议《关于乌什县开展农村集体资产清产核资工作的试点方案》《乌什县关于稳步推进农村集体产权制度改革的试点方案》等相关议题,学习《自治区党委巡视办对喀什等地州市党委落实巡视巡察工作规划情况开展专项督查》等相关文件。

9月19日,中共乌什县第十四届委员会2018年第十四次常委会会议召开,由县委书记王凯旋主持。会议主要审议《关于落实〈自治区脱贫攻坚第三批联合督查巡查乌什县反馈报告〉的整改方案》

《乌什县自查问题整改方案》等相关议题，学习《自治区党委、自治区人民政府贯彻落实〈中共中央、国务院关于打赢脱贫攻坚战三年行动的指导意见〉的实施意见》等相关文件。

9月20日，中共乌什县第十四届委员会2018年第十五次常委会会议召开，由县委书记王凯旋主持。会议主要审议《自治区党委第十巡视组巡视乌什县委反馈意见整改方案》等相关议题，学习《自治区党委巡视工作领导小组办公室副主任张学强在自治区党委第十巡视组巡视乌什县委情况反馈会议上的讲话》等相关文件。

9月23日，中共乌什县第十四届委员会2018年第十六次常委会会议召开，由县委书记王凯旋主持。会议主要审议《关于调整乌什县经济工作领导小组的通知》《关于开展乌什县粮食生产功能区和重要农产品生产保护区划定工作的实施意见》等相关议题，学习《中非合作论坛北京峰会隆重开幕 习近平出席开幕式并发表主旨讲话》（新闻通稿）等相关内容。

9月24日，中共乌什县第十四届委员会2018年第十七次常委会会议召开，由县委书记王凯旋主持。会议主要审议《乌什县委落实自治区党委巡视组反馈意见整改方案》《乌什县委落实自治区党委巡视组反馈意见整改台账》等相关议题。

9月30日，中共乌什县第十四届委员会2018年第十八次常委会会议召开，由县委书记王凯旋主持。会议主要学习《李鹏新同志在自治区对中央巡视反馈意见整改工作进行再动员再部署再落实电视电话会议上的讲话》《杨鑫同志在全区深化专项治理扶贫领域腐败和作风问题暨纪检监察重点工作推进会上的讲话》，听取相关县领导落实《乌什县委落实自治区党委巡视组反馈意见整改台账》进展情况汇报等相关事宜。

10月11日，中共乌什县第十四届委员会2018年第十九次常委会会议召开，由县委书记王凯旋主持。会议主要听取《乌什县第三季度扶贫领域监督执纪问责情况汇报》，学习《习近平在东北三省考察并主持召开深入推进东北振兴座谈会时的重要讲话精神》（新闻通稿），审议《关于召开乌什县旅游发展大会的请示》《乌什县领导干部周转房管理办法》等相关议题。

10月11日，中共乌什县第十四届委员会2018年第二十次常委会会议召开，由县委书记王凯旋主持。会议主要学习《十八届中央政治局关于改进工作作风、密切联系群众的八项规定》《中共中央政治局贯彻落实中央八项规定的实施细则》《陈全国在自治区扶贫开发领导小组会议上的讲话精神》（新闻通稿），观看中央电视台新闻联播《阿克苏荒漠绿化工作专题报道》等。

10月15日，中共乌什县第十四届委员会2018年第二十一次常委会会议召开，由县委书记王凯旋主持。会议主要学习《习近平总书记在中央财经委员会第三次会议上的讲话精神》(新闻通稿),审议《关于调整充实中共乌什县第十四届委员会书记、副书记、常委工作分工的通知》《中共乌什县委员会 乌什县人民政府贯彻落实〈中共阿克苏地委 阿克苏地区行署印发〈关于聚焦总目标 当好排头兵的实施意见〉的实施方案》等相关事宜。

10月17日,中共乌什县第十四届委员会2018年第二十二次常委会会议召开,由县委书记王凯旋主持。会议主要学习《习近平总书记在十九届中央政治局第八次集体学习时的讲话》《关于进一步清理和规范公务机票管理工作的通知》,审议《关于成立乌什县委对中央巡视组反馈意见整改落实情况进行全面检查督导工作领导小组的通知》《关于切实做好中央巡视组反馈意见整改落实检查督导工作的通知》《关于成立乌什县"聚焦总目标 作风再整顿"专项活动领导小组的通知》《乌什县"聚焦总目标 作风再整顿"专项活动领导小组办公室内设机构人员名单》《关于在全县开展"聚焦总目标 作风再整顿"专项活动的实施方案》等相关事宜。

10月18日,中共乌什县第十四届委员会2018年第二十三次常委会会议召开,由县委书记王凯旋主持。会议主要学习《习近平总书记关于扶贫工作的重要论述摘录》《陈全国、王荣军同志在中央第六巡视组对新疆维吾尔自治区开展脱贫攻坚专项巡视工作动员大会上的讲话》,审议《关于成立乌什县迎接中央脱贫攻坚专项巡视工作领导小组的通知》《乌什县迎接中央脱贫攻坚工作专项巡视汇报材料》等相关事宜。

10月20日,中共乌什县第十四届委员会2018年第二十四次常委会会议召开,由县委书记王凯旋主持。会议主要学习《习近平同志在部分省区市扶贫攻坚与"十三五"时期经济社会发展座谈会上的讲话》《习近平、李克强、汪洋同志在中央扶贫开发工作会议上的讲话》等内容,审议《乌什县扶贫工作情况汇报》《关于对自治区党委巡视反馈问题的检讨》等相关事宜。

10月23日,中共乌什县第十四届委员会2018年第二十五次常委会会议召开,由县委书记王凯旋主持。会议主要学习《习近平同志在东西部扶贫协作座谈会上的讲话》《中共中央、国务院关于打赢脱贫攻坚战三年行动的指导意见》等相关内容。

10月24日,中共乌什县第十四届委员会2018年第二十六次常委会会议召开,由县委书记王凯旋主持。会议主要学习《习近平同志在深度贫困地区脱贫攻坚座谈会上的讲话》《习近平同志在打好精准脱贫攻坚战座谈会上的讲话》等相关内容。

10月26日,中共乌什县第十四届委员会2018年第二十七次常委会会议召开,由县委书记王凯旋主持。会议主要学习《关于印发〈自治区宗教工作专题会议精神传达提纲暨地区宗教工作督查情况〉的通知》,审议《关于乌什县落实〈关于人大预算审查监督重点向支出预算和政策拓展的实施意见〉实施方案》《乌什县人民政府向县人大常委会报告国有资产管理情况制度的实施意见》等相关事宜。

11月5日,中共乌什县第十四届委员会2018年第二十八次常委会会议召开,由县委书记王凯旋主持。会议主要学习《习近平在同中华全国总工会新一届领导班子成员集体谈话时强调:团结动员亿万职工积极建功新时代 开创我国工运事业和工会工作新局面》(新闻通稿)、《中共中央政治局召开会议分析研究当前经济形势和经济工作》(新闻通稿)等相关事宜。

11月6日,中共乌什县第十四届委员会2018年第二十九次常委会会议召开,由县委书记王凯旋主持。会议主要听取《自治区党委第十巡视组反馈问题整改进展情况》《乌什县纪委监委2018年工作情况汇报》,学习《习近平在中国国际进口博览会上发表题为〈共建创新包容的开放型世界经济〉的主旨演讲》,观看纪律教育系列专题片《铁纪强军—政治纪律篇》,审议《关于对2018年民族团结进步模范集体、民族团结进步模范个人进行表彰的请示》等相关事宜。

11月8日,中共乌什县第十四届委员会2018年第三十次常委会会议召开,由县委书记王凯旋主持。会议主要学习《自治区机构改革动员大会精神传达提纲》等相关事宜。

11月9日,中共乌什县第十四届委员会2018年第三十一次常委会会议召开,由县委书记王凯旋主持。会议主要学习《巡视整改落实是“四个意识”的试金石》(新闻通稿)、《中共中央印发〈县以上党和国家机关党员领导干部民主生活会若干规定〉》等内容,审议《乌什县2018年度党员领导干部专题民主生活会实施方案》《2018年度中共乌什县委班子专题民主生活会实施方案》《关于认真开好2018年度党员干部专题组织生活会的通知》等相关事宜。

11月15日,中共乌什县第十四届委员会2018年第三十二次常委会会议召开,由县委书记王凯旋主持。会议主要审议《关于落实自治区党委第十巡视组反馈意见的整改情况报告》、《中共乌什县委员会关于巡视整改的通报》(党内通报稿)、《中共乌什县委员会关于巡视整改的通报》(社会公开稿)、《乌什县委:全面从严管党治党》(见报稿)等相关事宜。

11月17日,中共乌什县第十四届委员会2018年第三十三次常委会会议召开,由县委书记王凯旋主持。会议主要学习11月15日自治区扶贫领域有关干部作风问题立行立改工作会议精神和《关于对中央第六巡视组指出新疆扶贫领域干部作风问题进行立行立改的意见》《关于地区2018年扶贫开发成效核查的情况通报》《乌什县贯彻落实〈新疆扶贫领域有关干部作风问题立行立改工作方案〉的实施方案》等相关事宜。

11月24日,中共乌什县第十四届委员会2018年第三十四次常委会会议召开,由县委书记王凯旋主持。会议主要学习《习近平主持召开中央全面深化改革委员会第五次会议》(新闻通稿)等内容,审议《关于明确县委巡察办公室机构编制事宜的请示》《关于县委巡察组编制事宜的请示》等相关事宜。

12月2日,中共乌什县第十四届委员会2018年第三十五次常委会会议召开,由县委书记王凯旋主持。会议主要听取《乌什县专项治理扶贫领域腐败和作风问题工作专题报告》,学习《中共阿克苏地委办公室印发〈关于开展习近平总书记对新疆工作重要指示批示贯彻落实情况“回头看”工作方案〉》,审议《乌什县开展“致富思源·感恩奋进”扶贫扶志行动实施方案》《关于设立乌什县退役军人事务局党组的请示》等相关事宜。

12月18日,中共乌什县第十四届委员会2018年第三十六次常委会会议召开,由县委书记王凯旋主持。会议主要学习《自治区纪委办公厅〈关于印发自治区新任职领导干部廉政谈话办法(试行)的通知〉的通知》精神,观看《庆祝改革开放40周年大会》电视直播,审议《九届自治区党委第四轮巡视选人用人检查反馈意见整改情况台账》等相关事宜。

12月24日,中共乌什县第十四届委员会2018年第三十七次常委会会议召开,由县委书记王凯旋主持。会议主要学习《中央经济工作会议在北京举行,习近平李克强作重要讲话》(新闻通稿)、《中共中央政治局召开会议,分析研究2019年经济工作,研究部署党风廉政建设和反腐败工作,中共中央总书记习近平主持会议》(新闻通稿),审议《九届自治区党委第四轮巡视选人用人检查反馈意见整改情况台账》等相关事宜。

12月27日,中共乌什县第十四届委员会2018年第三十八次常委会会议召开,由县委书记王凯旋主持。会议主要审议《中共乌什县第十四届委员会第十次全委(扩大)会议工作报告》《县委副书记、县长吐尔洪·阿不拉在中共乌什县第十四届委员会第十次全委(扩大)会议结束时的讲话》等相关事宜。

县委办公室

【概况】 2018年,中共乌什县委办公室(以下简称乌什县委办公室)实有行政人员34人(含跟班学习人员)、工勤人员17人。根据工作关系和性质,代管中共乌什县委机要局(县委信息中心)、县委保密委员会办公室、县委全面深化改革委员会办公室、县督查考评委员会办公室。

【党建工作】 2018年,乌什县委办公室围绕以习近平同志为核心的党中央确定的社会稳定和长治久安总目标,牢记习近平总书记“五个坚持”(坚持绝对忠诚的政治品格、坚持高度自觉的大局意识、坚持极端负责的工作作风、坚持无怨无悔的奉献精神、坚持廉洁自律的道德操守)要求,以推进"两学一做"学习教育常态化制度化为契机,以"三会一课"为载体,以改进作风为抓手,深入学习习近平总书记系列重要讲话精神,特别是关于新疆工作重要讲话和重要指示批示精神,学习自治区党委、地委、县委重要文件和会议精神,教育引导党员干部提高政治站位,增强"四个意识",坚定"四个自信",践行"两个维护"。加强精神文明建设,维护好"自治区级精神文明单位"荣誉。聚焦县委中心工作,始终发扬求真务实、精益求精、连续作战的优良作风,秉承"三服务"(服务领导、服务基层、服务群众)宗旨,狠抓精细化管理,努力当好参谋助手,积极进行综合协调,在以文辅政、落实主责、办文办会、服务中心、机要保密、信息督促、后勤保障等方面做了大量工作,为县委各项决定、决策在全县贯彻落实发挥桥梁纽带和促进作用。

【文秘工作】 2018 年,乌什县委办公室加强文秘工作,扩大选拔人才视野,采取调动、考录、跟班锻炼等方式,先后从机关、学校和乡(镇)选拔 10 名政治素质好、业务能力强的文秘、机要人员充实办公室人才队伍;建立秘书人员"早派活、晚总结"工作机制,提升文秘工作水平和效率;强化实践锻炼,大胆使用年轻干部,有计划地实施年轻干部多岗锻炼。做好公文管理,严格执行中央八项规定和自治区、地区、县"十条规定",做到精文简报;严把公文起草关、审核关、收发关,全年印发县委、县委办文件 283 份,公文差错率控制在 1‰以内,确保发文的及时性、严肃性和权威性;抓好党内规范性文件备案工作,完善发文登记制度,规范性文件备案审查。提升办会工作水平,进一步规范办会流程,注重会议通知、会场布置、会议服务、宣传报导等各个环节和工作细节,确保每次会议高标准、高质量召开,完成县委常委会、中心组学习和各常委牵头召集的各类会议。围绕统筹协调当好"协调员",加强与地委办公室和兄弟县(市)委办公室的联系沟通,争取工作主动,提升工作水平;加强与县人大、政府、政协办公室及县委常委兼职部门的协同配合,协调联络各乡(镇)、各单位,当好县委的"协调员",促进县委决策部署高效落实。

【信息工作】 2018 年,乌什县委办公室加强信息队伍建设,在全县乡(镇)和县直部门落实兼职信息工作人员,通过会议培训、跟班学习等方式,构建统一协调、覆盖面广、反应快捷的信息网络;重视办公室内部信息人员队伍建设,选派人员到地委信息室跟班学习,提高办公室信息工作整体水平。健全信息工作机制,进一步完善信息目标责任制,办公室内部实行文秘人员全员信息制,使文秘人员人人有担子、人人有压力。建立奖惩激励机制,加大信息工作投入和奖励力度,激发信息人员的工作热情。提高信息服务水平,重点通过自治区党委信息直报系统和《阿克苏信息》、《信息快报》等途径,及时向自治区党委、地委上报乌什县工作中的亮点,不断提高信息工作水平。年内,上报督查、调研、工作信息、重大应急信息等800条(被区党委办公厅、地委办采用200条),为地委、县委科学决策提供有力依据。

【全面深化改革】 2018年,乌什县委办公室当好改革参谋,由县委改革办牵头研究制定《乌什县2018年全面深化改革工作要点》和《乌什县2018年全面深化改革工作要点责任分工》,共确定7个方面197项改革任务,重点领域改革取得重要成果。加大改革宣传力度,制定《2018年乌什县改革宣传工作方案》,营造浓厚改革氛围。压实改革主体责任,印发《2018年乌什县委全面深化改革领导小组成员领衔改革任务清单》。年内,召开相关工作会议28次,研究审议议题92个。全年向地委改革办上报信息40篇,其中2篇被自治区党委改革办采用。全国殡葬综合改革示范引领作用凸显,绿色生态节地公墓全面推行。

【督查工作】 2018年,乌什县委办公室围绕党的方针政策开展督查,把工作重点放在中央、自治区党委、地委重大方针政策贯彻执行上,放在县委决策部署的组织落实上,及时将贯彻落实情况上报县委领导,供决策参考。紧贴县委中心工作开展督查,县委决策部署后,办公室及时将任务进行分解,明确责任,跟踪督查,下发督查通报40份、督查通知67份,促进各项工作高效落实。根据领导批示件开展督查,由县委督查考评办公室牵头,对县委领导批示、交办事项和上级督查部门交办的督办事项开展督导检查,及时反馈督查结果,做到事事有回音、件件有着落。抓好问题整改,对自治区、地区和县督查考评办公室督查中发现和反馈的问题,逐条逐项向相关单位、乡(镇)进行反馈,下发督办通知170份,做到整改一项、报备一项、销号一项,确保整改成效。

【后勤管理】 2018年,乌什县委办公室加强县委机关美化亮化绿化管理,创优机关办公环境,对院内花草树木和草坪进行修剪维护,发动机关干部维护好环境卫生,为干部职工创造绿色、宽松、舒适的工作环境。加强县委机关值班备勤和信访工作,适时调整县委机关值班备勤制度,落实信访接待服务工作,为县委机关的安全运转提供有力保障。加强县委机关车队管理,明确车队工作职责和车辆管理制度,强化司机教育培训管理,及时检修维护车辆,加大对县委机关大院内的乱停乱放车辆整治力度,确保车辆安全运行无事故。加强机关食堂管理和服务接待,按照《中华人民共和国食品卫生法》要求,规范食材采购、食品制作程序,做好防火、防盗、防破坏工作,为县委、县政府及各单位干部职工提供热情周到的用餐服务,全年无食品安全事故。认真贯彻中央八项规定精神,加强公务接待管理,从严控制差旅、会议和接待费开支。

【脱贫攻坚及“访惠聚”驻村工作】 2018年,乌什县委办公室贯彻落实县委决策部署,持续选派精兵强将到阿克托海乡希玛勒麦盖提村开展“访惠聚”驻村工作和脱贫攻坚工作,充分发挥后盾单位作用,深入开展“民族团结一家亲”和民族团结联谊活动,帮助群众排忧解难,助力贫困群众脱贫增收,进一步密切党群干群关系,打牢社会稳定和长治久安的群众基础。

(供稿人:刀顺荣)

纪委监委

【概况】 2018年,乌什县纪委监委内设办公室、信访室、案件审理室、党风政风监督室、纪检监察干部监督室、案件监督管理室、组宣部及5个纪检监察室共12个科室。机关核定编制33名,其中行政编制22名、参照公务员法管理事业编制9名、工勤事业编制2名。2018年,机关内提拔干部2名,先后选派4名纪检监察干部赴自治区及其他省市学习培训。

中共乌什县委巡察工作领导小组办公室为正科级单位,隶属乌什县委,由纪委监委管理,核定专项编制5名,设主任1名、副主任2名、科员2名。县委设立5个巡察组,在纪委监委设置巡察员6名(其中科级3名);县委组织部设置巡察员4名(其中科级2名)。

【作风建设】 2018年,乌什县纪委监委聚焦“打赢脱贫攻坚战”目标,制定下发《乌什县2018—2020年开展扶贫领域腐败和作风问题专项整治实施方案》,加大扶贫领域腐败和作风问题专项治理,查处扶贫领域案件139起。贯彻落实《中央纪委办公厅〈关于贯彻落实习近平总书记重要指示精神 集中整治形式主义、官僚主义的工作意见〉的通知》,查处扶贫领域形式主义、官僚主义案件6件。按照“经常抓、深入抓、持久抓”的要求,狠抓“四风”“四气”,对全县9个乡(镇)、46个单位开展明察暗访87次,对用公款宴请、赠送节礼、违规消费和公车私用等不正之风督查61次。

【群众工作】 2018年,乌什县纪委监委持续深化群众工作督导,制定下发《乌什县群众工作督导实施意见》,成立以县委主要领导为组长的群众工作督导工作领导小组,召开15次专题会议,提出18条工作标准。以坚定的态度对上级反馈的问题不掩盖、不回避、不推脱,以解决问题为导向,瞄着问题去、追着问题查、盯着问题改,做到不敷衍了事、不激化矛盾,确保每个问题整改到位。年内,自治区、地区共移交群众工作督导问题线索631条,核实办结618条,回访群众满意率99%。

【巡视巡察】 2018年,乌什县纪委监委夯实巡察工作基础,提升巡察效果。制定《乌什县委巡察工作规划(2017—2021年)》《关于开展2018年县委巡察工作的实施方案》,运用召开座谈会、受理信访、谈话了解等方式收集问题线索,抓好督促整改,对整改不力、敷衍整改的单位严肃追责。年内,完成44个党组织巡察,发现问题线索482条,办结232条。齐抓共管,确保巡视整改工作取得实效,制定《乌什县委落实自治区党委第十巡视组反馈意见整改方案》,召开县四套班子联席会、巡视整改专题常委会、推进会15次,建立整改台账,细化整改任务,实行对账销号,加强各责任部门整改落实情况跟踪督查。

【纪律建设】 2018年,乌什县纪委监委强化党纪宣传教育,制定下发《乌什县纪委监委关于紧紧围绕社会稳定和长治久安总目标常态化开展党员和国家公职人员"自查自省、践行忠诚"专项行动方案》,全县公职人员均提交自查自省对照检查材料,梳理问题线索884条。强化党风廉政教育,将党风廉政建设内容纳入县委中心组学习,在18次县委常委会、15次中心组学习上传达上级纪委会议精神、通报典型案例等,筑牢全县领导干部拒腐防变的思想道德防线。组织30批3300名党员干部赴廉政警示教育基地参观、接受教育,3645名公职人员、3044名教职工、16181名学生观看《蜕变》系列警示教育片;组织召开警示教育大会2次,通报发生在身边的典型案例,增强党员干部廉洁自律意识。坚定坚决惩治腐败,坚持把执纪监督和审查调查的主业主责摆在更加重要、更加凸显的位置,紧盯重点人、重点岗位和关键环节,坚持抓早抓小抓落实,始终保持惩治腐败的高压态势。年内,统计上报初核问题线索1074件,初核了结1060件。在6乡3镇建设标准化谈话室10间、监控室9间、综合室(兼医务室)9间,全部投入使用。

(供稿人:赵志国)

督查考评管理

【概况】 2018年,乌什县督查考评工作委员会办公室(以下简称乌什县督查考评办)核定编制10名,其中,行政编制6名,事业编制4名。实有干部8名(其中领导干部3名,工作人员5名)。

【绩效考评办法修订完善】 2018年,乌什县绩效考评实行"千分制",并根据地区考评办法初稿做部分调整。年内,纳入县绩效考评的责任单位95个。其中乡(镇)9个、县直单位59个、驻县单位27个。

【考评指标设置】 2018年,乌什县根据地区下达的目标任务,结合各单位的工作实际、职能特点和各乡(镇)的发展方向、产业特色及全县战略布局的总体要求设置考评指标,力求考评指标具体化、科学化。乡(镇)、县直及驻县目标责任单位的考评体系均由指标考评、满意度测评、领导评价、绩优绩误加(扣)分“3+1”综合考评模式组成。其中,指标考评占80%(800分),满意度测评占15%(150分),领导评价占5%(50分)。

【合理规划督查检查】 2018年,乌什县督查考评办协调配合自治区党委、地委组织开展实地督查工作。结合乌什县重点工作,建立2018年督查工作项目库,合理安排全年各项督查工作时间节点,先后组织开展脱贫攻坚、基层组织建设、经济发展、深化改革等重点督查工作6次,督促各乡(镇)、各单位抓好工作落实,促进县委决策部署落地生根。针对自治区、地区和县督查中发现和反馈的问题,逐条逐项向相关乡(镇)、单位进行反馈,下发督办通知120份,跟踪整改。坚持问题导向,做好决策督查工作。收集各单位抓好工作落实的典型材料,汇总整理后,向地区督查考评办报送督查文稿20篇,被地区采用7篇。

【年度考评】 2018年,乌什县督查考评办根据绩效综合考评办法的规定,制定考评方案。组织五大议事口牵头单位采取座谈汇报、现场核实、反馈确认等形式,重点对各乡(镇)、各单位年度重点工作目标完成情况、满意度测评情况、领导评价情况、争先创优工作情况、督查和绩效综合考评工作开展情况等方面进行全面考核评价。根据牵头单位评价结果、日常督查结果、民主评议结果和单位全年受表彰情况进行综合汇总,按照考评办法确定的评优比例,初步确定各乡(镇)、各单位奖励方案,提交县绩效考评委员会和常委会研究后,核发年度绩效综合考评奖金。

【年度考核结果】 2018年,乌什县各乡(镇)、各单位考核结果。

乡(镇)考核结果:先进乡(镇)3个(亚曼苏乡、阿恰塔格乡、依麻木镇);优良乡(镇)4个(阿合雅镇、英阿瓦提乡、亚科瑞克乡、奥特贝希乡);合格乡(镇)2个(乌什镇、阿克托海乡)。

优秀单位(21个):组织部(老干局)、县委办(督查考评办、保密委、机要局、改革办)、政法委(综治办、防范办、边防办、法学会)、发改委(粮食局)、宣传部、林业局、农机局、市场监督管理局、审计局、财政局、环保局、统战部(工商联、政治学校)、公安局、群众工作部(信访局)、司法局、人社局、妇联、编办、卫生局、教科局、红十字会。

良好单位(29个):政府办(应急办、机关事务管理办、电子政务办、法制办、外侨办、行政服务中心)、纪委监委、政协办、人大办、农办、人影办、畜牧兽医局、农业局、农业综合开发办、交通运输局、商信委(招商局、园区办)、安监局、统计局、旅游局、国土资源局、爱卫办、人民检察院、人民法院、民宗委(伊协)、网信办、党校、社保局、档案局、县直机关工委、团委、科协、民政局、老龄办、残联等。

(供稿人:顾冉冉)

组织工作

综　述

【概况】 2018年,中共乌什县委组织部(以下简称乌什县委组织部)核定编制36名,在岗21名,内设办公室、干部考核办、干部室、组织室、党代表联络办、干部监督室、干部档案室、信息调研室、人才(援乌)办、基层办、党员教育中心。按照县委工作要求,设立"访惠聚"驻村工作领导小组办公室。

【党组织建设】 2018年,乌什县委组织部筑牢一线堡垒,坚持"抓两头、带中间",挖掘基层党建工作特色亮点,打造基层党建示范点23个。建立运行基层党建服务管理平台,采用"一门户 + 四平台 + 移动端"架构体系,实现组织业务工作与信息数据深度融合,提升基层党建服务管理水平。强化抓党建促脱贫攻坚工作,县级领导联系46个深度贫困村全覆盖,建立全覆盖包联台账,指导抓好联系村(社区)党的建设、经济发展等工作。试点建立村干部暖心食堂,为村干部等各支力量提供就餐保障。在阿克托海乡库木奇吾斯塘村安装小喇叭,实现全覆盖,全天候滚动宣传党的政策理论、农业技术、国家通用语言等内容。

【党员队伍建设】 2018年,乌什县委组织部建强一线队伍,选派44名国家公职人员到村担任党支部书记,落实"访惠聚"驻村工作队长兼任村第一书记机制,选派村(社区)第一书记、村民小组第一小组长全覆盖。加大村级储备年轻干部培养力度,实施"托峰"计划,落实村级干部国家通用语言文字强化、素质提升、选拔培养"三大工程",集中轮训村级储备年轻干部843名、"托峰"计划人员324名。持续加大农牧民党员发展力度,建立健全乡(镇)、村(社区)、"访惠聚"驻村工作队联系帮带入党积极分子制度,用好发展党员"四张联审单",落实发展党员签字把关制度,筑牢党员发展"防火墙"。年内培养入党积极分子1904名,确定发展对象810名、发展预备党员633名。出台《乌什县行政村科技副职选配工作实施方案》《乌什县行政村科技副职管理办法(试行)》,确保108个行政村科技副职选得上、管得住、用得好。试点建立村干部实训基地,实行管委会负责制,举办培训班4期,培训行政村科技副职、村团支部书记110人,树立力量向基层一线倾斜的鲜明导向,提升基层各支队伍综合素质。

【党员发展工作】 2018年,乌什县委组织部坚持"控制总量、优化结构、提高质量、发挥作用"的党员发展方针,以《中国共产党章程》为依据,以《自治区发展党员工作规程》为指导,严格政治标准,落实发展农牧民党员"25154"机制,重点发展

35岁以下、高中以上学历、村干部、村级后备干部、村民代表和致富能手,稳步推进党员发展工作,壮大党员队伍。年内,发展党员879名,其中农牧民党员613名。

【党员教育管理】 2018年,乌什县委组织部分类实施党员培训工程,增强针对性和实效性,抓好党员队伍的教育培训工作,定期举办党员培训班,提高党员队伍理论素养和综合素质,提升基层党组织书记和党务干部抓党建工作的能力和水平。开展党员组织关系集中排查工作,做好民主评议党员工作,做好不合格党员认定、处置及帮教转化工作,提高党员素质,保证党员质量,疏通党员出口,纯洁党员队伍。落实党内激励、关怀、帮扶机制,在元旦、春节、七一、古尔邦节等节日期间开展走访慰问活动,由县领导带队慰问生活困难党员、老党员429人,做好沟通联络、服务、解决困难等工作。组织开展"入党宣誓不及时、预备党员逾期未转正问题"专项排查工作。

【11项党建工作】 2018年,乌什县委组织部贯彻落实11项党建工作,对16个党工委所属党员交纳党费的基数进行统一核定,定期督促检查党员按月缴纳党费情况,购置"党费证"8393册,发至每名党员手中,利用每月"党费日"提醒党员主动足额缴纳党费。监督落实好上级划拨和本级留存、补交的31.22万元党费,确保党费用在脱贫攻坚、帮扶生活困难党员群众、党员教育培训、基层党组织建设等4个方面。落实政策理解、提醒督促、问题解决、工作指导"四个加强",抓实基层党组织按期换届工作,年内换届基层党组织33个。针对2017年度专题民主生活会上查摆出来的问题,督查各班子成员建立整改台账3611本,明确整改责任领导、责任人、责任部门和整改任务,105个单位、300名领导干部承担整改问题415项,确保问题整改到位。制定《乌什县党员涉嫌违纪违法信息通报和及时处理联席沟通制度》,加强党员涉嫌违纪违法信息通报和及时处理。落实转前联系、转中督促、转后回执三项措施,确保退役军人党员组织关系转接到位。

【干部教育】 2018年,乌什县委组织部按照建设高素质专业化干部队伍要求,依托县委党校平台,建立健全党员干部轮训制度,强化国家通用语言、理论政策、实用知识等培训,争取外派援乌省市、北疆、上级培训机会,帮助干部弥补知识弱项、能力短板、经验盲区,提高干部适应新时代、实现新目标、落实新部署的能力。年内选派78名各级领导干部参加上级调训,12名少数民族干部赴北疆参加第二十批异地挂职锻炼,10名干部赴喀什地区挂职锻炼。抓好"学习贯彻习近平新时代中国特色社会主义思想和中共十九大精神"集中轮训工作,抓好全员全覆盖学习培训。依托县委党校举办留疆战士岗前培训、村干部国家通用语言培训等专题培训班21

期，培训 3733 人次，先后邀请中国社科院、自治区党委组织部共 21 人，针对《全面深化改革背景下的全域旅游发展》《关于做好组织工作宣传以及领导干部加强文字修养的几点思考》《中共十九大精神解读》等内容，开展“乌什讲坛”21 场，培训 7500 人次。

【干部监督】 2018 年，乌什县委组织部对第十五批瞒报亲属涉案信息的党员和干部依纪依规做出处理。开通手机短信举报平台，畅通电话、短信、网络和信访“四位一体”“12380”监督渠道，发动群众监督举报，织密日常管理监督网，安排专人负责，确保全天 24 小时畅通。年内共受理信访举报 2 起(受理来信 2 起)，组织处理 1 人。

【干部任免建议】 2018 年，乌什县委组织部贯彻执行《党政领导干部选拔任用工作条例》，树立“三个不吃亏”“三个火线”(火线提拔、火线入党、火线奖励)用人导向，注重政治立场、工作实绩、群众公认，把一批思想素质好、工作能力强、任劳任怨的干部推荐选拔到领导岗位。年内，共建议调整干部 10 批，涉及 288 人次，其中，建议提拔 86 人(正科 27 人、副科 59 人)、重用 26 人、交流 59 人、兼任 16 人、改任 17 人、转非 7 人，免职 22 人、免兼职 14 人、降级 4 人，试用期满转正 18 人，机构改革 9 人，退休 5 人，挂职 5 人，建议提拔重用基层一线、“访惠聚”驻村干部等 86 人。

【人才管理】 2018 年，乌什县委组织部强化政治引领和政治吸纳。坚持党管人才原则，落实地委《关于进一步加强党管人才工作的实施意见》，加大统筹和协调督促力度，落实党政领导干部联系优秀人才制度；强化人才服务管理工作督促指导，提高党管人才工作水平。成立县委人才工作领导小组，成立 6 个人才专项工作组，构建县委统一领导、总览全局，县委人才工作领导小组整体谋划、协调推进，组织部门牵头抓总、督促指导的整体工作格局。完善引才机制，强化“智库”建设，新增 92 名特聘专家人才充实乌什县专家人才“智库”；柔性引进 32 名科技、医疗、教育高端人才到乌什调研指导，发挥特聘专家参谋作用；加强院校联系合作，协调引进 133 名实习生到乌什基层支教。激发人才创新创造活力，开展“弘扬爱国奋斗精神、建功立业新时代”主题系列活动，激发青年人才爱国奋斗精神热情；优化人才使用，注重帮带培养，提拔使用 5 名其他省市高校毕业生到县直或乡(镇)领导岗位任职，推选 1 人到地直单位交流任职，选派 75 名其他省市高校毕业生、125 名留疆干部到村任职，选拔 3 名科技英才进行重点培育，推荐县人民医院 1 名优秀人才赴浙江参加“青年科技英才”培训，32 名县级拔尖人才引领示范带动县域发展。落实关心关爱，举办青年干部人才联谊会 6 场次，开展人才素质拓展活动 2 场次，召开人才交流座谈会 9 场次，开展干部人才谈心谈话 36 场次，解决基层干部人才实际困难60件，打造乡（镇）基层干部县城“关爱居”周转住房10套，服务乡（镇）基层干部及到乌什探亲家属70次。改进援乌干部人才工作，报销援乌干部医疗费用及亲属到疆探亲路费，开展春节、端午、中秋等节日慰问援乌干部人才活动，组织23名党政干部人才赴浙江考察学习，推进“智力援乌”。援乌产业助力脱贫攻坚，召开浙江产业援乌“三大工程”助推脱贫攻坚现场会，衢州市与乌什县旅游、工会部门联合签订《衢州市—乌什县旅游和职工疗休养援助合作框架协议书》，加强旅游援乌合作，助力助推乌什经济发展。开展“组团式”援乌工作，18位援乌教师组团服务，启动全链式教育援乌新模式，集中援建乌什·衢州小学；建立自治区胸科医院专家人才服务基层工作站、“仁心”传帮带工作室，提高医疗工作水平。选派专业技术人才入驻“乌什县科技援疆万亩亿元增收示范工程”黑木耳基地，助力农民增收。

（供稿人：陈慧莉）

基层组织建设

【概况】 2018年，乌什县辖3镇6乡，108个行政村、527个村民小组，11个社区。其中，深度贫困乡（镇）4个、贫困村74个（深度贫困村46个）。基层党组织438个，其中，党（工）委16个、党总支24个、党支部398个，党组44个，党员9342名（农牧民党员5027名，占53.81%）。村干部727名，其中，村党组织书记108名（国家公职人员45名）、村“两委”副职619名；少数民族干部712名，女性127名，占17.46%；行政村科技副职108名（不占村干部职数）；村民小组长（含副小组长）1581人。

根据《中国共产党党和国家机关基层组织工作条例》《中国共产党党组工作条例（试行）》等有关要求，采取认真摸底建台账、全面清理促整改、分类整改促规范“三项措施”，对已经设立的43个县直党组、1个党组性质的党委进行深入调研，因机构改革撤销党组13个，新成立党组9个。

【社区党建】 2018年，乌什县在11个社区推行社区“大党委”机制，按照“以人为本、服务群众，有效管理、创出特色”的原则，划分54个网格，形成“社区大党委+网格党支部+楼栋党小组（楼长、十户长）”的三级网络党建体系，从共驻共建单位聘请大党委兼职委员64名，明确职责，制定联席会议制度，发挥共驻共建单位优势，协调单位与社区关系，研究社区社会性、公益性、群众性事宜。493名在职党员配合开展服务群众活动331次，受益4265人次；化解矛盾纠纷23件；为社区和群众办好事实事54件；开展党的政策宣讲28次；协同社区干部开展入户走访470次，结对帮扶群众562户，开展文体活动14次。以社区“一办一室四中心”（社区办公用房，社区警务室，党员活动中心、便民服务中心、文体活动中心、医疗服务中心)为原则,推进社区综合服务设施标准化、规范化建设,积极改善社区基础设施,增强社区综合服务能力。按照新建、改(扩)建社区面积不少于1000平方米的标准,坚持一室多用、资源共享。严格落实"369"限时工作法和"平安锁金钥匙"工作机制,做到以房管人,加强流动人员管理,确保机制落实到位。乌什县11个社区共有常住居民12289户40315人。社区干部218名,各社区平均有工作人员20人,达到每百户居民配备1名工作人员的标准。

【农村党建】 2018年,乌什县坚持有形覆盖与有效覆盖有机统一,试点推行"一总多支"模式,在条件成熟的10个行政村建立党总支、所辖56个村民小组建立党支部,在其余471个村民小组建立党小组,延伸基层组织管理触角。强化村民小组政治功能,按照"一正三副"标准配齐配强村民小组管理层,建立"村'两委'+村民小组+双联户长"的三级架构。持续用力整顿软弱涣散基层党组织,推动11个软弱涣散基层党组织晋位升级。坚持以村级组织"星级化"创建为抓手,规范落实强基层强基础12项措施等工作机制和村务联席会议、"三会一课"、民主评议党员、组织生活会、主题党日等基本制度,推进基层组织工作规范化、制度化、长效化。全面推行村务监督委员会建设,配备村务监督委员会成员528名。选优配强村"两委"班子,建立村党组织书记县委常委会研究、县委组织部考察任免、村干部县级联审制度,选派58名国家公职人员到村担任党组织书记,推进新招录其他省市高校毕业生、留疆战士到村任职工作。推进村干部国家通用语言强化、素质提升、选拔培养"三大工程",建立村干部实训基地(农村实用人才培训基地)5个,依托县委党校、远程教育、村级党校、农牧民夜校等平台,全覆盖、常态化抓好村干部及村级储备年青干部培训。逐年提高村干部报酬,村"两委"正职、副职年均工资报酬分别为3.2万元、2万元,村民小组长月人均报酬补贴500元。

【新兴组织建设】 2018年,乌什县选优配强新兴组织党工委书记、副书记,指导成立非公有制企业、小个专和社会组织3个综合党委。建立完善新兴组织党工委主抓统管,县委组织部、市场监管、民政等部门联动联抓工作机制,每季度召开1次新兴组织党建工作例会、1次党建指导员工作例会。坚持"成熟一个、组建一个,建成一个、用好一个"原则,采取单设、联合、挂靠、兜底等形式,向援乌产业"百村千厂"企业等新兴组织选派党建指导员157名,推进党的组织覆盖和工作覆盖。通过公开推荐、民主选举等方式,调整3名党性观念强、思想政治素质好、熟悉党建工作、善于做群众工作的党员担任新兴组织党组织书记。依托县委党校主阵地,举办专题培训班2期,提升新兴组织党务工作者抓党建工作水平。在坚持标准、严格程序、保证质量的前提下,以优秀一线职工、专业技术骨干、经营管理层人员和企业出资人、社会组织负责人为培养重点,发展党员6名,确定入党积极分子12名、入党申请人25名。

(供稿人:陈慧莉)

“访民情、惠民生、聚民心”驻村工作

【概况】 2018年,乌什县共选派“访民情、惠民生、聚民心”驻村工作队(以下简称“访惠聚”工作队)119个846人,其中,自治区级“访惠聚”工作队30个284人(含深度贫困村第一书记和扶贫专干),地区级“访惠聚”工作队15个99人,县级“访惠聚”驻村工作队74个463人(含深度贫困村第一书记),实现工作队驻村(社区)全覆盖。

【脱贫攻坚】 2018年,乌什县各级“访惠聚”驻村工作队充分发挥党政机关、企事业单位的优势,坚持把精准脱贫作为必须完成的硬任务,选派45名国家公职人员到村担任党支部书记,108个村选派第一书记全覆盖,充实完善扶贫工作力量,突出扶贫与扶志、扶智相结合,落实脱贫攻坚“五个一”责任制,紧盯“两不愁、三保障、一高于、一接近”(农村贫困人口不愁吃、不愁穿;义务教育、基本医疗和住房安全有保障;贫困地区农民人均可支配收入增长幅度高于全国平均水平;基本公共服务主要领域指标接近全国平均水平)标准,大力实施“六个一批”,开展实用技术和劳动技能培训1100场次,转移就业贫困人口14421人,帮助指导成立农民专业合作社147个,发展庭院经济1699户,实现建档立卡贫困户1372户、5892人脱贫“摘帽”,12个深度贫困村退出。

【群众工作】 2018年,乌什县各级“访惠聚”驻村工作队自觉践行党的群众路线,走访村(社区)群众35万户次、150万人次,排查化解矛盾纠纷4320件。推进“习近平新时代中国特色社会主义思想进万家”“理清两笔账、感恩共产党”活动,开展民族团结联谊融情活动1410场次28万人次。组建村(社区)文艺队、体育队、志愿服务队310个,开展文体活动2010场次,参与群众40万人次。常态化组织区地县乡村五级7186名干部职工走访群众42.2万人次,协调解决困难3810件。从解决群众最关心最直接最现实的利益问题入手,投入1.86亿元实施惠民生项目175个,协助发放各类惠民补贴、补偿资金1亿元。办实事好事13120件,投入慰问资金500万元。发挥自身优势,推进政策下乡、文化下乡、医疗下乡、科技下乡,送政策、送法律、送技术、送信息,开展普法宣传教育2410场次,国家通用语言文字培训9400场次,举办农牧民夜校9530场次。

【党的基层建设】 2018年,乌什县各级

“访惠聚”驻村工作队在加强基层党组织建设上用心用情用力,当好村级党组织的“引路人”,以“星级化”创建为抓手,指导规范落实“三会一课”等工作机制,全面推进村干部及村级储备年轻干部国家通用语言强化、素质提升、培养选拔“三大工程”,选派40名村级储备年轻干部参加自治区、地区示范培训。依托村级党校、农牧民夜校、远程教育站点、实训基地“四位一体”平台,协助培养、轮训村级储备年轻干部843名、“托峰”计划人员324名。

(供稿人:陈慧莉)

“两学一做”学习教育

【概况】 2018年,乌什县“两学一做”学习教育协调小组办公室坚持以学习宣传贯彻中共十九大报告为主线,深入学习习近平总书记系列重要讲话精神,深入贯彻全面从严治党的新部署、新要求,开展推进“两学一做”学习教育常态化制度化。制定推进“两学一做”学习教育常态化制度化实施方案,调整县“两学一做”学习教育协调小组,下设3个工作组和5个调研指导组,负责学习教育的开展,印发《2018年“两学一做”学习教育常态化制度化工作督导方案》,建立县委宏观把握、调研指导组全程指导、各级党组织书记主体落实、下乡驻村干部协同推进的工作格局。召开“两学一做”学习教育常态化制度化协调小组调度会5次,安排部署各小组开展工作、听取调研指导情况汇报,各调研指导组对9个乡(镇)的部分村(社区)、73个县直单位、新兴组织党工委下设的3个综合党委开展调研指导3轮,印发《乌什县“两学一做”学习教育常态化制度化督查情况通报》,总结各级党组织的亮点和典型,针对存在的问题和不足督促整改。建立调研指导台账,及时准确掌握各级党组织工作进展情况,形成每半月电话督导1次、每月实地督导1次的工作机制。发挥宣传教育引导作用,在县广播电视台、乌什县基层党建平台、“丝路泉城”和“乌什零距离”微信平台等开办学习教育专栏,定期解读党章党规和系列讲话,实时报道各基层党支部学习教育情况,县广播电视台累计报道3期,微信平台发布学习内容295条。利用悬挂条幅、制作展板等形式营造学习氛围。党员领导干部带头示范,县委常委班子召开“两学一做”学习教育专题民主生活会,制定《县委常委班子“两学一做”学习教育常态化制度化工作方案》和学习计划,全县各党组、各乡(镇)党委参照执行,印制县处级党员领导干部“两学一做”学习教育资料汇编,作为个人必学内容。年内,县委理论学习中心组专题学习10次,集中学习党章党规、习近平总书记在省部级主要领导干部学习贯彻中共十八届六中全会精神专题研讨班上的重要讲话精神、《中国共产党支部工作条例(试行)》等内容。每名县处级领导积极落实党员领导干部双重组织生活,平均参加支部党员大会3次、党支部委员会7次、党小组会14

次，在县委的统一部署下，按时上党课3节，开设县乡村三级“微党课”，39名县处级干部、576名乡科级干部带领全县普通党员干部，讲述身边人身边事及个人体会4700场次，教育群众113.5万人次。强化“五个认同”，县四套班子领导、五大议事口及3镇6乡1500名干部职工主动参加“党旗映天山”大合唱比赛，开展公共场所讲国家通用语言、说普通话公开承诺活动，举办全县农牧民党（团）员、返乡大学生国家通用语言红歌大赛、广场舞等活动，引导群众坚定信心跟党走。成立党（团）员突击队、文体队、服务队、宣讲队312个，开展志愿服务1200次，解决群众问题4592件。

【“主题党日”活动】 2018年，乌什县坚持“5+X党员固定活动日”，引领学习教育。印发《关于推行“党员固定活动日”制度的通知》，要求各党支部根据党员群众需要，每月确定一个活动日，专项开展“5+X”（“5”指开展一次专题学习、撰写一篇心得体会、观看一部教育影片、交纳当月党费、开展爱心帮扶；“X”指自主开展X项活动）计划内容，确保全年累计开展活动不少于12次，建立并实施各党支部组织开展“党员固定活动日”活动制度。除完成5项固定动作外，基层党组织结合实际自主设计“X”项自选动作，并开展相关活动。乌什县委召开庆“七一”表彰党员大会，选树50个先进基层党组织、100名优秀共产党员和50名优秀党务工作者进行表彰奖励，引导广大党员对标看齐。县直各部门、学校、医院、个体私营经济组织等不同领域426个党组织开展重温入党誓词、过“党员政治生日”、“聚焦总目标，当好排头兵”等多种方式的主题党日活动。各社区联合党委开展庆“七一”文艺演出，社区居民和驻社区各单位干部职工通过合唱、舞蹈、朗诵、戏曲、乐器演奏等方式，共同庆祝中国共产党成立97周年，回顾乌什县的发展变化，展望未来的美好生活。

【党员学习教育管理】 2018年，乌什县坚持把各级党组织学习习近平总书记系列重要讲话作为首要任务，结合实际、精准施策，引导每个支部、每名党员都学起来。以党支部为单位，以党员大会、党小组会、上党课等形式，定时间、分专题组织党员集中学习，每次学习有主题、有讨论、有收获。村级党支部按照地域相近原则，将村民小组党员就近分成学习小组，选择有帮带能力的农户、村干部作为领学人，利用晚上、雨天或劳作间歇时间，在党员活动室、小组长家、蔬菜大棚内组织党员集中学习。根据社区党员的知识需求，利用“道德讲堂”“基层大讲堂”“国学讲堂”等平台，邀请县委党校讲师、退休党员、先进典型人物为党员讲党课，丰富学习教育形式。组织县直机关单位开展“两学一做”学习教育知识测试，通过党员答卷，巩固学习效果。分级分批对党支部书记开展全员培训，组织他们先学一步、深学一层,引导他们用身边故事、群众语言带着党员一起学习。举办农村党组织负责人培训班、机关企事业单位党务工作者轮训班、非公有制经济组织和社会组织党组织书记培训班等9期,培训党支部书记、党务工作者700人次,全县各级党组织累计开展集中学习1600次、学习研讨900次、讲党课700次,撰写心得体会3500篇,开展“党员固定活动日”780次,9300名党员参加活动。开展线上建立微信群交流学,以“互联网+党建”的思维,利用互联网技术,通过乌什县基层党建网、微信公众号、支部微信群等学习平台,建立指尖上的“党支部”,定期推送学习内容,组织党员开展讨论交流。创建微信公众号4个,建立流动党员交流群、成立“微”支部259个,450名流动党员全部加入支部微信群。抓好线下助学,针对年老体弱、行动不便的党员,由县老干局和各社区“一对一”结对帮学,通过上门“送学”、入户“帮学”等方式帮助党员学习,先后开展送学上门480人次,确保学习教育全覆盖。

(供稿人:陈慧莉)

宣传工作

【概况】 2018年,中共乌什县委宣传部(以下简称乌什县委宣传部)围绕脱贫攻坚工作任务,以培育和弘扬社会主义核心价值观为凝魂聚气、强基固本的基础,为建设“幸福乌什”提供思想保证、舆论支持、精神动力和文化条件。

年内,乌什县委宣传部核定行政编制14名,事业编制6名,工勤编制1名。有所属参照管理单位2个(县外宣办、县文明办)、所属事业单位1个(县宣传中心)。代管县社科联。

【理论学习】 2018年,乌什县委宣传部加大对各级党委理论中心组学习的指导,重点做好中共十九大精神、习近平总书记系列重要讲话和脱贫攻坚等内容的学习,征订《习近平谈治国理政》第二卷、《习近平新时代中国特色社会主义思想三十讲》等各类学习资料1万册,举办县委理论中心组学习19次。持续采取党组织集中学、专题培训辅导学、区分对象灵活学、座谈讨论交流学、理论测试检验学、跟进媒体实时学“六学模式”,实现教育对象全覆盖,举办中共十九大知识竞赛1场。采取领导带头讲、宣讲队巡回讲、先进典型讲、特色队伍讲、草根队伍讲、干部下村讲“六讲模式”,开展中共十九大、全国“两会”精神和惠民政策“进万家”宣讲活动。邀请全国人大代表、依麻木镇国家通用语言小学校长库尔班·尼亚孜开展宣讲9场次,制作发放《乌什县党的惠民政策应知应会手册》2万册。

【精神文明建设】 2018年,乌什县委宣传部以培育和践行社会主义核心价值观为根本,抓好文明单位创建动态管理,全县有国家级文明单位1个、自治区级文明单位16个、地区级文明单位36个、县级文明单位28个。承办阿克苏地区2018年美丽乡村暨文明单位创建工作推进会1场。年内推出“中国好人”1人、“自治区岗位学雷锋示范标兵”1人、“最美阿克苏人”2人、首届“感动乌什十大人物”10人,其中道德模范库尔班·尼亚孜当选全国人大代表。以“做文明有礼乌什人”活动为抓手,持续抓好文明交通、文明餐桌、文明上网、文明旅游“四大文明行动”,常态化开展志愿服务。组织乡(镇)开展以城带乡主题“道德讲堂”250期,宣传教育群众7.5万人次。推进“文明乌什”建设,联合衢州市援乌指挥部推出“衢州有礼”爱心冰箱酷夏送清凉活动。以“我们的节日”为契机,举办“大美新疆·大爱故事”讲故事大赛、“迎中秋 庆国庆 促改革·助力脱贫攻坚”文艺会演和“喜迎国庆促改革·脱贫攻坚‘一家亲’”好舞蹈大赛、千人广场舞大赛等大型活动20场次。发挥3D影院作用,组织单位干部职工分批次走进电影院收看《厉害了,我的国》《红海行动》《战狼二》等爱国主义电影。发挥11所乡村学校少年宫作用,为弘扬和传承中华传统文化拓宽渠道。

【**重大宣传活动**】 2018年,乌什县委宣传部围绕脱贫攻坚、“访惠聚”驻村、民族团结等工作,在县广播电视台、“乌什零距离”等媒体平台开设“脱贫攻坚进行时”“惠民政策早知道”“奋斗在新时代”“了不起的乌什人”等专栏,宣传报道脱贫攻坚工作的典型经验和在脱贫攻坚工作中涌现出的先进人物事迹及各类惠农惠民政策。邀请中央、自治区、地区级媒体23批280人次,深入乌什挖掘宣传报道脱贫攻坚工作的亮点和特色,年内在各级各类媒体刊稿1620篇。

【**宣传队伍培养与管理**】 2018年,乌什县委宣传部加大对文艺从业工作人员的培训和教育管理,落实节目演出审核机制,重点加大对文化娱乐场所的整顿。开展“扫黄打非”等专项行动,不断净化市场环境。举办通讯员培训班1期,按照地区宣传报道要求和记者采访报备制度抓好通讯员队伍管理。严格广播电视、“乌什零距离”稿件播报层层审核机制,完善各类协会、讲座管理办法,丰富社会宣传氛围。

【**社科联工作**】 2018年,乌什县社科联围绕县委、县政府的中心工作开展社科课题研究,积极推荐报送课题,被地区立项1个,为乌什社会发展提供对策和参考。组织社科协会成员开展习近平新时代中国特色社会主义思想宣传,利用“世界读书日”、“三个白皮书”和“三下乡”时机,举办科普知识和新疆历史宣传活动,联合相关部门开展宣讲20场次,发放各类宣传资料2500份。以迎接、庆祝中华人民共和国成立70周年为主线,与县文明办、外宣办、文旅局等部门联合开展各类活动10场次,营造浓厚的社会宣传氛围。

(供稿人:杨金香)

统一战线工作

【概况】 2018年,中共乌什县委统一战线工作部(以下简称乌什县委统战部)围绕社会稳定和长治久安总目标,以学习贯彻中共十九大精神、《宗教事务条例》为核心,组织各界党员干部群众进行学习。开展经济领域和新社会阶层人士统战工作,重视党外知识分子工作,加强党外代表人士队伍建设。乡(镇)、村(社区)建立完善统战民宗工作领导小组办公室、宗教事务管理办公室,指定1人专门负责民族、宗教、侨务等统战工作的协调。

2018年,乌什县委统战部核定编制5名(其中,领导职数2名、科员2名、工勤事业编制1名),实有5人(其中副部长2名、科员2名、工勤人员1名)。

【统战民宗会议】 2018年,乌什县委统战部组织召开统战民宗工作例会10次,定期研究解决问题,安排部署工作。召开县统战民宗工作领导小组会议4次,研究落实地区、县委、县政府安排的相关事宜及“两联系一教育”工作、清真寺优化提质、殡葬服务中心运行等相关重大事宜。

【宗教事务管理】 2018年,乌什县委统战部根据国家相关法律法规,严格落实宗教事务服务管理各项制度。加强宗教教职人员服务,组织各宗教团体对全县宗教教职人员进行半年、全年考核评议,并将考核结果在县、乡进行公示,形成争先创优的良好导向。巩固完善清真寺“七进两有”(水、电、暖、路、通信、广播电视、文化书屋进清真寺,主麻寺有净身房、有水冲式厕所)建设,提升清真寺公共服务功能。

【“民族团结一家亲”活动】 2018年,乌什县委统战部把开展“民族团结一家亲”活动和扶贫帮困、支教工作、宗教管理、“三进两联一交友”(进班级、进宿舍、进食堂,联系学生、联系家长,与学生交朋友)等工作结合起来,所有县级领导、科级领导、一般干部与全县8161户贫困户全覆盖结对认亲。创建民族团结“八进”[进机关、进企业、进社区(村组)、进乡镇、进学校、进宗教活动场所、进军营、进家庭]活动先进示范点33个,将嵌入式社会结构和社区环境各项工作措施落到实处,全县创建并命名“五个嵌入”(居住嵌入、文化嵌入、源头嵌入、生产嵌入、经济嵌入)示范点10个。

【落实宗教教职人员福利待遇】 2018年,乌什县委统战部严格落实宗教教职人员“四险一保”(医疗保险、养老保险、大病保险、人身意外伤害保险,对符合条件的纳入城乡低保)和免费体检等保障措施,对于因年老等原因退出教职人员队伍的宗教教职人员,继续保持待遇不变。

(供稿人:孙　翼)

网信工作

【概况】 2018年,中共乌什县委网络安全和信息化委员会办公室(以下简称乌什县委网信办)贯彻落实党中央、自治区党委关于网络安全和信息化工作的方针政策和决策部署,按照县委工作要求,负责处理县委网络安全和信息化委员会日常事务工作、网信领域党的建设和人才队伍建设;统筹协调组织互联网宣传管理和舆论引导工作;负责乌什县互联网信息内容监督管理执法,依照有关法律和规定查处有关违法违规行为和网站;推动网络阵地建设。

【网信体系建设】 2018 年,乌什县委网信办根据自治区党委网信办《关于地、县网信两级工作体系建设实施意见》精神,下拨经费 80 万元,推进网信工作有序开展。从县相关单位调入 17 名干部充实到乌什县委网信办,网信办同时挂中共乌什县委网络安全和信息化工作领导小组办公室、中共乌什县委网络安全和信息化工作委员会办公室牌子,为一个机构、三块牌子的管理体制,列入县委机构序列,为县委直属正科级机构,具有政府行政管理职能。内设综合办公室(党建工作办公室)、协调管理和执法督查办公室(信息服务管理办公室)、应急管理和舆情处置办公室(网络安全协调办公室)、信息分析研判、传播、评论办公室(违法和不良信息举报办公室)4 个工作组。

【网络安全】 2018 年,乌什县委网信办做好属地网上巡查工作,确保互联网空间清朗安全。开展新媒体账号安排部署和调查摸排;摸排属地网站 4 家(其中暂停使用 2 家)、微信公众号 31 个(其中停用 2 个)、微博账号 6 个、客户端 5 个,均处于正常使用状态。开展专项整治工作,确保属地互联网安全,对属地网站、公众平台、官方微博、微信群、QQ 群等平台进行巡查。强化网络安全管理,对属地互联网网站、新媒体账号、基础设施进行安全大检查,对县内 5 家网吧、7 家快递、2 家托运部及其他交易平台等交易场所进行摸排清理整顿。

【转办件办理】 2018 年,乌什县委网信办按时向地委网信办上报相关材料,共收到地区文件 82 份、向地区报送材料 56 份,严格落实公文办理制度,逐级审核,规范上报。结合地委网信办阶段性工作重点,将中共十九大精神、地委网信办重大决策以会议形式传达给干部。年内,印发各类文件 16 期,编写上报信息 23 期、督查专报 5 期、其他通知及《情况通报》等各类文件 32 期。做好重大、紧急情况向地委网信办请示、汇报及各项工作的上传下达统计上报和属地网站、新媒体平台的协调组织工作。

【互联网党建】 2018 年,乌什县委网信办对全县互联网站党建工作进行摸排和调查,全县共有 4 家互联网网站,其中 2 家互联网企业(乌什县点胜网络科技有限公司、新疆坤泰兴邦网络科技有限公司)

选聘党建指导员1名;2家政府部门网站分别由县电子政务办、旅游局选聘兼职党建指导员2名。指导属地网站负责人将相关资料邮寄网站域名商,域名商将相关材料上传自治区通信管理局,完成属地网站互联网党建全覆盖。

(供稿人:吴柱柱)

机关党建

【概况】 2018年,中共乌什县直属机关工作委员会(以下简称乌什县直机关工委)以“基层组织建设年”活动为龙头,以加快机关党建工作“走前头”为目标,以“学习型”党组织建设为载体,围绕县委中心工作,抓好中共十九大精神在县直机关各级党组织中的贯彻落实。通过抓载体、创特色、增活力,推动机关党的思想建设、组织建设、作风建设、制度建设和反腐倡廉建设。引导各支部努力把“基层组织建设年”“转变作风服务基层”等活动融入和渗透到机关党的建设的各个环节和各项工作中。

年内,乌什县直机关工委核定行政编制3名,实有工作人员3人(其中领导2人)。

【机关党组织思想建设】 2018年,乌什县直机关工委总结上年度“学习型”党组织建设经验,采取抓重点带动学习、抓培训规范学习、抓制度强化学习的办法,实行“一月一主题”,完善印发2018年机关党建工作计划、学习计划,明确学习重点、学习任务和考学办法。年内,与县委组织部配合抽查各支部落实学习制度情况9次,重点督促县直机关支部落实领学、帮学、带学、送学等措施,坚持每周三、周五政治、业务学习,以“学习型”班长带动“学习型”班子,带出“学习型”干部,带动广大党员干部自觉参与学习。

【机关基层党组织建设】 2018年,乌什县直机关工委与机关各党支部分别签订党建工作和党风廉政建设责任书,立足县直部门党组织和党员实际,研究制定并下发《机关工委2018年工作要点》,明确工作目标任务。引导各支部努力把“基层组织建设年”“转变作风服务基层”等活动融入和渗透到机关党的建设的各个环节和各项工作中。年内,会同县委组织部等部门先后参与各项主题活动和作风效能、廉政建设、廉政文化“六进”(进机关、进学校、进家庭、进农村、进社区、进企业)等,联合工作组督查2次,及时反馈工作动态,交流经验。7月,对县直机关各单位已成立的支部进行重新摸排调查,督促成立独立支部,抓好各单位党组织设立、调整、改选、补选的指导审批工作,新组建党支部1个。

【机关党风建设】 2018年,乌什县直机关工委建立健全党风廉政建设管理机制,抓学习教育和经常性思想教育等工作,保证党风廉政建设与各项工作同步进行。与县纪委监委、组织部等部门开展联合督查,重点督促机关党支部利用每周三、周五政治理论学习日开展党性、党风、廉政建设教育、党纪政纪条规等知识学习,做到工作、学习两不误。加强督促检查,定期进行交流、谈心,汇报思想,预防各类违纪事件的发生,推动机关党风廉政建设。

【发展党员工作】 2018 年,乌什县直机关工委做好发展党员工作,把好入口关。对 65 个党支部研究、公示、上报的 112 名发展对象进行资格审查和考察谈话,经工委会研究公示确定新发展党员 46 名、预备期满转正党员 35 名。加大对入党积极分子的培养、教育和考察力度,举办入党积极分子和发展对象培训班 1 期,培训 280 人,组织入党积极分子在县福利院开展“献爱心 送温暖”社会实践活动,培养教育县直机关入党积极分子。

【“五好”党支部创建】 2018 年,乌什县直机关工委按照支部自查、申请验收、量化考核、民主测评、党委审定、公示表彰等 6 个程序,对 42 个已命名的“五好”(支部班子好、党员队伍好、活动开展好、制度建设好、作用发挥好)党支部进行复验;对 1 个申报创建单位支部进行验收。

(供稿人:文贺金)

机构编制管理

【概况】 2018 年,中共乌什县委机构编制委员会办公室(以下简称乌什县委编办)按程序对涉及机构编制事宜做好上传下达、行政管理体制改革、“放管服”等各项工作,对各行政事业单位申报招录(聘)计划、人事会议进行编制审核,继续执行《控编进人通知单》制度和人员变动、工资增减审核表制度,加强机构编制实名制系统的建设,对全县事业单位法人进行登记管理,对全县机关事业单位机构代码证进行管理。

2018 年,乌什县委编办核定行政编制 12 名,实有 7 人(其中科级 3 人、科员 4 人)。

【党政机构改革】 2018 年,乌什县委编办印发《关于成立乌什县深化党政机构改革领导小组的通知》,成立由县委书记担任组长的乌什县深化党政机构改革工作领导小组及办公室,办公室下设综合组、方案组和保障组,明确职责任务。经县委 2018 年第十三次常委会研究,印发《中共乌什县委员会贯彻落实〈中共中央关于深化党和国家机构改革的决定〉和〈深化党和国家机构改革方案〉的意见》《乌什县群团机构改革方案》和工会、团委、妇联、侨联、科协五个群团组织改革方案。组织人员对各部门的机构设置、机构规格、领导职数、人员编制、职责职能、固定资产等进行摸查,做到底子清、数据准、情况明。对涉改部门的历史沿革进行梳理,对履行行政职能的事业机构进行调查摸底,确定行政执法类事业机构 22 个、参公事业机构 45 个。年内,设立监察委员会、边防事务协调保障中心等机构,印发机构编制方案。

【“放管服”改革】 2018年,乌什县委编办牵头对县政府和21个驻县单位职责分工进行明确,及时跟进各环节工作进展情况。对自治区“放管服”改革督查组提出的问题进行整改;先后2次组织召开推进会,通报进展情况,对存在的问题进行解决;联合相关单位组成督查组对6乡3镇及34个县直单位“放管服”改革工作进行督查,对各部门工作成效、存在问题及后期工作要求进行通报。制定《关于印发乌什县深化“放管服”改革全面优化提升营商环境实施方案的通知》《关于印发乌什县“简政便民”专项行动工作方案的通知》等文件;联合县法制办、行政服务中心等部门集中清理规范“简政便民”事项,保留25项,取消6项,明确11个部门37项中介服务事项并在网上公开。印发《关于乌什县推进乡(镇)便民服务中心规范化建设实施方案的通知》,建成9个乡级便民服务中心,实行集中咨询受理和“一站式”柜台服务;扩展村级便民服务站建设,方便办事群众。组织相关单位对地区转发的5批100条群众办事堵点问题进行自查整改,建立台账,逐条整改销号,完成自查整改问题80条,不存在问题20条。

【事业单位登记管理】 2018年,乌什县委编办优化统一社会信用代码证办理工作,全面取消事业单位年度检验制度,实行事业单位年度报告制度,所有业务实行网上办理,全部资料在网上审核,做到让办事群众少跑路。年内,办理机关群团统一社会信用代码证78本,审批事业单位法人年度报告279个,办理事业单位设立登记13个、变更登记23个、注销登记1个、冻结2个。

【权责清单审查清理】 2018年,乌什县委编办开展权责清单动态调整,组织县政府和38个驻县相关单位将权责清单录入平台,推进“互联网+政务服务”一体化平台标准化建设,编制公布《乌什县政府部门权力清单和责任清单目录(2018年版)》。组织县发改委、财政局、市场监督管理局开展投资审批、收费清理、商事制度改革工作。

【机构编制日常管理】 2018年,乌什县委编办共办理编制增减调转手续816人次,开展工资联审11次,杜绝超编进人。加强机构编制统计汇总分析,对于职责任务相近、权责交叉的部门进行整合,核销水利管理总站自收自支事业编制20名,为县公安局、巡察办、巡察组、网信办、乡(镇)计生服务站等部门划转增加编制。在各乡(镇)、阿合雅镇永宁片区管委会成立统计站,配备2名专职统计人员,各村、社区配备1名兼职统计人员。配合县组织、人事部门审核行政事业单位各类申报计划5次,申报招录(聘)人员615人,保障重点行业领域和基层一线的用编需求。

（供稿人：宋国平）

农办工作

【概况】　2018年，中共乌什县委农村工作领导小组办公室（以下简称乌什县委农办）充分发挥“综合协调、组织推动、调查研究、督查检查”职能，坚持以农业供给侧结构性改革为主线，以产业扶贫、改善民生、转变农业发展方式、稳定增加农民收入为核心，夯实农业发展基础，激发农村发展活力，繁荣农村经济。

【综合协调】　2018年，乌什县委农办发挥“农口单位指挥部、领导机关参谋部”作用，围绕地委、县委和县政府关于农业增效、农民增收的重大部署，抓好各项工作落实。利用春耕备耕、春播、“三夏”、“三秋”等关键时节，组织县直农口单位深入田间地头做好农业生产指导、服务、督查和惠农政策的宣传讲解工作，协调解决工作中发现的问题，促进农业农村各项工作的落实。年内，起草下发农业农村工作文件178份次，组织召开农业农村工作现场会（推进会）12场次、工作例会15次，通报农口单位和各乡（镇）工作进展情况10次，编辑《乌什农情》32期。

【调查研究】　2018年，乌什县委农办开展调查研究，为地委、县委和县政府决策“三农”工作做好参谋。组织农口单位开展实施乡村振兴战略、脱贫攻坚产业扶贫、土地清理、粮食生产功能区和重要农产品保护区划分、农村人居环境整治、规范农村互助行为和秩序、推动农业农村工作常态化管理等工作，编制《关于贯彻落实中央、自治区、地区实施乡村振兴战略意见的实施意见》《乌什县脱贫攻坚产业扶贫规划（2018—2020年）》《乌什县全面实施乡村振兴 争当新农村建设“排头兵”实施方案》《乌什县2018—2020年脱贫攻坚产业扶贫实施方案》《乌什县农村土地清理实施方案》《乌什县农村人居环境整治三年行动实施方案》《关于开展乌什县粮食生产功能区和重要农产品生产保护区划定工作的实施意见》等方案规划，为县委、县政府重大决策部署提供参考。

【精准扶贫】　2018年，乌什县委农办稳步开展精准扶贫工作，制定《乌什县深度贫困村蔬菜订单生产增收脱贫工程实施方案》，围绕“六个一批”脱贫攻坚基本路径，狠抓特色订单种植。按照早谋划、早部署、早动员、旱落实的要求，制定相关计划、措施和办法，指导帮助42个深度贫困村贫困户开展特色订单种植，扶持4272户贫困户种植蔬菜177.13公顷。实行“一村一品”，差别化、规模化种植以辣椒、西红柿、白菜等为主导品种的蔬菜，通过订单销售实现人均增收300元以上。按照0.4元/千克的价格，与中粮屯河乌什果蔬制品有限公司签订0.19万公顷番茄订单种植合同,其中 2226 户贫困户种植 622.47 公顷;按照 7 元/千克的价格,与乌什鹰哥农业发展有限公司签订 0.1 万公顷鹰嘴豆订单种植合同,其中 1444 户贫困户种植 259.5 公顷。推广发展林下经济,138 户贫困户种植黑木耳 5.6 公顷,发放菌棒 17 万棒,带动脱贫 79 人,采收黑木耳 12 吨,按订单协议现售制干,实现户均增收 5000 元。

【转移就业脱贫】 2018 年,乌什县委农办围绕“转移就业脱贫一批”,加强就近就地就业和季节性转移。采取“基地 + 卫星工厂 + 贫困户” 定向合作服务模式,46 个深度贫困村建设卫星工厂(扶贫车间)全覆盖(投产 13 个、在建 7 个、新建 26 个),实现贫困人员就近就地转移就业 3000 人,人均年收入 1 万元。按照群众自主自愿的原则,向阿瓦提县输出拾花工 5.03 万人次,人均增收 5000 元。

【土地清理脱贫】 2018 年,乌什县委农办贯彻落实自治区深度贫困地区脱贫攻坚工作会议精神和自治区党委关于贫困人口人均增加 0.13 公顷地的标准,按照做细做实脱贫攻坚“六个一批”脱贫路径工作要求,坚持“土地清理再分配扶持一批”各项政策措施落地生根,全县清理出各类土地 2.33 万公顷,签订合同 1.3 万份,涉及土地面积 1.63 万公顷,占总清理面积的 70%。按照《乌什县农村土地清理工作实施方案》,平均每亩地承包费在原合同基础上提价 100 ~ 400 元不等,清理资金 2671.9 万元。准确把握“土地清理扶持一批”工作要求,精准落实土地清理实名制管理。开发建档立卡贫困户公益性岗位 2017 个,按每人每月 1000 元标准发放工资。

【政策性保险改革】 2018 年,乌什县委农办按照《自治区农业保险改革试点方案》和《关于深化自治区农业保险改革工作意见》中“经办主体一经确定后,原则上农业保险经办区域连续 3 年以上保持不变”要求,根据地区农业政策性保险文件精神,围绕农业增效、农民增收、农村稳定目标,以保护农户灾后恢复生产能力为出发点,以“低保费、高保额、广覆盖”为原则,扩大参保品种和参保对象,加大财政支持力度,形成广覆盖、多层次、可持续的政策性农业保险体系,增强农业抗风险能力。政策性农业保险进行政府采购,主要险种包括小麦、水稻、玉米、马铃薯、油料作物、糖料作物、养殖业等,签单保费 2289.42 万元,基本实现应保尽保,助推脱贫攻坚,为现代农业发展和农民持续增收提供保障。

(供稿人:田清元)

党史地方志

【概况】 2018 年,中共乌什县委党史研究室暨地方志办公室(以下简称乌什县委史志办)按照《国务院办公厅印发〈全国地方志事业发展规划纲要（2015—2020年）〉》相关要求，围绕县委、县政府中心工作，全面推进史、志、鉴编修工作。

年内，乌什县委史志办核定参照公务员管理事业编制5名（科级2名）。实有干部5人（科级2人）。

【《新疆年鉴（2018）》供稿工作】 2018年，乌什县委史志办根据自治区地方志编委会、地委史志办安排部署，开展《新疆年鉴（2018）》（乌什稿件）供稿工作。稿件从综合条目（基本情况）、专题条目两方面分别记述乌什县脱贫攻坚、农业农村工作、精神文明建设、党的建设、“两学一做”学习教育、“学转促”活动、“访惠聚”驻村工作、园区建设、科教文卫、对口援乌等各项工作开展情况及取得的成效。编纂成稿后，与《2017年乌什县国民经济和社会发展统计公报》进行全面比对，确保稿件数据真实、准确。8月初，完成稿件上报工作。

【《阿克苏年鉴（2018）》供稿工作】 2018年，乌什县委史志办先后从30个县直相关单位征集稿件，历时4个月，编纂完成《阿克苏年鉴（2018）》（乌什部分）供稿。稿件内容有基本情况、社会民生、农业农村经济、城乡基础设施建设、工业经济与招商引资、扶贫开发、综治工作、党的建设、“三严三实”教育、“访惠聚”驻村工作、对口援乌、工业园区建设、大事记等13个部分，于8月底提交地委史志办。

【《中共乌什县组织史资料（第二卷）》编修工作】 2018年，乌什县委史志办根据地委组织部要求，继续开展《中共乌什县组织史资料（第二卷）》书稿修改和补充完善工作。主要针对各乡（镇）党委、人大、政府历次换届及选举情况进行核实编纂，完成换届统计数据、选举时间节点等细节性资料的查找和核实。先后两次提交县委组织部审查、审核，并针对县委组织部提出的意见、建议进行修改，落实地委组织部规定的组织史编纂“两级三审”要求。

【《乌什年鉴（2018）》编纂工作】 2018年，乌什县委史志办按照“综合年鉴要年年编纂、不能中断”要求，开展《乌什年鉴（2018）》资料征集编纂工作。年初制定征稿计划，分解编辑任务，征集有关资料，全面开展年鉴编纂工作。坚持资料征集、稿件编纂、通稿编辑有机结合、整体推进，保证年鉴编纂的质量和进度。年内，完成《乌什年鉴（2018）》通稿编纂工作，提交地委史志办审核，完成出版发行前期准备工作。

【《新疆维吾尔自治区组织史资料（2011—2017）》（第四卷）供稿工作】 2018年，乌什县委史志办按照要求开展《新疆维吾尔自治区组织史资料（2011—2017）》（第四卷）供稿工作，专门起草下发通知，征稿编纂，与相关单位沟通协调，上门查找、复印领导任免文件等资料依据，按时编纂完成《新疆维吾尔自治区组织史资料(第四卷)》(乌什供稿)，并依次提交县委组织部、地委组织审核上报。

【《阿克苏改革开放40年(1978—2018)》供稿工作】 2018年，乌什县委史志办按照地区要求，开展《阿克苏改革开放40年(1978—2018)》大型图册之县市风采乌什县供稿工作。经过全面征稿、认真筛选、精心编修，于5月底编纂完成9000字的稿件，筛选图片资料50张，提交《阿克苏改革开放40年(1978—2018)》大型图册编委会编辑部(地委史志办)审核。

【史料收集整理】 2018年，乌什县委史志办继续收集、留存反映乌什县经济发展、社会生活和民生建设等方面的档案资料，从乡(镇)及县直单位收集年度经济、社会发展相关工作总结、报告、公报、决议决定等，通过报刊等不同渠道收集有关乌什县的通讯报道及各类信息(简报)，剪贴、留存下来，为续修二轮县志打好基础。组织乡(镇)及县直单位学习《地方志工作条例》等，发挥党史资料资政育人的教化作用。年内，完成各种信息(简报)收集、粘贴700份。

(供稿人：龚海燕)

档案工作

【概况】 2018年，乌什县档案局(馆)馆藏档案114个全宗31943卷44239件，资料7487册。其中，离世干部档案179卷，音像档案49盘，扫描刻录33张光碟6489张老照片，实物档案302件(奖杯、奖牌、题词、锦旗108件，公章40枚)。

年内，乌什县档案局(馆)核定编制7名(科级2名)，实有8人(科级2人)。

【档案业务培训与交流】 2018年，乌什县档案局(馆)下发《关于进一步加强各乡(镇)文件材料整理归档工作的通知》，明确乡(镇)档案收集整理归档范围、归档内容及方法步骤等。加大指导力度，先后60次深入9个乡(镇)开展档案业务指导，引导乡(镇)重视原始资料的收集、分类、整理归档工作。强化培训，派出业务骨干对乡(镇)专(兼)职档案员培训9场次62人次。年内，整理各乡(镇)2010—2016年文书各类档案728卷409件。9月中旬，在地区档案局带领下，阿克苏市档案局、扶贫办及喀拉塔勒镇28个行政村工作人员一行42人，到乌什县调研精准扶贫档案、“访惠聚”驻村工作档案管理情况。

【档案管理】 2018年，乌什县档案局(馆)成立乌什县档案安全工作领导小组，实行一把手负总责、分管领导负直接责任的管理体制。单位主要负责人分别与各科室负责人签订档案安全工作责任书，将档案安全落实到每个科室、每个人，做到责任到人、措施到位。重视库房配备和设备维护，使用符合国家标准和规范要求的档案装具，改造老化的电路，安装专门的档案库房设备供电线路。对档案保管保护设备进行定期维护，确保各种设备的完好率为100%。定期请县消防大队技术员对灭火器材进行检查，对过期、报废的灭火器进行更换。

【档案统计年报】 2018年，乌什县档案局(馆)按照报送2017年度档案事业统计年报工作的要求及部署，年初下发《关于报送2017年度档案事业统计年报工作安排的通知》，利用1个月的时间，指导82个县直各单位、企事业团体完成档案事业统计年报的填报工作。年内，乌什县各单位档案室室存文书类档案109213卷、170073件。

【档案开发利用】 2018年，乌什县档案局(馆)发挥档案服务民生职能，热情接待来访查档群众。年内接待查档509人次，提供利用档案1021卷次、142件次，复制档案资料1981页，为乌什县编史修志、机关查考、核实工龄、工作调动、补办婚姻登记等方面提供翔实的第一手资料。

【精准扶贫档案示范点创建】 2018年3月5—28日，乌什县档案局指定2名档案业务人员，先后在阿克托海乡、亚科瑞克乡指导整个精准识别阶段档案资料的收集整理归档工作，整理各类档案562件157卷，为乌什县“以点带面”全面推开精准扶贫档案管理工作打下基础。4月25日，地区精准扶贫档案工作推进会在乌什县召开，地区档案局、地区扶贫办主要领导及各县(市)档案局、扶贫办负责人、专干等80人参加会议，现场观摩亚科瑞克乡依力克其墩村、阿克托海乡苏依提喀村等地精准扶贫档案、贫困户档案核实等情况。

【农村土地承包经营权确权登记档案管理】 2018年，乌什县档案局(馆)紧盯县农村土地承包经营权确权登记颁证档案管理工作，下发《关于加强农村土地承包经营权确权登记档案管理工作的通知》，要求县直有关单位、乡(镇)、村抓好本级农村土地承包经营权确权登记颁证档案的收集、整理、归档、保管、利用等工作。与县农经局配合，明确1名业务人员负责归档指导工作，到乡(镇)实地查看土地承包经营权确权登记颁证档案的收集、归档情况，解决档案业务方面存在的问题，确保农村土地承包经营权确权登记颁证工作规范建档。

【档案业务指导】 2018年，乌什县档案局(馆)下发《关于认真开展第十八个文件整理归档月活动的通知》，明确活动主题、内容及保障措施。组织乡(镇)及县直单位21名专(兼)职档案员参加地区档案局举办的第十八个文件整理归档月培训班，提高档案工作人员素质和专业技能水平。开展业务指导，先后对县总工会、国税局、扶贫办等13个单位的文书档案进行业务指导。

【档案征集】 2018年,乌什县档案局(馆)加强名人、先进典型模范人物档案史料的征集管理和宣传利用,增强乌什县名人影响力。7月,到县委宣传部征集乌什名人、先进典型模范人物档案资料,征集范围包括2015—2017年度乌什县涌现出的全国道德模范、地区文明家庭、感动乌什十大人物等在某一领域做出重大贡献、影响巨大,并得到社会认可的名人。通过梳理,共征集各级名人、先进典型模范人物档案17卷、影视频资料1.2千兆、照片档案184张。

【档案执法】 2018年,乌什县档案局(馆)贯彻落实《中华人民共和国档案法》《档案管理违法违纪行为处分规定》等法律法规,加强乌什县档案工作法治化建设,成立档案执法检查小组,于9月3—14日对县教育、卫生系统26家机关事业单位开展档案行政执法检查。检查内容包括档案机构及管理制度、年度归档工作和档案保管与安全防护。通过执法检查,增强教育、卫生系统各单位对档案工作的认识和重视,提升教育、卫生系统档案工作规范化管理水平。

【档案宣传】 2018年,乌什县档案局(馆)开展档案进农村宣传活动。结合"访惠聚"驻村工作、精准扶贫工作,深入乌什县阿合雅镇吐曼村开展《中华人民共和国档案法》《新疆维吾尔自治区实施〈中华人民共和国档案法〉办法》主题宣传活动,参加宣传活动的有驻村干部、村"两委"班子成员、普通群众共133人,发放宣传资料284份。6月19—21日,开展"国际档案日"走进档案馆活动,向全县各单位开放县档案馆爱国主义教育基地展厅,县老干局、司法局、政府办等7家单位154人参加。

【"访惠聚"驻村工作档案整理】 2018年,乌什县档案局(馆)采取"以干代训"的方式,先后整理出县"访惠聚"办公室、阿克托海乡库木奇吾斯塘村和依麻木镇托万克麦盖提村"访惠聚"驻村工作队2015—2017年度永久、30年、10年档案899件。

【乡村振兴档案管理】 2018年,乌什县档案局(馆)下发《关于进一步加强乡村振兴中的档案管理工作的通知》,经过前期调研、组织推荐,选择领导重视、制度完善、收集齐全、管理规范的依麻木镇托万克麦盖提村作为乡村振兴档案管理的示范典型村,进行重点培育,从管理体制、业务建设到综合管理、开发利用等各方面精心指导,规范完成该村2017年度乡村振兴档案整理工作,共计291卷。

【项目档案管理登记】 2018年,乌什县档案局(馆)加强重点建设项目档案管理,及时掌握全县重点建设项目档案工作情况,印发《关于做好重点建设项目档案管理登记工作的通知》,针对隶属乌什县重点建设的19个项目实施登记管理。

【机构改革档案移交前期筹备】 2018年,乌什县档案局(馆)对涉及机构改革的相关部门开展模底调查,摸清涉及改革部门档案室存基本情况,将实际情况与当前档案管理工作相结合,制定可行性工作方案,做好、做实机构改革档案管理移交的前期准备工作。

(供稿人:阿曼古丽)

老干部管理

【概况】 2018年,乌什县委老干部局(以下简称乌什县委老干局)落实老干部"两项待遇"(政治待遇、生活待遇),提高老干部服务管理水平,加强老干部"三个建设"(思想建设、政治建设、党组织建设),发挥老干部正向引导作用,为乌什县发展添砖加瓦。

年内,乌什县委老干局核定编制3名(科级2名);乌什县关心下一代工作委员会(以下简称乌什县关工委)核定参照公务员管理事业编制8名。实有10人,其中公务员8人(科级2人),县编工人2人。

【政治待遇落实】 2018年,乌什县委老干局坚持日常走访联系、节日看望慰问、生病住院探视、阅读文件、听报告、参加重要会议和重大活动、赠订报刊等方式,年内走访联系县级以上离退休干部150人次,探视生病住院的离退休干部30人;春节、古尔邦节及中秋、国庆期间,与县四套班子领导一起走访慰问、电话联系离退休干部及遗属200人次;组织各老干部党支部集中专题学习中共十九大精神54场次1500人次;组织离退休干部党员代表30人参加县委党校举办的中共十九大精神专题培训班。

【生活待遇落实】 2018年,乌什县委老干局落实在职干部联系老干部制度、老干部信访接待工作制度、特殊困难离退休干部帮扶资金使用管理办法、离退休干部就医绿色通道服务制度等工作制度和办法。年内,为异地居住老干部代办工资、医保报销等事项30件,对12名特困离退休干部及离休干部无固定收入遗属建档立卡,动态跟踪服务管理。对确定的21名生活特别困难的离退休干部及遗属进行帮扶,发放帮扶救助金2.7万元,落实12名无离退休费的离休干部遗属冬季取暖费的发放。

【文体娱乐活动】 2018年,乌什县委老干局组织老干部文艺队参加县妇联、工会等部门开展的节日庆祝比赛活动2场次;围绕改革开放40周年举办大型文艺晚会1场,组织老干部开展"民族团结一家亲"文艺活动9场次。举办门球友谊邀请赛,邀请20名阿克苏市和温宿县老年门球队到乌什开展门球交流活动;组织20名老干部参加地区老年运动会。

【服务管理】 2018年,乌什县委老干局健全制度强化服务激发优势作用,在社区、村建立健全领导责任制、离退休干部动态管理制度、服务管理制度、考核评估制度,促进各社区、村离退休干部管理工作常态化、规范化。强化社区、村卫生医疗服务,亲情关怀服务,学习教育服务,促进离退休干部服务管理有效落实。

【队伍建设】 2018年,乌什县委老干局突出政治理论学习,采取集中培训、视频讲座、基层宣讲、专题讨论等方式,组织老干部持续学习中共十九大报告、习近平新时代中国特色社会主义思想、习近平总书记系列重要讲话等精神,增强"四个意识",坚定"四个自信"。坚持正面启发疏导,强化离退休干部职工政治意识、纪律意识。建立离退休干部党支部例会制度,推动支部活动有序进行。按照自治区党组织经费保障工作文件精神,全年为17个独立离退休干部党支部落实补贴10.2万元。

【正能量活动】 2018年,乌什县委老干局持续开展一线宣讲教育活动。围绕总目标,充实"银龄人才"信息库,将"银龄人才"分成政策法规、社会和谐民族团结、农村实用技术、关心下一代等小组,成立老年科技工作者协会,深入各乡(镇)、社区,面向农村群众、学生开展各类主题宣讲活动。挖掘老干部队伍中"十大员"(思想道德报告员、优良传统宣传员、净化环境监督员、校外活动辅导员、法制心理咨询员、科技文化传授员、脱贫致富帮扶员、家庭教育指导员、捐资助学协调员、失足劣迹帮教员)典型事迹20例,汇编成册,拍摄小视频,开展宣传教育活动,用身边人身边事教育身边人。年内,组织老干部为返乡大中专学生及其他省市招录高校毕业生等群体开展"扎根基层、奉献边疆"主题教育10场次,"银龄人才"各小组向农村群众、社区居民及学生开展各类宣讲12场次,受教育群众及学生6200人次。持续结对帮带发挥正能量,组织17名老干部与福利院儿童结成"一对一"对子,每月一个主题开展"大手拉小手"关心关爱活动;组织发动43名退休老干部分小组,多次深入阿克托海乡库木奇吾斯塘村、奥特贝希乡宫乡村、乌什镇10个社区的6所学校、5家企业,开展贫困户、大学生村干部、困难家庭子女帮带及党团建设帮带指导工作,开展"民族团结一家亲"活动。继续推荐选派阿不力克木·莫明等威望高、群众信服的3名退休党员干部分别担任阿恰塔格乡加依塔格村、亚曼苏乡尤喀克亚曼苏村、阿合雅镇尤喀克阔库拉村党支部书记,强化基层党组织建设、密切党群干群关系。

(供稿人:梅雪玲)

党校教育

【概况】 2018年,中共乌什县委党校(以下简称乌什县委党校)有教职工10人,其中副校长2人,专职教员6人(副高级讲师2人、中级讲师1人、初级讲师3人),工勤人员2人。

【干部培训】 2018年,乌什县委党校开展公职人员培训班,为期10个月,培训300人次;入党积极分子培训班2期7天,培训279人次。开展第29批留疆干部培训班1期3个月,培训300人。承办组织部《乌什论坛》培训20期,邀请自治区“访惠聚”驻村工作队领队、结亲干部授课,对全县党员干部、公职人员按批次、分领域进行培训。举办各类短期培训3期,其中,2018年度县人大系统、人大代表培训班1期1天,培训140人;个人所得税改革政策辅导培训班1期1天,培训735人;乌什县2018年脱贫攻坚“冬季攻势”培训班1期2天,培训560人。

【教学科研管理】 2018年,乌什县委党校抓牢主业课,把习近平新时代中国特色社会主义思想和中共十九大精神作为党校教学的重中之重,推出相关教学专题3个。选送1名业务人员参与自治区党性专题研讨班培训5天。抓实科研资政,参加地区春季评课会和精品课比赛2人,入围1人。选送1名教师参加地区大课堂,讲示范课1堂。

(供稿人:万　倩)

乌什县人民代表大会

综　述

【概况】 2018年,乌什县人大常委会以习近平新时代中国特色社会主义思想为指导,贯彻执行党的路线方针政策,以推进社会主义民主法治建设为根本任务,全面正确行使《中华人民共和国宪法》和法律赋予的各项职权。

年内,乌什县人大常委会核定编制16名。实有23人,其中县人大常委会领导5人,机关副科级以上干部7人,科员5人,合同制工人6人。

【人大常委会会议】 2018年,乌什县第十五届人大常委会共召开会议7次。

1月15日,乌什县第十五届人大常委会第八次会议召开。会议听取和审议县人民政府《关于将乌什县2017年棚户区(城中村)改造建设项目政府购买服务资金列入本级财政预算的请示》;安排各乡镇召开本届人民代表大会第三次会议相关事宜;审议人事事宜。

3月2日,乌什县第十五届人大常委会第九次会议召开。会议审议乌什县人大常委会《关于调整阿恰塔格乡、乌什镇乡级人大代表构成的决定》;通报《关于调整县人大常委会领导班子成员工作分工的通知》;开展述职评议(评议县农业局局长阿里木·木尔提扎、县水利局局长潘东任职以来工作述职);审议人事事宜。

5月19日,乌什县第十五届人大常委会第十次会议召开。会议学习《中华人民共和国宪法修正案》;听取乌什县人大常委会《2018年工作要点》《关于印发〈乌什县人大常委会组成人员履职规定〉的通知》;听取和审议县人民政府《2017年度环境状况和环境保护项目完成情况的报告》;开展述职评议(评议县扶贫办主任王汉卿、县农机局局长陈利东任职以来工作述职);审议人事事宜。

7月26日,乌什县第十五届人大常委会第十一次会议召开。会议学习《中华人民共和国监察法》;通报《关于调整乌什县第十五届人大常委会班子成员分工的通知》;听取和审议《县人民政府关于2017年县财政决算(草案)和2018年预算中期调整方案的报告》;审查批准县2017年财政决算;听取和审议《关于将乌什县农村道路及重点道路建设等四个PPP项目政府支出责任列入本级财政预算的报告》;听取和审议《县人民政府关于2017年县本级财政预算执行情况及其他收支情况的审计报告和审计查出突出问题整改情况的专项工作报告》；开展述职评议（评议县司法局局长吐尔洪·亚库甫任职以来工作述职）；审议人事事宜。

8月9日，乌什县第十五届人大常委会第十二次会议召开。会议学习《新疆维吾尔自治区农村扶贫开发条例》；审议人事事宜。

10月26日，乌什县第十五届人大常委会第十三次会议召开。会议学习《新疆维吾尔自治区实施〈中华人民共和国反恐怖主义法〉办法》；听取和审议乌什县第十五届人大常委会代表资格审查委员会《关于县十五届人大部分代表资格报告的议案》；听取和审议《关于调整依麻木镇部分人大代表性别结构报告的议案》《关于调整阿恰塔格乡、英阿瓦提乡县级人大代表族别构成报告的议案》；听取和审议乌什县人大常委会《关于组织人大代表对县相关工作视察情况的报告》；听取和审议《县人民政府关于第十五届人民代表大会第三次会议代表建议意见办理情况的报告》；听取和审议《县人民法院关于“执行难”工作的专项工作报告》；听取和审议《县人民检察院关于加强民事诉讼和执行活动法律监督工作的专项工作报告》；审议人事事宜。

12月28日，乌什县第十五届人大常委会第十四次会议召开。会议听取和审议《乌什县人民政府关于2017年国有资产管理情况的综合报告》；听取和审议《关于提请罢免麦麦提·提力瓦力迪、吾买尔·吾斯曼乌什县第十五届人民代表大会代表职务的议案》；听取和审议《部分代表资格审查的报告》；听取和审议乌什县第十五届人大四次会议相关事宜；审议人事任免事项。

【自身建设】 2018年，乌什县人大常委会加强班子建设，贯彻落实全面从严治党责任。围绕依法治县，贯彻落实总目标，抓好依法履职规范化建设，细化责任分工，修改完善常委会党组议事规则、常委会讨论决定重大事项、开展代表工作、强化与“一府一委两院”联系等工作制度，形成一整套符合人大工作实际的工作规范。持续加强机关作风建设，加强党章党纪教育，健全完善信息宣传、学习培训、会议会务等机关管理制度，加强日常管理，改进机关作风。落实“队员当先锋、单位作后盾”要求，支持“访惠聚”驻村工作，发挥机关“访惠聚”后方保障作用。

重要活动

【执法检查】 2018年，乌什县人大常委会全力配合自治区人大、地区人大工委开展《新疆维吾尔自治区民族团结进步工作条例》《自治区南疆地区普及高中阶段教育条例》《新疆维吾尔自治区农村扶贫开发条例》等法律法规执法检查，进行农业供给侧结构性改革等工作执法调研；发挥人大在经济社会发展中的决策、规范、推动和保障作用，分别就教育、农业、林业、环境保护、民族团结等方面组织开展视察、调研活动10次,形成调研报告、视察报告10篇。对检查、调研发现的问题及时督促县政府进行整改,组织代表对整改情况跟踪监督,增强常委会会议的实效性,促进法律法规在乌什县全面贯彻实施,为县委的正确决策提供依据。4月8—9日,配合自治区人大和地区人大工委对“民族团结一家亲”活动进行调研;5月7—9日,受自治区人大常委会委托对《新疆维吾尔自治区民族团结进步工作条例》实施情况进行检查;5月21日,配合自治区人大常委会和地区人大工委对自治区扶贫立法和脱贫攻坚工作进行调研;7月27日,配合地区人大工委对《中华人民共和国城乡规划法》实施情况进行检查;9月17日,配合地区人大工委开展自治区人大代表年度集中视察;9月28日,组织县十五届人大常委会组成人员、不是县人大常委会委员的乡(镇)人大主席、自治区驻乌什县十二届人大代表、各乡(镇)1名县人大代表开展重点建设项目视察。

【议案工作】 2018年,乌什县十五届人大三次会议期间,出席会议的代表提出建议、意见65条,经大会议案审查委员会审查,县人大常委会主任会议研究,整理归纳为22条。将代表建议、意见较为集中的“调动全社会力量和全县干部力量,加快推进乌什县脱贫攻坚进程”和“加大城乡基础设施建设投入和管理保护力度,加强环境治理促进持续健康发展”作为大会议案,转送县人民政府办理。

【监督工作】 2018年,乌什县人大常委会组织人大代表对检法两院专项工作进行调研,通过听取和审议检察院、法院关于法律监督和审判工作情况报告,参加法院庭审和“检察开放日”活动,开展巡回法庭现场监督等方式,提出整改意见建议,促进公正办案,树立司法权威。创新工作手段和方式方法,强化跟踪监督、持续监督,促进“一府一委两院”依法行政、依法监察、公正司法,推动党中央治疆方略、自治区党委、地委和县委决策部署落地生根、开花结果。依法定期召开县人大常委会会议,听取和审议“一府一委两院”相关工作报告,及时指出工作中存在的不足和问题。在召开常委会会议前,坚持围绕会议议题,组织开展视察调研活动,为审议工作报告提供科学依据,增强常委会会议针对性。年内,共召开常委会7次,听取和审议“一府一委两院”工作报告15次。

【关注民生】 2018年,乌什县人大常委会围绕重大项目建设、“三大攻坚战”等全县重点工作和群众普遍关注的热点问题,组织人大代表依法开展专项视察,发挥人大在促进经济社会发展中的推动和保障作用。严格落实常委会组成人员联系代表、代表联系群众“双联系”制度,每季度至少1次深入基层、深入选区,与代表座谈,掌握人大代表每月10日联系选民情况，了解代表履职情况及工作生活情况，收集代表意见和建议。年内，对各级人大代表提出的意见和建议进行整理、汇总，形成代表议案2件、建议意见22条，向自治区第十三届人大二次会议提交议案建议11条。督促“一府一委两院”抓好代表议案和意见建议办理工作，使代表建议意见事事有人管、件件有回音。做好扶贫帮困工作，按照“六个精准”要求，因地制宜、精准施策，扎实推进项目扶贫。全年为51户帮扶结对户捐赠生产生活物资价值3.2万元，县、乡两级人大代表解决群众生产生活实际困难102件。

【代表工作】 2018年，乌什县人大常委会加强与乡（镇）人大的联系，推进乡（镇）人大规范化建设，强化乡（镇）人大的监督职能。抓好县乡两级人大代表培训，举办县乡两级人大代表培训班，邀请全国人大代表、常委会领导对全县163名县级人大代表和乡（镇）人大专干、人大机关干部进行培训。年内，各乡（镇）开展乡级人大代表培训38场次，培训1966人次。围绕总目标建立和规范闭会期间人大代表活动规则，组织人大代表广泛听取群众呼声，了解社情民意，反映群众诉求，使人大代表活动“零距离”接近群众、接近选民，代表主体作用有效发挥。发挥人大代表“宣传员”作用，组建25人的人大代表宣讲队，向农牧民群众宣传党的方针路线和各项惠民政策。全年，全县639名县、乡两级人大代表深入村（社区）集中宣讲180场次，受教育群众16万人次。

【乡（镇）人大工作指导】 2018年，乌什县人大常委会按照“重基础、促规范、求实效”的思路，指导乡（镇）人大工作，邀请乡（镇）人大主席参与调研、视察和执法检查等活动。加强代表履职平台建设，建立健全人大代表活动场所，倾心打造“代表之家”，以小组为单位设立112个“人大代表活动室”，落实“两个机关”（把各级人大及其常委会建设成为全面担负起宪法法律赋予的各项职责的工作机关，成为同人民群众保持密切联系的代表机关）要求，在阿克托海乡、奥特贝希乡召开“聚焦总目标 当好排头兵”和“两个机关”建设及“双联”工作推进会，推动代表活动和依法履职制度化、规范化。坚持对乡（镇）人大工作进行督查考核，提升乡（镇）人大工作的整体水平。以指导各乡（镇）召开人代会、主席团会议为契机，由县人大常委会领导带队，深入基层，了解掌握乡（镇）人大主席团工作中存在的困难和问题。利用下乡调研、执法检查等时机，采取召开座谈会、走访人大代表等形式，了解掌握乡（镇）人大工作面临的新问题、新情况，提出整改意见。坚持县人大常委会领导定点联系乡（镇）人大主席团制度，定期了解乡（镇）人大主席团阶段性工作进展情况和组织代表开展活动情况，征求乡（镇）人大主席意见和建议。定期组织乡（镇）人大主席开展以人大业务工作为主要内容的学习培训，提高乡

(镇)人大主席指导人大主席团工作的能力。

【个案、信访工作】 2018年,乌什县人大常委会发挥“人大代表之家”阵地作用,做好人大代表和群众来信来访接待工作,及时答复、办理、督促解决群众合理诉求,做好宣传疏导,使选民和群众的诉求能够及时表达、及时受理、及时解决。年内,共接待来信来访40件,其中进行政策、法律、法规宣传劝返2件、基层解决36件、政府职能部门解决2件,转办率和群众满意率100%。

(供稿人:帕提曼·吐尔曼)

乌什县人民政府

综　述

【政府常务会议】　2018 年，乌什县第十五届人民政府常务会议共召开 10 次。

1 月 18 日，乌什县第十五届人民政府第九次常务会议召开，由县委副书记、县长吐尔洪·阿不拉主持。会议主要研究审议《关于对乌什县第一小学修建综合楼及运动场、原有建筑物进行综合改造的请示》《关于拆除乌什县第二中学旧教学楼的请示》《关于乌什县锐刚砂石料厂东齐格建筑用砂矿采矿权转让登记的请示》《关于对 2017 年乌什县牲畜养殖项目中标企业违约处理的建议》《关于对乌什县 2018 年司法局教学楼（二期）建设项目进行立项的报告》《关于变更乌什县部分学校、幼儿园名称的报告》《关于申请对乌什县迎宾大道（二期）建设项目暂缓建设的报告》等事宜。

4 月 4 日，乌什县第十五届人民政府第十次常务会议召开，由县委副书记、县长吐尔洪·阿不拉主持。会议主要研究审议《关于印发乌什县环境保护“十三五”规划的请示》《关于商铺土地缴纳出让手续的请示》《关于〈乌什县 2017 年城市棚户区改造工作实施方案的通知〉的补充通知》《关于乌什县 2017 年保障房建设任务分解的报告》《关于乌什县 2017 年第三批项目部分路线变更的请示》《关于乌什县砂石、粘土矿继续保留及注销关闭采矿权的通知》《新疆乌什县食品深加工项目投资协议书》《关于乌什县燕泉山景区特许经营权问题的请示》《关于审批乌什县城区土地定级与基准地价的请示》《乌什县粮油购销有限责任公司资产上划》《乌什县 2018 年草原生态保护补助奖励政策实施方案》《乌什县日光温室大棚产业园建设项目合作协议书》《关于审议修订乌什县专利资助奖励办法的请示》《乌什县道路交通安全大整治工作实施方案》《乌什县安全生产目标管理办法》《关于乌什县开展一村（社区）一法律顾问工作实施方案》等事宜。

5 月 14 日，乌什县第十五届人民政府第十一次常务会议召开，由县委副书记、县长吐尔洪·阿不拉主持。会议主要研究审议《关于燕子山水电站工程用地使用权进行变更的请示》《关于乌什县城区新（改）建 5 座公共卫生间的请示》《关于开发乌什县交通小区（二期）建设项目的请示》《关于在乌什县城区进行房地产开发的请示》《2018 年棚户区改造项目征迁安置方案》《乌什县县域医疗服务共同体建设工作实施方案》等事宜。

5月15日,乌什县第十五届人民政府第十二次常务会议召开,由县委副书记、县长吐尔洪·阿不拉主持。会议主要研究审议《关于乌什县农村信用合作联社国有土地补办出让手续的请示》《乌什县招商引资产业类项目建设方案》《新疆乌什县北京汇源集团沙棘综合水果产品精深加工项目投资合作框架协议书》《北京汇源集团沙棘林果种植基地土地承包合同》《乌什县欣禧源葡萄酒业有限公司种植基地土地承包合同》《乌什县肉鸽养殖示范基地投资经营战略合作协议》《新疆乌什县国合鸽业屠宰厂项目投资协议书》《乌什县肉兔全产业链发展项目投资协议书》《新疆乌什县食品深加工项目投资协议书》《新疆乌什县木雕旅游工艺品项目投资协议书》《新疆乌什县家具制作项目投资协议书》《新疆乌什县年产3000万双棉袜及深度贫困村卫星工厂袜业项目投资协议书》《新疆乌什县深度贫困村卫星工厂服装项目投资协议书》《新疆乌什县深度贫困村卫星工厂假发条生产项目投资协议书》《新疆乌什县馕加工项目投资协议书》《新疆乌什县电动车组装厂项目投资协议书》《新疆乌什县托万克喀尕吐尔村"乌什小面"卫星工厂投资协议书》《关于进一步推进2017年新一轮退耕还林工程的请示》《关于引入市场机制、保障"户户通"长远畅通的报告》《关于印发乌什县全民健康生活方式行动方案(2017—2025年)的通知》《乌什县自治区级慢性病综合防控示范区创建工作实施方案》《乌什县"十三五"结核病防治规划》《关于乌什县第一中学综合教学楼、学生宿舍楼、厕所建设项目的立项申请》《乌什县城乡"厕所革命"实施方案》《关于将县原维吾尔医医院装修为教师周转宿舍的立项申请》《关于新建虹桥社区阵地的请示》等事宜。

7月13日,乌什县第十五届人民政府第十三次常务会议召开,由县委副书记、县长吐尔洪·阿不拉主持。会议主要研究审议《乌什县肉羊产业提升建设项目实施方案》《关于新疆格多莱针织有限公司年产600万件服装建设项目新增面积核查报告》《关于申请新疆格多莱针织有限公司年产600万件服装建设项目征迁18亩土地及补偿费用的报告》《关于对中石油乌什奥特贝希乡加油站建设项目预核准的意见》《关于乌什县阿合雅水库(托什干河生态治理低位调节池)建设项目用地的请示》《关于乌什县阿合雅水库(托什干河生态治理低位调节池)建设项目用地的审查意见》《关于进一步加强乡(镇)市场监督管理所监管职能的通知》《浙江省华孚双百扶贫慈善基金会产业扶贫项目协议书》《关于审核乌什县2018年第二批中央财政专项扶贫资金黑木耳菌棒生产项目的报告》《关于审核乌什县拍摄制作〈脊桥〉电影项目的报告》《乌什县番茄种植商业保险承保方案》《关于调整充实乌什县农业产业化发展领导小组的通知》《关于申请下达2017年度农业灌溉水费征收任务的报告》《关于解除〈乌什县农产品加工建设项目投资协议〉的通知》《关于乌什县年产300万条假发项目变更为乌什县工业园区中小孵化园三期项目的请示》《关于乌什县31所幼儿园硬隔离设施建设项目的立项申请》《关于将阿合雅镇库曲麦(9)村等3所学校撤销的请示》《关于将阿克托海乡亚巴格(8)村等6个教学点变更为小学的请示》《关于将亚曼苏乡柯尔克孜族学校(九年一贯制)撤并成完全小学的请示》《关于新增亚曼苏乡托万克亚曼苏(5)村小学的请示》《阿克苏地区乌什县沙棘林果种植基地土地承包合同补充协议书》《新疆乌什县沙棘综合水果产品精深加工项目投资合作框架协议书》《汇源沙棘林果种植基地土地承包合同》《阿克苏地区乌什县沙棘种植综合项目补充协议书》《乌什县20万头生猪产业合作项目补充协议书》《关于提请对乌什县托什干河生态治理低位调蓄水池建设(PPP)项目合同补充协议进行审议的报告》《关于将乌什县乡(镇)卫生院纳入医共体办公室统一管理的请示》《关于解决乌什县卫生院标准化建设问题的请示》等事宜。

8月31日,乌什县第十五届人民政府第十四次常务会议召开,由县委副书记、县长吐尔洪·阿不拉主持。会议主要研究审议《关于成立乌什县新农通科技扶贫有限公司董事会监事会暨人选的请示》《关于增加县城出租汽车的请示》《关于申请对乌什县2016年、2017年安防、危桥建设项目合并实施的请示》《关于申请实施乌什县深度贫困村创业产业园(阿合雅镇)的请示》《关于申请实施阿克托海乡阿克博孜村—喀塔玉吉买村公路的请示》《乌什县2018年招商引资工作考评和激励办法(征求意见稿)》《衢乌精品产业园袜业产业园二期建设项目补充协议》《新疆乌什县年产300万条假发(发条)及年产15万个教习头项目补充协议》《乌什县欣禧源葡萄酒业有限公司大棚建设项目合作协议》《乌什县兴疆牧歌20万头生猪产业合作项目投资经营合作协议》《通用航空机场合作建设与运营协议书》《通用航空机场合作建设与运营补充协议书》《奥特贝希乡沙棘加工厂建设项目合作协议书》《关于行政村区划名称更名的请示》《关于申请支付阿合雅派出所扩建征地费用的请示》《关于乌什县燕泉山景区2018—2020年全时段对本县居民和工作人员免费开放的请示》《关于新疆大石峡水利枢纽工程建设征地实物指标成果的确认函(代拟稿)》《关于挂牌出让乌什县新城路南侧87300.43平方米国有建设用地使用权的请示》《关于挂牌出让乌什县团结路东侧5039.39平方米国有建设用地使用权的请示》《乌什县兴疆牧歌20万头生猪养殖项目设施农用地使用协议书》《关于成立乌什县城区棚户区改造安置工作领导小组的请示》《关于聘请第三方中介对乌什县扶贫领域资金进行跟踪审计的报告》《关于补办部分地下取水井取水许可证的请示》《关于将原广电中心修缮维修为民警培训楼的请示》《关于对乌什县天然气销售价格暂不予调整的请示》等事宜。

11月10日,乌什县第十五届人民政府第十五次常务会议召开,由县委副书记、县长吐尔洪·阿不拉主持。会议主要研究审议《关于整合优化县第一中学、第二中学教育教学资源的请示》《关于将阿合雅镇荒地学校(九年一贯制)撤并为完全小学的请示》《关于将国庆中学拆分为两所初级中学,剥离一中、二中初中部的请示》《关于审核〈2018乌什县权责清单目录〉的请示》《关于县工业园区天然气项目实施的报告》《乌什县城北民生工业园天然气项目投资协议书》《乌什县阿合雅镇特色小城镇征迁安置实施方案》《关于对英买力小区换热站进行改造的报告》《关于购买商品房用于回迁安置的请示》《关于南疆天然气利民工程乌什支线管道接口及后期运营管理的报告》《关于批准阿合雅镇等四乡两镇温室大棚用地的请示》《关于批准亚曼苏乡2261.522亩国有土地办理临时用地手续的请示》《关于批准阿合雅镇等两乡一镇冷库用地的请示》《关于开展乌什县砂石料矿集中开采区规划编制工作的请示》《关于批准英阿瓦提乡3409平方米国有土地办理临时用地手续的请示》《关于抽调相关单位人员组建耕地精准核查领导小组办公室的请示》《国网阿克苏供电公司关于征询阿克苏亚曼苏水电站220千伏送出工程意见的函》《关于印发乌什县地方病防治"十三五"规划的通知》《乌什县关于加强基层中心市场监督管理工作实施方案》《电子商务进农村快递配送补贴方案(试行)》《关于华能水电站建设项目未批先占林地情况处理意见》《关于对2017年、2018年教师专业理论考核成绩不合格人员进行处理的请示》《关于县亚科瑞克乡亚巴格村小学拆除旧校舍的请示》《关于对乌什县第一中学普通民汉合校建设项目缩减建设面积整改的建议》《关于办理新华小区国有建设用地使用权初始登记手续的请示》等事宜。

12月1日,乌什县第十五届人民政府第十六次常务会议召开,由县委副书记、县长吐尔洪·阿不拉主持。会议主要研究审议《关于乌什县融鑫矿业有限责任公司乌什县坎岭铅锌矿采矿权延续登记手续的请示》《乌什县公益性岗位人员管理办法》《乌什县突发环境应急预案(2018年修订)》《乌什县地下水资源管理工作实施方案》等事宜。

12月6日,乌什县第十五届人民政府第十七次常务会议召开,由县委副书记、县长吐尔洪·阿不拉主持。会议主要研究审议《关于铺设天然气高压管线及解决天然气门站建设用地的请示》《关于撤销奥特贝希乡阿拉萨依村小学的请示》等事宜。

12月16日,乌什县第十五届人民政府第十八次常务会议召开,由县委副书记、县长吐尔洪·阿不拉主持。会议主要研究审议《关于新疆托什干河亚曼苏水电站引水渠道及渠系建筑物设计变更报告的请示》《关于乌什县科技综合服务中心建设项目用地的请示》《乌什县村级民政协理员选聘管理办法(试行)》等事宜。

【政府党组会议】 2018 年,乌什县第十五届人民政府党组会议共召开 17 次。

1 月 8 日,乌什县第十五届人民政府第二十五次党组会议召开。会议主要研究《关于张杰等同志职务任免的通知》《关于翟卫宏等同志职务任免的通知》等事宜。

1 月 18 日,乌什县第十五届人民政府第二十六次党组会议召开。会议主要研究《关于拟调整部分教科局机关科(股)室主任和幼儿园园长的报告》《关于对〈乌什县文工团机构改革人员分流方案〉的请示》等事宜。

2 月 5 日,乌什县第十五届人民政府第二十七次党组会议召开。会议主要研究《关于拟按期解除贾天武行政处分的请示》事宜。

2 月 6 日,乌什县第十五届人民政府第二十八次党组会议召开。会议主要研究《关于勾正军同志任职的通知》《关于丁伟等同志职务任免的通知》等事宜。

2 月 28 日,乌什县第十五届人民政府第二十九次党组会议召开。会议主要研究《关于拟调整部分中学领导职务的建议》《关于拟调整部分学校领导职务的建议》《关于拟调整部分幼儿园领导职务的建议》《关于拟调整各乡(镇)中心小学部分领导职务的建议》等事宜。

4 月 4 日,乌什县第十五届人民政府第三十次党组会议召开。会议主要研究《关于调整部分乡(镇)国土资源所所长的请示》事宜。

5 月 2 日,乌什县第十五届人民政府第三十一次党组会议召开。会议主要研究《关于高建华等二名同志职务任免的通知》《关于熊书凤等同志免职的通知》等事宜。

5 月 14 日,乌什县第十五届人民政府第三十二次党组会议召开。会议主要研究《关于拟调整干部职务的建议》《乌什县教科系统关于解聘自主招聘人员和教师转岗分流人员再分配的方案》等事宜。

7 月 4 日,乌什县第十五届人民政府第三十三次党组会议召开。会议主要研究《关于阿不力米提・托乎提两名同志职务任免的通知》《关于丁永利等同志职务任免的通知》《关于阿米娜・阿不力孜等同志职务任免的通知》等事宜。

7 月 17 日,乌什县第十五届人民政府第三十四次党组会议召开。会议主要研究《关于阿依先木・阿尔祖、米娜瓦尔・买买提同志职务任免的通知》事宜。

7 月 23 日,乌什县第十五届人民政府第三十五次党组会议召开。会议主要研究《关于罢免买合木提・黑力力同志乌什县人民政府副县长职务的建议》事宜。

8 月 16 日,乌什县第十五届人民政府第三十六次党纽会议召开。会议主要研究《关于牟新页同志任职的通知》《关于肖长明等同志职务任免的通知》等事宜。

8 月 28 日,乌什县第十五届人民政

府第三十七次党组会议召开。会议主要研究《关于阿迪力·阿不拉、贺建同志职务任免的通知》事宜。

10月22日,乌什县第十五届人民政府第三十八次党组会议召开。会议主要研究《关于孙国元等同志职务任免的通知》《关于牟新页等同志职务任免的通知》等事宜。

10月27日,乌什县第十五届人民政府第三十九次党组会议召开。会议主要研究《关于牛忠辉同志职务任免的通知》事宜。

11月27日,乌什县第十五届人民政府第四十次党组会议召开。会议主要研究《关于曹华同志职务任免的通知》《关于张杰同志职务任免的通知》等事宜。

12月2日,乌什县第十五届人民政府第四十一次党组会议召开。会议主要研究《关于马战胜、徐国旗两名同志职务任免的通知》《关于阿不来提·吐地等同志职务任免的通知》等事宜。

【政府脱贫攻坚专题会议】 2018年,乌什县第十五届人民政府脱贫攻坚专题会议共召开3次。

10月19日,乌什县第十五届人民政府第6次脱贫攻坚专题会议召开,由县委副书记、县长吐尔洪·阿不拉主持。会议主要研究审议《乌什县人民政府与中国人民财产保险股份有限公司阿克苏地区分公司战略合作协议》《乌什县20万头生猪养殖示范基地项目实施方案》《关于乌什县2018年退出贫困村的请示》等事宜。

11月10日,乌什县第十五届人民政府第7次脱贫攻坚专题会议召开,由县委副书记、县长吐尔洪·阿不拉主持。会议主要研究审议《阿大纺织股份有限公司“双百扶贫”乌什扶贫项目》《乌什县食用菌菌棒生产项目投资经营战略合作合同》等事宜。

12月1日,乌什县第十五届人民政府第8次脱贫攻坚专题会议召开,由县委副书记、县长吐尔洪·阿不拉主持。会议主要研究审议《关于将乌什县城乡建设用地增减挂钩项目列入扶贫项目库的请示》《乌什县商务和经济信息化委员会于新疆苏宁易购商贸有限公司战略合作框架协议》等事宜。

【人大议案、政协提案办理】 2018年,乌什县人民政府办理人大议案2件,即《调动全社会力量和全县干部力量,加快推进乌什县脱贫攻坚进程》《加大城乡基础设施建设投入和管理保护力度,加强环境治理促进持续健康发展》。办理政协提案25件,即《关于进一步治理车辆滥用远光灯现象的提案》《关于优化发展城市公交,健全配套设施,保障公交车正常运行的提案》《关于在县城规划和建设停车场的提案》《关于加大农机安全工作力度的提案》《关于在城镇建设3岁以下婴幼儿托幼机构或幼儿看护中心的提案》《关于进一步加强在校学生安全意识教育的提案》《关于协调解决我县农村双语幼儿园冬季采暖技术服务问题的提案》《关于加强县城中小学生爱国卫生教育的提案》《关于规范管理农村食品市场和饮食行业的提案》《关于打造餐饮服务美食街，大力发展绿色餐饮、培育乌什品牌餐饮的提案》《关于在九眼泉社区八区修建排污水池和垃圾池的提案》《关于增加城区公共厕所的提案》《关于加强各小区的物业管理，改善城市基础设施的提案》《关于进一步加强对我县供暖企业监管力度的提案》《关于在通衢三区安装天然气管道的提案》《关于加快文化艺术中心建设进度的提案》《关于打造“特色乡镇”的提案》《关于助力乌什农林“西果东送”的提案》《关于加大政策和信贷支持力度，帮助各乡镇农村合作社规范运营、科学管理的提案》《关于加大对农村小微服装企业扶持力度的提案》《关于进一步加大农村富余劳动力转移就业力度的提案》《关于加大农村妇女就业创业扶持力度的提案》《关于协调维护加固南山防洪坝，保证牲畜通道通畅的提案》《关于阿恰塔格乡29个村民活动室配备活动器材的提案》《关于阿恰塔格乡59个村民小组配备垃圾箱的提案》。

（供稿人：秦加加）

乌什县人民政府办公室

【概况】 2018年，乌什县人民政府办公室（以下简称乌什县政府办公室）核定编制34名，其中机关行政编制21名、后勤编制13名，实有38人。下设翻译室、信息调研室、档案机要室、行政办公室、接待办公室、应急管理办公室、外事侨务办公室、法制办公室。

【文秘工作】 2018年，乌什县政府办公室完成各类会议的筹备事宜，落实会前筹备、会中服务、会后督办等工作。履行办文职能，做好公文处理，全年印发政府文件216期、政府办文件167期、内部明电153期、发函182期、批复事项121个、会议纪要52期；印发政府办文件891份，筹办各类会议110场次。组织相关部门完成上级和援乌单位领导调研视察及接待服务工作。做好领导批阅文件、公文流转和传阅工作，文件交换率100%。整理编撰各类信息上报《阿克苏政情》和各类宣传媒介400篇，被自治区、地区及各类报刊采用130篇。

【政府信息公开】 2018年，乌什县政府办公室贯彻落实《中华人民共和国政府信息公开条例》，强化政府信息公开工作，按照“公开为原则、不公开为例外”的要求，完善工作机制，规范公开内容和形式，切实保障公民、法人和其他组织依法获取政府信息，提高政府工作的透明度，促进依法行政，发挥政府信息对人民群众生产生活和经济社会活动的服务作用。依法于3月23日前公布县政府信息公开工作年度报告，方便公众知晓和查阅。

【人大、政协议案办理】 2018年，乌什县政府办公室做好人大代表议案、建议和政协委员提案的办理工作。年内,办理人大代表议案1件、建议23件,政协委员提案46件、建议1件,督办率100%。

【法制建设】 2018年,乌什县政府办公室开展法律宣传活动,现场发放法制宣传资料300份,解答群众咨询30人次。对全县各级行政执法主体和人员资格进行全面清理,总结清理执法单位50个,执法人员780人、监督人员85人,执法依据827条,行政许可事项210项,行政处罚事项1473项,逐步健全执法主体档案。加强行政调解工作,全县各政执法部门行政调解案件137件,其中调解成功135件,涉及285人,涉案金额2.7万元,成功率99%,防止各类矛盾激化。

【机关事务管理工作】 2018年,乌什县政府办公室按照中央八项规定和自治区、地区"十条规定",强化政府机关后勤保障管理,规范公务接待,公务用车安全稳定。依法开展公共机构能源资源消费统计工作,完成全县173个公共机构能源消费统计数据填报、审核、专网上报工作,人均综合能耗和水耗比上年分别下降3%,单位建筑面积能耗下降2%。加大《公共机构节能条例》宣传,被自治区机关事务管理局命名为"优秀组织单位"。开展党政机关办公用房清理和腾退工作,以领导干部为重点,对各乡(镇)、各单位开展办公用房清理工作进行督促检查,严格按办公用房使用标准使用,杜绝办公用房铺张浪费现象。

【应急管理】 2018年,乌什县政府办公室健全紧急信息报送制度,组织完善各种应急预案,增强重大突发事件的快速反应能力。年内,组织开展隐患排查1次,排查隐患80处。规范预案编制,组织修订各类预案30部。梳理汇总自然灾害、事故灾难突发事件信息6期,协调交通事故处置2起。组织开展综合型应急演练5次;开展乌什县应急管理培训2次;邀请政安消防宣传中心、新疆消防宣传中心讲师开展消防安全知识授课70场次,受益群众4500人以上。督促指导有关单位开展红十字救护、农业、消防、安全生产、防震减灾等应急专题培训50场次。健全抗震救灾组织机构,开展地震预案演练,构建县民政物资储备库和专业力量物资储备库,组建专兼职应急救援队伍,规划建设地震应急避难场所建设。

(供稿人:秦加加)

信访工作

【概况】 2018年,乌什县委群众工作部(信访局)突出"事要解决",强化源头预防,狠抓业务规范,夯实工作基础,借力"访惠聚"驻村工作及"民族团结一家亲""结亲周"等活动,把矛盾纠纷和信访问题及时发现在基层、化解在基层,为全县社会和谐提供坚强保证。

年内,乌什县委群众工作部(信访

局)核定行政编制4名(其中领导职数3名),事业编制6名,机关工勤事业编制1名。实有13人,其中行政编制4人,事业编制6人,机关工勤事业编1人,合同制县编1人,后勤工人1人。

【信访办理】 2018年,乌什县委群工部(信访局)做好日常信访接待受理工作,坚持把与信访人诉求案件情况的沟通协调作为了解真实情况、掌握工作主动性的方式,在群众来访时,先讲解信访相关知识和工作流程,强化群众正常反映问题、合理表达自己利益诉求渠道。在收到实名信访案件后,及时向信访人说明受理、转办、督办情况,让信访人真正了解办理流程,耐心等待处理结果,防止因不了解办理情况重复上访。强化信访案件的交办督办,依托《信访日报》和《乌什县信访工作联系会议督办通知》,加强对信访案件办理情况的跟踪督办,对未按规定时间办理的及时预警,对办理质量不高的及时退回,督促按时高质量办结。重视重复上访工作,推动基层信访部门首办责任,加大初信初访办理力度,把群众反映的问题解决在首办环节。开展重复上访集中排查,定期选择重复次数多、久拖不决的典型信访问题,加大交办督办协办力度。

【积案化解】 2018年,乌什县委群工部(信访局)印发《关于进一步做好信访矛盾化解攻坚战的通知》《2018年乌什县县级领导包案化解县信联办第一批交办信访积案工作方案》等文件,对全县信访矛盾和问题化解攻坚工作实行"挂图作战",以"事要解决"为核心,扩大信访积案的排查梳理范围,将2015—2018年所有信访事项全部列入信访积案化解范围。按照"属地管理、分级负责,谁主管、谁负责,谁引发、谁负责"原则,对属于"四大攻坚"(重点领域、重点群体、重点领域、重点人员)信访案件,按照上级提供的"四大攻坚"信访案件录入模板,在县信访工作人员的指导下,统一录入。对信访积案实行常态化调度、台账式销号管理,全过程监督,解决一个销号一个。年内共化解信访积案6件。

【联合接访】 2018年,乌什县委群工部(信访局)建立联合接访、依法分类处理的信访工作机制。以联合接访为依托,强化分流归口,打造"一站式受理、一条龙服务、一揽子解决"工作模式。重点安排县政法、公安、人社、民政、住建、交通、国土、商信等部门和单位派员联合接访,实行动态管理,根据实际需要调整进驻工作力量。对于群众反映的各类问题,信访联席会议办会同相关职能部门按照职责范围梳理甄别,确定解决诉求的责任归属,明确负责领导、责任单位和责任人员,既让责任主体知道自己的责任,又让群众知道其诉求"谁来办""怎么办"。全年,通过甄别分类,处理涉法涉诉信访案件13批21人次,依法向县人社、民政、住建、交通、国土、商信等部门分类处理信访投诉

67 批次 98 人次,有力推动信访工作的办理进程。

【信访机制建设】 2018 年,乌什县委群工部(信访局)坚持县四套班子定期轮流坐班接访机制,即县委、人大、政府、政协班子领导成员定期轮流值班接访、约访、下访,对接访重点案件实行“五包法”,包案领导不定期带案下访、询访、回访,深入基层一线、群众家里及偏远农牧区,面对面地对热点、难点、复杂矛盾纠纷进行协调处理,维护各族群众的合法权益,密切党群干群关系。

【矛盾纠纷排查】 2018 年,乌什县委群工部(信访局)发挥“访惠聚”驻村工作队、“民族团结一家亲”、“结亲周”工作优势,全面了解和掌握各类矛盾纠纷和苗头隐患,对排查出的问题隐患和苗头性信访问题,形成工作台账,逐件落实责任单位和责任人,做到底数清、情况明、措施实,借助“访惠聚”驻村工作队和村“两委”班子工作优势,发动和依靠群众,形成强大合力,确保各类苗头性问题化解在萌芽状态。

(供稿人:贾　飞)

电子政务

【概况】 2018 年,乌什县电子政务管理办公室(简称乌什县电子政务办)围绕县委、县政府的工作部署,有序开展政府信息公开、政府门户网站内容保障、行署网站政务信息报送、电子政务外网业务接入、政民互动应用等工作。县政府门户网站成为乌什县对内对外宣传推介的重要载体、政府信息公开的重要窗口、与群众互动交流的重要平台。

【政府信息公开】 2018 年,乌什县电子政务办完成政府门户网站的改版工作,对全县网络信息员进行全面培训。加强网站栏目内容持续更新,印发《关于做好政府门户网站内容保障和日常信息维护工作的通知》,对网站信息内容建设工作进行部署安排。年内,政府网站公布信息 7781 条,领导信箱转办处理来信 69 封。有序推进政府信息公开工作,主动公开政府信息 333 条,依申请公开政府信息 1 条。加快推进“互联网 + 政务服务”工作,为县直 17 个单位接入电子政务外网,提供网络保障并指导完成任务。做好地区行署政府网站政务动态信息报送工作,全年向阿克苏地区行署网站报送政务动态信息 280 条,被采用 201 条。

(供稿人:拜丽克孜・艾肯)

外事及侨务工作

【概况】 2018 年,乌什县外事侨务办公室(以下简称乌什县外侨办)围绕县委、县政府中心工作,结合工作实际和着力点,深入基层和侨界群众开展调查研究,明确工作定位,创新工作方法,结合开展效能政府和阳光政府活动,主动开展各项工作,为完成全年外事侨务工作目标任务奠定良好的基础。

年内,乌什县外侨办核定编制 2 名;实有 3 人,其中领导 1 人。

【外事管理】 2018 年,乌什县外侨办遵照因公护照审批办理的有关规定,强化审批管理,规范申报程序,明确审查责任,实行承诺制度。强化外事活动归口管理,发挥工作优势,为乌什县经济建设和社会发展服务。继续做好因公出国审查办证工作和个体私营企业人员因公办理出访工作,落实护照办理初审工作。

【归侨侨眷工作】 2018 年,乌什县外侨办增强“为侨服务”宗旨意识,以“送温暖、献爱心”活动为主线,定期走访慰问侨界人士、侨界群众,开展帮扶贫困归侨侨眷发展生产、脱贫致富工作。发挥团结各族各界归侨侨眷和海外华侨、华人的桥梁和纽带作用,调动全县归侨侨眷的积极性和创造性,加强和规范全县侨务工作管理。做好侨务接待工作,帮助解决归侨侨眷子女就学、升学、落实户口、生活困难等实际问题。

【法律宣传】 2018 年,乌什县外侨办围绕普法依法治理工作要点,结合全县“访民情、惠民生、聚民心”活动及侨联“访侨情、惠侨生、聚侨心”活动,采取悬挂横幅、印制法律法规宣传手册等方式,组织开展《中华人民共和国归侨侨眷权益保护法》及相关法律法规宣传咨询活动。

(供稿人:帕提古丽·亚森)

行政服务中心

【概况】 乌什县行政服务中心是县人民政府直属事业单位,正科级建制。核定事业编制 4 名,领导职数 1 名(主任由分管常务副县长兼任,配备正科级专职副主任 1 名);实有干部 4 人,领导 2 人(不占职数)。县公共资源交易中心与行政服务中心实行一个机构、两块牌子的管理体制,另增加全额事业编制 4 名(其中副科级领导职数 1 名);实有干部 3 名,空编 1 个(副科级领导未配置)。

2018 年,乌什县行政服务中心将全县具有行政许可、行政确认、其他行政权力及公共服务等政务服务、便民服务事项的 48 个单位统一集中到行政服务大厅办公,设立服务窗口 29 个,进驻工作人员 59 人;办理各类行政审批、行政确认、其他权力事项 449 项,便民服务事项 15 项。按照各单位业务量和业务特点,中心分设长期窗口和综合窗口,长期窗口单位派驻人员全年在行政服务大厅办公,综合窗口单位业务根据时间节点,采取进驻办理和委托办理方式进行。年内,大厅累计办件量 96585 件,业务咨询量 11655 人次,办理事项群众满意率 98% 以上,收到锦旗 20 面,感谢信 3 封。

【提升行政效能】 2018 年,乌什县行政服务中心合理调整优化窗口布局,将县发改委、市场监督管理局和税务局、住建局和不动产登记中心、民政局和公安局等有业务关联的窗口调整在一起,避免办事群众来回跑腿,缩短群众办事时间;在行政服务大厅设置商务窗口,开设复印、照相等服务,设置便民服务区、自助区,配备休息座椅、饮水机、自助取款机、自助购电机、科普 e 站学习查询机、急救药箱、急救包、便民箱等设备,营造舒适的办事环境。根据“放管服”改革要求,业务量大、办理事项关系企业和群众切身利益的县市场监督管理局、不动产登记中心、民政局、税务局、公安局等部门,落实人员、科室整体进驻行政服务大厅,相关业务统一集中审批、集中办理,杜绝体外循环和窗口“两头跑”现象。

【精简再造办事流程】 2018 年,乌什县行政服务中心坚持以“把每个审批环节的滞留时间压缩到可能的最小值”为目标,与进驻窗口单位主要领导、窗口人员沟通,对各窗口单位进驻大厅的行政审批事项、办理时限、办理环节、办理程序等进行全面审核和提速,将进驻事项的法定时限压缩 50%,限时内办结率 100%;即办件当即办理,不得推诿、拖拉。在各相关单位梳理的基础上,由县行政服务中心统一审核,县委编办把关,在县政府网站公布第一批涉及 8 个单位的 143 项“最多跑一次”事项清单,简化办事流程。结合邮政快递送达及政务服务一体化平台上线,梳理第二批“最多跑一次”事项和“不见面审批”事项,县市场监督管理局、税务局个别事项推行“不见面审批”,得到企业和群众认可。

【开展“减证便民”行动】 2018 年,乌什县行政服务中心开展“减证便民”行动,对涉及企业和群众在办事创业过程中的各类证明和盖章环节进行专项清理,切实解决企业和群众办证多、办事难问题。组织各窗口部门按照依法依规、合理合情的原则和“六个一律”(凡是没有法律法规依据的,一律取消;凡是办理单位能够通过网络自行核实或信息共享方式办理的,一律取消;凡是能够通过申请人现有证照、凭证证明的,一律取消;凡是能够通过申请人采取书面承诺、签字声明或提交相关协议办理的,一律取消;凡是能够通过公序良俗进行规范的或者通过常识推断的,一律取消)要求,结合权责清单梳理,全面清理、规范办事指南。凡办事指南需提交资料以外的证明,一律不得要求办事群众、企业提供,有效杜绝“奇葩证明、循环证明、扯皮证明、无为证明”等问题发生。

【行政服务制度建设】 2018 年,乌什县行政服务中心严格执行《乌什县公共资源交易管理办法》《乌什县公共资源交易目录》《乌什县公共资源交易场地、设备使用收费管理办法》,将全县政府采购及工程建设限额内的招投标全部纳入公共资源交易中心进行交易。收集上报乌什县各类专家资料，由地区审核入库，与地区公共资源交易中心网络平台建设工作人员沟通，对接乌什县公共资源交易中心电子招投标所需设备。1—10 月，乌什县开展公共资源交易 508 场次，其中政府采购类 78 场次、工程建筑类 430 场次，收取工程建筑类交易场地费 197 万元。

【“互联网 + 政务服务”工作】 2018 年，乌什县行政服务中心规范权力清单梳理，组织全县具有行政审批事项、行政处罚事项的 35 个单位，参照阿克市梳理录入地区“互联网 + 政务服务”一体化平台权力清单库的清单事项范本，完成 2804 项权力清单录入工作，窗口事项进入平台办理。做好前期准备工作，地区行政服务中心将乌什县行政服务中心作为一体化平台试运行试点县之一，与地区同步推进一体化平台建设，促进实体办事大厅与网上办事大厅的线上线下有机融合。年内，与地区行政服务中心对接，完成设备采购资金申请、招投标公告发布工作。

【服务便民拓展】 2018 年，乌什县行政服务中心根据《关于乌什县推进乡（镇）便民服务中心规范化建设实施方案的通知》要求，会同县委编办，督促 6 乡 3 镇设立并规范便民服务中心，个别村组设立村级服务站。年内，全县 9 个乡（镇）便民服务中心全部落实场地、人员，按统一要求挂牌，方便群众就近办理事项，缓解堵点问题。

【优化服务】 2018 年，乌什县行政服务中心把落实“首问负责制”作为提升服务的一项重要工作，纳入干部日常考核，完善一次性告知制、限时办结制等 6 项制度，窗口工作人员不得以任何借口推诿、拒绝、搪塞服务对象。窗口人员对进驻大厅办理事项及业务流程“一口清”，对前来办事群众提供一次性告知单，避免群众多跑“冤枉路”，推进行政服务不断走向规范化。编印办事指南，对进驻行政服务中心大厅办理的全部事项，要求窗口单位按照统一标准编印服务指南，统一摆放在窗口指南架上，方便群众查阅。实施便民举措，设置便民服务台、咨询导引台，大厅志愿服务者主动为办事的书写困难者、残疾人等提供帮助，解决困难。

（供稿人：高胜男）

政协乌什县委员会

综　述

【概况】 2018 年,政协乌什县委员会在中共乌什县委员会的领导下,贯彻“长期共存、互相监督、肝胆相照、荣辱与共”的方针,按照“尽职不越位、帮忙不添乱、切实不表面”的工作原则,围绕党政中心工作,发挥政协优势,参与全县经济建设、精神文明和物质文明建设,履行政治协商、民主监督和参政议政职能。

【政协委员会议】 1 月 12—13 日,政协乌什县第十四届委员会第三次会议在乌什县行政服务中心二楼多功能厅召开。会议听取政协乌什县第十四届委员会常务委员会工作报告和政协乌什县第十四届委员会常务委员会关于十四届一次、二次会议以来提案工作情况的报告;听取和协商讨论政府工作报告及其他有关报告;审议通过政协乌什县第十四届委员会第三次会议关于常务委员会工作报告的决议、政协乌什县第十四届委员会关于十四届一次、二次会议以来提案工作报告的决议以及政协乌什县第十四届委员会第三次会议政治决议;审议通过政协乌什县第十四届委员会提案审查委员会关于十四届三次会议提案审查情况的报告;对 2017 年度优秀提案承办单位、优秀政协联络组、优秀政协委员及优秀提案个人进行表彰。

【政协主席会议】 4 月 26 日,政协乌什县第十四届委员会第五次政协主席会议召开,由县政协主席艾尔肯·斯拉木主持。会议研究确定政协十四届三次会议期间委员提案、建议;讨论完善《政协乌什县第十四届委员会 2018 年工作要点(草案)》《乌什县政协 2018 年重点课题调研方案》;研究通过委员增补事宜、政协机关工作职责分工和政协机关制度。

6 月 4 日,政协乌什县第十四届委员会第六次政协主席会议召开,由县政协主席艾尔肯·斯拉木主持。会议审议关于召开习近平总书记关于加强和改进人民政协工作的重要思想研讨会、上半年视察、委员增补及第五次常委(扩大)会议等相关事宜。

8 月 8 日,政协乌什县第十四届委员会第七次政协主席会议召开,由县政协主席艾尔肯·斯拉木主持。会议协商研究委员增补、提案审查委员会成员增补、上半年委员视察及第六次常委(扩大)会议等相关事宜。

12月28日，政协乌什县第十四届委员会第八次政协主席会议召开，由县政协主席艾尔肯·斯拉木主持。会议研究撤销委员资格及增补事宜，审议政协十四届第四次全体委员会议相关事宜及第七次常委会会议议程。

重要活动

【参政议政】 2018年，政协乌什县委员会坚持团结和民主两大主题，围绕社会稳定和长治久安总目标和脱贫攻坚任务，团结带领各族各界政协委员履行政治协商、民主监督、参政议政三大职能，促进参政议政再上新台阶。以“两学一做”学习教育和“聚焦总目标、作风再整顿”专项活动为契机，学习贯彻中共十九大、习近平总书记系列重要讲话精神及自治区党委九届六次全会精神，发挥政协协调关系和桥梁纽带作用，汇聚力量、建言献策、服务大局，为全力服务和推进乌什县社会稳定和长治久安做出积极贡献。积极主动落实县委重大决策部署，自觉维护县委权威，坚持重大事项向县委请示报告，自觉服从、服务于县委工作大局，主动将县委工作要求贯穿落实到政协各项工作中，班子成员积极参加县委中心组学习，列席县委、县政府重要会议，主动与其他班子成员联系沟通。认真做好群众矛盾调查协调化解、精准扶贫工作督导等各项工作，及时向县委提出意见建议。聚焦总目标，凝心聚力做好群众工作，做好脱贫攻坚、“民族团结一家亲”、民族团结联谊和政策宣传、入户释法、思想教育、情绪疏导、帮扶解困等工作。结合“习近平新时代中国特色社会主义思想和中共十九大精神进万家”活动，宣传中共十九大精神及民族宗教政策、法律法规和各项惠民政策，让群众切实感受到党和政府的关怀与温暖。发挥政协委员在党委、政府和各族群众之间的桥梁纽带作用，传播现代文化理念和文明生活方式，了解基层群众的所思所想，及时掌握基层存在的一些突出问题和群众关心的热点问题，借机教育和引导群众，向所在界别和所联系的群众广泛宣传中央关于新疆工作的大政方针和对南疆的特殊关怀，树立感恩情怀，增加团结和谐力量。积极投身脱贫攻坚主战场，发挥人民政协人才荟萃、智力密集、联系广泛的优势，围绕总目标和脱贫攻坚各项措施的落实，在建设美丽乡村、培育富民产业、小城镇建设、安居富民、教育惠民、医疗卫生、文化科技等方面广泛听取意见，反映社情民意，提交提案建议，为县委、县政府决策提供依据。

【委员建议、提案工作】 2018年，政协乌什县委员会围绕县域发展中迫切需要解决和群众关注的热点、难点问题，积极向自治区政协十二届一次会议提交提案9件，向地区政协工委26次会议提交提案5件，争取上级力量帮助解决影响乌什县发展的难题。突出抓好本级提案征集、立案、交办和督办工作，通过交办会向县政府交办提案25件,召开政协常委(扩大)会议,听取县政府办理提案的情况报告,组织委员实地查办、现场问效,督促提案办理落到实处。

【视察与调研】 2018年,乌什县政协着眼民生改善,以社会稳定和长治久安、脱贫"摘帽"、生态治理及环境保护、县域经济发展4个方面为专题进行重点调研,细化调研责任到政协班子每个成员肩上,做到人人有调研任务。通过调研视察,形成专题调研报告4篇、视察报告1篇,提出专题调研意见20条、视察建议5条,报送县委、县政府及有关部门参考。

群众团体

乌什县总工会

【概况】 2018 年,乌什县总工会内设行政办、基层办、法律办、帮扶中心、财务室等 5 个科室。核定编制 7 名,实有 4 人。

年内,乌什县有基层工会组织 129 个,职工 13434 名,工会会员 13434 名;登记在册困难职工 92 人。

【困难职工帮扶】 2018 年,乌什县总工会开展“四季送”活动。春季,带领 30 名女学员参加春风行动,培训就业技能;夏季,为县域内治安岗亭、施工单位及环卫工人送去矿泉水、西瓜,送去清凉;秋季,为困难职工家庭 25 名大学生,发放金秋助学资金 6.6 万元;冬季,为 200 名困难职工每人发放 500 元冬季取暖补助金,共计 10 万元。完成困难职工解困脱困建档立卡工作,对 2018 年 435 名困难职工开展摸底、调查及再核实工作。开展困难职工帮扶慰问工作,“肉孜节”期间,慰问困难职工 80 人,发放慰问物资价值 4 万元;“古尔邦节”期间,慰问困难职工 100 人,发放慰问金 5 万元。5 月初,为 5 名困难职工申请发放共 25 万元的小额贴息贷款。对去世困难职工家属进行慰问。为乌什县福万家超市李莉、依麻木镇养花基地努尔古丽·吐尔逊每人发放 2 万元“女创业带头人”扶持资金。

【依法维权】 2018 年,乌什县总工会强化职工民主管理,对企事业工会召开职工代表大会情况进行督查指导,落实职工群众的知情权、参与权、监督权。年内,有 10 家企事业工会按要求召开职工代表大会。指导建立工会组织的 24 家企业及时进行厂务公开,签订集体合同、工资集体协商合同和女职工专项集体合同。指导基层工会组织 14 家单位开展“安康杯”活动,参赛班组 98 个,参赛职工 1127 人;开展劳动技能竞赛 10 家,参赛单位职工 4644 人,参赛职工 3737 人。开展以“加强生育保护,依法维护女职工合法权益和特殊利益”为主题的迎“三八”妇女节活动,女职工及妇女代表 200 人参加。

【“职工之家”品牌】 2018 年,乌什县总工会组织各基层工会开展会员评议活动,参加会员评议的基层工会 54 个,其中机关工会 23 个,企事业单位工会 31 个,参与评议会员 4325 人。做好 2018 年全国五一劳动奖状、全国五一劳动奖章、全国工人先锋号,开发建设新疆奖状、开发建设新疆奖章、自治区工人先锋号推荐工作,推荐乌什县燕山汽车运输有限责任公司申报“全国工人先锋号”,推荐乌什县人民医院、乌什县教育和科技局申报“全国五一劳动奖状”,推荐吐尔洪·吐尔逊申报“全国五一劳动奖章”,推荐塔依尔·米吉提、邓志斌2人申报“开发建设新疆奖章”。做好“全国优秀工会工作之友”“全国优秀工会工作者”申报工作,推荐黄振军申报“全国优秀工会之友”,推荐穆太力甫·热合曼申报“全国优秀工会工作者”。

【职工活动】 2018年,乌什县总工会以职工广播体操比赛和职工篮球比赛等形式,组织开展庆祝五一国际劳动节文体活动,全县250名职工代表参加比赛。与县委组织部、老干局联合开展“大手拉小手”活动,为福利院儿童捐赠衣服126套。参加集体婚礼,为新人们送去各类家用电器,体现“民族团结一家亲”宗旨。

【自身建设】 2018年,乌什县总工会完成第九次代表大会换届选举工作,于6月23日选举产生第九届工委会委员27名、常委9名,女职工委员会委员7名,经费委员会委员5名,选举产生主席1名、专职副主席1名、兼职副主席3名及自治区总工会第十二次代表大会代表候选人1名。做好工会组建和发展会员工作,新组建工会组织17个,发展会员212人,6人以上企事业单位工会组建率100%。举办2018年度基层工会主席业务培训,全县基层工会主席共120人参加培训,增强工会业务能力。启动村级工会成立工作,在阿克托海乡库木齐吾斯塘村建设村级工会组建示范点,在全县实施“工会进村”工程。

(供稿人:邹林静)

共青团乌什县委员会

【概况】 2018年,乌什县16~35岁青年总数38862名,团员总数10472名。县直团委17个,基层团支部373个。其中村(社区)团支部118个,县直单位、学校、企业团支部255个。中小学校78所,在校生5440名,少先队员20826名,少先大队72个,少先队辅导员78人。

年内,中国共产主义青年团乌什县委员会(以下简称乌什县团委)核定编制7个,实有干部职工6人。

【新发展团员调控】 2018年,乌什县团委按照“坚持标准、控制规模、提高质量、发挥作用”的总要求,严格落实团员发展“十步法”(青年自愿入团并递交入团申请书;开展“推优入团”并确定入团积极分子;集中开展入团积极分子团课教育和培养考察;听取培养联系人和群众意见;确定发展对象;上级团委预审合格并发放入团志愿书;填写《入团志愿书》并经审核合格;召开支部大会讨论通过;上级团委审批同意;隆重举行新团员入团仪式)

基本程序和“九严禁”［严禁违反“十步法”基本程序发展团员；严禁未满14周岁发展团员；严禁未经过8学时团课学习和党团基本知识测试发展团员；严禁培养考察期未满3个月发展团员；严禁“唯成绩”或按照学习成绩排名发展学生团员；严禁仅凭班主任（任课教师）个别人意见发展学生团员；严禁未经少先队组织推优或班级学生民主推荐发展学生团员；严禁未经县级以上团委授权审批发展团员；严禁仿制、复制、伪造档案材料发展团员］纪律，规范团员发展和教育管理工作。在全县共青团工作例会上组织各级团干部学习《关于进一步严肃规范团员发展工作的若干规定》，对全县9个乡（镇）、119个村（社区）、7所中学团员发展工作进行统一部署。

【团员管理】 2018年，乌什县团委根据自治区《关于进一步规范全区团员发展和管理工作的意见》，安排专人对全县团员身份关系进行登记、确认，按照“一证一卡一档一信”的要求和标准，对全体团员的档案进行查补梳理，使全县团员关系更加清晰。年内，完成团员统计10472人，全部完成“一证一卡一档一信”组织化梳理和登记造册工作。

【团员培训】 2018年，乌什县团委加大培训力度，推进团干部能力提升，锤炼优良作风。依托阿克托海乡库木奇吾斯塘村青年教育实训基地，每季度举办1期不少于3天的基层团干部业务专题培训班，着重对团员发展程序“十步法”、执行团员发展“九严禁”纪律和《入团积极分子培养考察表》、《入团志愿书》进行讲解，对指导中发现的突出问题作出整改安排，确保基层团干部学懂、弄通团员发展工作。年内，开展封闭式基层团干部业务专题培训班3期，累计培训团干部289人次。

【开展“五四”活动】 2018年5月4日，乌什县纪念“五四”运动97周年暨五四表彰大会在阿克托海乡苏依提喀村召开。大会表彰2017年度“团建先进单位”10个、“优秀团干部”10名。开展阿克苏地区优秀共青团员、优秀共青团干部、五四红旗团委（团支部）评选表彰工作，选树宣传先进集体和个人，激励各级团组织和团员、团干部立足岗位、创先争优，创建地区级五四红旗团委2个、五四红旗团支部2个。

【团员青年思想教育】 2018年，乌什县团委按照属地管理、分级负责原则，各乡（镇）团委、村（社区）团支部会同“访惠聚”驻村工作队对返乡学生逐户走访、逐一核对，掌握返乡学生基本情况、主要社会关系、学生及家庭成员政治表现、学生在外上学表现，建立暑期返乡学生教育管理档案。组织返乡学生与在家务工青年围绕家乡如何发展、年轻人如何奋斗、农村创业致富政策如何承接、核心价值观如何践行等话题，开展座谈交流会9场次，参与青年2000人以上。组织返乡青年和大学生开展关爱留守儿童、留守老人等志愿服务活动,举行文艺会演,倡导良好社会风尚。开展“返乡学生走访宣讲”“民族团结一家亲”“三进两联一交友”、青年志愿服务、“共青团红领巾小课堂”和大学生暑期返乡说新疆等活动,培养返乡学生热爱家乡、建设家乡的朴素情怀。

【少先队工作】 2018年,乌什县团委开展重点青少年群体服务管理和预防犯罪工作,下发《关于深化乌什县重点青少年群体服务管理和预防犯罪“牵手行动”实施方案》,召开联席会议,开展重点青少年群体的基本状况数据再摸底、再排查工作,防止部分青少年出现“漏管”现象。4月13—14日,开展为期2天的少先队辅导员培训班;4月14日,在县国庆中学举办少先队辅导员技能大赛。9月9—22日,组织新任团支部书记代表和“两新”组织团干部代表在新疆团校参加团干部培训班。

【少先队代表大会和主题队日活动】 2018年10月13日,乌什县团委组织全县各中小学开展少先队代表大会换届工作,抓好少先队组织建设,提高少先队自主管理能力,培养少先队员当家做主的精神。组织全县各中小学召开少先队代表大会,开展“队前教育第一课”、先锋故事会、“我是新时代好队员”分享会等主题队日活动。国庆节期间,组织各中小学开展“我和国旗合个影”活动,参加活动人员3000人次。

【大学生西部志愿者工作服务】 2018年,乌什县团委做好大学生西部志愿者工作服务。7月,新接志愿者93名,全县共有大学生西部志愿者100名,全部到岗参加为期1~3年的服务工作。规范大学生西部计划志愿者的管理工作,召开大学生西部计划志愿者临时团委成立会议,成立乌什县西部计划志愿者临时团委,选举产生临时团委委员9名,选举产生临时团委委员会,成立临时团支部7个。做好各项保障工作,节日期间开展志愿者走访慰问,确保志愿者工资发放到位,社保办理到位,做到拴心留人。

【创建品牌活动】 2018年,乌什县团委选树宣传先进集体和个人,激励各级团组织和团干部立足岗位、创先争优,创建地区级五四红旗团委2个、五四红旗团支部2个,打造共青团工作示范点3个[乡(镇)团委1个、村(社区)团支部2个]。创建地区级“青年文明号”2个、“青年安全生产示范岗”2个,借助“青”字品牌活动有益经验,在各级团组织中开展“青年文明号、青年安全生产示范岗、青年岗位能手、志愿者服务行动”等“青”字品牌工作,全面活跃团的工作。

【民族团结工作】 2018年,乌什县团委深化新形势下青年民族团结融情教育,开展“团干部带头交友”活动,有160对不同民族青年结对互帮互助，形成各族青年从活动安排结对到自愿结对的转变。开展“优秀草根宣讲员”活动，成立由100名团干部组成的草根宣讲员宣传队伍，以喜闻乐见的方式开展系列宣讲、文艺下村等活动，增强青少年明辨是非能力。持续抓好青少年“民族团结一家亲”“普法知识”宣传教育工作，组织各乡（镇）团委、村（社区）团支部每月开展民族团结、法律法规知识集中学习、知识竞赛、演讲比赛、宣讲等活动，增强各族青少年民族团结意识和法律意识。

（供稿人：柳艳华）

乌什县妇女联合会

【概况】 2018年，乌什县妇女联合会（以下简称乌什县妇联）充分发挥各级妇联组织作用，通过开展思想引领、助推发展、权益保障、干部培训和强基固本等各项工作，引导广大妇女崇尚现代文明生活，为乌什县社会稳定和经济发展做出积极贡献。

年内，乌什县妇联核定行政编制5名，事业编制3名，实有工作人员7人。乌什县有乡（镇）妇联9个、村妇联108个、社区妇联11个。

【宣传教育】 2018年，乌什县妇联以学习贯彻中共十九大精神为契机，以维护社会稳定为主线，以改善民生为落脚点，狠抓妇女群体宣传教育，激励各族妇女做现代文化的宣传者、实践者、推动者，引导各族妇女树立“四自”（自尊、自信、自立、自强）精神，全面提升各族妇女的内在素质。举办以“巾帼心向党 建功新时代”为主题的中共十九大精神演讲比赛，展示各族女性自尊、自信、自立、自强的精神风貌和责任担当，强化对习近平总书记系列重要讲话精神的学习认识和理解。组织县委机关各单位女干部职工开展庆“三八”“民族团结一家亲”干部趣味游戏等活动，通过集体合影、跳集体舞、集体观看电影、集体游戏等形式增强干部之间的凝聚力。联合县委组织部、总工会、团县委、党校、旅游局共同举办第二届“情系乌什·青春有约”青年人才交友联谊活动，为青年人才搭建敞开心扉、展现自我、结识朋友、沟通感情、增进友谊、拓展生活的平台，营造拴心留人良好环境。

【家庭文明工程】 2018年，根据自治区、地区及乌什县脱贫攻坚工作部署，乌什县妇联作为“美丽庭院”建设专项组牵头单位，大力实施家庭文明工程，全面推进和谐家庭建设，发挥“家”作为民族团结教育“第一课堂”“第一阵地”作用。成立“美丽庭院”建设专项工作领导小组，逐级签订责任书，结合实际，联合团县委制定下发《乌什县脱贫攻坚“美丽庭院”建设专项工作实施方案（2018—2020年）》和《乌什县脱贫攻坚“美丽庭院”建设专项组2018年度实施计划》，明确总体目标、建设标准、建设原则、重点任务、工作措施等,确保“美丽庭院”建设工作顺利推进。以部署会、推进会、培训会等形式进行安排部署,以发放倡议书、签订责任书等形式广泛告知家庭,组建由县广播电台、乡(镇)广播站、村村通广播员组成的宣讲队伍,每天分时段滚动播出“美丽庭院”建设工作相关内容,充分调动妇女青年投身乡村振兴的积极性、主动性和创造性,引领妇女、青年在促进产业兴旺、生态宜居、乡风文明、治理有效、生活富裕中发挥作用。年内,共发放“美丽庭院”建设倡议书3万份,签订“美丽庭院”建设责任书3万份。坚持试点先行,每个乡(镇)在深度贫困村中推出“1村60户”为试点,全县确定1个试点乡(镇)、9个试点村、540户试点户,以点带面,深化指导、帮扶,做到成熟一批、命名一批、挂牌一批,发挥示范引领作用。整合基层妇联组织、团组织资源,形成工作合力,将“美丽庭院”建设与寻找“最美家庭”“最美母亲”和“民族团结一家亲”活动、妇联改革、干部结亲、扶贫帮困等工作相结合。各级妇联主席、副主席、执委共参与“美丽庭院”建设工作1400场次。联合县爱卫办,组织各乡(镇)妇联专职副主席对乡(镇)脱贫攻坚“美丽庭院”建设专项工作开展情况进行交叉检查,推动脱贫攻坚“美丽庭院”建设工作顺利开展。开展评先选优活动,县人民医院呼吸消化神经内科获自治区“巾帼文明岗”称号;评选表彰县级“五好家庭”28户、“最美家庭”29户、“巾帼建功标兵”50人、“巾帼文明岗”6个、巾帼建功先进集体13个;获地区级“平安家庭”标兵户5户、“最美家庭”7户、“美丽庭院”50户;获自治区“最美家庭”4户、“五好家庭”1户,命名授牌自治区“美丽庭院”试点户50户。

【关爱帮扶活动】 2018年,乌什县妇联发挥联系和服务广大妇女儿童的桥梁和纽带作用,履行职能,开展各类扶贫救助活动。做好贫困“两癌”母亲救助工作,加大宣传力度,积极申报争取项目资金9万元,为9名贫困“两癌”母亲各发放救助金1万元。联合县妇幼保健院为全县200余名女干部职工、依麻木镇汗代克吉然村100名农村妇女开展“两癌”免费筛查,引导妇女群众增强自我保健意识,提高健康水平。开展“爱心一元捐”工作,用募集的“爱心一元捐”资金为4名患大重病妇女发放临时救助金8160元。节假日期间,联合新兴组织妇委会赴县福利院开展“送温暖 献爱心”活动4次,慰问孤寡老人253人、孤儿113人,赠送牛奶、点心、水果、饮料、学习用品等慰问品价值3.7万元,组织志愿者为老人、孩子义务理发;为依麻木镇汗代克吉然村、阿克托海乡吉格代力克村共74户贫困家庭发放价值1.11万元的“母亲健康包”74个;寒冬时节为2名执勤民(协)警赠送棉鞋2双、手套2副。

【来信来访】 2018年,乌什县妇联创新妇女信访接待模式,做好妇女来信来访工作，做到来电有记录、来访有接待、结果有台账，引导妇女合理有序反映诉求。加强与县公安、司法、民政等部门的协调配合，化解矛盾纠纷，解决困难和问题，让广大妇女群众感到妇联是值得信赖的“娘家”。结合“民族团结一家亲”“一对一”帮扶、“访惠聚”驻村、干部进村入户等工作，利用“三八”维权月、宪法宣传月等节点，开展“十九大精神进万家”活动，开展《中华人民共和国妇女权益保障法》《中华人民共和国婚姻法》《中华人民共和国反家庭暴力法》等涉及妇女权益保障和婚姻家庭法律法规的宣传教育，引导广大妇女学法、用法，提升法治意识和依法维权能力。年内，开展宣传活动12场次，发放宣传册2000套，接受妇女儿童法律法规、卫生健康知识咨询300人次；接待妇女信访42件次。与县统计、教育、民政、卫生、计生等妇儿工委成员单位配合，完成乌什县2017年妇女儿童规划实施情况监测。

【基层妇联组织建设】 2018年，乌什县妇联在乡（镇）妇联组织区域化建设试点基础上，联合县委组织部制定下发《乌什县推进乡（镇）妇联组织区域化建设和村（社区）妇代会改建妇联工作实施方案》，将妇联改革工作与党建工作同安排、同落实、同考核。举办村（社区）妇代会改建妇联培训班1期，在99个非试点村（社区）全面推开妇代会改建妇联工作。各村（社区）严格按照流程，通过换届选举的方式选优配强班子，吸纳教育、卫生、计生、司法、文广影视、移动、电信、民营企业、社会团体等各行业优秀妇女加入妇联组织。全面完成县级妇联班子换届工作，选举产生县妇联第十二届执行委员会主席1名、副主席2名、常委委员13名。119个村（社区）选配妇联执委1655名，其中主席119名、副主席316名。3月底，全面完成村（社区）妇代会改建妇联工作，建立联席会议制度，定期召开会议，研究解决工作中存在的困难和问题，形成妇女组织活动开展、资源使用和力量调配等方面协调联动。在11家新兴组织中建立企业妇委会，在相邻女性领办店（铺）联合组建妇委会1个，设立“妇女之家”，建立健全妇女组织工作职责、制度等。组织各乡（镇）妇联专职副主席对乡（镇）妇联组织区域化建设及村（社区）妇代会改建妇联工作交叉检查2次，联合县委组织部等部门督查4次。选派42名女性干部参加自治区、地区举办的各类培训班。建立并正常运行“乌什女声”微信公众平台，充分利用QQ群、微信群等，扎实推进各项妇女工作。年内，在村委会建立妇女儿童室2个，在居民小区建立“妇女微家”2个，建立各类微型组织200个，开展各类微行动1400场次。

（供稿人：万天永）

乌什县科学技术协会

【概况】 2018年，乌什县科学技术协会（以下简称乌什县科协)重点开展“科技之冬”活动、青少年科技教育、科普宣传等工作。年内,乌什县科协核定编制3名,实有4人。

【“科技之冬”活动】 2018年1月中旬至3月底,乌什县开展第二十九届“科技之冬”活动,由72名农林牧、卫生等技术骨干组成的讲师团深入村组,围绕中共十九大和习近平总书记系列重要讲话精神、惠民政策、种养技术开展宣讲。年内,举办各类培训班252期,培训26023人次,其中,乡级培训班17期,培训1986人次;村级农牧民群众综合性培训班202期,培训21035人次;“科普进社区”活动33期,受益群众3002人次,妇女参与率达20.7%。利用农村现代远程教育站(点)播放168次,广播宣传24次,制作专栏板报9期;组织召开技术示范现场会7场次、技术交流会12次,发放各类技术资料1万余份。开展科技下乡服务示范活动71场次,参与科技人员1842人次,出动科普车辆8台次,发放资料6000份。

【青少年科技教育】 2018年4月20—22日,乌什县科协选派县第二小学学生解佳旋参加在乌鲁木齐市举办的自治区第32届青少年科技创新大赛,推荐10件青少年科技作品参加大赛,其中“净化噪音屋”“未来的海底城市”“地震探测救援仪”“我种的向日葵”“光明天使”“缫丝专家”等6幅科学幻想绘画作品获一等奖,“宇宙村——在外星球度假”“DNA基因重组——将疾患消灭不是梦”科幻画获二等奖,“创意手钳”获科技创新竞赛项目三等奖。选派8名科技辅导员分别参加自治区、地区青少年科技创新辅导员培训班,开拓科技辅导员教育视野,加深对科技教育活动的理解,提高科技教育活动的设计水平和实施能力。

【科普知识宣传】 2018年9月15日,乌什县“全国科普日”活动启动仪式在阿恰塔格乡农贸市场举行。活动以宣传、咨询、送医送药、科普讲座、发放科普资料等方式进行,县科协、教科局、卫生局、计生委、人民医院、维吾尔医院、疾控中心、畜牧局等13个单位42名科普工作者参与活动,发放《中华人民共和国动物防疫法》、《科技知识宣传手册》、结核病和艾滋病防治等宣传单300份,发放宣传手册450册,赠送宣传手提袋560个、《地震灾害分级》《马铃薯丰产栽培及管理》挂图500幅,现场咨询人员1200人,宣传覆盖群众2000人次。9月21日,地区老科协专家组7人在阿克托海乡亚勒古孜玉瑞克村、亚曼苏乡阿依丁村、乌什镇3个社区(村)、县影剧院等6个分会场,分别作“老年慢性病预防”“居民健康常识”“辣椒设施栽培技术要点”“西瓜设施栽培技术”“温室大棚番茄栽培技术要点”“绵山羊品种改良及饲养育肥管理技术”“坚定文化自信、传承中华优秀传统文化、推动实现新疆工作总目标”等科普讲座。自治区科协走进乌什县依麻木镇汗都村、亚贝希村及阿克托海乡库木奇吾斯塘村开展“科普基层行活动”,850 名村民及学生参与,观看机器人表演、球幕影院、科普大篷车车载展品,亲身体验科普实验。新疆软件行业协会、计算机协会、电子协会(简称 IT 三会)在乌什县第一中学开展“百会万人下基层”系列科普服务活动,向乌什县科协捐赠价值 8000 元的电商科普书刊,为乌什县第一中学 40 名学生代表每人赠送可充电式手电筒 1 支。阿里巴巴商学院(阿克苏地区)培训基地讲师艾尼瓦尔·麦麦提到乌什县开展科普讲座,为 340 名乡(镇)、村(社区)电商服务点负责人、中小学校负责物品采购的工作人员、学生代表传授电子商务应用相关政策与知识、网络实训操作、网店开设经营与管理等方面的常识。乌什县科协制定下发《开展科普中国·百城千校万村行动实施方案》,在乌什镇 11 个社区、全县 80 所学校、107 个村建科普中国 e 站 200 个;在县委党校、行政服务中心、县一中、国庆中学、衢州中学和二校安装触控屏媒 6 个,村、社区和学校建科普中国 e 站分别完成总任务的 98.32%、100% 和 97.5%。

(供稿人:郑　元)

乌什县工商业联合会

【概况】 2018 年,乌什县工商业联合会(以下简称乌什县工商联)立足“两个健康”(健康发展、健康成长)主题,贯彻教育、引导、团结、服务工作方针,发挥桥梁纽带和助手作用,引导非公有制经济人士在参政议政、经济发展、扶贫攻坚等方面发挥作用,使民营企业成为巩固乌什县社会稳定和长治久安基础的重要力量。年内,乌什县工商联核定编制 5 名,实有 5 人。

【组织建设】 2018 年,乌什县工商联在自治区、地区工商联的指导下,结合部门实际,制订创建方案,按照“领导班子好、会员发展好、商会建设好、作用发挥好、工作保障好”的标准,开展“五好”工商联创建活动,成功申报全国“五好”县级工商联。

【参政议政】 2018 年,乌什县工商联围绕稳定和发展主题,组织和指导非公经济界 4 名人大代表、9 名政协委员撰写具有参考价值的各类个人、团体议案、提案、意见、建议 27 条。结合乌什县实际,围绕社会和谐、民族团结、民生工程等提出提案 4 条、建议 3 条,其中被采纳提案 4 条、建议 2 条。协助和配合县人大办、政协办组织非公经济界人大代表、政协委员调研、视察县域经济 2 次,形成调研报告 2 篇。

【光彩事业】 2018 年,乌什县工商联在县商信委、扶贫办、招商局的协助下,按照地区工商联要求,高质量、高标准报送“中国光彩事业南疆行”前期准备材料,内容包括乌什县在结对帮扶、消费扶贫、招商推介、扶持小微企业、公益扶持项目等方面的帮扶需求。

【非公企业党建】 2018年,乌什县成立非公有制企业综合党委,进一步理顺非公有制经济组织党建工作机制。年内,所属3个党支部发展党员4名,做好“一先双优”(先进基层党组织、优秀共产党员和优秀党务工作者)推荐评选工作,评选出地区级优秀共产党员1名、优秀党务工作者2名。

【思源项目】 2018年5月,乌什县工商联成功申报“民建·思源救护新疆行”第二批项目,接收中华思源工程扶贫基金会捐赠救护车2辆,分别派发乌什县亚科瑞克乡卫生院和英阿瓦提乡卫生院,缓解乌什县救护车辆严重不足的问题。

(供稿人:青长磊)

乌什县残疾人联合会

【概况】 2018年,乌什县残疾人联合会(以下简称乌什县残联)突出重点,务实创新,履行代表、服务、管理职能,加强残疾人保障和服务两个体系建设,提高残疾人社会管理科学化水平。

年内,乌什县残联实有干部职工11名,其中领导3名、干部7名、工人1名。有党员9名(女4名、男5名)。下辖县残疾人社区康复服务中心(股级建制,核定事业编制5名,实有5人)、残疾人劳动就业服务所(挂牌机构)、残疾人用品用具服务站(挂牌机构)。

【残疾人康复政策服务】 2018年,乌什县残联坚持残疾人“人人享有康复服务”的目标,加强残疾人康复政策服务。完成残疾人社区康复训练61名,其中成人肢体康复训练32名、脑瘫儿童康复训练22名、智力残疾儿童康复训练7名。为148名重度残疾人进行家庭免费康复训练服务;为280名残疾人配发各类辅助器具;为30名患精神病残疾人实施免费送药,为5名患精神病、残疾人实施免费住院治疗;为30名白内障患者实施复明手术;为20名视力残疾人(盲人)进行盲人定向行走训练,免费发放盲杖20支;调查摸底全身瘫痪重度残疾人120名,为6名残疾人免费发放防褥疮垫;为20名重度听力语言残疾人配发助听器;为8名肢体残疾人适配下肢假肢,为10名脑瘫儿童适配20个矫形器。开展残疾儿童摸底筛查工作,全县563名残疾儿童,其中0~6岁残疾儿童139名,7~10岁残疾儿童200名,11~16岁残疾儿童224名,准确核实有关信息并报送地区残联。开展0~12岁脑瘫、智力残疾、孤独症儿童免费治疗工作,年内11名符合康复救助条件的智力残疾儿童在新疆长安中医脑病医院接受康复训练服务,每人每年享受1.2万元康复救助治疗项目资金。为10名残疾人家庭进行无障碍改建;对50名脑瘫儿童家长进行培训,提高脑瘫儿童家长居家康复训练水平。开展第28个“全国助残日”

活动，为80名重度残疾人发放轮椅、坐便椅、拐杖、盲杖等残疾人辅助器具。

【残疾人教育】 2018年，乌什县残联坚持普及与提高相结合，以普及九年制义务教育和职业技能教育为重点，借助各中小学和幼儿园办学条件，以随班就读形式开展残疾人教育工作。联系县外特教学校帮助盲、聋、智力障碍残疾少年儿童入学。协调县教育部门做好残疾儿童、少年随班就读及调查登记工作，调查适龄残疾儿童342人，其中随班就读残疾生213人、未入学残疾生129人；残疾人在校就读子女390人。推行“爱心天使”助学金项目，利用3.01万元资助8名贫困残疾大学生上学，组织5名残疾学生参加自治区残疾人职业技术学校考试。

【残疾人就业培训】 2018年，乌什县残联结合《2017年乌什县今冬明春农村富余劳动力就业技能培训工作实施方案》，制定残疾人“科技之冬”和职业技能培训计划，分配到乡（镇）进行落实。年内，培训残疾人360人，其中职业技能培训70人、“科技之冬”培训290人，完成率145%。配合县人社局开展以“就业帮扶、真情相助”为主题的就业援助月活动，发放宣传单800份，咨询人数293人次。完成4250名残疾人就业和培训实名制录入信息更新工作。安排残疾人就业45人。征收残疾人保障金43.69万元，完成60%残疾人就业保障金审核认定工作。向地区残联新申报四级肢体残疾人阿迪力·居马克创办的奥特贝希乡农村电子商务服务站，该服务站为残疾人就业扶贫基地。

【扶贫助残】 2018年，乌什县残联做好残疾人精准扶贫、精准脱贫工作，完善残疾人建档立卡数据信息，登记造册贫困残疾人954人。完成2018年残疾人富民安居房建设65户，调查登记2019年拟建富民安居房21户。开展残疾人参加社会保障情况调查，年内，参加养老保险3498人，纳入城乡低保3035人；参加合作医疗4495人，一、二级重度残疾人参加率100%。会同县民政局落实2018年1～3季度残疾人“两项补贴”（困难残疾人生活补贴、重度残疾人护理补贴）资金410.33万元。在元旦、春节、古尔邦节、中秋节等传统节日及全国助残日、全国扶贫日期间开展走访慰问贫困残疾人活动，发放慰问金8.5万元，惠及贫困残疾人250名。为50户贫困残疾人家庭实施无障碍环境改造，发放残疾人免费停车牌25个，为4户残疾人发放“万村千乡市场工程助残扶贫项目”补助金2万元，为8户残疾人发放自主创业扶持金5万元。

【慰问救助】 2018年，乌什县第六届残疾人代表大会召开，选举产生新一届乌什县残疾人联合会领导班子。“爱耳日”期间，在东山头社区免费为150名群众进行体检并发放价值600元的药品，慰问20名残疾妇女并发放价值500元慰问品。

做好562名残疾人机动车燃油补贴14.61万元发放工作,登记申报2019年300名残疾人机动车燃油补贴。对开展残疾人基本信息入户核查工作的25名工作人员进行培训,入户核查6乡3镇、118个村(社区)6492人基本信息,对已去世和不符合残疾标准的176人的残疾证进行注销和收回。举办基层残疾人联络员培训班2期,培训65人;编制发放惠残政策宣传单6000份;制作宣传挂图1000张,在各乡(镇)、村组(社区)进行张贴;利用乡(镇)巴扎开展宣传活动,在网络媒体上播放惠残助政策,加大宣传力度。

(供稿人:李秋霞)

乌什县红十字会

【概况】 2018年,乌什县红十字会致力于人道主义工作,以发扬人道、博爱、奉献的红十字精神,保护人的生命和健康,促进人类和平进步事业为宗旨。年内,乌什县有乡(镇)、社区红十字基层组织9个,团体会员单位74个,全县登记造册红十字会员6.5万人,志愿者139人。乌什县红十字会核定编制3名,实有4人。

【红十字会基层组织建设】 2018年,乌什县红十字会贯彻《中国红十字会会员管理办法》和《中国红十字会志愿者服务登记管理办法》,做好会员整顿、志愿者招募、登记造册、发展会员、培训等工作。在社区、农村和医疗行业分别组建3支红十字志愿服务组织,核心志愿者139人。加强志愿者管理,举办志愿者培训班2期,培训48人;开展志愿者表彰会2期,对2018年红十字会艾滋病项目中表现突出的7名志愿者进行表彰。结合"一对一"帮扶、"民族团结一家亲"等工作,组织志愿者为农村缺少劳动力家庭、贫困家庭、孤寡老人开展志愿服务活动20次。开展学雷锋志愿服务活动,组织志愿者到结对社区、乡村走访看望鳏寡孤残等困难群众,通过打扫卫生、帮做农活等方式,传递党和政府的关心、祝福。做好红十字会会费收缴工作,年内收缴会费6.6万元。

【救灾备灾】 2018年,乌什县红十字会加强应急救援体系建设,做好救灾备灾工作,重新编制《乌什县红十字会自然灾害与突发公共事件应急预案》,调整乌什县红十字会应急工作领导小组。在县教育局协助下开展校园应急演练活动,配合有关部门在全县范围内开展防灾减灾演练。5月13日,在县人民广场设立咨询服务点,开展防灾减灾宣传活动,宣传《中华人民共和国突发事件应对法》《中华人民共和国红十字会法》等法律法规及红十字会主要业务工作,累计发放宣传单800份。面对各种突发灾害,坚持第一时间发布灾情通报,开展募捐活动,及时公布捐款信息,不断提高红十字会的社会诚信力。

【应急救护培训】 2018年,乌什县红十字会依法开展卫生救护培训宣传普及工作，在易发生意外伤害事故的行业和基层组织培训救护员，组织群众参加意外伤害和自然灾害的现场救护培训。年内，开展应急救护培训进农村活动，培训4700人次，开展应急救护培训进社区居民活动，培训1100人次；推进应急救护培训进校园活动，培训教师、学生5360人次；在抗震救灾综合应急实战演练中，为参会单位开展公职人员应急救护知识模拟演练培训，共培训600人。针对行业特点，开展应急演练5次。

【红十字精神宣传】 2018年，乌什县红十字会利用“5·8”世界红十字纪念日、“红十字博爱周”等时机，加强捐献遗体、人体器官、眼角膜等相关知识的宣传工作，推动“三献”工作。以“四下乡”（文化下乡、卫生下乡、法律下乡、科技下乡）活动为契机，开展服务活动20场次，发放应急救护知识、红十字基本知识、《中华人民共和国红十字会法》等宣传资料1万余份。

【弱势群体慰问救助】 2018年，乌什县红十字会组织开展“红十字博爱送万家”活动，救助103户，受益310人，发放救助资金8681.2元。开展人道救助工作，救助335户，发放价值34507元的救助物资。为37名患者申请“四项基金”（用于救助贫困家庭的白血病患儿、先心病患儿、唇腭裂患者及宫颈鳞癌患者的基金）救助。收到对口援乌浙江省红十字会捐赠2次，其中第一次收到捐赠款2000元，为4户困难家庭各发放慰问金500元；第二次收到救灾物资棉袜50袋，为9个乡（镇）困难人员发放过冬袜子，让党的温暖实实在在走进困难群众的家中。

【艾滋病项目工程】 2018年，乌什县红十字会艾滋病预防与关怀项目实施周期为2017年12月1日至2018年12月，项目金额为93960元。年内，组织召开项目启动会1次、协调会3次，参加自治区举办的核心志愿者培训班2期、志愿者队伍建设培训班1期；基线及终线调查发放问卷2600份，知晓率90%；开展社区艾滋病预防宣传专题演讲15次，培训2000人次；开展农村艾滋病预防宣传专题演讲110次，培训1.32万人次；组建一支42人的项目志愿者队伍，开展志愿者激励座谈2次。表彰优秀志愿者7名，开展慰问活动3次。

（供稿人：梅　芳）

法　治

政法委及综治工作

【概况】 2018年,乌什县委政法委员会(以下简称乌什县委政法委)围绕社会稳定和长治久安总目标,深入贯彻落实以习近平同志为核心的党中央治疆方略和自治区党委、地委、县委工作部署,以强烈的使命感、责任感和紧迫感,确保全县社会大局持续稳定。

【社会面治理】 2018年,乌什县委政法委严厉打击违法犯罪行为,推行联户轮值“建管用导”,全县联户单位实现全覆盖。动态排查人员密集场所、流动人口和出租房屋、物流寄递行业、校园安全防范、城乡交通等领域隐患漏洞,强化落实重症精神障碍患者救治措施,防控风险。统筹推进扫黑除恶专项行动,深入开展打击电信诈骗、入室盗窃等侵财犯罪。

【边境管控】 2018年,乌什县委政法委不断完善党政军警兵民“六位一体”管边控边建边机制,边境便民警务站全天候落实一级查控模式,凝聚起维护边境安全的强大合力。筹备物防、技防运行维护公司,动态检查边境物防技防设施运行情况,确保各类设施始终处于良好状态。制定《乌什县护边员管理暂行规定(试行)》,动态管理护边员,打造一支“召之即来、来之能战、战之必胜”的护边员队伍。

【信访工作】 2018年,乌什县委政法委持续巩固全国信访“三无县”创建成果,启动信访工作“每日推送、快速办结”工作机制,细化工作任务,确保遇有突发情况,能够按照分工快速反应、及时、果断处理。

【社会治理工作】 2018年,乌什县委政法委持续巩固自治区优秀平安县创建成果,有序开展创建工作。严格落实“369”限时工作法,强化流入流出人口服务管理,选派干部带队做好季节性外出务工人员服务管理。聘请法律顾问58名,实现“一村(社区)一法律顾问”,人民调解组织全覆盖,全年受理各类矛盾纠纷196件,调解成功率、履行率均为100%,挽回各类经济损失684.58万元,法律援助案件185案,无因调解纠纷不力造成越级上访、连续上访等案件。开展“七五”普法工作,广泛开展法制宣传教育活动,增强各级党员干部法治意识和法律素质。

(审稿人:刘建海)

法治政府建设

【概况】 2018 年，乌什县人民政府法制办公室（以下简称乌什县政府法制办）围绕县委、县政府中心工作，坚持抓重点领域、抓关键环节，实现示范引领、重点突破与全面推进的协调统一，结合实际，确定政府法制工作整体思路，继续将推行行政执法责任制纳入重要议事日程，强化行政执法监督检查，为乌什县的社会政治和谐和经济快速发展提供法律保障。

【依法民主科学决策】 2018 年，乌什县政府法制办严格落实决策合法性审查和县政府法制办列席县政府常务会议制度，在热点、难点问题决策中，坚持进行合法性审查和适当性论证，充分为决策提供法律依据，对于未经合法性审查或审查不合法的，不列入县政府常务会议题，不作决策。年内，审核部门提交政府常务会议研究议题 99 件。落实学法制度，提高依法行政能力，通过政府常务会议学法 30 分钟，增强领导干部法治观念，提高领导干部依法决策、依法行政、依法管理的能力和水平，全年开展常务会议学法活动 4 次。坚持民主决策，涉及经济发展、公民切身利益、城市建设与管理等重大行政决策出台前，均进行法律分析和论证，并通过向社会公示，召开座谈会、听证会等形式，听取民主党派、群众团体、公民和其他组织的意见和建议；对政府的重大经济项目合同，均要求县政府法律顾问作出书面意见。

【行政规范性文件审核备案】 2018 年，乌什县政府法制办实施规范性文件前置审查和备案审查制度。根据《新疆维吾尔自治区行政机关规范性文件制定程序规定》和《新疆维吾尔自治区行政机关规范性文件备案规定》要求，制定下发《进一步加强政府规范性文件合法性审查和备案工作的通知》，全面规范行政规范性文件的报备审查工作。明确规定凡以县政府名义出台的涉及行政管理相对人权利义务关系的文件，出台前均由县法制办审核，实施规范性文件前置审查和备案审查制度，有效保证政府规范性文件的合法性和权威性。年内，审核制定各类规范性文件 4 份。

【执法证和监督证监管】 2018 年，乌什县政府法制办开展补办执法证件人员有关法制知识网上培训考试，全面提升执法人员法律素养。完成全县 512 名新申办行政执法证、监督证件人员网上考试和发证工作。

【执法主体和执法人员信息管理】 2018 年，乌什县政府法制办全面开展执法人员信息录入和审核工作，对行政执法人员实行网上管理、网上监督，完成全县 32 个行政执法主体、512 名行政执法人员和监督人员的个人信息采集录入审核工作。

【行政复议和调解】 2018 年，乌什县政府法制办加强和改进行政复议工作，选派人员参加自治区举办的行政复议工作培训班,规范行政复议案件受理、审查、决定等环节,完善行政复议、应诉等案件统计报表制度。加大行政调解力度,积极化解社会矛盾,完善“人民调解、行政调解、司法调解+专业调解”大调解联动机制,发挥行政调解在维护社会和谐方面的积极作用。印发《关于按月报送行政调解案件信息情况的通知》,按月报送全县行政调解状况,为化解社会矛盾纠纷排查搭建全新平台。

(供稿人:热沙来提·孜亚吾东)

公安

【概况】 2018年,乌什县公安局坚持队伍建设与业务工作并抓、严打整治与整体防控并进、规范执法与创新管理并重,有力维护县域社会治安大局稳定。

【惩治刑事犯罪】 2018年,乌什县公安局根据县域发案实际,拓展侦查手段,获取犯罪信息、破案线索,全力打击电信诈骗犯罪,全年共立电信诈骗案件54起,破30起,抓获犯罪嫌疑人7人,挽回经济损失3.92万元。开展现场勘查和检验鉴定工作,为刑事案件侦查破案提供线索和方向,为侦查破案和诉讼办案提供有力证据和技术支撑。

【治安管理】 2018年,乌什县公安局按照“突出重点、深度打击、明确责任、有效治理”的原则,以村民大会、农贸市场、田间地头为宣讲“课堂”,开展辖区群众思想教育工作。走访排查重点部位、出租房屋、山区牧区、偏远散居住户。年内,出动警力520人次、警车80辆次。开展打击黄赌“断链”行动。加强对足浴、按摩、宾馆网吧的巡检工作,及时发现和查处不规范经营行为。

【行政管理】 2018年,乌什县公安局开展流动人口源头登记与网上信息共享,把流动人口的服务管理工作置于网络的“阳光下”,基本实现流出地与流入地同步管理。加强重点领域管理,堵住重点领域管理“缝隙”,落实集中管理;落实大型工程机械设备管理措施,抓好人员备案、转场登记、租赁管理、停车场管理等环节,全面摸排辖区大型机械、车辆,签订安全管理责任书,确保大型工程机械安全规范管理。对存放废旧液化气钢瓶企业(单位)开展督促检查,发现各类安全隐患25处。加大场所特行管理,通过开展“打黄赌”专项行动,对全县可能或存在涉及黄赌的娱乐场所进行重点检查。

【交通安全管理】 2018年,乌什县公安局抓好“放管服”20项改革措施落实,做到普通业务“一窗办”、18项业务“一证办”。年内,全县发生道路交通事故967起,死亡25人,受伤466人,直接经济损失8.47万元,未发生一次性死亡3人以上事故;与上年相比,“四项指数”均呈下降态势。全年查处各类交通违法行为2.07万起,其中无证驾驶185起,饮酒驾驶61起,超速行驶3332起;办理各项车管业务6062笔,其中注册登记1156笔,转移登记1276笔,抵押352笔,转入登记235笔,核发检验标志1647笔,补换牌证、合格标志449笔,办理临时牌照150笔,其他797笔;办理驾管业务10035笔,其中,补证换证2073笔,驾驶人审验1545笔,增驾申请228笔,初次申领驾驶证5695笔,满分学习264笔,实习期考试80笔,其他150笔;办理违章各项业务6689笔,其中处罚款2.27万人次,警告401人次,实施强制措施900笔,扣留机动车195辆,扣留驾驶证352件,收缴非法装置3起,拖移机动车91辆,拼装、改装车辆3辆次。

【信访工作】　2018年,乌什县公安局以处理信访突出问题与初信初访为重点、以"案结事了、停访息诉"为目标,把日常办理与主动排查、化解现实突出矛盾纠纷与完善信访工作长效机制、定期督查督办与年终工作考评相结合,开展源头预防。全年,接待来访41次46人。

【队伍建设】　2018年,乌什县公安局围绕中心工作,以提高素质、塑造形象、提升战斗力为重点,以人民群众满意为最高标准,在加强思想政治工作、推进班子建设和作风建设、构建和谐警民关系、加大从严治警和从优待警工作、深化教育训练等各方面抓推进、抓落实,增强公安队伍的凝聚力、向心力、战斗力。通过强化教育和政治建警等举措,开展思想政治工作,确保队伍的纯洁性。年内,推荐选派53名党员发展对象和55名入党积极分子参加集中强化培训;新发展预备党员38名,按期转正预备党员19名。

【从优待警】　2018年,乌什县公安局坚持把从优待警作为加强队伍建设的头等大事,健全工作机制,落实从优待警各项措施,积极协调沟通,为民(协)警子女解决就近、优先、择优入学问题,解决民(协)警生活中的困难,解除后顾之忧。做好战时思想政治工作,通过筛选和摸排,对50名生活困难的民(协)警家庭进行节日走访慰问,营造团结友爱的和谐氛围,提升公安队伍的凝聚力与战斗力,推动乌什公安各项工作提档升级。

【制度建设】　2018年,乌什县公安局完善执法监督管理制度,制定《乌什县公安局执法考评奖惩措施》《乌什县公安局网上执法评分标准》《公安机关负责人出庭应诉和民警旁听庭审工作规定》《乌什县公安局执法监督管理委员会工作制度》,建立并完善受案和立案登记管理制度。

【宣传工作】　2018年,乌什县公安局以正面宣传和树立新时代公安工作和人民警察形象为切入点,立足新形势、新要求、新任务的新时代背景,结合工作实际,组织有一定写作、宣传功底的民警,开展公安新闻宣传工作。全年累计投稿239篇,采用121篇。其中,在公安厅政治部首页投稿97篇,采用38篇,全国公安政治工作信息网采用1篇,全国公安文学艺术联合会采用1篇;累计在《新疆法制报》、《阿克苏日报》、阿克苏新闻网等媒体投稿142篇,采用83篇,其中《中国组织人事报》采用1篇,中国长安网采用3篇,新疆电视台采用1篇,新疆人民广播电台采用1篇,《新疆法制报》采用14篇,平安天山采用6篇,《阿克苏日报》采用21篇,新疆平安网采用15篇,乌什零距离采用17篇,其他各类媒体采用18篇。

【纪检监督】 2018年,乌什县公安局以"强纪律、转作风、锻造忠诚铁军""学纪法、强纪律、改作风""自查自省、践行忠诚""聚焦总目标 作风再整顿"等教育活动为契机,落实党委主体责任和纪委监督责任,通过积极教育、积极警示、积极预防等有效措施,建立动态监督管理机制,增强监督实效。

【警务督察】 2018年,乌什县公安局通过现场督察和网上督察相结合的方式,开展督察检查,推动工作落实。年内,开展督察4次,对所队领导因违反会风会纪问题采取相应措施,对民(协)警因纪律作风、工作作风等问题给予组织处理,对民(协)警因警容不整等问题责令现场整改。

【教育训练】 2018年,乌什县公安局以围绕实战、突出实效、着力提升民警职业素质为重点,组织开展训练。举办协警员集中轮训培训班;举办便民警务站"三个过硬"冬季大练兵集中轮训培训班;先后4次深入基层一线开展人车核查、入户清查、驻地反侵袭等实战技能演练;送教上门,开展工作压力缓解与释放、心理危机干预等心理健康服务工作。

(供稿人:张卫民、侯亚洲)

消　防

【概况】 乌什县公安消防大队主要担负辖区内防火监督检查、建筑工程审核与验收及各类灭火救援任务。年内,乌什县发生火灾14起,无人员伤亡,折失折款5.21万元。

【队伍管理建设】 2018年,乌什县公安消防大队强化官兵条令条例意识,落实各项规章制度,规范物品设施摆放,促进消防大队正规化建设。按照"抓住重点、突出难点、夯实基础、确保质置"的要求,开展责任区重点单位"六熟悉"(熟悉责任区的交通道路、水源情况,熟悉责任区内重点单位的分类、数量及分布情况,熟悉责任区内主要灾害事故处置对策及基本程序,熟悉责任区内重点单位建筑物使用及重点部位情况,熟悉重点单位内部消防设施情况,熟悉重点单位的消防组织及其灭火救援任务分工情况)岗位练兵活动,提高消防大队灭火救援战斗能力。按照地区部署，在全体消防队员中开展岗位大练兵活动，全面提升消防队员正规化管理水平，确保防火监督和灭火救援工作始终处于中心位置。

【政治工作】 2018 年，乌什县公安消防大队组织官兵开展“学转促”、“维护核心听党指挥”、“两学一做”学习教育常态化制度化等专项教育活动，落实习近平总书记系列重要讲话精神，在营区广泛张贴“四句话十六字”（统一领导、依法监管、全面负责、积极参与）方针。坚持党委中心组学习制度，从提升理论水平入手，采取军政主官讲党课、班子成员作形势报告等方式，营造全警学习的良好风气。从端正工作态度、增强服务意识、提高工作效率和狠抓工作落实等方面加强作风建设，严格执行《中国共产党员领导干部廉洁从政若干准则》和公安部“六个严禁”（严禁各级公安消防机构的领导的配偶、子女在其管辖的地区从事消防工程施工、检测，消防产品生产、销售等经营性活动；严禁以任何形式参与或干预消防工程的招标评标活动；严禁指定或变相指定建筑工程的消防施工企业、消防产品销售单位和品牌；严禁利用消防监督执法职权乱收费、乱罚款或向有关单位或个人拉赞助以及强行征订消防杂志，征集广告；严禁利用消防监督执法职权吃、拿、卡、要；严禁违反规定干预消防监督执法工作），把抓廉政建设与转变作风有机结合起来，开展作风纪律教育整顿，杜绝不正之风发生。

【消防宣传】 2018 年，乌什县公安消防大队在夏收、秋收和入冬等火灾高峰时节及重大节日，开展消防宣传周活动。编写消防宣传提纲，张贴防火布告、标语，印发防火通知，出动宣传车，召开报告会，举办讲座，制发防火安全标志板，组织人员深入基层落实防火措施。深入辖区开展消防安全宣传，加大县城和农村宣传力度；冬季居民用火期间，组织警力开展防火安全常识宣传，增强群众安全防范意识。采取多种形式开展消防安全宣传工作，在全县范围内开展“11·9”消防日宣传活动；对全县中小学校、幼儿园师生进行防火安全教育，组织学生开展预防火灾常识训练，增强防火意识。

【监督检查】 2018 年，乌什县公安消防大队严格执行《中华人民共和国消防条例》和《新疆维吾尔自治区消防条例》，建立消防安全责任制。在全县各机关、人民团体、企事业单位建立健全消防安全制度，履行消防安全职责；在城镇居民住宅区、集贸市场、商品批发市场等人员聚集和物资集中的场所，由业主、主办单位、物业管理单位或受委托的单位履行消防安全责任；对实行承包、租赁和委托经营的个体经营者，由公安派出所和市场监管部门负责在承包、租赁和委托合同中明确消防安全责任，增强防火安全意识。贯彻“政府统一领导、部门依法监管、单位全面负责、公民积极参与”的方针,与县直各相关单位协同配合,开展消防安全专项检查;强化人员密集场所消防安全管理,规定公共娱乐场所、集贸市场营业期间不得进行具有火灾危险的施工、维护作业;禁止在人员密集场所燃放烟花爆竹。年内,检查单位、场所1819个,发现火灾隐患和违法行为2307处,整改2307处。下达行政处罚决定书35份,临时查封决定书15份,责令“三停”(停止施工、停止使用、停产停业)12家,处罚金10.85万元。

(供稿人:何 晶)

检 察

【概况】 2018年,乌什县人民检察院(以下简称乌什县检察院)按照“讲政治、顾大局、谋发展、重自强”的检察工作总要求,以“作风纪律再整顿”、“两学一做”学习教育常态化等活动为契机,履行法律监督职责,为乌什县经济发展和社会稳定提供司法保障。

【审查逮捕】 2018年,乌什县检察院履行批捕、起诉等职责,与县公安局、法院等部门密切配合,严查杀人、放火、故意伤害等严重暴力犯罪,严审盗窃、抢劫等侵财犯罪,严惩生产销售伪劣商品、金融诈骗等破坏市场经济秩序的犯罪,强化捕诉衔接,坚决快捕快诉。

【控告申诉检察】 2018年,乌什县检察院落实接待群众来信来访工作,坚持检察长接待日制度,开通远程接访和“12309”检察服务热线,建立案前风险评估预警、案中检调对接、案后公开审查说理一体化机制,确保群众诉求及时妥善处理。年内,接待群众来信来访21件次,办理控告申诉案件31件次,做到件件有答复,保持“涉检零上访”的良好态势。

【公益诉讼检察】 2018年,乌什县检察院面对公益诉讼新业务,加强学习培训,加大宣传教育,主动作为,围绕生态环境和资源保护、食品药品安全、国有土地使用权等领域,寻找线索,挖掘案源。注重结合实际办案,研判违法犯罪活动原因,查找制度缺陷和监管漏洞,并向县委、县政府报告,向有关监督管理部门提出检察建议。年内,深入乡(镇)、社区、相关执法单位、农贸市场开展公益诉讼宣传9场次,收集案件线索8件,查办公益诉讼案件4件,立案3件。

【诉讼监督】 2018年,乌什县检察院严把案件事实关、证据关、程序关和法律适用关,监督公安机关立案2件2人,撤案1件1人,纠正漏捕4人、漏诉15人,改变公安机关罪名定性10个并被法院采纳。监督纠正侦查机关、刑事审判活动违法情形,发出纠正违法通知书31份,提出检察建议74份,均得到回复并纠正。检察长列席审判委员会7件。组织观摩庭4次,参加巡回庭审3次。支持律师依法执业,为律师提供阅卷3次,听取律师意见5件次。

【监所检察】　2018年,乌什县检察院加强派驻检察室规范化建设,驻看守所检察室被评为二级规范化驻所检察室。开展羁押必要性审查、社区矫正、强制医疗监督等刑事执行法律监督,受理羁押必要性审查案件4件;对2013—2018年判处实刑罪犯执行情况进行专项检察,监督执行财产刑执行金额19.94万元。加强重大节日、敏感期间监管场所安全检察监督,提出检察建议16份。年内,监管场所未发生因法律监督不到位的安全事故。

【司法改革】　2018年,乌什县检察院强化政治意识,做好机构、职能和人员转隶工作,政法专项编制划编9人,转隶4人。将现行检察人员划分为检察官、检察辅助人员、检察行政人员分类管理,建立符合检察职业特点的人员管理体制。制定检察长、检委会、公诉、侦查监督等9个业务条线检察官权力清单,改变过去检察官、分院院领导、部门负责人三级审批模式。组建以检察官为核心的新型办案组织,全面运行新办案模式,凸显检察官办案主体地位。坚持放权与监督并重,建立员额检察官退出、绩效考评等监督体系,实现对案件质量终身负责。落实以审判为中心的诉讼制度改革,重点针对当事人认罪认罚、事实清楚、证据确实充分的公诉案件,倡导简化制作审查报告,减少对繁杂证据内容的摘录、对事实证据与案件定性的分析,减少办案时长,提升办案效率,实现"繁案精办、简案快办"。

【队伍建设】　2018年,乌什县检察院围绕队伍正规化、专业化、职业化,加强干部队伍建设,坚持干警思想政治教育常态化,组织学习习近平新时代中国特色社会主义思想和习近平总书记系列重要讲话精神,落实党组议事规则、检委会制度、"三会一课"制度,在思想上政治上行动上同以习近平同志为核心的党中央保持高度一致。贯彻县委关于"在办案一线培养干部、锻炼干部"的理念,把优秀干部选拔到重要岗位培养锻炼,加大外出学习培训力度,提高干警履职尽责综合素能。年内,干警参加各类学习培训率100%。自觉坚持党的领导和人大监督,主动向县委报告请示工作,加强与人大代表的联系,及时向县人大常委会汇报检察工作,进一步改进检察工作。加强自身监督,依托人民检察院案件信息公开系统,公开案件程序性信息596条、重要案件信息524条、法律文书184份,案件信息应公开率100%。推进惩防体系建设,加强机关作风效能建设,狠抓党风廉政建设责任制落实,促进检察工作全面健康发展,年内干无警违法违纪现象。

(供稿人:谭学兰)

法　院

【概况】　2018年,乌什县人民法院内设办公室、政工科、立案庭、刑事审判庭、民事审判庭、行政审判庭、审判监督庭、监察科、执行庭、审判管理办公室、法警大队11个机构。派出阿合雅人民法庭、依麻木人民法庭、英阿瓦提人民法庭、奥特贝希人民法庭(在建)4个基层人民法庭。

【刑事审判】 2018年,乌什县人民法院严厉打击刑事犯罪,维护县域社会稳定。依法审理抢劫、强奸等刑事案件,有序开展扫黑除恶专项斗争,社会环境得到净化。

【民事审判】 2018年,乌什县人民法院着力化解民商纠纷,保障经济社会发展。发挥民商事审判在化解矛盾、促进和谐、推动发展方面的职能作用,做好社会矛盾化解工作,尽量满足人民群众司法需求。牢固树立和谐司法理念,加大民商事案件调撤力度。发挥诉前调、诉中调、诉后再调的诉讼审判机制,妥善处理和解决大量矛盾纠纷。负责审理涉及民生各类案件,按照“能调则调、当判则判、调判结合、案结事了”的原则处理民商事纠纷,以化解矛盾、平息纠纷为宗旨,服务地方经济社会发展大局。

【执行工作】 2018年,乌什县人民法院攻坚克难惩恶治赖,着力提高司法权威。健全立审执衔接机制,将解决执行难问题纳入法院重点工作考虑,为执行工作创造良好条件。健全失信被执行人公示制度,发挥全国执行网络查控室作用,与多家金融机构实现实时链接,将拒不履行法院生效判决的被执行人纳入失信人员黑名单,通过信用惩戒对“老赖”形成全方位约束和限制,迫使“老赖”自觉履行债务。用好用足法律强制措施,依法采取查封、冻结、扣押等强制措施,全方位查找被执行人可供执行的财产,依法适用罚款、司法拘留、限制出境等惩戒措施,切实解决执行难问题。争取多部门支持,对一些被执行人确实无可供财产执行的案件,为申请执行人争取司法救助金。

【司法为民】 2018年,乌什县人民法院全力强化为民司法,立足保障群众权益。完善各类服务设施,方便群众立案诉讼。设立信访接待区、主体服务区、立案登记区和民事调解区4大区域,实行柜台办公“一站式服务”窗口,为当事人营造温馨的诉讼环境;加大立案大厅便民设施投入力度,在立案大厅增设电子公示屏、座椅、隔离带、净水器、资料栏等便民设施;夯实乡派出法庭建设,方便人民群众诉讼。9月,争取国家投资187万元,在奥特贝希乡增建乡法庭1所。加强弱势群体保护,对提出申请的确有困难的贫困户、残疾户、低保户等当事人,经院领导审核把关,适度减免缴诉讼费、执行费,有效降低弱势群体诉讼成本,体现司法人文关怀。狠抓涉诉信访工作,化解群众突出矛盾,落实“院长接待日”、领导带案约访下访信访工作制度,做到事事有交待、件件有着落,全年未发生涉法类信访案件。

【司法公开】 2018年,乌什县人民法院全力推进审判公开,立足提升法院公信力。加强审判管理,强化案件质效,发挥审管职能作用,通过逐月通报、季度分析、半年研判、全年评比等方式,增强法官办案质量意识和责任意识,在案件大幅上升、难度不断增大的情况下,案件质效仍保持良好态势,实现全年无错案、无被媒体曝光案件。加强信息建设,强化公开意识,继续推进裁判文书上网、审判流程公开和执行信息公开三大公开平台建设。在中国裁判文书网公布符合法律规定的生效裁判文书;举办新闻发布会,对多元化纠纷解决机制和失信被执行人惩戒机制工作开展情况进行新闻发布;推进司法民主,落实人民陪审员制度,强化人民陪审员参与司法、监督司法的功能,年内陪审率100%;邀请人大代表、政协委员参加案件旁听。

【审判体制改革】 2018年,乌什县人民法院全力落实司法改革,立足促进司法公正。完善法官退额机制,推进司法辅助人员序列改革,形成能进能出的法官选任、退出机制,将不符合条件的人员及时清出法官队伍,真正实现法官队伍整体优化。选任法官助理3人,将符合条件的编制内书记员转任法官助理。建立法官办案约束机制,促进法官队伍向好发展,确定院主要领导(党组书记、院长)入额后每年承办案件不低于8件,入额的副院长、专职审委会委员年承办案件不低于36件,庭长、副庭长承办案件不低于96件,不担任行政职务的法官年办案不低于120件,未完成任务者依绩效管理办法进行处理。落实法官责任追究制度,扎紧自由裁量权的笼子。根据司法改革要求,强化规范审判监督,形成监督有序、监督有度、监督留痕、失职有责的监督体系,保障法官审判权依法规范行使。对具有违法审判责任追究情形的,由人民法院监察部门启动责任追究程序,依规追究相关责任人的责任。推进刑事诉讼制度改革,做到简案快办、繁案精办。对于适用普通程序审理的刑事案件,采取随机分案为主、指定分案为辅的方式,建立复杂案件专业审判团队或者由院、庭领导、资深法官审理疑难、复杂案件;组建专门审判团队审理简易案件,速裁案件基本实现当庭下判、当庭送达。提升大数据平台应用,推进"智慧法院"建设。以信息化推进人民法院审判体系和审判能力现代化,加强人才培养;全面应用协同办公系统、电子签章打印一体系统、文书纠错系统,确保信息系统的上线运行;落实科技法庭接入高级法院科技法庭统一管理平台、视频会议信息上高清LED屏、庭审直播等信息化设施建设,助力法院审判、执行工作有序开展,为打造"智慧法院"、实现科技强院注入强劲动力。

【队伍建设】 2018年,乌什县人民法院全力加强队伍建设,立足提升干警素质。开展各类专题教育活动,通过开展"不忘初心、牢记使命""聚焦总目标、作风再整顿”等主题教育活动,加强党组班子建设,规范党组中心组学习制度、党组议事决策程序,增强司法为民的公仆意识,有效推进全院审判、执行工作的开展。在各重大节假日期间,组织干警开展互帮、互学和“民族团结一家亲”等活动,促进各民族之间的交往交流交融,加强民族团结。不断深化司法廉洁警示教育,成立以党组书记为组长的党风廉政建设领导小组,实行“一把手”负总责,领导班子成员分工负责机制,认真履行主体责任;全院干警学习贯彻新修订的《中国共产党纪律处分条例》,严格执行《自治区党委关于严肃反分裂斗争纪律的规定》《高级法院党组关于重申严肃政治纪律的若干规定》等规章制度,筑牢总目标意识,改进干警作风;强化日常督查检查,通过接受群众来访、回访当事人、干警自查等方式收集问题线索,依法依纪依规严肃处理,做到有案必查、有错必纠,实现单位内部风清气正。强化司法水平能力建设,注重业务学习培训,通过视频培训、现场培训等方式,组织法官学习新法律法规及审判业务,年内派出9批11人次参加上级法院及县级相关部门举办的业务培训,组织开展各类业务培训13批28人次,形成学理论、钻业务、练技能、强素质的良好氛围;定期组织开展庭审评查、案件质效研讨、交流办案心得、总结审判经验,提升法官审判能力;通过评选优秀裁判文书等方式,对裁判文书中评查出的问题进行点评通报,树立严谨细致、精益求精的工作作风,有效提高裁判文书写作水平和质量。

司法行政

【概况】 2018年,乌什县司法局围绕县委、县政府中心工作,以维护社会稳定和长治久安为总目标,加强干部队伍建设,狠抓政法干警核心价值观教育实践,发挥法律宣传、法律保障、法律服务职能作用,完成司法行政工作各项目标任务。

【普法及法律宣传】 2018年,乌什县司法局制定下发《乌什县2018年法治宣传教育工作要点》,以中共十九大精神为指导,开展宪法、党内法律法规、社会主义核心价值观及维护社会稳定相关法律法规宣传教育。根据《乌什县2018年普法依法治理学法计划》,制定22部法律考试内容,强化公职人员学法,按照“一月一考”要求,县直及驻县各单位、乡(镇)、企业6600名干部职工参加学法考试。按照《关于做好2018年乌什县公职人员网络学法用法和无纸化考试工作通知》要求,推进落实公职人员网络学法、用法及考试。根据《乌什县开展七五普法讲师团“宪法”进万家活动的通知》,组建普法讲师团,有组织、有计划地深入村(社区)开展巡回宣讲。制定印发《关于举办2018年普法骨干培训班的通知》,组织各单位选派普法骨干,开展普法依法治理专题讲座和法律法规知识普及技能培训。多措并举开展自治区第十五个“宪法宣传月”活动，通过悬挂横幅、发放宣传单、广播、电视、媒体宣传等形式，组织全县40个单位开展宪法宣传，参与宣传人员620人次；摆放宣传板18块，悬挂条幅25条，设置咨询台25个；现场解答群众咨询1200人次，发放宣传资料5万份，田间地头宣传15场次。县直各单位结合“宪法宣传月”、“世界地球日”、“4·26”世界知识产权日等进行主题宣传，在县城及各乡（镇）农贸市场、县城广场组织开展各类法律宣传咨询活动188场次，大力宣传《中华人民共和国宪法》《宗教事务条例》《新疆维吾尔自治区民族团结教育条例》等与农牧民生活相关的法律常识。在“三八”妇女节期间，以《中华人民共和国反家庭暴力法》《中华人民共和国妇女权益保障法》等法律法规为重点，联合县妇联、团县委在各机关单位、村（社区）开展“三八”妇女维权周宣传活动25场次，发放相关知识手册2000本。结合“四下乡”活动，组织全县42家执法单位，深入各乡（镇）、村（社区）、驻村工作点开展行业法规宣传30场次，发放各类宣传单、书籍2万份，受教育群众4万人次。针对法治宣传工作重点，加强信息报送工作，更新法治新疆网及乌什县普法在线网站内容，上传重要公开文件36份，动态信息220篇，典型案例15篇。对全县78所中小学法制副校长配备及开展工作情况进行摸底，以“专业、就近、适用”的原则进行补充调整，配备率100%。

【人民调解】　2018年，乌什县成立矛盾纠纷调处中心129个，其中乡（镇）调委会9个，村调委会106个，社区调委会10个，专业行业性调解委员会4个（交通事故调解委员会、驻法院诉前调解委员会、医疗纠纷调解委员会）；调解员队伍380人（乡镇专职调解员61人、村调解员315人、专业行业调解员4人）。制定印发《关于加强乌什县人民调解工作的实施方案》，坚持调防结合、预防为主的工作方针，采取经常性摸排与定期排查相结合、法制宣传教育与防控调处相结合的方式，实现矛盾纠纷“事后调处”转为“事前预防”。年内，全县人民调解委员会调解各类矛盾纠纷1485件，成功调解1485件，履行1485件。

【公证律师管理】　2018年8月，乌什县公证处迁入县行政服务中心办公，办理的公证案件有民事类的声明书、委托书、继承权、亲属关系、遗嘱、赠与书、文本相符、签字印鉴属实、现场监督、证据保全、其他民事协议书；经济类的农林牧副渔业承包合同书、借款合同、招投标。年内，办理公证案件947件。乌什县燕泉律师事务所律师参与法治宣讲活动，开展专业法律宣讲48场次，解答群众法律咨询4120人次，发放宣传单2万份；接待信访群众68人次，参与协助办理涉法涉诉信访案件2件；指导协助办理专业性和业务性调解案件13件；办理法律援助案件145件，其中刑事案件141件，民事案件4件；免费代写法律性文件68件,法律咨询354人次;对县域重大经济项目活动提供律师意见书1件、咨询1件;律师事务所担任法律顾问1家,办理委托案件22件,其中刑事案件14件,民事案件8件;参与办理扫黑除恶案件2件。

【法律援助】 2018年9月,乌什县法律援助中心迁入县行政服务大厅设立法律援助窗口,解决群众“门难进、脸难看、话难听、事难办”的问题。为符合条件的困难群众提供诉讼和非诉讼代理,保障困难群众获得必要的法律援助,帮助他们依法维护自身合法权益。努力做好外来务工人员、老年人、未成年人、受家庭暴力妇女等弱势群体法律援助工作。年内,承办案件202件,其中民事案件14件,刑事案件188件;接待咨询267人次,其中来访178人次,来电89人次;挽回损失85.4万元。

(供稿人:宋钰龙)

农　业

综　述

【概况】　2018年，乌什县农业局坚持农业基础地位不动摇，以实施乡村振兴战略为总抓手，围绕“推进农业供给侧结构性改革”主线，不断优化种植结构，推广高产、优质、高效农业生产技术，推进一产上水平。全年全县农村经济总收入26.71亿元，比上年增加3.26亿元、增幅13.9%，其中种植业收入6.57亿元，比上年增加0.72亿元、增幅12.2%。新增地区级龙头企业1家，新申报家庭农场6家，新增合作社83家。全县地区级龙头企业7家，家庭农场16家，合作社413家。

【农村种植业】　2018年，乌什县粮食种植面积3.08万公顷，其中小麦1.76万公顷、玉米1.16万公顷、水稻0.16万公顷。粮食总产25.94万吨，其中小麦总产11.5万吨、水稻总产1.71万吨、玉米总产12.73万吨。落实冬小麦播种1.66万公顷，完成播种任务100%，品种为“新冬22”和“新冬56”。

【特色作物种植、蔬菜和黑木耳生产】2018年，乌什县发展特色作物，种植鹰嘴豆1066.67公顷、番茄1980公顷。完成蔬菜种植面积1667.8公顷，生产蔬菜6.06万吨，其中大田蔬菜种植面积1285.63公顷，生产蔬菜3.8万吨。设施农业种植面积382.19公顷，产量2.24万吨，亩（0.07公顷）均效益5460元，其中温室蔬菜种植面积37.23公顷、生产蔬菜0.23吨，拱棚蔬菜种植面积344.95公顷、生产蔬菜2.01万吨。开展黑木耳生产试点工作，在阿合雅镇托万克库曲麦村、阿恰塔格乡奥依吐尔村新建黑木耳种植示范点0.93公顷，摆放菌棒8万棒，每棒扶贫资金补贴2元，农户自筹0.6元，惠及贫困户40户。截至10月28日，采收鲜木耳12938.7千克，售出鲜木耳1514千克，售出干品374.08千克。

【高产示范田建设】　2018年，乌什县农业局下发建立粮食生产功能区和重要农产品生产保护区工作方案，将任务细化分解落实到乡（镇），确保“两区”任务层层压实。建设各类作物高产示范田0.73万公顷以上，其中小麦单产500千克以上高产示范田0.41万公顷，玉米1000千克以上高产示范田0.32万公顷。

【农副产品订单生产】　2018年，乌什县农业局投入资金343.6万元实施特色种植项目,其中财政扶贫资金补贴 240.5 万元,落实订单蔬菜种植 209.1 公顷、加工番茄 670.87 公顷、鹰嘴豆 408.89 公顷,惠及贫困户 9595 户。成立蔬菜合作社 42 个,签订购销合同 216 份,与财政保障性食堂签订供货合同 242 份,销售贫困户蔬菜 1100 余吨,加工番茄 4.7 万吨、鹰嘴豆 85 吨,实现订单生产户均增收 2000 元以上。

【“三品一标”认证工作】 2018 年,乌什县农业局开展“三品一标”(有机产品、绿色产品、无公害产品,农产品地理标志)认证工作。截至年底,全县有绿色食品原料标准化生产基地 3 个(小麦、玉米、水稻)、农产品地理标志 1 个(鹰嘴豆)。组织开展 1.73 万公顷全国绿色食品原料(小麦、水稻)标准化基地续申认证工作。

【脱贫攻坚项目建设】 2018 年,乌什县农业局共实施脱贫攻坚项目 12 个,新建温室大棚 35 座,维修温室大棚 61 座,新建大拱棚 563 座,新建育苗温室 20 座,新建冷库 135 座。蔬菜种植项目、冷库项目、黑木耳菌棒项目、林下种植黄芪项目完工,其中蔬菜种植项目、冷库项目完成验收。

【设施农业】 2018 年,乌什县农业局结合基层农技推广体系改革与建设补助项目,调整充实科技示范户队伍,确定科技示范户 550 户,建立农业科技示范基地 2 个。在亚科瑞克乡亚科瑞克村第 2 村民小组建立 13.33 公顷的小麦生产示范基地,主栽品种为新冬 22 号,平均单产 518 千克/亩(0.07 公顷),涉及农户 32 户;在依麻木镇亚贝希村第 3 村民小组建设 2.67 公顷的蔬菜农业生产示范基地,主栽品种为紫红长茄。

【农牧民实用技术培训】 2018 年,乌什县农业局开展各类蔬菜生产技术培训 2416 人次,其中贫困人口 2127 人次,向农民指导传授茄子、辣椒、西红柿和豇豆等蔬菜的种植和田管技术。开展黑木耳采摘销售及生产管理技术培训,共培训村干部、合作社理事、操作工、农技站技术员等 134 人。

【农业生产技术】 2018 年,乌什县农业局推广高产、优质、高效农业生产技术。开展农作物综合防治工作,开展综合防治面积 2.75 万公顷次。推广测土配方施肥技术,完成推广配方肥面积 2.33 万公顷,其中小麦 1.33 万公顷、玉米 0.87 万公顷、番茄 0.13 万公顷。主推 4 项农作物栽培技术,推广新冬系列小麦等行距栽培技术 1.7 万公顷、贫困村蔬菜育苗移栽高产栽培技术 486.67 公顷,加工番茄大苗移栽定植技术 780 公顷,玉米覆膜高产栽培技术 1.13 万公顷。

【新型职业农牧民培训】 2018 年,乌什县农业局在全县遴选年收入在 1 万元以上的农民合作社负责人及骨干、种植大户、经纪人、养殖大户80人(其中贫困户32人),作为新型职业农民经营主体的培训对象,制定林果业、农业、畜牧业相结合的综合性培训方案,按照农业结构和学员需求开设新型职业农民经营主体培训班,完成培训3期。

(供稿人:王真真)

农村经济

【概况】 2018年,乌什县农村经济总收入26.71亿元,比上年增加3.26亿元,增幅13.9%,其中,种植业收入6.57亿元,比上年增加0.72亿元,增幅12.2%;林果业收入13.06亿元,比上年增加1.7亿元,增幅14.9%;畜牧业收入6.1亿元,比上年增加0.74亿元,增幅13.8%。第二产业收入0.31亿元,占总收入的1.2%,比上年增加0.04亿元,增幅14.8%。第三产业收入0.64亿元,占总收入的2.4%,比上年增加0.07亿元,增幅12.3%。外出劳务总收入2.3亿元,比上年增加0.45亿元,增幅24.3%。

全年,农民人均纯收入10198.7元,比上年增加1109.4元,增长12.2%。其中,种植业人均收入1782.3元,比上年增加5.7元,增幅0.3%;林果业人均收入4838.4元,比上年增加665.6元,增幅16%;畜牧业人均收入2014元,比上年增加192.3元,增幅10.6%。第二产业人均收入98.7元,比上年增加11.1元,增幅12.9%。第三产业人均收入209.4元,比上年增加19.1元,增幅10%。人均外出劳务收入1212元,比上年增加214.9元,增幅21.6%;集体再分配收入43.9元。

年内,乌什县农村经济管理局(以下简称乌什县农经局)核定编制10名,实有9人。

【农村土地清理】 2018年,乌什县农经局做好农村土地清理工作,全县共清理出各类土地2.37万公顷,通过摸底调查,经协商一致后,重新签订合同1.3万份,重新签订承包合同面积1.63万公顷,占总面积的69%,平均每亩地承包费在原合同基础上提价100~400元不等。由扶贫开发有限责任公司开发贫困户公益性岗位2017个,为打赢脱贫攻坚战、精准落实“土地清理扶持一批”奠定基础。

【农村土地确权颁证试点】 2018年,乌什县农村土地承包经营权确权登记颁证工作以国土部门第二次土地调查工作为依据,以自治区下达乌什县农户第二轮土地承包地确权面积任务0.21万公顷为基础,完成全县107个行政村土地权属调查、测绘底图制作和第二轮公示工作。同步开展内业数据库建库、数据录入和农户所有信息再核对工作,达到精准划分农民二轮承包地亩数、地块数等情况。开展第四季度农村土地承包经营权确权颁证登记第三轮公示和新合同签订工作及土地确权数据入库和档案建设工作。年内,乌什县6乡3镇共完成107个行政村(英阿瓦提乡9村无耕地)农民二轮承包3.36万公顷、134243块地的调查实测工作,调查承包农户32231户。

【农村集体资产清产核资】 2018年,乌什县农经局制定《乌什县关于成立农村集体产权制度改革工作领导小组的通知》《乌什县农村集体资产清产核资工作试点方案》《乌什县关于稳步推进农村集体产权制度改革试点方案》,确定依麻木镇亚贝希村、亚科瑞克乡依力克其墩村、阿克托海乡阿克托海村、乌什镇九眼泉村4个试点村,全面开展试点村债权债务清理和固定资产账实核对工作。

【农民专业合作社】 截至2018年第三季度,乌什县共发展各类农民专业合作社413个,其中种植业(农作物、蔬菜、中药)合作社92个、畜牧养殖业(牲畜、家禽)合作社112个、林果(林果业种植、林果初加工销售、葡萄、花卉)合作社117个、农机服务业合作社40个、服装针织业合作社24个、其他行业28个,合作社注册资金4.82亿元。根据自治区第三批联合督查巡查乌什县反馈问题,完成全县41个蔬菜农民专业合作社的章程、组织机构、相关制度、协议等档案规范整理工作。

【家庭农场建设】 2018年,乌什县农经局根据建立家庭农场主的申报要求,以乡(镇)为实施主体,初步筛选确定后逐级进行资格条件认定和命名,上报地区审核的家庭农场16家。

(供稿人:孙 宇)

农业技术推广

【概况】 2018年,乌什县农业技术推广站(以下简称乌什县农技站)紧紧围绕“社会稳定不出事、脱贫攻坚要摘帽”两大任务,将工作重心放在42个深度贫困村蔬菜种植技术指导上,围绕年初各项工作目标,发挥技术职能作用,开展技术指导工作。

【农作物试验】 2018年,乌什县农技站开展花生品种大田对比试验,依托人才项目在亚曼苏乡喀拉玉勒滚村第3村民小组开展花生四个品种大田对比试验0.13公顷。在亚曼苏乡尤勒吐孜布拉克村第3村民小组开展不同农药、不同浓度对小麦腥黑穗病防治效果对比试验。在阿克托海乡吉格代力克村第4村民小组引进冰菜、秋葵2种新蔬菜品种试验种植。2017年11月引进2年生油用牡丹、芍药各500株,套种于亚科瑞克乡依力克其墩村第1村民小组8年生核桃下,2018年春季调查安全越冬,越冬率达90%。在后期的管理中,因核桃树大需水多,牡丹、芍药需水量少,水肥管理中不能兼顾,造成牡丹、芍药死亡较多,存活率30%。

【农作物示范】 2018年,乌什县农技站与地区农技中心联合在依麻木镇勒乌金村、亚贝希村召开麦田无人机喷雾除草示范作业66.93公顷,现场培训乡(镇)领导9人及县、乡(镇)农技站干部26人,合作社社员108人,周边群众50人。在42个深度贫困村开展蔬菜高产栽培技术指导,落实茄子、葫芦瓜等各类蔬菜高产示范田79.13公顷。做好黑木耳产中、产后管理技术指导、销售宣传工作;8月中旬,阿合雅镇托万克库曲麦村、阿恰塔格乡奥依吐尔村2个黑木耳示范基地到位黑木耳菌棒8万棒,采摘鲜木耳12068.9千克,已售鲜木耳1355.5千克、干木耳88.2千克。依托科技项目在阿恰塔格乡、亚科瑞克乡示范"井"字形小麦21.77公顷,经测产平均单产554.9千克,较全县小麦平均单产441.3千克增产113.6千克。

【农作物推广】 2018年,乌什县农技站推广各类主栽作物3.85万公顷,其中正播粮食作物2.67万公顷、总产25.66万吨。冬小麦1.7万公顷、总产11.26万吨,正播玉米1.16公顷、总产12.68万吨,水稻0.17万公顷、总产1.72万吨。建设各类作物高产示范田0.85万公顷以上。无人机飞防2710公顷,其中小麦化除414.27公顷、水稻化除飞防214.53公顷、桃豆棉铃虫飞防53.33公顷、蔬菜蚜虫飞防2.33公顷,核桃虫害飞防2025.53公顷。

【病虫害防治】 2018年,乌什县农技站开展农作物绿色防控技术推广应用2.67万公顷以上。做好病虫预报,指导病虫害防治工作,发布病虫害发生防治情报7期,发布病虫发生动态周报22次、月报4次。通过冬灌、铲埂除蛹、喷施石硫合剂、安装杀虫灯等措施,开展综合防治3.01万公顷。加大执法检查和宣传力度,开展农资市场联合执法检查10次,确保农资安全。全面推进病虫无害化治理,建立农作物病虫草无害化治理("绿色"植保)示范田,推进病虫无害化治理0.31万公顷。

(供稿人:阿依仙木·艾海提)

林果业

【概况】 2018年,乌什县人民政府林业局(以下简称乌什县林业局)做好林业各项工作,全县林果总面积2.45万公顷,其中核桃2.08万公顷。果树挂果面积2.24万公顷,产量13.02万吨(核桃挂果1.84万公顷,产量4.7万吨)。实现林果经济总收入12.4亿元,占农村经济总收入的47.3%,人均林果收入4509.6元,占人均收入的44.2%。全县完成植树造林0.37万公顷,义务植树76.3万株,退耕还林0.53万公顷,获全国林业系统先进集体称号。

年内,乌什县林业局有干部职工7人,内设办公室和综合业务科2个职能股室。

【生态治理】 2018年,乌什县林业局根据新形势下林业生态建设需要,利用优势资源,组织人员进行实地核查,掌握基础信息数据,采取“集中连片、定点修复完善、连线扩面”等相结合的方式,合理规划项目。按照“重点产业重点抓”的要求,重点抓好组织实施工作,推行乡(镇)“一把手”责任追究制,加强督促督导,保证各项管理措施和工作任务的全面落实。在造林苗木采购及地块平整上,坚持统一招投标,高标准、高质量、严把关,集中连片、整体推进。采取“分阶段、抓重点、保效率”的措施,以抓前期、促开工为前提,及时办理各项手续;以抓进度、保质量为重点,抢抓工期、追赶进度,妥善解决项目实施过程中出现的各类问题,确保生态治理工程各项工作有序推进。集中利用2017年森林植被恢复费、2017年公益林营造林等项目,在托什干河沿岸开展生态治理工程建设,全县完成植树造林0.37万公顷,义务植树76.3万株,退耕还林0.53万公顷。完成生态建设工程面积1.57万公顷,其中退耕还林0.8万公顷、补植补造0.04万公顷、封沙育林0.27万公顷、退化林分修复0.06万公顷、阿合雅镇集中连片造林区新增人工造林0.4万公顷。

【提质增效】 2018年,乌什县林业局与县“访惠聚”办、县委农办联合制定《乌什县特色林果提质增效实施方案》,将自治区、地区特色林果提质增效、助力脱贫攻坚精神逐级传达至村级。每月通过电视、农村大喇叭及召开现场推进会等形式,推进特色林果提质增效各项工作,确保管理技术、措施落地见效。在项目实施过程中,要求贫困户、村委会、乡(镇)政府等自下而上逐级书面申请,县林业局、乡(镇)政府、村委会、受益农户签订四方协议,乡扶贫办、乡纪检办、村党支部书记、驻村工作队等现场协助、监督,发现问题及时协调解决,确保项目精准到户到人到地块,发挥效益。对项目实施情况进行动态监督,确保物资及时足额投入果园。年内,通过林业项目支持创建各类示范园97个,结合示范园建设打造“百十一”特色林果生产基地0.4万公顷,有效带动周边1.33万公顷果园标准化管理,亩均增产11.3千克;完成杀虫灯悬挂通电4022盏,挂黄板1.15万张,实施林业有害生物飞机防治面积1.33万公顷,开展春尺蠖防治0.21万公顷;检疫苗木96.2万株,种苗检疫率100%,无公害防治率85%以上。全面落实核桃追肥、摘心、打顶、拉枝等各项管护技术措施。节本增效,广辟肥源,指导果农按照每亩不少于2立方米的标准,沤制绿肥23341堆89.1万立方米。投入中央财政专项扶贫资金664万元,为6乡3镇101个行政村5128户贫困户发放油渣2693.3吨、磷酸二铵279.8吨、硫酸钾119.1吨,覆盖林果面积1984.67公顷。开展林果技能培训3期125场次,培训果农及技术人员1万余人次,全县建档立卡贫困人口实现有效覆盖。在全县建档立卡贫困户中选聘540人组建林果专业技术服务队,年人均补助1万元。落实生态补偿脱贫机制，聘用有劳动能力的建档立卡贫困人口555人为生态护林员，年人均补助1万元。

【森林资源保护及重大项目建设】 2018年，乌什县林业局加大资源保护力度，办理林木限额采伐证107张，采伐林木3641.81立方米，占用采伐限额的24.3%。查处各类涉林案件12起，其中滥伐林木案件9起。开展护林防火演练2次，购置扑火设备，实现森林火灾事故零发生。严格保护自然湿地资源，开展湿地保护与恢复建设，在湿地公园区域安装界桩100个、界牌30个，设置宣传牌35个、指示牌20个，购置湿地防火和野生动物救助设备1批，对2个湿地管护站进行维修。全面开展国道219线绿化工程，组织动员全县干部职工在国道219沿线北侧1914－1940千米段完成造林30.81公顷。实施2017年新一轮退耕还林0.53万公顷，到位项目资金7200万元，完成建设任务地块落实工作；实施2017年完善退耕还林3391.08公顷，到位补助资金457.79万元，验收合格面积3348.41公顷，补助资金452.03万元；实施2017年重点防护林工程，人工造林1533.33公顷，经果林示范园建设666.67公顷，到位资金1650万元，完成人工造林1533.33公顷，支付资金1150万元，经果林示范基地建设工作有序推进。实施2018年重点防护林工程，人工造林2666.67公顷，到位资金2000万元，完成土地平整；秋季造林1333.33公顷，品种为大果沙棘。

（供稿人：曹创平）

畜牧业

【概况】 2018年，乌什县畜牧局调整优化畜禽结构，加快传统畜牧业改造提升，推进现代畜牧业发展，增强畜禽综合生产能力，实现畜牧业“保安全、保供给、保生态、保增收”核心任务和2018年各项目标，全面提升畜牧业标准化、规模化、产业化、法制化、信息化水平。截至年底，全县牲畜存栏77.34万头（只），出栏64.67万头（只），完成目标任务的109.8%；产肉2.73万吨，完成目标任务的100.1%；产奶0.61万吨，完成目标任务的100.2%；产蛋0.14万吨，完成目标任务的102.1%。畜牧业收入6.12亿元，人均收入2014元，占人均总收入的19.7%，比上年增长10.6%。

【牲畜品种改良】 2018年，乌什县畜牧局推进黄牛冷配工作，年内有牛配种点50个，群众流动配种点40个，完成黄牛改良1.66万头，完成率103.7%；自治区分配良种补贴冻精3.2万枚，5月中旬发放至配种员手中，截至年底使用量2.38万枚，补贴冻精配种牛11862头；组织配种员做好2017年扶贫牛配种服务工作，发放扶贫牛1748头；向县财政申请肉羊改良工作经费10万元，新建配种点15个。小畜品种改良27.85万只，其中绵羊改良17.25万只，线山羊改良10.06万只，完成率107.12%。8月3日,全面启动肉羊改良工作,与乡(镇)人民政府、乡(镇)兽医站签订目标责任书,量化分解年度7.5万只目标任务,培训乡(镇)、村级配种员48人,肉羊养殖示范户100人;向县财政申请肉羊改良工作、培训经费2万元,完善羊配种点23个,落实配种员和畜牧科技特派员"包村包户、整村推进、整乡覆盖"措施。年内,肉羊改良完成7.63万只,其中绵羊6.11万只、肉山羊1.45万只,完成101.7%。

【种畜调运】 2018年,乌什县南疆绒山羊调运目标任务150只。乌什县畜牧局给各乡(镇)下发通知,细化良补目标任务,签订责任书,与购买种公畜户主签订饲养合同及购买合同,完成绒山羊调运151只,农牧民自主调运种公羊420只、自繁肉用种公羊125只。

【安居增畜工程】 2018年,乌什县畜牧局通过政策扶持、财政补贴、贷款贴息等方式,调动养殖企业、合作社及养殖大户外购优质生产母畜的积极性。按照《乌什县安居增畜工程实施方案》,分解任务至各乡(镇),签订责任书,层层落实责任。组织业务骨干分片包干指导农牧民养殖技术,提高科学养殖水平,做好跟踪技术服务。年内,全县外购生产母畜1.6万头(只),其中牛0.5万头、羊1.1万只。

【科学养畜】 2018年,乌什县畜牧局对照科学养畜示范体系建设目标任务,高标准抓好示范场、示范村、示范户建设。积极投入资金,完善配套设施;认真总结,开展自验工作,提高工作效率;以现有的示范体系为抓手,一级推一级,形成常态化科学养畜工作机制。

【动物防疫】 2018年,乌什县完成家畜防疫驱虫治疗383.1万头(只),牛羊猪免疫合计317.7万头(只)次,其中口蹄疫免疫118.51万头(只)次,小反刍兽疫免疫45.9万只,布病防疫40.2万头(只),羊痘免疫45万只,羊三联四防免疫40.2万只;炭疽免疫25.4万只,猪高致病性猪蓝耳病免疫0.2万头,猪瘟免疫0.2万头。牛羊驱虫、药浴63万头(只),治疗2.4万头(只)。家禽防疫609.4万羽,其中禽流感免疫248.6万羽,新城疫免疫200.3万羽,家禽其他疾病免疫160.5万羽。

【抗体监测】 2018年,乌什县畜牧局建立和完善免疫效果逐级考核机制,把抗体监测结果和免疫督查情况与村级防疫员考核挂钩。年内,完成口蹄疫抗体监测3748份,完成禽流感抗体检测2350份,完成新城疫抗体监测1160份、慢病检疫9027份(其中,牛结核病1058份、布病7347份、马鼻疽100份)、包虫病检测487份、非洲猪瘟检测抗凝血和非抗凝血共200份。

【病样采集送样】 2018年,乌什县畜牧局向地区动物疫控中心分别送检牛羊OP液81份，棉拭子104份，鸡血清及棉拭子各118份，犬粪105份，猪血清200份，猪扁桃体6份，食品安全检测（牛羊肉）送样2份，布病环境病料50份，马属动物血清135份，羊布病流产胎儿病料和血清共25份。完成蜱及蜱传染病流行病学检测采样任务抗凝血150份，非抗凝血150份，共300份。迎接自治区畜牧厅动物卫生监督所春防工作飞行监测，完成采牛羊血125份、病原学材料125份、猪淋巴结10份、猪血清30份、家禽样品共110份。

【流行病调查】　2018年，乌什县畜牧局检测牛羊布病7347份。在畜间布病流调工作中，对辖区牛羊散养户和规模户（场）开展畜间布病检测工作，掌握畜间布病流行及发展动态，其中免疫抗体检测784份，非免疫抗体检测6992份，未检测出阳性。对散养户和养奶牛户进行牛型结核病变态反应（PPD）检测1058份，均为阴性。对牛羊屠宰场进行包虫病检测，共检查牲畜487头（只），其中牛100头、阳性数2头，羊307只、阳性数6只，检查犬粪105份（地区送检）。完成地区下达马传染病采样任务，送检马属动物血清35份，检测马鼻疽100份，均为阴性。

【动物防疫】　2018年，乌什县畜牧局完成动物检疫38.16万头（只）次，其中完成产地检疫32.15万头（只）次、完成屠宰检疫6.01万头（只）次；完成家禽检疫97.23万羽，其中完成产地检疫74.23万羽，完成屠宰检疫23万羽。查处违法案件16起，立案16起，结案16起，罚没金额7682.92元，其中违反《中华人民共和国动物防疫法》14起，罚没金额6902.92元；违反《兽药管理条例》2起，罚没金额0.08万元。

【宣传工作】　2018年，乌什县畜牧局做好《中华人民共和国动物防疫法》《新疆维吾尔自治区实施〈中华人民共和国动物防疫法〉办法》《动物检疫管理办法》等学习宣传贯彻工作，成立宣传月活动领导小组，制定宣传月活动实施方案。组织开展宣传4期，制作横幅10幅、板报2期，张贴宣传标语400张，制作并发放宣传材料1.5万份。出动宣传车18辆次、宣传人员60人次，累计受教育群众5万余人次。

【检疫监管】　2018年，乌什县畜牧局严格执行定点屠宰、集中检疫制度，加大执法力度，严格督查定点屠宰和集中检疫及屠宰场定期消毒各项制度的落实情况，共检疫各类待宰牲畜6万头（只）、家禽23万羽，罚没未经检疫肉36.3千克。规范开展动物产地检疫工作，完成动物产地检疫32.15万头（只）次、家禽产地检疫74.23万羽次，产地检疫率100%。强化监督管理，逐步规范检疫监督各项工作。严格执行农业部制定的行政执法“六条禁令”，加强外调牲畜和出县境动物及产品的监督管理。开展畜禽规模化养殖场（小区）

污染源治理工作,确定13家(生猪养殖场1家、蛋鸡养殖场1家、牛羊养殖场11家)为污染源整治对象,签订责任书,每季度开展1次督促检查,确保污染源治理工作达到要求。

【畜产品质量安全监管】 2018年,乌什县动物卫生监督所与57个畜产品经营企业(个体户)签订《畜产品质量安全监管责任书》,其中养殖场(小区)28家、屠宰场(点)9家、活畜禽交易市场6个、兽药店14家。加大投入品监管,做好饲料兽药、“瘦肉精”排查等专项整治行动。

【防疫指导和督查】 2018年,乌什县畜牧局做好动物疫病防疫工作,定期指导各乡(镇)开展动物防疫工作,对动物免疫耳标、防疫卡、免疫档案、流动台账规范填写等方面存在的问题进行定期检查、限期整改,督促落实动物防疫各项任务。

(供稿人:贾 飞)

农业机械

【概况】 2018年,乌什县农牧机械管理局(以下简称乌什县农机局)围绕打好脱贫攻坚战和实施乡村振兴战略,按照“一产上水平”的要求开展农机化工作。

年内,乌什县农机总动力32.04万千瓦,比上年增长1.49%,拖拉机保有量13137台,各类农机具24340部,大中型拖拉机与农机具配套比1∶1.9。全年耕地机械化水平100%,播种机械化水平97%,收获机械化水平75%。

【农机化技术服务】 2018年,乌什县农机局开展农机化技术服务,完成番茄0.2万公顷、桃豆0.1万公顷、玉米0.8万公顷、水稻0.29万公顷的种植任务;完成小麦收割面积1.7万公顷、玉米收获面积0.77万公顷,投入各类农机具3.8万台(架)次。完成小麦播种机检修955台。

【农机购置补贴政策落实】 2018年,地区先后两次下达乌什县中央农机购置补贴资金共600万元,2017年结余资金571.22万元,共计1171.22万元。乌什县农机局制定农机购置补贴工作实施方案,成立农机购置补贴实施工作领导小组,召开农机购置补贴实施工作动员及培训会议,对农机购置补贴实施工作进行安排部署,明确任务,强化责任。将2018年农机购置补贴资金任务分配至各乡(镇),利用每周一升国旗和巴扎天,抽调人员组成农机宣讲队,深入各行政村开展中央和自治区对南疆地区农机购置补贴资金额度调增政策、申办程序、受益农户和补贴机具范围等宣传活动42场次,受教育农牧民1.2万人次。通过广播、电视等媒介和现场演示会等形式,多渠道宣传农机购置补贴新政策,让补贴政策家喻户晓,提高农牧民群众购机积极性。年内,办理农机购置补贴各类机具768台,受益农户344户,补贴资金1170.13万元(农机购置补贴资金使用率99.91%)。

【深松整地作业】 2018年,乌什县农机局抽调人员对各行政村近两年深松作业面积和2018年计划深松作业地块进行调查摸底,制定《2018年度农机深松补贴项目计划》,明确各乡(镇)深松作业任务,将深松作业纳入乡(镇)目标管理绩效考评指标。深入乡(镇)开展农机深松作业补助、作业标准验收要求、农机深松重要性等培训18场次,扩大农机深松作业宣传范围。按照深松作业技术标准和要求,采取人工抽查和仪器测量相结合的方式,对深松作业面积进行核实,当天深松当天验收,验收率100%。年内,完成农机深松整地作业面积1535.13公顷,落实补助资金69.08万元。

【农机安全生产监管】 2018年,乌什县农机局加强农机安全生产宣传教育工作,采取经常性宣传和阶段性教育相结合的方式,利用周一升国旗和乡(镇)巴扎开展农机安全教育进农村、进学校等活动,集中培训村级道路安全劝导员,发放宣传资料1.6万份,受教育人数3.76万人次。加强农机安全技术检验工作,完成检验12184台,注销399台,检验率96.7%,粘贴反光标识7.2万条。加强农机安全生产大检查和隐患排查工作,深入村组道路和田间地头,常态化开展农机安全生产大检查、隐患排查整治和以拖拉机"非法载人"为重点的农机安全生产专项整治活动。共检查拖拉机1690台,查处一般隐患166起,整改166起,发放整改通知书166份,参加执法人员209人次。加强对联合收割机跨区作业驾驶操作人员资格管理和检审验工作,检验联合收割机253台,检验率95%,发放跨区作业证106个。加强农机安全联合执法工作,每季度召开农机、交警联席会议,开展联合执法28次41天,检查农业机械333台,查处违法违章行为18起。联合县安监、市场监管等部门,重点对各乡(镇)铁匠铺、非法生产销售拖车窝点、农机维修点进行地毯式排查,共检查38处,发放整改通知书14份。做好番茄交售期间农机安全生产工作,日夜值守,确保番茄交售井然有序。

【大型工程机械设备监管】 2018年,乌什县农机局采取到乡(镇)农机站集中办理牌证和固定每周二在县农机培训中心统一办理牌证的方式,对县城内无牌证的大型工程机械进行摸底登记、系统录入和牌证核发,累计办理大型工程机械牌证329台,挂牌率95%。大型工程机械设备监控平台建设场地、资金全部落实,监控平台全部建设完成。

【农机市场监管】 2018年,乌什县农机局按照农业部、国家工商总局57号令规定,加大农机维修行业管理力度,组织农机监理员分组分片开展定点检验、送检下乡等服务,不定期对维修网点、维修人员进行检查,共检查农机配件销售店17家,农机维修店38家,杜绝因维修质量或配件质量引发农机安全事故,维护农牧民群众生命财产安全。开展“3·15”消费者权益日、安全生产月活动,组织人员在县城大十字、广场及各乡(镇)巴扎设立咨询台,发放农机法律法规、农机补贴政策宣传材料,为群众讲解农机安全法律法规、农机打假维权等知识,解答群众疑问。出动宣传车2辆,发放宣传资料3200份,接待咨询群众1500人次,受教育群众3200人次。加强与农机经销商的沟通,参加农业机械博览会、展销会,主动协调农机经销商送货上门,提供优质服务。

【农机技术培训】 2018年,乌什县农机局举办农机专业技术人员培训班1期,培训县、乡农机专业技术人员57人;举办无证驾驶员培训班3期,培训347人;举办联合收割机手跨区作业培训班1期,培训106人;举办黑木耳机械化技术培训班1期,培训37人;举办番茄大苗移栽机械化技术培训班3期,培训287人。

(供稿人:古再丽努尔·麦麦提)

水　利

【概况】 2018年,乌什县水利局核定编制112名,其中行政编制7名,机关工勤事业编制1名,全额事业编制22名,水管自收自支编制82名。实有干部职工128人,其中行政编制5人,机关工勤事业编制1人,全额事业编制26人,水管自收自支人员96人;副高级工程师2人,工程师8人,助理工程师29人;管理岗职员2人,技术员21人,技师1人,高级工8人,中级工19人,初级工10人,普工8人。内设办公室、财务室、水利工程管理总站、农田水利基本建设规划设计办公室、水政渔政监察大队、防洪办、高效节水办、农村饮水安全工作办公室、项目办等9个机关科室。下辖联合渠水利管理站、秋格尔渠水利管理站、跃进渠水利管理站三大管理站。

【水利建设项目资金管理】 2018年,乌什县水利局加强专项及其他资金管理使用,每项工程设立专账,全部采取财政报账制,制定完善财务管理制度,资金由财政专户按工程进度直接拨付给施工企业,保证资金的封闭运行,杜绝非财务部门经管资金和私设“小金库”现象。在工程实施过程中,加强对建设资金的使用和管理,设立专户,加强工程检查,严格资金支付程序,做到不挪用、不截留。在水利工程建设中严格执行项目法人制、招投标制、建设监理制、合同管理制和竣工验收制,规范建管行为,确保工程建设质量。

【水利工程项目实施】 2018年,乌什县水利局实施项目23个,总投资27596.57万元,其中少数民族发展资金项目1个、中央投资项目4个、地方配套项目3个、以工代赈资金项目3个、涉农整合资金项目6个、地方债券项目6个。与地区水利局、自治区水利厅对接沟通,争取资金

7710万元(中央资金3741万元,地方债券3969万元),实施乌什县喀赞布拉克水厂、依麻木镇等7个饮水安全巩固提升工程,农村供水保证率达98%。针对2018年拟退出12个贫困村1297户5188人的饮水安全,争取扶贫资金540万元,实施3857户安居富民自来水入户工程,解决2018年拟脱贫户中193户贫困户安全饮水问题,农村自来水普及率达98.6%。完善农田水利建设,申请扶贫资金2202.42万元,在贫困村实施防渗渠建设、排碱渠清淤、桥梁等水利基础设施建设项目7个,新建防渗渠21.12千米、清淤排碱渠15.9千米,新建中、小型桥梁24座。加大农业高效节水实施力度,争取中央补助资金7000万元,实施乌什县农业高效节水0.47万公顷,全县农业高效节水面积1.4万公顷。

【农田水利基本建设】 2018年,乌什县水利局在灌溉前和灌溉停水间隙,组织开展各主干渠道及乡(镇)辖区水利设施检查维修4次。严格落实水资源"总量控制、定额管理"制度,制定出台《乌什县用水总量控制方案》,将农业用水总量分解到各灌区、各乡(镇)、村及用水户,科学下达各用水时期灌溉用水管理计划,灌期实行灌溉引用水量和作物灌溉进度日报制度,根据灌溉情况合理调剂用水量。落实各旬、月、季度用水计划和采取关闸闭口等措施,完成限额用水任务。全县灌溉面积5.54万公顷,自3月1日开始灌溉,截至10月27日,累计完成灌溉16.64万公顷次,全年使用限额河水水量27650.06万立方米(不含泉水及其他水量)。加强用水管理和水利工程运行管理,确保各灌区渠道输水畅通和安全,动员各村级农民用水户协会会员开展输水渠道清淤212.4千米,渠道维修5.47千米,维修闸口26座,投入人力9620人次。提前对县域内机电井进行检查维修,以备缺水时能及时投入使用,缓解灌期缺水矛盾。督促水管所及各村级农民用水户协会做好水费征收工作,截至10月28日,完成水费征收4140万元,完成总征收任务的62.6%。

【防洪减灾】 2018年,乌什县水利局落实防汛抗旱责任制,调整充实防汛抗旱总指挥部,建立健全县领导包乡的防汛责任机制,完善防洪抢险应急预案,开展乡级、村级应急演练,强化应急队伍建设,加强物资储备,落实24小时防汛值守、信息上报和巡堤巡查制度,利用山洪监测预警平台查看雨情信息,做好雨水情信息上传下达,做好实时水毁灾情统计上报,减少或避免山洪灾害对群众造成损失,全年最大流量为418立方米/秒。加大防洪应急物资储备,投入553.46万元,储备防洪块石1.8万立方米、铁丝260吨、铅丝笼3.2万米、编织袋21万条、木料5500根、椽子6200根等防洪物资,储备柴油发电机2台、救生衣20套、应急安全绳6根等应急救援设备,对各乡(镇)防洪应急物资储备情况进行督查,加强防洪物资储备工作。加强险工险段维修加固和巡查,组织各乡(镇)开展辖区内防洪险工险段维修加固工作,累计完成托什干河沿岸和南北山区域内防洪险工段维修加固33.14千米,折资994.2万元。8月以来,各乡(镇)对辖区内防洪重点部位险工险段再次进行拉网式排查梳理,针对薄弱环节及时进行维修加固,完成防洪险工段维修加固26.25千米,全县累计完成防洪险工段维修加固59.39千米,修复险工段70处,投工投劳折资2494.52万元。落实防洪险工险段巡堤检查机制,动员各农民用水协会参与巡查。对各乡(镇)开展乡级、村级应急演练情况进行指导,全县累计开展应急演练52次。在重点防洪乡(镇)组建166人的防洪应急队伍,累计发放5—7月份工资。落实每日防汛会商研判分析制度,8月1日至9月30日,由县防汛抗旱总指挥部组织召开防汛会商研判会议,对当日水情、雨情数据、可能存在风险隐患的区域或部位等情况进行研讨分析,提前采取有效措施进行应对,累计发送防汛会商简报81期。

【农村饮水安全】 2018年,乌什县水利局以农村饮水安全专项组和农田水利建设脱贫攻坚专项组为主体,选派业务水平高的技术人员担任项目业主代表,专人负责项目前期踏勘、档案收集、建设管理及协调解决项目建设过程中的各类问题。定期召开项目建设协调会及监理例会,组织人员检查工程进度、质量等,推进农村饮水安全和水利项目建设。2018年实施的23个项目全部开工建设,完成工程建设任务的85%以上,完工11个。完成新建防渗渠29.32千米,新建防洪堤12.8千米。制定印发《乌什县农村饮水安全脱贫攻坚工作分工方案》,对各乡(镇)贫困户自来水入户情况进行逐一核对,确保建立的台账与实际一致,填写验收档案资料,实现农村饮水安全实名台账动态管理,建立2018年拟脱贫户中未通水的193户贫困户实名制档案,完成通水工作。

【高效节水项目建设】 乌什县水利局于2017年9月委托阿克苏地区水利水电勘测设计院、汉中市水利水电建筑勘测设计院编制完成《2018年度自治区资金补助田间高效节水项目实施方案》,对阿合雅镇、阿恰塔格乡、英阿瓦提乡、依麻木镇、奥特贝希乡等实施滴灌面积4666.67公顷,总投资7815万元。2018年1月,由地区水利局、财政局联合下达批复,项目总资金7815万元,其中中央补助资金7000万元,县自筹资金815万元。工程于2018年4月15日开工建设,11月15日完工并滴水运行。

【水政执法】 2018年,乌什县水利局组织水政执法人员定期不定期开展水资源管理等各类水政执法巡查、调解水事纠纷、查处水事案件,在各乡(镇)居民点发放《中华人民共和国水法》宣传单150份,出动宣传车23台次、执法巡查人员30人次,设立咨询台3个,制作板报3期,悬挂横幅5条；牵头或配合开展联合安全检查3次，下发整改通知书1份；与水产养殖户签订《水产品质量安全生产承诺书》5份；办理执法案件1起，征缴水资源费6.7万元。出台县、乡两级全面推行河长制实施方案及考核验收制度，涉及河长制工作的河流22条，明确县级河长20名、乡级河长40名；安装完成河长制公示牌51个。

（供稿人：茹孜古丽·玉苏甫）

农业综合开发

【概况】 2018年，乌什县农业综合开发办以项目申报、实施、管理为主业，顺利完成全年工作任务。年内，核定编制6名，其中领导职数编制2名，实有6人。

【2017年项目审核结算】 2018年，乌什县农业综合开发办组织相关单位，对2017年农业综合开发高标准农田建设项目阿克托海乡亚勒古孜玉瑞克村、阿恰塔格乡托克逊亚贝希村各333.33公顷高标准农田建设项目进行竣工验收审核结算，做好项目资料收集整理归档工作。

【土地综合治理项目建设】 2018年，乌什县农业综合开发办申报高标准农田建设项目4个，分别为亚曼苏乡喀拉玉勒滚村、阿合雅镇库曲麦村、英阿瓦提乡英阿瓦提村、依麻木镇托万克麦盖提村农业综合开发高标准农田建设滚动计划项目。

【部门项目建设】 2018年，乌什县农业综合开发办完成乌什县名优经济林沙棘示范项目，总投资560万元，其中中央财政投资400万元、自治区财政投资144万元、地区财政投资16万元。完成乌什县名优经济林杏李示范项目，总投资280万元，其中中央财政投资200万元、自治区财政投资72万元、地区财政投资8万元。阿合雅镇中型灌渠节水改造配套项目，总投资1403.07万元，项目初设通过地区专家评审，10月26日完成招投标，11月完成清费和基础开挖任务。

【财政资金使用情况】 2018年，乌什县农业综合开发办申请到位财政资金3503.07万元。其中，阿合雅镇库曲麦村高标准农田建设项目，总投资财政资金630万元，按时下达财政专项资金账户，以涉农资金整合方式用于实施脱贫攻坚项目（修建道路）；依麻木镇托万克麦盖提村333.33公顷高标准农田建设项目，总投资630万元（其中，中央财政资金450万元，地方财政配套资金180万元），该项目于3月28日完成招投标，4月1日开工建设。

（供稿人：阿孜古丽·克然木）

工贸·招商引资

经贸管理

【概况】 2018 年,乌什县商务和经济信息化委员会(以下简称乌什县商信委)推进招商引资“一号工程”,以持续推进特色农副产品深加工、畜牧养殖、清洁能源及矿产开发、生态旅游、纺织服装“五大产业”为招商领域,创新招商模式,完善招商机制,提高招商成效。

年内,乌什县引进招商项目 25 个,累计落实到位资金 13.51 亿元,完成县指标任务的 86.6%;签约资金 24.48 亿元,完成指标任务的 116.57%。完成园区固定资产投资 2.4 亿元,完成年度指标的 100%。完成乌什衢州商贸大厦、衢乌精品产业园标准化厂房建设项目,新增入园企业 3 家。

【招商引资工作】 2018 年,乌什县落实招商引资项目 32 个(新建 26 个、续建 6 个),累计落实到位资金 13.51 亿元,比上年增长 10.73%。开展小分队招商活动 7 次,招商引资新签约项目 24 个,签约资金 16.48 亿元,完成年度任务的 68.67%。编制招商引资项目建议书 17 个,完成年度任务的 113%。

【扶贫项目建设】 2018 年,乌什县商信委实施扶贫项目 35 个,其中新建卫星工厂 25 座、创业园 6 个、扶贫产业类项目 4 个。深入深度贫困村调研督促项目进度,年内,第一批 13 座卫星工厂投产,第二批 12 座卫星工厂竣工,确定产业有纺织服装,毛衣加工,木艺雕刻,糕点、馕、家具加工等,预计解决就业 1000 人以上,有效解决农村贫困户就业,壮大村集体收入。

【扶持企业发展】 2018 年,乌什县商信委用好用足国家、自治区关于扶持中小企业发展各类政策,为县域 4 家企业申请自治区中小企业发展专项(服务体系建设类)资金 210 万元;为 3 家纺织服装企业申请低电价政策,综合到户电价享受每千瓦时 0.38 元。落实快递降费政策,与中通、申通达成长期合作关系,大幅度降低电商服务站点和电商企业的寄递价格,从原来首重 15 元、续重 8 元,降低至每公斤 6 元,降低物流成本。

【金融防风险工作】 2018 年,乌什县商信委根据中央金融防风险文件及自治区防金融债务风险会议精神,结合乌什县招商引资产业类项目建设实际,制定《乌什县招商引资产业类项目建设方案》。招商项目采取控总量、压缩在建项目、防止债务风险、建防结合、平稳过度等措施，确保项目建设有资金保障，有序发展。

【产业类项目建设】 2018 年，乌什县商信委打造工业经济新亮点，依托乌什县特色资源优势，通过一对一帮扶、重点帮扶，投产乌什县鹰哥农业发展有限责任公司 5000 吨鹰嘴豆精深加工项目、阿克苏金勺果业有限公司 1 万吨核桃精深加工项目、乌什县新农通农业科技有限公司年产 1000 万棒食用菌菌棒生产项目、新疆格多莱针织有限公司年产 600 万件品牌服装项目、乌什华盛纺织有限公司 10 万锭棉纺项目、乌什县兴疆牧歌 20 万头生猪养殖基地项目、乌什县国合鸽业有限公司年出栏 100 万羽肉鸽养殖示范基地等项目。加快推进汇源果汁沙棘水果综合加工项目建设进度，年底一期投产运行。

【电子商务进农村】 2018 年，乌什县通过国家级电子商务进农村综合示范县验收，获全疆第一名。加大县、乡、村三级物流体系建设力度，整合全县快递企业在电商物流园统一经营。完成 9 个乡（镇）、103 个村级电商服务站点建设，行政村电商覆盖率 95.3%。电子商务交易额比上年增长 11%。为电商物流园配备叉车、大型安检机、打包机等设备，全天候为入驻企业服务。开展电商物流扶贫蔬菜配送试点工作，通过电商站点车辆为乡（镇）小学、幼儿园配送蔬菜近 1000 吨。

【企业服务】 2018 年，乌什县商信委制定出台《乌什县服务企业责任分解方案》，建立完善服务企业机制，分析企业发展存在的问题及解困措施，按照一个重点企业、一名县级领导、一套班子、一抓到底的要求，主动深入企业了解情况，采取有针对性的帮扶措施，帮助企业解决实际问题，优化企业发展环境，促进企业健康平稳高质量发展。

【商务工作】 2018 年，乌什县商信委做好成品油经营企业和酒类批发企业年检工作，对全县成品油市场和酒类市场进行严格检查，不合格成品油和酒类坚决禁止流入市场，高标准、高质量完成年检工作。实施绿色环保碘盐健康惠民工程，确保食品健康落到实处。

【安全生产】 2018 年，乌什县商信委定期不定期深入企业开展安全生产督促检查，加大加油站、快递物流等重点部位、重点场所督导力度。年内，通过检查下发整改通知书 7 发，整改安全隐患 22 处，最大限度预防和减少安全生产事故发生。

（供稿人：王　飞）

工业园区

【概况】 2018 年，乌什县工业园区管委会（以下简称乌什县园区办）主动适应新常态，提升服务企业水平，强化招商引资力度，推进园区基础设施建设。以创建自治区级工业园区为重点,确保园区工业经济稳步增长。年内,工业园区累计实现总产值3.2亿元,增加值1亿元。规上企业6家,规下企业9家。乌什县园区办核定编制3名,实有7人。

【园区建设】 2018年,乌什县工业园区完成基础设施投资0.38亿元,投资690万元建设园区天然气管网总长度7千米,辐射园区所有企业。投资1460万元建设标准化厂房12栋,建设面积1.5万平方米。投资1650万元,建设标准化厂房消防、办公、监控、供排水等附属设施。改善工业园区投资环境,截至2018年,累计投资1.69亿元,建设标准化厂房8万平方米,修建园区道路30千米、线路设施45千米、供排水管道38千米,绿化面积10公顷,栽树35万株。城北工业园区污水处理、电力、通信、供水、供暖设施实现全覆盖,完善园区综合大楼展示中心、行政服务办事大厅、企业培训中心项目研发、两新党建服务中心、企业临时办公场所、电商服务站等功能。

【轻工业园区建设】 乌什县轻工业园区位于阿克托海乡托万克墩其格村和乌什镇九眼泉村交界处,距县城1千米。以发展农副产品深加工产业为主,按照产业定位重点发展绿色、有机、生态食品产业。年内,轻工业园区建成面积2.13平方千米,园区道路、电力、通信、供排水等基础设施基本完善,具备良好的项目承载能力。截至年底,入驻企业12家。

【重工业园区建设】 乌什县重工业园区位于县城广场南3千米处,主要依托乌什县口岸开发,利用独特的地理优势进行重工业产品加工。根据国家产业政策和自治区产业发展规划,乌什县边境贸易合作加工工业园区产业按照“工业园区化、园区产业化、产业集群化”思路进行规划建设。重工业园区按照产业定位,重点发展光伏产业、矿产加工、仓储物流、建材加工、电子产品加工等。截至年底,入驻企业3家。

【园区生产】 乌什县工业园区定位为乌什县重要的工业发展基地,发展农(林果)产品产地初加工、特色农(林果)产品精深加工业、维药生产、纺织加工、民族手工艺产品等特色手工业,发展进口矿产资源加工、轻纺、电子、家电、装备制造、太阳能电池组件、支架、逆变器配套产品等系统集成、仓储商贸物流和冷链物流等服务业和纺织品及产业,形成低碳发展、配套完善、创新发展的示范园区,成为乌什县新的经济增长点。

(供稿人:蔡紫阳)

供销合作

【概况】 2018年,乌什县供销社系统辖直属公司2个、山城宾馆1个、基层供销社6个,有在职职工25名、退休职工57

名，承担着为全县9个乡(镇)农民提供生产、生活物资的重要任务，发挥联结城乡、联系工农、沟通政府与农民的桥梁和纽带作用，在保障供给、促进农业和农村经济发展中作出贡献。

【生产经营】 2018年，乌什县供销社系统完成商品销售总值359万元(不含专业合作社)，上缴国家税金33万元，比上年增长32%；全系统实现盈利6万元，完成年度目标任务的120%。

【农资经营】 2018年，乌什县供销社系统购进各种农资1027吨，其中购进化肥960吨、地膜42吨、种子25吨，销售各种农资916吨，其中销售化肥850吨、地膜41吨、种子25吨，农资公司首年出现亏损，亏损额为4万元。从农资销售整体情况来看，受失去政府采购地膜事项和融资困难影响，致使农资购销缺乏市场竞争力。

【产业化经营】 2018年，乌什县山泉林果业专业合作社、辉丰核桃种植销售专业合作社、农富林果业专业合作社相继开展以核桃、鲜杏、沙棘为主的农副土产品收购工作，年内共收购鲜杏300吨、青皮核桃1080吨、干核桃36吨、沙棘50吨，完成购销额近800万元，实现较好的经济和社会效益。

【多种经营】 2018年，乌什县供销社借助旅游开发平台，拓展经营服务领域，玛尔浆湖旅游景点接待游客4万余人次，成为乌什县境内外游客避暑、游玩的好去处。利用依麻木基层供销社闲置大院，引进资金35万元，在依麻木基层社院内筹建“乌什县农产品交易中心”，项目建成后，年可为基层社创利1万~2万元。

【专业合作社】 2018年，乌什县供销社发挥服务“三农”作用，针对县域核桃发展趋势，年内在阿克托海乡阿特房子村组建“乌什县阿克托海乡宝核林果农民专业合作社”，入社核桃种植大户6家，核桃种植面积15.33公顷，为当地农户起引领作用。截至年底，领办农民专业合作社5家，其中示范社1家。

(供稿人：王碧霞)

电力电网

【概况】 2018年，国网新疆乌什县供电公司(以下简称乌什县供电公司)始终坚持“安全稳定、转风严纪、夯实基础、提质增效”的思路，稳步推进各项工作。全年售电任务1.42亿千瓦时，实际完成1.48亿千瓦时，比上年同期增长25.5%，安全运行365天，长周期安全运行3092天。

【“三基”管理】 2018年，乌什县供电公司协调客户出资400万元，对内部双电源进行改造和配备应急发电机，筑牢重要客户用电“双保险”。建立沟通机制，明确专用配电网设施由施工单位负责运维。专人定期上门排查重要客户用电安全隐患,帮助培训内部专职电工,为警务站安装停电监测终端,确保在供电故障第一时间给予处理。完成各层级重要会议、重大活动保电55次。

【安全运维】 2018年,乌什县供电公司坚守安全红线和底线,确保公司安全生产形势平稳。将安全生产指标层层分解,压紧压实安全责任,对现场施工人员“十不干”[无票的不干;工作任务、危险点不清楚的不干;危险点控制措施未落实的不干;超出作业范围未经审批的不干;未在接地保护范围内的不干;现场安全措施布置不到位、安全工器具不合格的不干;杆塔根部、基础和拉线不牢固的不干;高处作业防坠落措施不完善的不干;有限空间内气体含量未经检测或检测不合格的不干;工作负责人(专责监护人)不在现场的不干]内容进行考试。落实供电所、专业班组安全管控和事故防范措施,开展春秋季安全大检查、把“六查六防”专项行动与电力设施隐患整治相结合,集中开展安全用电知识宣传进村委会、进巴扎、进施工现场宣传120次,开展9个重要用户、5个检查卡点、15个警务站、107个“访聚惠”驻村工作组用电隐患排查治理工作。

【设备管理】 2018年,乌什县供电公司加强设备管理,提升设备健康水平。开展各类巡视243条次,上报缺陷1206项,消除各类缺陷1145项,缺陷消除率94.95%,上报各类检修计划1435项,其中停电计划278项、各类带电作业920次,完成率100%。

【助力脱贫攻坚】 2018年,乌什县供电公司打赢电网建设脱贫攻坚战,围绕年度脱贫攻坚电网建设工作目标,加强与政府对接沟通,对公司经营区域内深度贫困村按照项目里程碑计划,顺利完成2018年脱贫攻坚电网建设任务。新改建10千伏线路178千米,安装变压器74台,完成26个养殖合作社、42个冷库、25个卫星工厂通电任务,实现3镇2乡、22个深度贫困村从“用上电”到“用好电”的转变,为贫困村“脱贫摘帽”和美丽乡村建设提供坚强的供电保障。

企业选介

【新疆浩源天然气股份有限公司乌什县分公司】 新疆浩源天然气股份有限公司乌什县分公司位于乌什县振兴北路34号,占地面积2.33公顷。主要设备设施有:调压撬1台(流量125~2500立方米每小时);液压压缩机1台;储气井3眼、中压储气罐车1辆(合计水容积62立方米);CNG槽车2辆,加气机4台及卸气柱等。分公司气源由总公司阿克苏市母站通过CNG罐车运输方式送至乌什县门站及加气站。

2018年,新疆浩源天然气股份有限

公司乌什县分公司完成民用气销售82.88万立方米(其中非壁挂炉用气57万立方米,壁挂炉用气25.88万立方米),公服用气26.68万立方米(营利性公服用气19.06万立方米,非营利性公服用气7.62万立方米),锅炉用气4.91万立方米。合计完成非车用气114.47万立方米。完成多层非壁挂炉入户安装172户(其中,人才公寓三期90户,补装户82户)。签订多层壁挂炉入户安装合同146户;签订安装公服合同5户,完成安装公服5户。年内,汽车加气计划销售任务330万立方米,完成333.32万立方米。民用户发卡通气223户,公服通气3户。处理报修业务387起,下发整改通知单17份。民用户巡检任务2250户,完成入户巡检2536户,同时向用户宣传天然气知识、安全用气常识;完成公服巡检108户;巡检时家中无人贴通知1577份。年内,取得环塔乌什支线接口权,完成振兴站至公司的高压管线红线图办理工作。

【乌什县新农通农业科技有限公司黑木耳菌棒厂】 乌什县新农通农业科技有限公司黑木耳菌棒厂位于乌什县城北民生产业园,是地区扶贫攻坚重点工程,项目总投资4600万元,占地4.53万平方米,于2018年9月12日施工,建设有搅拌/干料/灭菌净化/接种车间4924.56平方米,菌棒培养车间6243.94平方米,综合实验楼984.72平方米,值班室、配电室、锅炉房、消防水池泵房等745.51平方米,配套水电暖齐全,配置全自动化生产设备及液体菌种培养等,日产菌棒6万棒,年产菌棒1000万棒。

【乌什县欣禧源葡萄酒业有限公司】 乌什县欣禧源葡萄酒业有限公司位于乌什县城北民生产业园,是一家集农业生产和农副产品加工为一体的公司。公司占地6.67公顷,投资1.6亿元,其中衢州援乌指挥部投入援助资金376.7万元,先后被评为自治区扶贫龙头企业、阿克苏地区林果业龙头企业、地区农业产业化重点龙头企业、县扶贫先进单位、支持"三农"优秀企业、安全生产先进企业。

乌什县欣禧源葡萄酒业有限公司主要生产欣禧源品牌系列高品质干红葡萄酒,原料均来自公司自有葡萄基地。公司葡萄基地面积1333.33公顷,现有葡萄合作社2个、自治区林业厅劳动力就业培训基地1个,是乌什县劳务输出重要基地之一。年用工人数400人,其中贫困户150人,年用工支出800万元。2018年投资1000万元建设13.33公顷温室大棚并投入使用。

【乌什龙柏电力投资有限公司】 龙柏集团乌什光伏电站一期20兆瓦建设项目是由乌什龙柏电力投资有限公司投资建设的高压并网光伏电站,规划总容量20兆瓦,一期建设规模总容量20兆瓦,建设地点位于乌什县城7千米处。项目建设内容包括太阳能光伏发电系统及相应配套上网设施。公司负责电站的施工、经营和管理,所发电量由新疆电力公司负责收购和销售。2018年,总产值370万元,上缴税金56万元,解决就业8人。

【特变电工新疆新能源股份有限公司】
特变电工新疆新能源股份有限公司是特变电工股份有限公司的全资子公司,公司成立于2000年9月,注册资本18.6亿元。截至2018年,公司已形成以光、风、火等电力工程服务为核心的主营业务结构,专注于向客户提供各类电力项目开发、投融资、设计、调试到运营维护一体化的可靠、高效的清洁能源解决方案。特变电工乌什一期20兆瓦并网光伏发电项目位于乌什县城北民生产业园,距乌什县约7千米。工程装机容量20兆瓦,采用分块发电、集中并网方案。通过技术经济综合比较,选用电池组件255瓦,共计7.92万块,逆变器选用500千瓦型逆变器,共计40台。20兆瓦太阳电池阵列由20个1兆瓦子方阵组成,支架基础采用钢筋混凝土条形基础及灌注桩基础形式,共计8万座。项目于2015年7月5日并网发电,总投资2.45亿元,年均发电量2700万千瓦时。2018年,实现总产值4150万元,上缴税金537万元,解决就业11人。

【乌什县金华电力有限公司】 乌什县金华电力有限公司主要经营光伏发电项目,20兆瓦光伏并网电站由新疆嘉盛阳光风电科技股份有限公司投资建设。电站装机容量20兆瓦,项目投资1.8亿元。电站于2015年12月1日开工建设,2016年6月29日并网发电,年发电量2200万千瓦时,累计发电量1830万千瓦时,可减排二氧化碳约1.8万吨、二氧化硫约58吨。2018年,总产值1607.8万元,年利税54.6万元,实现6人就业。

【乌什县托河制粉贸易有限责任公司】
乌什县托河制粉贸易有限责任公司2010年4月30日注册成立,同年11月投产,位于乌什县城北民生产业园,注册资金700万元,总投资1470万元,占地面积3.8公顷,建筑面积4948平方米,有效仓容2000吨,主要经营粮食收购和面粉加工及销售。注册商标“托河”,主导产品有特一粉、特二粉、通粉,先后被地区、县授予地区龙头企业、资信A企业、安全生产先进单位称号,连续两次被评为信用优良企业。2016年9月至2017年8月,公司投资320万元对设备和工艺进行技术改造。2018年,公司产能达到年处理小麦1.75万吨,总产值5000万元,解决就业32人。

【乌什县燕山果业有限责任公司】 乌什县燕山果业有限责任公司成立于2001年,是从事野生沙棘特色林果品加工专业的规模较大企业,位于乌什县城北民生产业园,占地6.67公顷,拥有固定资产3200万元,年产各类饮料及酒系列产品1000吨。公司职工60人,其中技术员15人。

主要产品有饮料、酒和杏干、核桃、核桃油等，通过 QS 食品质量安全认证。公司连续五年被地区授予重点扶优扶强企业；多年被银行评为 AA 级信用等级企业。2018 年，总产值 2060 万元，增加值 519 万元，解决就业 23 人。

【乌什县佳乐水泥制品厂】 乌什县佳乐水泥制品厂建于 2010 年，位于乌什县城北民生产业园，距县城 3 千米，主要以生产、加工、经营水泥产品为主。公司累计总投资 350 万元。2018 年，公司累计完成生产量 405 万元，销售额 363 万元，上缴利税 12.7 万元，解决就业 35 人。

【乌什县金华彩钢建材有限公司】 乌什县金华彩钢建材有限公司占地面积 1.33 公顷，总投资 1500 万元，于 2014 年 6 月竣工投产，主要生产建材产品、彩钢塑、钢窗、防盗围栏、钢材等。先后承接生产并安装国道 219 线工程项目部彩钢房 1000 平方米，乌什县改造农村彩钢安置屋顶 200 套。2018 年，销售产值 175 万元，年利税 3 万元，有固定生产工人、技术骨干 7 人。

【中粮屯河乌什果蔬制品有限公司】 中粮屯河乌什果蔬制品有限公司成立于 2007 年 12 月，是通过乌鲁木齐对外经济贸易洽谈会(简称“乌洽会”)招商引进中粮屯河股份有限公司全额投资兴建的国有控股企业，是地区农业产业化重点龙头企业和乌什县重点扶优扶强企业。

公司位于乌什县城北民生产业园，占地面积 10 公顷，2007 年 11 月开始筹建，2008 年 6 月正式投产，总投资 1.2 亿元，主要生产杏浆、大包装番茄酱等产品。公司全套引进国外先进英格·罗西果蔬生产设备，日处理原料 1500 吨，先后被地区命名为招商引资先进企业、守合同重信用企业、扶优扶强重点企业。公司生产的“屯河”牌杏浆、番茄酱获新疆名牌产品，“屯河”牌商标被评为中国著名商标。2018 年，公司总资产 9059 万元，销售收入 4800 万元，上缴税金 300 万元，解决就业 200 人。

【乌什县新旺建材有限公司】 乌什县新旺建材有限公司位于乌什县城北民生产业园，成立于 2013 年 3 月 18 日，占地面积 1.87 公顷，注册资本 2500 万元。经营范围有苯板、砂浆、商品混凝土、加气块、塑钢窗、钢筋构件制品加工销售、建筑设备租赁、道路运输。主营项目为商品混凝土搅拌站型号 HZS180。公司拥有泵车 3 辆、罐车 8 辆，能够满足大型工程施工进度需求。2018 年，总产值 1945 万元，上缴税金 31.72 万元，解决就业 24 人。

【乌什县丝路科技袜业有限公司】 乌什县丝路科技袜业有限公司位于乌什县城北工业园区，总投资 5000 万元，于 2018 年 1 月开始生产，购置袜机 336 台、缝头机 7 台、手工缝头机 14 台、蒸汽定型机 2 台、点胶机 1 台。年内，实现就业 120 人，其中贫困户26人,设备全部运转后年产5000万双高档袜,可解决就业100~150人。

【乌什风凌电力科技有限公司】 乌什风凌电力科技有限公司成立于2014年5月29日,注册资本金7800万元,位于阿合雅光伏园区。主要经营范围包括太阳能发电项目的开发、投资、建设、运维与经营管理,太阳能应用的咨询服务,太阳能技术的研究、开发、应用、投资,太阳能发电系统设备制造,太阳能发电的规模设计。

2015年2月12日,风凌阿克苏一期30兆瓦光伏并网发电项目并网发电。2015年12月25日,风凌阿克苏乌什二期20兆瓦光伏并网发电项目获自治区发改委项目登记备案证,于2018年全部建设完成。2018年,实现总产值5200万元,上缴税金195万元,解决就业10人。

【乌什县华阳伟业太阳能科技有限公司】

华阳伟业阿克苏乌什20兆瓦光伏并网电站由乌什县华阳伟业太阳能科技有限公司投资建设,电站装机容量20兆瓦,项目投资2.46亿元。电站于2014年11月24日开工建设,2015年4月25日并网发电。2018年,总产值2326.66万元,销售收入1473.26万元,上缴税金及附加值53万元,解决就业10人。

【乌什县飞宇针织科技袜业有限公司】

乌什县飞宇针织科技袜业有限公司位于乌什县城北工业园区,总投资600万元,购置织袜机120台、缝头机3台、蒸汽定型机1台,于2018年9月开始试生产,计划年产2000万双高档男袜、女袜。年内,实现就业50人。

(供稿人:蔡紫阳)

财政 · 税务

财 政

【概况】 2018 年,乌什县财政局聚焦总目标,狠抓组织收入,确保应收尽收,多措并举争取筹措资金,优先保障教育、扶贫、环保等民生支出,完成预算收支执行工作。

年内,乌什县财政局内设机构 7 个,所属事业单位 10 个。核定编制 69 名,实有 57 人。

【财政收入】 2018 年,乌什县财政局面对经济环境复杂多变、经济下行压力持续加大等严峻形势,准确把握经济运行态势,合理制定、分解收入目标任务。强化收入分析,按照“助跑、跳起、摸高”的工作要求,健全部门联动征管机制,加强重点税源监控,按月进行分析预测;对年初税源预算进行动态监控,对可能存在收入缺口或不确定、不稳妥的税源,做好应急预案和填平补齐措施。细化目标任务,根据细化分解的财政收入计划和按月下达的收入目标,强化督查通报;通过抓实“财税收支专项行动”,科学配置资源和力量,锁定目标、挂图作战,确保应收尽收、颗粒归仓。

【财政支出】 2018 年,乌什县一般公共预算支出完成 350109 万元,同比增长 11.01%。教育、科技、文化、医疗卫生、社会保障和住房保障等民生支出 283212 万元,占一般公共预算支出的 80.64%,高于地区设定目标 10 个百分点。政府性基金支出完成 6016 万元,比上年增支 4452 万元,同比增长 284.65%。全面落实各项社会保障政策,先后下达城乡低保等居民生活困难救助补助资金 15631.9 万元,医疗救助资金 3263 万元,自治区财政下达“双集中”供养生活补助及护理补助资金 82 万元,自治区本级 2018 福彩公益金资助“双集中”社会福利机构建设经费 180 万元,残疾人“两项补贴”306.2 万元,残疾人康复就业和事业发展补助专项资金 88.3 万元。助力深化医药卫生体制改革,不断加大财政投入,为深化医药卫生体制改革提供资金保障;医疗卫生和计划生育预计支出 32050 万元;先后下达补助资金 235 元,支持基层医疗卫生机构和村卫生室巩固基本药物制度实施成果;下达补助资金 1251 万元,提高基本公共卫生服务项目补助标准;建立“四重保障”(城乡居民基本医疗保险、大病保险、贫困人口疾病医疗补充保险、医疗救助)机制,深入推进健康扶贫。狠抓城乡建设惠民生,完成保障性住房支出7026万元;安排下达农村危房改造资金1667万元;下达资金2700万元,稳步实施乌什县燕泉河(亚瓦格渠污染)治理项目。严把政策促环保,先后下达拨付退耕还林还草工程资金2298万元,农村环境整治助力发展公共文化服务体系建设安排专项资金370万元,改善城乡公共文化体育基础条件;安排体彩公益金344万元。抓住"三保"稳民心,通过争取上级一般性转移支付、盘活存量资金等方式,筹措资金用于"保工资、保运转、保重点民生和必要性刚性支出",实现县级财政保障各项基本支出的稳定。

【扶贫资金管理】 2018年,乌什县筹措资金,加大投入力度。县财政预算安排中央、自治区扶贫专项资金30713万元,为贫困农牧民发展生产、改善生产生活条件提供强有力的资金保障。整合现有资源,将涉农整合资金向贫困村、贫困户倾斜,集中财力办大事,年内整合涉农切块下达资金16879万元。健全制度体系,围绕财政扶贫资金规范管理,制定《乌什县财政扶贫资金管理实施细则》《乌什县2018年涉农整合资金管理暂行办法》《乌什县扶贫项目政府采购管理办法》,制定乌什县财政专项扶贫资金拨付审批流程。加强政策宣传,提升资金透明度,将财政扶贫资金政策文件、管理制度收集整理装订成册,开展扶贫资金管理培训,向乡(镇)及单位广泛宣传财政扶贫资金政策;推进公示公开制度,将资金到位情况通过政府网站向社会公开,主动接受社会监督,保障人民群众知情权、参与权和监督权。加快资金拨付,加快预算执行进度,做到预算早下达、资金早安排,坚持文到即付、款到即拨,确保项目早开工、群众早收益;积极与资金管理使用部门沟通衔接,督促加快扶贫资金支出进度,统筹协调资金拨付和项目管理实施,实行扶贫资金定期报告制度,确保资金及时拨付,避免财政资金闲置沉淀。强化统筹协调,规范核算管理,按照国库集中支付制度有关规定和程序办理财政扶贫资金拨付,收支实行统一核算,成立临时机构脱贫攻坚项目指挥部扶贫资金管理办公室,确保"一个口子进水、一个龙头出水";到位的扶贫发展资金、以工代赈资金、少数民族发展资金、涉农整合资金由扶贫资金管理办公室统一管理、分账核算。严格督查巡查,确保资金安全,加大扶贫领域资金管理和使用监督检查力度。

【财政运行风险防范】 2018年,乌什县财政局强化监督检查,提高财政资金使用效益,制定年度财政监督工作计划,重点从加强国库集中支付、严格"三公"经费(因公出国经费、公务车购置及运行费、公务接待费)、规范资金支付、强化项目资金、完善政府采购、推进非税收入、加强财政票据、加强国有资产监督、加强往来款项、账户管理等方面开展检查。严格按照《财政监督检查工作操作规程》,依法检查,依法监督,规范监督检查行为,加强档案管理,提高工作质量效率。年内,先后对政府隐性债务自查整改情况、扶贫领域审计发现的问题整改情况、财政专项扶贫资金管理使用情况及综改资金监督使用情况等进行监督检查。全面落实财政专项资金动态跟踪反馈工作,强化财政部门和资金使用单位双方责任,加快资金支出使用进度,实行预算执行动态跟踪反馈,规范财政资金跟踪监管,按照“谁拨款谁负责、谁使用谁报送、谁违规谁担责”的原则,由资金末级使用单位按时上报资金拨付情况,切实掌握资金支出进度,防止财政资金挤占、闲置、截留等问题发生。建立制度促执行,加快预算管理,加快支出进度,建立预算执行进度通报约谈制度,对财政收支、各项专项资金执行情况进行通报约谈。加强财政专户管理,严格遵照财政专户管理相关规定开展清理工作,对乡(镇)、村级财务管理提出规范要求,县财政部门、乡(镇)和村级共撤销账户40个。做好迎接中央重大政策落实和财政收支审计自查工作,成立迎审工作领导小组,制定迎审工作实施方案和人员分工,对2014—2017年中央重大政策落实和财政收支工作进行自查和回头看。

【财政管理】 2018年,乌什县财政局强化部门预算管理,实行预算绩效管理考核,对预算执行、收入质量、盘活存量资金、预算公开及其他财政管理等各项指标进行考核通报;完成2018年部门预算批复工作,按照财政部统一制定的公开模板,指导246家预算单位在规定时间内公开部门预算。开展2018年全县存量资金清理工作,清缴存量资金1.9亿元;对收回的存量资金进行甄别,确定资金性质和拟盘活方向;做好盘活资金再利用工作;对拟收回的存量资金,充分考虑乌什县实际,将其用于社会管控、民生保障等方面。规范政府采购管理,加强制度建设,强化政府采购管理工作程序化和规范化;通过公开招标、竞争性谈判、询价、单一来源、邀请招标、协议供货等方式,累计完成政府采购预算金额13492万元,实际采购资金12250万元,节约财政性资金12142万元,资金节约率11.21%。强化非税收入管理,做好各预算单位非税收入收缴管理系统执收码绑定、审核、报批工作,确保非税收入及时足额入库;对中央和自治区已公布取消、停征、缓征和减免的收费项目,逐项落实到系统,及时停止开票;将清理规范非税收入项目工作纳入常态化管理范畴,通过门户网站及时向社会公开,监督各执收部门单位将本部门单位执收项目、收费政策内容、收费标准、优惠政策等具体信息向社会公开。

【财政领域改革】 2018年,乌什县财政局深化财政领域改革,推动财政工作发展。自2018年1月1日起,正式全面实施支出经济分类科目改革,改革后的支出经济分类科目包括“政府预算支出经济分类”和“部门预算支出经济分类”两套科目,在2018年部门预算和政府预算编制中新增一套政府支出经济分类科目,完成2017年决算编制工作。强化财政投资评审工作,严把工程评审关口,履职尽责节约财政资金。年内,完成工程项目评审203个,送审造价合计41654万元,审减造价合计7078万元,节约率16.99%。深入推进公务卡改革,累计发卡1190张,激活1190张,激活率100%;以公务卡消费结算方式取代现金结算方式,规范公务消费,提高公务支出透明度,加强财政财务监控,堵塞单位财务管理漏洞,杜绝“小金库”现象,使权利在阳光下运行。

【债务管理】 2018年,乌什县财政局加强债务管理,打好防范化解重大风险攻坚战。抓好防范债务风险和政府债务管理工作,打好防范化解重大风险攻坚战,制定《乌什县地方政府债务风险评估和预警暂行办法》《乌什县棚户区改造专项债券资金管理办法》,成立政府性债务管理领导小组,对全县隐性债务进行清理核实锁定,筹集资金偿还债务本息。通过争取自治区、地区财政局支持,将农村维吾尔语、汉语幼儿园建设项目和特色小城镇建设项目等公益性项目通过财力一次性补助的方式进行化解。向融资平台公司划转有效资产,加大县级在平台公司中国有资产占比,争取地区平台公司更大的债务额度;持续加大违规债务转PPP项目力度,加快转换进程,通过市场化手段化解违规债务;坚持“量入为出、量力而行”的支出原则,严守地方债务红线底线,决不出现新的违规举债,撤销各类政府出具的28份承诺函,有效化解隐性债务。做好政府债务管理工作,建立新增债券项目申报库,地区行署批准乌什县地方政府限额5.98亿元,其中一般债务限额5.81亿元,专项债务限额1700万元。新增地方政府债务限额2.1亿元,其中新增一般债务限额2亿元,新增专项债务限额1000万元。

(供稿人:徐　航)

税　务

【概况】 2018年,国家税务总局乌什县税务局(以下简称乌什县税务局)核定编制45名,实有45人。下设12个股室,分别为办公室、人事教育股、纪检组、法制股、社会保险费和非税收入股、征收管理股、税源管理股、风险管理股、第一税务所(办税服务厅)、机关党委(党建工作股)、信息中心、纳税服务股。

全年累计组织各项收入22991万元。其中各项税收收入22323万元,非税收入668万元。中央级税收9967万元,地方级税收12356万元。管辖范围内企业674户,个体2672户,一般纳税人233户。

【便民办税春风行动】 2018年,乌什县税务局开展“便民办税春风行动”,提升纳税服务水平。落实首问责任制和一次性告知制等纳税服务制度,畅通监督举报渠道，自觉接受纳税人和社会各界的监督。开展“问需求、送春风、优服务”专项活动，通过召开座谈会、开展民营企业大走访、问卷调查等形式，征集纳税人意见建议 120 条，现场回复 16 条，解答纳税人咨询 460 人次。通过多媒体平台主动做好政策宣传，利用“纳税人学堂”开展集中培训，提升纳税人满意度。

【“放管服”改革】 2018 年，乌什县税务局坚持“放管服”改革，持续优化税收营商环境。推行“最多跑一次”改革，杜绝出现擅自增加办税程序现象。清理和简并涉税资料报送，压缩办税成本，提升纳税人满意度。稳妥推进网上办税，开展网厅培训 8 次，设置网上办税体验区，网厅推行率 85% 以上。

【培训学习】 2018 年，乌什县税务局组织开展集中培训学习，确保减税政策学习理解到位、掌握到位。运用县局税企互动平台、QQ 群、LED 显示屏等对纳税人开展七项减税政策专题辅导宣传，召开税企座谈会“面对面”交流涉税问题，发放宣传手册 1.5 万份，确保优惠政策应享尽享。

【落实优惠政策】 2018 年，乌什县税务局精准落实各项优惠政策，累计减税 5029.49 万元，其中增值税税率调整后（税负完全转嫁）累计减税 187.79 万元。企业所得税七项减税政策落实累计减税 35.3 万元，个人所得税改革后累计减税 42.5 万元，帮助企业减轻税收负担，释放改革红利。

【队伍建设】 2018 年，乌什县税务局结合“警示教育月”“聚焦总目标、作风再整顿”等专项活动，开展专题教育 4 次，组织干部参观县警示教育基地 2 次。常态化开展纪律党课，党组织书记上纪律党课 2 次，强化干部知敬畏、存戒惧、守底线意识。组织观看《蜕变》系列宣传片 2 次，以典型案例警示教育干部。组织学习新修订的《中国共产党纪律处分条例》，撰写心得体会，组织研讨，形成研讨记录 5 篇。利用法宣在线、“条例周周测”等对干部进行相关知识测试，巩固廉政教育成果。

【“两学一做”学习教育】 2018 年，乌什县税务局持续推进“两学一做”学习教育常态化开展，深入学习宣传贯彻中共十九大精神和习近平总书记系列重要讲话精神，在全县党建工作经验交流会上进行交流发言。开展各类思想政治学习 80 次，中心组理论学习 15 期，结合走访入户累计宣传 900 人次，开展专题讨论 18 次，撰写心得体会 265 篇。

（供稿人：王　婷）

银行·保险

中国人民银行乌什县支行

【概况】 2018年,中国人民银行乌什县支行(以下简称人行乌什县支行)围绕"新常态、新金融、大金融、全方位"的工作思路,全面落实稳健中性的货币政策,推进供给侧结构性改革,统筹做好稳增长、促改革、调结构、惠民生、防风险各项工作,支持乌什县经济金融平稳健康发展。

年内,人行乌什县支行设办公室、会计国库股、综合股,实有职工14人。

【货币政策执行】 2018年,人行乌什县支行加强与地方党委、政府沟通协调,发挥窗口指导作用,每季度召开金融运行分析会,及时分析通报辖区经济金融运行情况,引导金融机构准确执行稳健中性的货币政策。加强货币信贷监测分析,掌握稳健货币政策在乌什县的实施效应,制定应对措施,促进县域经济健康发展。

【信贷脱贫政策】 2018年,人行乌什县支行按照《关于创新发展扶贫小额信贷的指导意见》,推广面向建档立卡贫困户的"两免"扶贫小额信贷,帮助贫困户形成稳定的收入来源,脱贫致富。结合"教育扶贫",推进面向贫困家庭学生发放的生源地助学贷款政策落实。乌什县生源地助学贷款余额225.1万元,为384名大学生解决学费、生活费问题,使贫困家庭学生能够顺利完成大学学业。

【货币政策工具管理】 2018年,人行乌什县支行按照扶贫再贷款管理办法规定程序和要求,利用扶贫再贷款政策,加大扶贫再贷款投放力度,严格扶贫再贷款使用和审批程序,提高限额使用效率。做好存款准备金政策管理,严格落实岗位责任制,加强与营业部的沟通,执行存款准备金调整政策,反映政策实施效应,确保政策顺利实施、金融机构平稳运行;对个别存贷比高、流动性资金紧张的金融机构及早提出流动性支持预案,确保金融稳定和安全。年内,组织人员对乌什县农村信用合作联社开展存款准备金现场检查,确保政策的严肃性和有效性。加强利率监测分析,转发上级行利率文件,组织辖内金融机构认真贯彻落实,掌握利率政策执行情况;完善报备数据审核,按月上报各类利率报表,按季汇报利率执行情况分析。强化辖内同业拆解、债券、票据等市场监督管理,加大金融机构票据业务合法性监督力度,加强金融市场监管。

【存款保险】 2018年,人行乌什县支行配合阿克苏中支在辖区法人金融机构中开展存款保险风险评级工作,准确评估投保机构风险状况,确定风险等级,加强存款保险评级结果运用。对辖区法人金融机构开展存款保险现场核查,结合存款保险早期纠正、有序处置等措施,加强投保机构市场约束,防范和化解风险。发挥人民银行牵头作用,定期组织辖内金融机构做好存款保险宣传工作,引导金融机构正确认知存款保险工作,普及存款保险相关知识。做好投保机构费率管理工作,审慎核定投保机构使用费率及应交保费,确保投保机构及时、足额、准确交纳保费。

【金融风险】 2018年5月,人行乌什县支行收到群众对深圳普惠快捷金融服务有限公司、深圳普惠快信金融服务有限公司办理消费分期贷款业务投诉。5月19日,由县金融办牵头,县公安局、人民银行、市场监督管理局配合,对2家公司进行调查。经调查,该2家公司与有利网合作,属于中介,负责帮助消费者完成网上注册、签订合同,放贷由有利网负责;有利网属于P2P平台公司,存在线下开展网络借贷业务。经研判,该业务涉及非法高利贷和违规经营,交由市场监督管理局和公安局进行处置。

【地方政府债务清理】 2018年,人行乌什县支行开展地方政府债务清理工作,按照自治区防范化解政府债务风险工作安排,乌什县2017年7月14日以后涉及的政府违规举债金额27915.45万元,于2018年4月3日全额归还。受政府债务清理影响,乌什县联社存款当天减少金额11976万元,占存款总额的3.65%。乌什县联社流动性总体可控,暂未形成不良影响。

【“两管理、两综合”工作】 2018年,人行乌什县支行组成综合执法检查组对辖区农业银行、农业发展银行、邮政储蓄银行、农村信用社等4家金融机构开展再贷款、账户管理、反洗钱执法检查,履行监督管理职责,对存在的问题及时进行反馈,督促相关机构加强整改。通过开展“两管理、两综合”工作,提高辖区金融服务总体水平。

【“放管服”改革】 2018年,人行乌什县支行落实“放管服”改革措施,做好人民币单位银行结算账户的开户、销户和变更工作。配合固定资产投资工作,为各类账户开立提供“绿色通道”。

【农村支付环境建设】 2018年,人行乌什县支行与乌什县信用社紧密协作,建立辖区125个助农取款服务点,金融服务覆盖率100%。辖区有银行网点14个,累计布放ATM机48台,布放POS机469台,人行乌什县支行以助农取款服务点作为改善农村支付服务环境的突破口,持续推动相关工作,取得一定成效。

【国库管理】 2018 年,人行乌什县支行按照《国库会计核算业务操作规程》,正确划分预算级次,准确及时办理各级预算收入的收纳、划分、报解、入库及库款的退库、支拨等业务。强化国库监督管理、完善内控制度,防范化解国库资金风险,确保国库资金安全。

【现金服务管理】 2018 年,人行乌什县支行加强辖区金融机构现金服务监督,对 3 家银行点钞机假币识别功能进行检查。落实残损币兑换管理办法,对 1 家银行网点拒绝兑换残损币的违规行为进行处理。

中国农业银行股份有限公司乌什县支行

【概况】 2018 年,中国农业银行股份有限公司乌什县支行(以下简称农行乌什县支行)围绕全面“从严治党、从严治行”,突出抓实“两个责任”。截至 12 月底,各项存款余额 11.1 亿元,各项贷款余额 2.13 亿元。

【“一号工程”】 2018 年,农行乌什县支行做好三农领域金融服务工作,大力宣传,精准营销,筛选出优质惠农 e 贷白名单客户 60 户,投放惠农 e 贷 366 万元。组织专业营销团队,利用“六走进”(进机关、进企业、进学校、进社区、进农村、进商圈)活动,对农银 e 管家业务进行重点营销,通过现场实地讲解介绍,使客户亲身感受到互联网金融的便捷高效。截至 12 月底,累计完成惠农 e 商商户 577 户,完成计划任务的 577%,累计完成电子商务交易额 2149.12 万元,完成计划任务的 85.96%。

【零售业务营销活动】 2018 年,农行乌什县支行不断提升客户质量,挖潜存量客户,压缩无效户、低效户,激活潜力户,加大产品营销力度,提高产品交叉销售率、客户动户率,增强客户粘性,提升现有客户质量和价值。拓展新业务领域时,推行产品组合营销和综合营销,注重客户质量和效益,优先发展高品质客户和有价值客户。扩大有效户数,以“行外吸金”等活动为抓手,全员营销个人贵宾客户、POS 商户、E 农管家、聚合码等个人客户。加强个人贵宾客户和法人有效客户拓展,扩大客户规模,提升同业份额,为各项业务的推进提供充足载体。强化系统推动,加强领导,明确责任,强化保障,持续推进,确保各阶段目标顺利实现。实行“一把手”挂帅,分层营销,明确责任。发挥“春天行动”综合营销活动激励措施,细化营销方案,营造声势促营销。按照“日晒单、周通报、月奖惩”制度进行全过程管控,“春天行动”取得第二名。

【社会保障卡发放】 2018 年,农行乌什县支行配合县社保局做好居民社会保障卡发放工作。双方确立固定业务联系人，加强信息交换与沟通，按照业务规则有序推进各项业务工作。年内，为全县居民发放社会保障卡4万余张。

【营销活动】 2018年，农行乌什县支行合理布局网点资源，提升中间业务营销水平。通过开展“春天行动”“激情仲夏”“赢在金秋”等综合营销活动，总结中间业务产品营销经验，加大个人掌银、理财、贵金属、信用卡营销力度。通过网点大堂经理、大堂引导员合理分工，利用网点超级柜台、Wi－Fi形成完整的中间业务产品营销流程，提升中间业务产品营销水平。

【平安建设】 2018年，农行乌什县支行加强信用风险管控，树立“信贷质量立行”的经营理念，健全完善风险管理体系，加强信贷队伍管理，构建业务、风险、合规三道防线。深化信贷结构调整，强化贷后管理，及时掌握客户情况，及时、有针对性落实相应风险管控与化解措施。加强案防管理，抓好检查督导，压实案防责任，消除隐患。做实“三线一网格”（“三线”指党建线、纪检线、运营线；“一网络”指员工行为管理网格化责任体系）管理，做好员工行为排查，强化严查严处；严格执行重要岗位轮岗制度，坚决落实岗位轮换、强制休假等制度。继续加强“双基”（基础、基层）管理。加强安全生产管理，建立运营风险评估机制，提升运营基础管理能力，深化“三化三铁”（标准化、规范化、制度化，铁账、铁款、铁规章）创建工作，强化运营风险源头管控；加强安全保卫工作，着力打造“责任、科技、规范、品质、全员”五个安保，深化“三化三达标”（“三化”指持续推进安全保卫工作标准化、制度化、精细化；“三达标”指促进各一级支行、金库、营业网点实现物防、技防、人防达标）建设。

中国农业发展银行乌什县支行

【概况】 2018年，中国农业发展银行乌什县支行（简称农发行乌什县支行）坚持稳中求进工作总基调，加强风险管理，完善内控机制，改善经营环境，提升管理水平，转变工作作风，加强员工队伍建设。

年内，支行信贷资金总体运行情况良好。各项存款余额29559.66万元，比年初减少4619.99万元；各项存款日均余额29157万元，比年初减少661.85万元，上级行下达2018年度日均存款目标任务2.8亿元，完成率104.13%；累计营销财政性存款1.25亿元，增加企事业单位非贷客户账户6个，投资条线2个，存款5042.46万元。各项贷款余额25879.56万元，比年初减少25046.45万元；实现中间业务收入1.45万元，比年初增加1.45万元。

【贷款投放】 2018年，农发行乌什县支行与县粮食购销公司对接，在2017年粮食贷款未结零的情况下，及时向自治区分行报送展期与贷款资料贷款,确保2018年不出现“打白条”现象,投放小麦贷款7750万元;中长期贷款余额19784.96万元,其中农村路网13031.41万元、特色小城镇2084.55万元、棚户区改造项目4669万元。与县住建局、财政局、扶贫办等部门对接,营销棚户区改造贷款,审批棚户区贷款3亿元,成功投放4669万元;重点建设基金累计投放2.28亿元,累计支付15815.57万元,比年初增加6068.47万元,基金余额6984.43万元。

【财政性存款营销】 2018年,农发行乌什县支行加大财政性存款营销力度,在完成政府债务清理、县财政紧张的情况下,成功营销多笔财政性存款,降低支行运营成本。年内,财政性存款余额10665.65万元。

【服务水平建设】 2018年,农发行乌什县支行以提高全员综合素质为目标,在提高职业道德教育的基础上,着重加强员工业务水平和操作技能培训。在支行内部,加强计算机操作学习和培训,会计坐班主任每天组织会计人员学习综合业务系统《操作手册》;在支行外部,选派人员参加自治区和地区分行的信贷系统、资金计划培训班,及时掌握新业务知识和技能,加强各部室协调配合,最大程度保证各业务系统正常运行。

【高信贷业务部建设】 2018年,农发行乌什县支行强化制度执行管理,加强制度执行情况检查和督导。严格执行信贷资金封闭管理,加强各项贷款风险排查和信贷制度落实检查。建立和完善农发行内部岗位风险责任制,加大信贷人员激励和约束力度。加强信贷基础工作管理,通过内外部对贷款审批全流程、贷后管理及日程工作的定期检查和支行自查,发现问题整改问题,确保信贷资料真实完整,信贷操作合规有序。

【财会管理】 2018年,农发行乌什县支行倡导勤俭节约之风,本着“少花钱、多办事”的原则研究大额费用开支。加强职工队伍建设,提高会计出纳人员整体素质;会计结算部坚持利用每日晨会开展业务学习。选派业务人员参加地区分行开展的县支行会计主管、坐班主任交流学习。

【安全保卫】 2018年,农发行乌什县支行在工作部署、思想教育、制度建设和检查考核等方面统筹兼顾,使全行上下在思想上牢固树立“安全保卫无小事”的工作理念,在实际工作中全员投入,措施到位。按季度召开安全保卫分析会议,按计划开展预案演练,提高员工应对突发事件能力。

乌什县农村信用合作联社

【概况】 2018年,乌什县农村信用合作联社(以下简称乌什县信用联社)落实新发展理念,坚持服务实体经济,着力防范化解金融风险,完成全年各项工作任务。

【主要经营指标】 2018 年,乌什县信用联社各项收入 20337 万元,比上年同期增加 1745 万元,增幅 9.39%,完成率 98.48%。其中利息收入 9288 万元,同比增加 48 万元,增幅 0.52%,完成率 91.15%;金融机构往来收入 9464 万元,同比增加 866 万元,增幅 10.07%,完成率 103.89%;手续费收入 372 万元,同比增加 32 万元,增幅 9.41%,完成率 95.38%;投资收益 1160 万元,同比增加 850 万元,增幅 274.19%,完成率 128.6%。各项支出 15815 万元,同比增加 1087 万元,增幅 7.38%,完成率 96.63%,其中利息支出 2638 万元,同比增加 354 万元,增幅 15.5%,完成率 105.99%;金融机构往来支出 918 万元,同比增加 194 万元,增幅 26.8%,完成率 87.35%;各项贷款余额 273705.85 万元(剔除票据转贴现因素为 172185.21 万元),比年初增加 29533.25 万元,增幅 20.7%。其中农户贷款余额 83593.69 万元,占比 48.59%,比年初增加 4746.87 万元,增幅 6.02%;城市个人贷款余额 18706.66 万元,占比 10.86%,比年初增加 4316.28 万元,增幅 29.99%;企事业法人贷款余额 71786.74 万元,占比 41.69%,比年初增加 20479.29 万元,增幅 39.91%。

年内,发卡 12585 张,比计划超额完成 2585 张,卡均存款 4200 元。银行卡累计发卡 171359 户,卡存款余额 62595 万元,卡均存款 3700 元。银信通签约计划任务 22200 户,实际完成 23062 户,超额完成 862 户。个人网银计划 8950 户,实际完成 11596 户,超额完成 2646 户;手机银行完成 11090 户;企业网银完成 179 户。安装自动柜员机 29 台,其中安装 ATM 取款机 16 台,CRS 存取款自动柜员机 13 台;新增助农取款商户 106 户,增幅 815%;新增普通 POS 商户 71 户(不含社保 POS 商户),增幅 56.35%;各类商户 291 户,POS 终端 416 台,交易金额 84299 万元,增幅 39.68%。新增企业网上银行开户 159 户,同比增加 57 户,增幅 56%,累计开户 252 户;新增个人网上银行开户 5688 户,同比增加 3735 户,增幅 191%,累计开户 10397 户;新增手机银行开户 5447 户,同比增加 3583 户,增幅 192%,累计开户 9576 户;年内,网上银行、手机银行、电子支付网上交易 3.04 万笔,交易金额 188391 万元,电子银行替代率 81%。

【业务拓展】 2018 年,乌什县信用联社强化业务拓展工作,对现有存量融资及年内拟建立融资关系的既有客户进行集中评级授信,完成全部自营企业客户评级授信。参与调查辖内 71 户专业合作社,了解合作社基本经营状况,拓展存、贷款业务及电子银行业务,营销一批客户,储备一批客户。强化与企业的直接沟通,注重培育客户。掌握存量客户动态,加强信贷业务管理。支行分别与天山农商行、乌鲁木齐农商银行、昌吉农商银行和石河子农合行签订战略合作协议,由四家银行给市支行社团贷款额度,加强与地区内各兄弟行社的联系,积极参与社团贷款。

【农商行改制】 2018 年,乌什县信用联社于 1 月向自治区联社体改办提交农商行改制申请;5 月 21 日,自治区联社正式将乌什县信用联社列入 2018 年备选改制社;7 月 21 日,向阿克苏银监分局上报乌什县联社关于改制农商行筹建达标评估报告;9 月 17 日和 9 月 29 日,联社分别召开理事会和社员代表大会,审议通过《关于乌什县农村信用合作联社拟改制新疆乌什农村商业银行股份有限公司的议案》《关于成立新疆乌什农村商业银行股份有限公司筹建工作小组的议案》《新疆乌什农村商业银行股份有限公司筹建工作方案的议案》等涉及改制的相关议案,确定乌什县信用联社改制基准日为 2018 年 9 月 30 日。10 月 8 日,取得自治区联社体制改革工作领导小组《关于拟成立新疆乌什农村商业银行股份有限公司筹建工作小组的批复》。

【电子业务】 2018 年 4 月,新疆农信系统条码支付业务正式上线,乌什县信用联社先后 3 次参加区联社专项业务培训,4 月对全辖网点人员进行业务转培训,10 月下发条码支付业务推广营销考核方案,12 月出台暂免商户手续费优惠政策,加大部门督办力度。截至年底,安装 408 户,生成收款二维码 408 个。打造“普惠金融宣传教育基地”,与“访惠聚”驻村点乌什镇南关社区共同打造“普惠金融宣传教育基地”。利用多媒体、多层次、广角度长期有效面向客户普及金融基础知识,以金融创新业务为重点,针对金融案件高发领域开展金融风险宣传教育。

【信贷风险】 2018 年,乌什县信用联社加大农户贷款投放力度及不良贷款清收压降工作,按照“早安排、早部署、早发放”原则,加大春耕备耕贷款投放力度,提高支农服务水平。11 月底,在全辖开展农户贷款利率优惠活动,加大农户贷款二次投放。截至年底,农户贷款余额 83593.69 万元,较年初增加 4746.87 万元,增幅 6.02%;农户贷款覆盖率 68.45%,较年初增加 11.83%,创历史最高。全面推广“农贷通”业务,符合农贷通业务准入条件的 23742 户农户转成农贷通客户。在全辖 6 乡 3 镇布防 10 台自助贷款机,累计办理“农贷通”业务 7971 笔,金额 35746.1 万元。

【不良贷款清收压降】 2018 年,乌什县信用联社制定不良贷款清收计划,汇总形成经营目标计划,与各社签订经营目标责任书。开展实地走访,跟踪掌握借款人生产经营情况,制定清收化解措施;4 月、6 月、12 月,分别由联社领导带队,对社团不良贷款、农户大额不良贷款开展实地走访,加快化解处置进度。召开会议学习贯彻区联社不良贷款清收化解处置攻坚年活动方案,讨论制定联社活动方案,根据不良贷款分布及特征,动员一切力量,鼓励全员清收,分片包干,逐笔包干,制定一户一策及全年清收化解计划,细化奖惩机制。截至年底,共清收处置不良贷款5318.45万元。对综合运用各种清收化解手段后仍无法收回的不良贷款,加大核销力度,在手续齐全、程序合规的情况下,核销3623.99万元,其中符合财政分担的两居工程贷款196.55万元(本金154.55万元、利息42万元),申请财政损失分担金额147.41万元。

【会计业务上线】 2018年,乌什县信用联社推进会计业务系统上线,会计结算部参与存款保险系统、头寸管理平台、全国存量账户系统、非居民金融账户涉税、核心系统部分项目整合共5项系统上线及2次核心系统项目整合改造操作演练工作。全辖区50人次参与上线,45人参加自治区联社核心系统考试,全部合格,平均分95分。

邮储银行乌什县支行

【概况】 2018年,邮储银行乌什县支行设营业网点1个,设立综合部、营业部、信贷部3个部门,有员工16名。各项存款余额31695万元,较年初下降823万元;各项贷款余额5069万元,较年初下降1154万元,其中小额农户贷款1204万元、消费贷款3590万元、商户贷款275万元。实现各项收入1292.2万元,利润767万元。

【内部管理】 2018年,邮储银行乌什县支行结合合规执行年、执行力建设年及扫黑除恶整治活动,组织开展业务培训,内容涵盖公司治理、信贷、财务会计、案防、员工管理等方面,推进支行全面发展,确保实现稳健、合规经营。年内,未发生事故、案件和损害支行声誉的不良事件。

【存款管理】 2018年,邮储银行乌什县支行利用进社区、进乡(镇)、进学校、进商圈等扩大宣传力度,与各单位、企业协调吸收对公存款,持续开展优质文明服务活动,挖掘潜在客户,培养优质客户,实现存款稳步增长,资金实力不断壮大。

【信贷投放】 2018年,邮储银行乌什县支行优化信贷投放模式,创新信贷产品,为"三农"和中小企业发展提供资金支持。累计发放小微企业贷款7321笔,累计放款金额23.47亿元;资本回报率、利润增长率、不良贷款率、拨备覆盖率和经济利润率等关键指标达到银行同业优秀或良好水平;评级机构对邮储银行主体信用评级和债券信用评级均为"AAA"。对应县域小企业开展融资需求调查,将符合贷款准入的小微企业转介地区分行小企业中心,开展贷款受理和审批工作。坚持小额贷款业务持续下乡,广泛开展业务宣传,持续维护小额贷款渠道片区,明确支持地方发展、服务"三农"的宗旨。

中国人民财产保险乌什县支公司

【概况】 中国人民财产保险股份有限公司乌什支公司(以下简称人保财险乌什支公司)以“抓转型、抓维稳、抓合规、促落实”为核心,不断深化转型发展力度,优化服务,在激烈市场竞争中持续保持主动和引领,车险带头发展,其他产品线齐头并进,全力提升公司综合经营业绩,保费规模突破6000万元。年内,完成签单保费6258万元,比上年增长2284万元,增幅57.49%;实收保费5862万元,增幅52.6%。其中农险签单保费收入2118万元,比上年增长799万元,增幅60%;非农险保费4139万元,比上年增长1485万元,增幅55%;车险签单保费1550万元,比上年增长155万元,增幅11%。

【政企互动】 2018年,人保财险乌什支公司加强政企互动,促进商业非车险快速发展。加强与党政机关的互动,与县民政局、低保办洽谈民政低保和低保人员意外险业务,6月28日落地签单,保费1393.45万元。与各卫生院对接洽谈医疗责任险,7月签单,保费34万元。加强与各乡(镇)的联系,对接务工人员意外险,3月、4月、9月共收取外出务工人员意外险保费150万元。11月16日,与县人民政府签订战略合作协议。

【“三农”网点建设】 2018年,人保财险乌什支公司有6个三农营销服务部正常运转,共25人,各险种业务全面展开,为抢先占领农村市场打下基础。主动与各乡(镇)政府及“访惠聚”驻村工作队联系,做好沟通协调工作,为网点发展营造良好宽松的展业环境,巩固和提高三农保险基层服务和销售能力。

中华联合财产保险股份有限公司乌什县支公司

【概况】 2018年,中华联合财产保险股份有限公司乌什县支公司(以下简称中华财险乌什县支公司)主要开展各种财产保险、机动车保险、交强险、信用保险、农业险、养殖业险、健康险、医疗保险及各种短期人身保险等保险业务。

年内,实有员工12人。其中,少数民族员工占比70%。

【理赔服务】 2018年,中华财险乌什县支公司注重理赔服务工作,要求客服查勘人员对事故现场认真仔细进行查勘,在维护公司声誉和利益的同时,要保证保户利益。全年全保费收入1285万元。

【企业文化】 2018年,中华财险乌什县支公司加强企业文化和诚信服务建设,开展谈心活动,落实员工关爱计划。年内,向阿恰塔格乡中心小学开展助学活动,捐赠书3万册，捐赠学校、幼儿园安全警示牌200个，资助贫困家庭学生学平险400人（学平险费用2.8万元）。在公司业务发展、客户服务、理赔等方面，广泛听取多方意见，群策群力，使每名员工都能感受到自己的价值，增强公司凝聚力。

中国人寿保险股份有限公司乌什县支公司

【概况】 2018年，中国人寿保险股份有限公司乌什县支公司（以下简称中国人寿乌什县支公司）业务规模稳步增长。截至11月，新单期交达成786.85万元，达成率109.13%；十年期达成417.47万元，达成率91.95%；短险达成475.74万元，达成率97.49%；标保达成420.78万元，达成率105.46%。

【个险渠道】 2018年，中国人寿乌什县支公司个险渠道架构人力186人，实际出勤130人。主管26人，准主管4人。新单期交591.35万元，达成率110.53%；十年期340.95万元，达成率85.24%；十年期保障型216.26万元，达成率90.11%；短险55.71万元，达成率63.31%；标保346.63万元，达成率104.73%。

【银保渠道】 2018年，中国人寿乌什县支公司银保渠道架构人力16人，实际出勤11人。其中客户经理2人，理财经理14人，主管2人，准主管1人。新单期交184.23万元，达成率99.05%；十年期65.78万元，达成率121.82%；十年期保障型52.58万元，达成率250.39%；短险15.19万元，达成率151.89%；标保63.54万元，达成率93.45%。

【团险渠道】 2018年，中国人寿乌什县支公司团险渠道架构人力11人，实际出勤11人。其中客户代表4人，客户经理6人，主管1人。短险保费402.63万元，达成率103.24%。

经济管理和监督

发展和改革委工作

【概况】 2018年,乌什县发展和改革委员会(以下简称乌什县发改委)发挥城市经济口牵头部门主体作用,组织协调各部门压实责任、强化举措,适应经济发展新常态,应对经济下行压力,统筹推进稳增长、调结构、促改革、惠民生各项工作,提升经济发展质量和效益,促进县域经济快速发展。

年内,乌什县发改委核定行政编制19名,其中领导职数6名(正科级3名、副科级3名);事业编制19名,其中领导职数2名;机关工勤事业编制3名。内设机构5个,所属二级单位7个。

【规划编制】 2018年,乌什县发改委强化综合协调,当好参谋助手,科学制定经济口重点工作目标及责任分解,做好每月、每季度经济运行监测分析,针对突出问题,提出合理化意见建议,为县委、县政府科学决策提供重要参考。定期召开工作例会及各类协调会、推进会,协调解决相关问题,确保各项工作稳步推进。立足当前、谋划长远,围绕重点工作任务,科学编制各类规划,完成乌什县“十三五”规划和“十三五”援乌规划修编及深度贫困地区脱贫攻坚规划编制工作,建立完善总投资1500亿元、涉及1611个项目的精品项目库,为乌什县经济发展夯实基础。

【项目建设管理】 2018年,乌什县发改委坚持稳中求进、改革创新总基调,把项目建设作为拉动投资、驱动发展的有力引擎,健全完善管理机制,推行责任分包、倒排工期、专项督查、跟踪督办等机制,推进项目建设提速增效。年内,实施各类项目117个,累计完成投资24.6亿元,同比增长27.22%。围绕县域经济社会发展需求,强化“争跑盯”意识,先后40次赴地区、自治区各部门对接项目,争取中央、自治区预算内投资项目69个,累计到位资金3.66亿元,同比增长30%,有效缓解乌什县脱贫攻坚和民生建设资金短缺难题。

【对口支援工作】 2018年,乌什县发改委发挥援乌办统筹协调和综合服务作用,主动加强与衢州市对口支援乌什县指挥部对接联系,谋划和推进各项工作,全年安排援助资金2.45亿元,实施基层建设、民生保障、产业就业、国家通用语言教育、干部人才、交流交往等6大类援助项目27个,推动乌什县经济发展和民生建设。

【脱贫攻坚】 2018年，乌什县发改委组织党员干部与联系村62户贫困户“一对一”结对帮扶，为贫困户解难事、办实事，通过资金帮扶、物质帮扶、技术帮扶、智力帮扶、产业帮扶、就业帮扶等措施，多渠道增加贫困户收入。年内，累计为帮扶户申报入户类扶贫项目87个，帮助稳定就业26人，组织零散务工126人次，帮扶各类生产生活物资2万元。抓好公共设施建设、易地扶贫搬迁、援乌扶贫脱贫攻坚三个专项组工作。累计协调各类项目资金3.56亿元，新建农村公路260.34千米，新建、改造农村电网178.8千米，新建通信网络基站72个，实现全县所有行政村硬化路、配电网络和通信网络全覆盖；新建安置住房521套，完成搬迁安置521户2236人，配套建设农村道路14.5千米、灌溉渠道12.5千米、供水管网16.8千米、输变电线路19.14千米、国家通用语言幼儿园12所、村民服务中心1座，安装太阳能路灯290盏，配备环卫设施96套。通过“六个一批”精准措施，转移就业375人，安置公益性岗位61人，生态补偿扶持33人，转为护边员扶持285人，社会保障兜底605人。通过林果业提质增效、订单蔬菜、牛羊托管分红等入户类产业项目，累计扶持585户次，累计实现471户2017人脱贫。坚持输血与造血相结合，投入援助资金2.45亿元，实施产业、教育、医疗、文化、智力、民生6大类援助项目27个。

【群众工作】 2018年，乌什县发改委选派12名干部进驻2个联系村开展“访惠聚”工作，发挥派出单位后盾作用，在人力、财力、物力等方面全力给予支持。压减机关日常开支5万元，为工作队购置电视、冰箱、洗衣机、热水器、饮水机、消毒柜等必要设备及迷彩服、棉大衣等安全防护装备，足额配备电脑、打印机等办公设备，为驻村干部安心工作创造良好条件。发挥行业优势，争取各类资金1125万元，在2个联系村实施农村道路、农田水利等民生项目，为联系村捐赠价值2万元电脑、打印机、办公桌椅等设备，为联系村小学及贫困学生捐赠价值2.4万元教学设备和学习用品；协调企业为困难群众捐赠价值1.8万元面粉、煤炭等生活物资。定期到联系村走访调研、慰问群众，开展主题宣讲；按照“一月一主题”活动计划，组织党员干部开展“民族团结一家亲”和民族团结联谊活动；利用结亲周，组织党员志愿服务队开展“忙春播、帮三夏、助秋收”等帮扶活动。全年累计走访慰问村干部、结亲对象及困难群众200户，开展民族团结主题宣讲6场次，民族团结一家亲联谊活动17场次，各类志愿服务活动26次，帮助协调解决难点问题40项，为群众办实事好事300件。

【自身建设】 2018年，乌什县发改委坚持抓规章制度执行落实，用制度管人管事，修订完善公车管理、公务接待、公文审批、信息报送等内部管理制度，编印成册，形成《乌什县发改委制度汇编》，实现机关管理制度化、规范化。坚持抓管理创新,实行重要岗位AB岗运行模式,推行机关干部量化考核、分级管理、星级化管理等措施,对重要文件和重点工作每日督办、每周通报、跟踪问效;层层分解全年目标任务,责任到人,建立完善奖罚分明的考核细则,及时兑现考核奖惩,激发干部创先创优积极性。年内,获全县各部门通报表扬30次,获各类荣誉表彰10项。

物价管理

【概况】 2018年,乌什县价格监督检查局坚持依法行政、依法履职,强化价格监督检查职能,发布价格监测信息10期,查办价格违法案件1起,罚没款0.35万元,对全县中小学、托幼机构和药品零售店开展检查2次,对群众关心关注的医疗收费问题进行为期1个月集中整治,协助县公安、税务等部门依法办理涉案涉税物品价格认定282起,认定金额2475.2万元。做好贫困户订单蔬菜询价定价工作,确保订单蔬菜配送工作的顺利开展。

【价格监督检查】 2018年,乌什县价格监督检查局与县市场监管局、国税局等部门组成联合督导组,重点对县内主要商店、超市、药店、农资店等进行明码标价管理,推行明码标价,杜绝价格欺诈行为。在重大节庆日期间,对哄抬价格、变相涨价等价格违法行为进行监督检查。根据自治区《关于合理调整我区污水处理收费标准的指导意见》要求,按照污染者付费、公平负担、补偿成本、保证运营的原则,结合居民生活水平和县域经济社会发展现状,对污水处理厂收费标准进行测算,为污水收费提供合理性参考意见。根据最新电价收费标准和转供电工作安排,对全县各物业小区居民用电进行价格检查,对各物业发放告诫函,要求在醒目位置张贴收费标准,维护全县供电市场价格稳定。受理物价领域投诉,及时查处价格收费举报案件,接受群众咨询3件,办结率100%,做到有报必查、查必有果,事事有回应、件件有落实。开展价格评估和鉴定,受理各类价格鉴定案件339件,涉及金额3007.09万元,为行政执法和司法机关提供科学客观的依据。

粮食管理

【粮食产能】 2018年,乌什县粮食局稳定粮食面积,加快品种改良,突出抓好春播夏管秋收各环节精细化管理。全年种植粮食作物3.24万公顷,总产量27.49万吨,分别比上年增长23.44%和30.9%。

【粮食安全】 2018年,乌什县粮食局落实粮食安全目标责任制各项措施,制定出台相关考核办法,抓好日常督促检查,完成全县社会粮油供需平衡抽样调查、数据分析及统计、上报等工作,为国家、自治区宏观调控提供可靠依据。立足粮食安全大局,强化政治责任,抓好粮食流通监督检查、粮油仓储规范化管理、粮安工程建设等工作。提前谋划部署，明确目标，分解任务，细化措施，督促指导涉粮企业优化服务、规范管理。严格落实夏粮收购政策，稳妥推进小麦收储制度改革落地实施，全年收购夏粮3.9万吨。

【市场监督】 2018年，乌什县粮食局加强粮食流通执法监管，加大粮食市场监督检查力度，依法查处倒粮、贩粮、套取直补等违法行为。全年开展粮食流通专项检查2次、安全储粮专项检查4次、粮食系统安全生产检查30次，粮食流通秩序明显好转，在地区粮食安全责任制考核中获优良等次。

（供稿人：买尔比牙·艾尔肯）

统　计

【概况】 2018年，乌什县统计局核定机关行政编制5名，机关事业编制3名，机关工勤事业编制1名。有党组1个，中共党员10名，其中女性6名。内设职能科室2个（办公室、业务办公室），下辖事业单位3个（普查中心、社会经济调查队、能源消耗中心）。

【统计工作】 2018年，乌什县统计局发挥统计职能，做好经济运行预测，密切关注宏观经济形势，做好统计信息工作，反映经济运行情况。创新工作方法，规范制度建设，优化工作环境，提高统计能力，提升工作水平。编辑发布《乌什县2018年国民经济和社会发展统计公报》，编辑经济要情14期，各类信息120篇。

【统计职能】 2018年，乌什县统计局加强部门协调联动，提高统计数据质量，主动与县发改、商信、市场监管等部门沟通交流，坚持综合统计与部门统计相结合，实现信息共享，为经济数据规范统一奠定基础。加强规上企业纳入“一套表”统计工作，按照“个转企、企升规、规入统”的要求，发掘企业潜力。立足统计职能，做好每月经济和社会发展各项指标统计工作，为全县经济宏观决策提供参考。

【第四次全国经济普查】 2018年，乌什县统计局启动第四次全国经济普查工作，组织360名普查员和普查指导员对全县6851家对象进行普查登记、数据采集、数据汇总、数据审核上报等。对各乡（镇）普查数据质量进行抽查，先后3次召开普查数据比对评估报告会，将普查数据与部门年报数据进行比对，针对差异较大数据进行核实，查找原因，认真评估，有效提高数据质量。

【统计执法及业务培训】 2018年，乌什县统计局贯彻落实习近平总书记关于加强统计工作防范和惩治统计弄虚作假重要批示精神，完善制度体系，以提高统计数据质量为中心，严把统计数据质量关，以边调研、边检查的方式对全县35家企业进行执法检查。开展统计法规和业务知识学习培训,提升基层统计人员综合素质,利用召开年报会、经济普查会、固定资产投资培训会等时机开展教育培训,增强基层统计人员守法意识。开展《中华人民共和国统计法》《中华人民共和国统计法实施条例》进企业、进乡(镇)、进机关活动,为依法统计营造良好社会环境。

【城乡住户一体化样本轮换】 2018 年,乌什县统计局对乌什镇九眼泉村 855 户、阿合雅镇果鲁克村 880 户、依麻木镇玉斯屯克和田村 522 户、亚科瑞克乡皮羌村 293 户和奥特贝希乡亚阔坦村 545 户、喀什博依居委会 274 户、依提帕克居委会 1503 户开展摸底调查、划分调查小区、房屋编号、户主姓名底册造册工作。

(供稿人:巩红玉)

审　计

【概况】 2018 年,乌什县审计局推进公共资金、国有资产、扶贫援乌、经济责任及基本建设资金审计全覆盖,发挥审计在党和国家监督体系中的重要作用。

年内,乌什县审计局核定行政编制 14 名,机关行政编制 11 名(机构改革新增行政编制 1 名),机关参公事业编制 2 名,机关工勤事业编制 1 名;内设综合办公室、行政事业审计股、财政金融审计股、投资审计股 4 个机构,下辖乌什县经济责任审计中心(副科级事业单位,全额预算管理,核定事业编制 5 名,实有 5 人)。

【审计成果】 2018 年,乌什县审计局实施的本级财政预算执行审计、专项资金审计和调查、经济责任审计、行政事业审计项目完成率 100%。年内,共开展审计项目 29 个,出具审计报告 23 份,出具扶贫领域专项资金审计专报 20 份。提出审计建议 56 条,采纳 56 条。提交审计信息 73 篇,采用 94 篇次。

【政策审计】 2018 年,乌什县审计局围绕重大政策执行情况,派出审计组对各相关单位开展重大政策措施落实情况跟踪审计,对 11 个相关单位在落实重大项目推进、精准脱贫、深化供给侧结构性改革、保障和改善民生、加快完善社会主义市场经济体制、防范化解重大风险等方面工作情况进行跟踪审计,出具跟踪审计报告 4 份。组织 45 个相关单位对 2014 年以来贯彻落实中央重大政策措施、财政收支情况进行自查自纠 3 次,出具自查报告 3 份,查出各类问题 21 个,涉及单位 7 个。

【本级财政预算执行审计】 2018 年 4 月,乌什县审计局对乌什县 2017 年度本级财政预算执行和其他财政财务收支情况进行就地审计,重点审计预算编制(批复)、预算收入支出、基金预算收入支出、财政存量资金、政府采购正版化软件预算执行、公务支出和公款消费预算执行等情况，查出管理不规范资金 2144.6 万元，督促财政部门对财政资金、政府采购进行规范管理。向乌什县人大常委会提交《乌什县 2017 年度本级财政预算执行和其他财政收支的审计工作报告》。

【重大工程项目跟踪审计】 2018 年，乌什县审计局组织 8 个相关单位完成 2016—2017 年度 11 个项目系统录入工作。完成 2018 年度援助项目审计工作，主要对 2017 年乌什县安居富民、轻工业园区供水、供暖管网建设项目、游牧民定居等 12 个援助项目进行跟踪审计。聘请中介机构对乌什县 PPP 项目开展跟踪审计，完成乌什县综合体育馆建设项目进度审核，送审额 5676.94 万元，审定金额 2164.41 万元，核减额 3512.53 万元。

【经济责任审计】 2018 年，乌什县审计局继续开展经济责任审计工作，促进被审计单位规范财务核算，建立完善相关制度，增强被审计单位领导干部财经法规意识和经济责任意识，加强领导干部权力制约和监督。年内，开展经济责任审计项目 3 个，完成亚科瑞克乡经济责任审计问题整改工作；结合 2017 年出具的亚科瑞克乡原乡党委书记、原乡长经济责任审计征求意见稿，查出管理不规范资金 199.85 万元，针对存在问题开展审计回访和督促整改工作，出具审计报告；完成离任审计 1 人，任职期间履行经济责任情况审计 1 个，完成现场审计。

【行政事业审计】 2018 年，乌什县审计局完成 3 个部门及单位财务收支审计工作，分别为县委统战部 2014—2017 年财务收支情况审计，县民宗委 2014—2017 年财务收支情况审计，县委组织部 2017 年财务收支情况审计。

【保障性安居工程跟踪审计】 2018 年，乌什县审计局对乌什县住房和城乡建设局 2017 年保障性安居工程进行审计，重点对乌什县 2017 年度各类棚户区改造、农村危房改造和公共租赁住房、经济适用住房、限价商品住房等保障性住房计划、投资、建设、分配、运营等情况及配套基础设施建设情况进行审计，查出管理不规范资金 820.17 万元。

【扶贫领域专项资金审计】 2018 年，乌什县审计局按照全过程审计监督要求，先后开展扶贫领域项目资金管理使用情况专项督查 4 次，入户核查扶贫资金项目受益群众 3650 户，现场提出整改建议 58 条，督促相关单位整改扶贫项目进度慢、农民工工资台账不全、贫困劳动力使用率低等问题 20 项，纠正村级组织发放扶贫物资手续不齐全、扶贫项目档案资料不完整、公示公告不规范等问题 65 项。完成 2017 年 8 月后扶贫领域未完成项目审计，完成 2015 年至 2017 年 8 月扶贫领域项目资金管理使用存在问题整改回头看及 2017 年 8 月以后扶贫项目资金管理使用情况审计工作。出具扶贫领域专项资金审计专报20份。

【审计回访整改】 2018年,乌什县审计局分别完成自治区和地区审计机关审计的《乌什县2016—2017年扶贫政策贯彻落实、扶贫资金分配管理使用情况专项审计》《2017年支持新疆发展资金和项目跟踪审计》报告中存在问题的整改汇总工作。组织28个单位对2015—2017年审计查出问题进行全面整改,向自治区第十巡视组报送2015—2017年自治区、地区、县级审计报告及相关整改情况汇总资料47份(80卷)。

(供稿人:王维维)

市场监督管理

【概况】 2018年,乌什县市场监督管理局有序推进各项工作目标任务,基本实现机构改革与市场监管职能落实"两手抓、两不误"。年内,乌什县市场监督管理局核定编制67名(行政编制51名、机关工勤事业编制3名、事业编制13名)。实有60人。下设综合办公室、组织人事财务科、法制纪检室、食品监管办公室、药品医疗器械保健食品化妆品综合监管办公室、行政许可监管办公室、消费者权益保护办公室(投诉举报指挥中心、网络商品交易监管办公室)、商标广告合同监管办公室、质量技术监督办公室。

【商事制度改革】 2018年,乌什县市场监督管理局落实"先照后证"、"多证合一"、电子营业执照发放、全程电子化登记各项改革举措,换发企业营业执照658户,换照率96.9%;换发个体营业执照4663户,换照率77.39%。在册企业679户,新增138户,新增从业人员229人;在册个体工商户6021户,新增1305户,新增从业人员2273人;在册农民专业合作社415户,新增108户,新增从业人员1087人。办理食品经营许可证420个,变更8个,注销45个;办理车辆气瓶过户610户。推行企业简易注销登记改革,为5家企业办理简易注销手续。对2017年5929户市场主体进行年报公示,年报率98.74%。

【食品安全】 2018年,乌什县市场监督管理局注重食品安全风险监管,召开工作例会,制订工作方案,签订目标责任书。组织开展食用农产品专项源头治理3次;对食品生产经营单位进行现场审核、现场指导,开展食品专项整治48次,巡查、检查各类食品生产经营单位66户次;对335家餐饮单位进行量化分级,签订承诺书335份;食品药品安全集中约谈8次。完成各类食品抽样检测220批次。年内,全县未发生食品药品安全事故。

【药械监管】 2018年,乌什县市场监督管理局强化药品化妆品安全监管,对全县40家药品企业实施药品企业信用分级管理、统一标示及GSP跟踪检查。检查药品经营使用单位365家次,下达责令改正通知书29份,现场指导整改169家次。组织开展食品药品宣传活动,发放宣传资料1350份,接待咨询群众460人次,销毁不合格食品、药品、保健品价值21万元。开展业务培训16场次,培训1926人次。

【特种设备监管】 2018年,乌什县市场监督管理局加强特种设备安全监察,与特种设备使用单位签订目标责任书,建立完善设备档案和监察数据信息。坚持日常监察、重点检查和专项整治相结合,开展专项检查8次。检查在用锅炉安全运行情况2次;特种设备新增登记率100%、定检率100%、液化气钢瓶定期检验率100%。

【维权消费】 2018年,乌什县市场监督管理局组织开展"品质消费 美好生活"为主题的"3·15"国际消费者权益日宣传活动,发放宣传资料6000份,现场咨询15人次,投诉4件,销毁14个品种价值22.19万元的假冒伪劣过期商品120千克。全年"12315"投诉平台受理调解消费纠纷26起,处理率96%,为消费者挽回经济损失2.2万元,查出虚假宣传案1起,收缴罚没款1万元。落实失信惩戒,将失信的137家企业及农民专业合作社、23家个体工商户列入异常名录,对违法经营企业进行处罚、公示。深化计量惠民工程和"两免费"检定,对辖区内农产品收购用汽车衡、燃油加油机、计量器具及城区主要集贸市场、超市、医用医疗器械(血压计、超声波、分析仪)、辖区内在建公路四个标段混泥土拌合站等场所、领域计量器具进行监督检查检定,检定计量器具800台(件),商贸衡器受检率95%。

【商标广告监管】 2018年,乌什县市场监督管理局推动知识产权战略实施,加大以"尊重知识、崇尚创新、诚信守法"为核心的知识产权文化建设,提升全社会知识产权意识。开展2018年"4·26"世界知识产权保护日宣传活动,出动执法人员24人次、车辆4台次,发放宣传资料500份,解答商标咨询服务8起。加大乌什县确定的重点品牌商标培育扶持力度,有效指导企业、个体强化商标发展意识,及时了解企业商品商标注册情况及商标使用现状,鼓励私营个体工商户树立"商标战略"思想,把"品牌兴农"作为扶持合作社发展的着力点,走访调研农产品品牌发展战略需求,制定商标培育发展计划,从商标查询、设计、申请、上报等环节提供全程指导,帮助申报注册商标。年内,为企业、个体户提供商标咨询服务24起,帮助指导个私企业申请商标4件。加大品牌保护力度,加强"乌什旅游""乌什鹰嘴豆"系列产品等品牌保护与管理,提出"乌什旅游""乌什鹰嘴豆""沙棘林"等公共区域品牌,注重培育和保护"乌什核桃""乌什吊干杏""乌什大果沙棘""乌什葡萄""乌什牛羊肉"等有潜力公共区域品牌,重点保护特色知名品牌"乌什鹰嘴豆"地理标志商标。

【质量强乌建设】 2018 年,乌什县市场监督管理局着力构建“大质量”工作格局,主导撰写《乌什县质量强县“十三五”规划中期评估报告》。实施名牌推进战略,加大名牌培育力度,围绕乌什县特色产业聚集优势,重点加大面粉、酒业等特色产品品牌培育力度。对名牌创建、申报工作,一律实行“一条龙”服务,及时帮助企业解决争创过程中遇到的实际问题,为企业争创名牌创造良好的外部环境。年内,共申报新疆名牌 2 家(乌什县燕山果业有限责任公司、乌什县托河制粉贸易有限责任公司),培育新疆名牌 1 家(乌什县欣禧源葡萄酒业有限公司)。加强日常监管,强化诚信体系建设;抓好食品农资专项整治,在全县范围内开展农资打假专项整治行动及食品生产企业食品质量安全专项整治行动,出动人员 68 人次,对全县 23 家农资销售单位和 13 家食品生产加工企业(含食品生产加工小作坊)进行监督检查,未发现较大质量问题;对 3 家加油站开展车用汽柴油抽检工作,检验合格率 100%。举办“世界计量日”“世界认可日”等主题宣传教育活动,累计发放宣传资料 1100 份,受理群众咨询 62 人。

【法制建设】 2018 年,乌什县市场监督管理局成立法制建设领导小组及案件审理委员会。全年审理案件 9 起;开展案件自查 6 次,执法督查 4 次,回访案件 4 件;完善行政执法制度 23 个,对 44 名执法人员行政执法资格进行理清,建立执法证备案制;开展各类行政执法责任检查 8 次,通报 2 期;开展法制进企业督查 2 次。查办案件 45 起,罚没款 22.46 万元;无行政诉讼、复议案件发生。

【党的建设】 2018 年,乌什县市场监督管理局推进“小个专”党建,提高党组织覆盖率。配合社区开展国家通用语言学习教育活动。以“民族团结教育月”“扶贫日”为契机,组织 20 名个体工商户代表深入对口帮扶村开展民族团结联谊、医疗志愿服务队送医送药下乡、免费义诊等活动。年内,全县有“小个专”4700 户,党员 34 人,建立“小个专”党支部 25 个,下派党建指导员 55 名,实现党组织覆盖率 100%,党的工作覆盖率 100%。

(供稿人:李江龙)

安全生产监督管理

【概况】 2018 年,乌什县安全生产监督管理局(以下简称乌什县安监局)核定机关编制 8 名(行政编制 3 名、事业编制 5 名),实有 6 人。内设行政办公室、综合监管办公室、职业安全健康监管办公室。下辖乌什县安全生产监察大队,参照公务员管理事业单位,核定参公事业编制 7 名,实有 5 人。

【安全生产检查】 2018 年,乌什县安监局开展安全生产专项行动,实施三轮摩托车和电瓶车违法行为专项整治,“两客一危”（从事旅游的包车、三类以上班线客车和运输危险化学品、烟花爆竹、民用爆炸物品的道路专用车辆）重点车辆安全生产专项治理，货物运输车辆、运输企业及配货站场专项治理等16个安全生产专项行动，消除安全隐患，查处安全生产违法行为。全年累计检查企业186家次，消除各类安全隐患522条，查处打击安全生产违法行为22起，停产停业整顿企业7家，约谈相关负责人12人次，曝光安全生产违法企业5家。按照“全覆盖、零容忍、严执法、重实效”总体要求，开展重点领域、重点行业、重点企业、重点时段安全生产大检查，排查治理各类事故隐患，防范安全生产事故，确保安全生产形势持续稳定健康发展。成立检查组222个，检查基层单位1751个次、生产经营单位994家次，排查各类安全隐患1752项，督促整改1708项，整改率97.4%，其中治理重大隐患4项，整改率100%。

【安全隐患排查治理】 2018年，乌什县安监局健全完善安全生产责任体系，修订完善《乌什县安全生产巡查工作制度》《乌什县安全生产风险分析研判制度》等11项工作制度。开展安全生产巡查工作，推进依法治安，巡查乡（镇）2个、专委会6个、县直重点单位13个、重点企业8家，反馈相关问题85项；组织召开工作推进会2次，推动问题整改落实；开展专项督促检查1次。截至年底，地区反馈的6类85项问题整改完成84项；未通过消防验收的236栋校园建筑，完成验收209栋。

【安全生产专项整治】 2018年，乌什县安监局贯彻落实《自治区安全生产严格执法十项措施》，开展安全生产执法专项行动，严厉打击安全生产违法行为。紧盯各类非法违法行为存量、各类生产安全事故总量和亡人总数三个“明显下降”目标，突出证照管理、安全规章制度、安全责任制、安全生产隐患排查、安全培训教育、现场管理、应急管理7个重点环节，运用《中华人民共和国安全生产法》和《自治区安全生产严格执法十项措施》赋予的权力和职责，把安全生产监管监察执法作为促进企业落实安全生产主体责任、提升安全管理水平、保证安全生产形势持续平稳的有力抓手，及时消除一批安全隐患，查处一批安全生产违法违规行为。年内，共检查生产经营单位1180家次，查出问题2094项，复查整改合格1910项，查处各类安全生产违法行为28起，行政处罚30.34万元，停产整顿企业7家，约谈相关责任人12人次，曝光安全生产违法企业5家。

【安全生产应急演练】 2018年，乌什县安监局常态化开展安全生产事故应急救援演练。加强应急救援体系建设，完善应急救援预案，加强应急救援队伍培育，在全社会广泛宣传和普及安全生产应急管理知识，提高公众应急避险和自救互救能力，最大限度减少因生产安全事故和突发事件造成人员伤亡和财产损失。年内，全县建成乡(镇)安全生产应急救援兼职队伍9支(各乡镇民兵连)、县直单位兼职应急救援队伍25支,企业自建应急救援队伍35支,共有应急救援人员1000人,累计开展安全生产应急演练500场次。

【提升服务企业意识】 2018年,乌什县安监局通过微信群、QQ群、手机短信等媒介,利用监督检查等时机,开展《中华人民共和国安全生产法》《中华人民共和国职业病防治法》《安全生产违法行为行政处罚办法》《危险化学品安全管理条例》《非煤矿矿山企业安全生产许可证实施办法》等法律法规宣传教育活动。强化企业负责人、安全管理人员及从业人员法律法规意识。鼓励企业办理相关证照,及时受理办证申请,向申报企业讲清所需材料、注意事项、办理流程,做好企业办证服务工作,防止和避免发生无证生产行为。年内,帮助6家砂石料厂完成“安全生产许可证”申领工作,指导1家加油站完成“危险化学品经营许可证”延续及法人变更工作,指导1家企业开展安全生产标准化创建评审工作。

【自然灾害防范】 2018年,乌什县安监局健全完善预警联动机制,县安监、地震、国土、气象、水利、消防等部门相互协调联动,及时发布预警信息,提高预报预警时效性和针对性。结合安全生产监督执法,开展隐患排查活动,督促企业做好自然灾害引发生产安全事故应对防范措施。重点督促非煤矿山企业和危险化学品经营企业做好边坡治理加固、易发生次生灾害部位监测、应急物资补充准备、应急值守等工作,提升企业自然灾害引发生产安全事故防范水平和应急救援能力。

【安全生产宣传培训】 2018年,乌什县安监局开展全国第十七个“安全生产月”活动,制定印发《乌什县2018年“安全生产月”暨“安全生产天山行”活动方案》《乌什县2018年安全生产宣传教育“七进”活动实施方案》《关于印发2018年“安全生产月”知识竞赛和演讲比赛活动方案的通知》,对相关工作进行安排部署。组织开展“安全生产月”启动仪式,参加人员700人。深入县运输公司、中小学、乡(镇)巴扎开展交通安全教育活动20次,发放宣传单5万份。开展“安全生产月宣传咨询日”活动,参加单位35个,参加人员400人;设立咨询台,展示宣传作品;制作以“生命至上、安全发展”为主题的视频宣传车全县巡回宣传;发放各类事故警示教育U盘130枚、宣传册2万份。

【应急值守】 2018年,乌什县安监局健全应急联动组织体系和工作机制,促进应急资源共享,推进应急联动工作规范化、制度化建设。联合县地震、国土、气象、水利、消防等部门,明确职责任务,形成应急工作强大合力。在重大节日、极端气象等重要节点,落实24小时领导带班及干部应急值班制度。落实“零”报告制度,及时向上级业务部门上报当日安全生产形势，确保应急信息渠道畅通。做好应对事故组织准备、队伍准备、技术准备、装备准备工作，确保一旦有事，能“拉得出、救的急、打的赢”。

【南疆天然气利民工程乌什支线建设】2018 年4 月6 日，南疆天然气利民工程乌什支线项目正式开工建设。项目起自南疆天然气利民工程干线 8#闸室(沙井子)，止于乌什末站(乌什县南工业园区)，全长 99 千米，总投资 1.1 亿元，建设阀室 3 座(截断阀室 2 座、RTU 阀室 1 座)，穿越南疆铁路 1 次、国道 3012 高速公路 1 次、国道 219 线 3 次。管道设计输气量 13.97 万立方米/天，设计压力 6.3 兆帕。项目由中国石油塔里木油田公司承建，总承包单位为大庆油田工程有限公司，建成后每年可为全县输送洁净燃气约 5100 万立方米，10 月 25 日项目竣工。乌什县安监局紧盯主汛期关键节点，抓好南疆天然气利民工程乌什支线建设项目野外施工安全管理，督促施工企业全面做好强降雨、高温和混合型洪水、泥石流、山体滑坡等自然灾害引发生产安全事故防范应对工作，严格落实极端天气禁止作业、夜间禁止作业、无现场管理人员禁止作业硬性要求，加强应急物资储备与应急管理，提升防范和应对各类突发事故能力，坚决确保生产安全。年内，开展乌什境内管线建设全线巡查工作 4 次，发现并监督治理险工险段 7 处，向施工企业负责人电话发布气象预警 18 次。

(供稿人：杜春兰)

国土资源管理

【概况】 2018 年，乌什县国土资源局内设行政办、纪检监察室、地籍科、建设用地科、项目办、耕地保护科、矿产科、地质环境科、党建办、信访室、财务室、档案室、土地收购储备管理中心、测绘地理信息局、乌什县不动产登记局 15 个科室，6 乡 3 镇 9 个国土资源所和不动产登记中心。

年内，乌什县国土资源局有干部 40 人，其中局领导 6 人，机关科员 2 人，机关行政工勤编制人员 1 人；9 个乡(镇)国土资源所参照公务员人员 19 人，工勤事业编 3 人。土地收购储备中心事业编制人员 3 人，不动产登记中心干部 5 人。

【土地资源】 2018 年，乌什县县域总面积 869317.11 公顷(不含兵团第一师四团)，其中，乌什镇行政区域面积 2050.3 公顷、阿克托海乡行政区域面积 24370.31 公顷、亚科瑞克乡行政区域面积 16911.24 公顷、阿恰塔格乡行政区域面积 84481.43 公顷、阿合雅镇行政区域面积 233368.15 公顷、依麻木镇行政区域面积 43196.46 公顷、英阿瓦提乡行政区域面积 247539.18 公顷、亚曼苏柯尔克孜民族乡行政区域面积 181116.84 公顷、奥特贝希乡行政区域面积 36283.2 公顷。全县耕地总面积 47103.42 公顷，园地总面积 9750.24 公顷，林地总面积

39024.65公顷,草地总面积613587.14公顷,城(镇)及工矿用地9647.35公顷,交通运输用地2592.2公顷,水域及水利设施用地35332.81公顷,其他土地112279.3公顷。

【矿产资源】 乌什县矿产资源丰富,是阿克苏地区主要金属矿基地之一,截至2018年底,已发现矿种有18种,主要分布在亚曼苏柯尔克孜民族乡、英阿瓦提乡境内北山一带和阿合雅镇、阿恰塔格乡境内南山一带。已设置探矿权11项,勘查总面积166.11平方千米,采矿权21个(县发证13个、厅发证8个)。

【耕地保护】 2018年,乌什县国土资源局严格执行土地利用总体规划和土地利用年度计划,确保耕地保有量47103.42公顷、基本农田保护面积3664.56公顷。签订三级责任书24116份,制定土地动态巡查责任制度,与各乡(镇)国土资源所签订土地动态巡查责任书。

【建设用地审批】 2018年,乌什县国土资源局严格控制建设用地总量,优先保证农村安居工程等新增建设用地。年内,共办理养殖小区和养殖合作社用地58.22公顷,办理出让手续5宗地,面积22.3公顷。

【依法收缴相关费用】 2018年,乌什县国土资源局收缴非税收入3026.29万元。其中土地出让金2208.74万元,补缴土地出让金362.7万元,国有土地补偿费384.99万元,收缴临时用地管理费3.69万元,不动产登记费用10.83万元,采矿权、探矿权使用费41.25万元,临时取土采挖费4.78万元,耕地开垦费7.53万元,行政单位资产出租出借收入1.78万元。开展地方政府隐性债务风险自查工作,不存在隐性债务风险现象。

【南疆天然气利民工程】 2018年,乌什县国土资源局做好南疆天然气利民工程乌什支线项目用地工作。项目用地面积92.26公顷,发放各类补偿费36.61万元,其中临时用地(2年)补偿费16.5万元、青苗补助费1.83万元、附着物补偿费3.16万元、树木补偿费15.12万元。年内,各类补偿费发放到位,确保项目顺利实施。

【土地卫片执法检查】 2018年1月,国家下发2017年度遥感监测图斑366个,总面积1104.77公顷。经调查核实,需立案查处违法图斑3个,面积0.57公顷,结案率100%。2018年6月12日,由自治区国土资源厅验收通过。

【城乡建设用地增减挂钩试点项目】 2018年,乌什县城乡建设用地增减挂钩项目实施后申请调剂指标98公顷,预期增减挂钩节余指标流转收益5.43亿元。项目立项后,财政部先下达70%收益资金,待项目验收后,再下达30%项目收益资金;实际下达资金3.8亿元,分配至12

个部门进行实施，助推脱贫攻坚。实施依麻木镇托万克麦盖提村基本农田整理项目，建设规模634.05公顷，总投资1003.03万元，完成竣工验收。

【不动产统一登记】 2018年，乌什县国土资源局稳步推进不动产统一登记工作，完成不动产登记中心现场咨询654人次，电话咨询104人次，查询档案160人次，办证877本，其中不动产权证书802本，不动产登记证明58本，注销登记12本，不动产查封登记5个，未出现群众不满意上访投诉案件。

（供稿人：阿米娜·阿布都沙拉木）

城乡建设·环境保护

建设规划

【概况】 2018 年,乌什县住房和城乡建设局(以下简称乌什县住建局)有干部 50 人(含从外单位借调干部 2 人)。下设行政办、项目办、招标办、规划办、质检站、财务室、房管所、监察大队、安居办、环卫大队 10 个科室。

【城乡规划管理】 2018 年,乌什县住建局加大城市规划管理力度,严格"一书两证"制度,发放选址意见书 35 份,用地规划许可证 19 份、建设工程规划许可证 39 份、核发规划设计条件书 9 份,核发乡村建设工程规划许可证 260 份。完成扶贫车间建设项目 34 个,村级阵地建设项目 20 个,养殖小区建设项目选址 14 个。委托完成《乌什县历史文化名城保护规划(2016—2030)》修编工作。

【建筑工程招投标】 2018 年,乌什县住建局按照《招标投标法实施条例》,依法对建筑工程进行招标管理,确保招投标工作"零"投诉,招标投标参与各方主体无违法违规现象发生。招标 243 个项目,总资金 38555.1 万元。其中勘察 4 个标段,涉及金额 19.48 万元;设计 4 个标段,涉及金额 83.45 万元;施工 173 个标段,涉及金额 38095.7 万元;监理 62 个标段,涉及金额 356.47 万元。

【建筑业规范管理】 2018 年,乌什县住建局加强建筑施工现场安全生产,组织人民医院等 5 处建筑施工现场开展高空坠物应急演练并进行推广。拉网式排查建筑工地安全隐患,强力整改,发放隐患整改通知书 21 份,整改安全隐患 108 条。加强建筑市场工程质量安全管理,监督建设工程项目 149 项,建筑面积 43.98 万平方米,造价 7.86 亿元。其中跨年度项目 30 项,建筑面积 6.08 万平方米,造价 2.1 亿元;新建项目 119 项,建筑面积 37.9 万平方米,造价 5.76 亿元。办理合同备案 240 项,受理监督手续 119 项,核发施工许可证 107 份。查处建筑市场违法违规案件 4 起,查处违法违规企业 4 家,约谈施工监理单位负责人 3 人;组织开展质量安全综合执法检查 6 次,下发整改通知 95 份,查处隐患 336 项,整改率 90%,申报自治区级安全生产标准化工地 3 个。

【安居富民规划与建设】 2018 年,乌什县住建局完成富民安居房建设指标，开工建设3857户。其中四类重点对象建房户1667户（建档立卡贫困户366户、低保户1232户、贫困残疾户59户、分散供养特困户10户），一般建房户2190户，开工率100%；主体完工3857户，完工率100%；竣工3857户，竣工率100%。建立纸质档案3857册，全部录入电子档案。推进“厕所革命”，筹集建设资金2000万元，新建农村卫生厕所3857座，改建农村卫生厕所7810座，恢复使用农村卫生厕所10145座；新改建卫生厕所全部竣工验收，投入使用。在城区投资500万元新建卫生厕所6座，全部竣工。

【棚户区改造及保障性住房】 2018年，乌什县住建局完成地区下达500套棚户区改造任务，合同签订率100%，危旧房屋全部拆除，发放资金3000万元，后期档案和安置工作按计划实施。按照改造区域分批次发放征迁补偿款，由县政府主导，采取招商引资的方式为征迁户建设安置房，项目主体建设基本完工，预计2019年6月竣工投入使用，根据棚户区改造征迁户意愿自主选房入住。

房地产管理

【产权产籍管理】 2018年，乌什县住建局完成受理办件量2064件，提供业务咨询1961人次，发放业务指南手册1765份。其中房屋所有权登记890件，登记总建筑面积145646.2平方米；办理房屋交易登记67件，登记面积5641.49平方米，交易额563.01万元；完成商品房买卖合同登记备案67件，登记建筑面积7279.08平方米，商品房销售额2571.11万元；收缴342户住宅专项维修资金102.45万元；出具房屋确认单609件，家庭唯一住房证明200件，无房证明583件，家庭第二套住房证明33件；核查领导干部房屋信息5221人。

【物业小区安全生产】 2018年，乌什县住建局制定《关于深入开展物业小区消防安全检查工作实施方案》，成立专项整治领导小组，与各物业服务企业签订消防安全目标责任书，定期组织物业公司召开消防安全专题会议，研究部署物业小区消防安全工作。清理拆除电瓶车充电私拉乱接电线隐患122处、拆除飞线20根，安装电动车充电桩63个，建立“微型消防站”31个，组织小区开展消防应急演练5场次，开展消防安全知识宣传8次，发放消防安全知识宣传单700份。

市政建设及管理

【污水处理厂建设】 2018年，乌什县污水处理厂建设项目总投资5995.73万元，建成1.2万立方米/天的污水处理厂1座，包括办公楼、反应池、沉砂池、深度处理车间、水池、地面硬化、其他工艺用房、参数监测系统、鼓风机、配电及控制设备、智能模块化净水设备、消毒设备、自动控制软件平台、监控软件平台等工程。完成双回路供电线路安装调试工作。

【城市执法管理】 2018年,乌什县住建局加强市政管理行业安全生产,组织人员对4家市政公用行业(新疆浩源天然气股分有限公司乌什县分公司、乌什县振兴加气站、乌什县诚信液化气有限公司、乌什县供排水公司)开展不定期安全生产检查12次,下发整改通知书7份,查处一般隐患19项,逐项整改复查。开展违章建房查处工作,发放违章建房整改通知书35份,教育居民自行拆除违章房屋10户。坚持城区片区划分制度,定责任、定岗位、定片区、定路段,实现全覆盖。强化城区市政管理,发放违章占道整改通知书53份,教育45人次;整治人行道乱停乱放车辆79辆,教育警告处理64辆,行政罚款处理15辆;整顿垃圾死角21处,拆除破损广告牌、横幅136处,修整国旗宣传牌217个,拆除损坏国旗宣传牌42个,劝导商铺自行拆除遮阳棚55个。完成垃圾清运1.2万吨。

【园林绿化】 2018年,乌什县住建局持续整治城市环境卫生,坚持每条路段跟踪检查、工资与工作业绩挂钩等办法,每周二、周四组织各路段环卫工集中整治城市环境卫生,开展城区保洁工作。做好城区绿化工作,结合城市总体规划,在城区健康路、迎宾大道、振兴路等主要路段种植草坪,新增绿地面积21.21万平方米,完成2公顷新增绿地任务,建成区绿化面积7.32万平方米;修剪树木3000棵。将城区内各施工现场多余种植土运至亚瓦格渠两岸及迎宾大道两侧绿化带,进行种植土换填及绿化。动员临街单位在临街栅栏围墙周边种植爬山虎,增加城区绿化覆盖率。完成种植土换填及绿化面积8.96公顷,其中亚瓦格渠两侧完成种植土换填及绿化7.5公顷;迎宾大道两侧绿化带完成种植土换填、绿化及法桐种植1.46公顷。

(供稿人:杨　涛)

环境保护

【概况】 2018年,乌什县环境保护局(以下简称乌什县环保局)发挥环境保护参谋助手作用,谋划目标任务,建立责任清单,落实监督管理职责,探索有效环境保护机制和措施,健全完善环境保护责任体系,建成环境保护工作新格局。

年内,乌什县环保局有在职人员13人。其中行政编制人员5人(领导3人、干部2人),事业编制人员8人。下辖环境监察大队、环境监测站2个股级事业单位(环境监察执法大队实有4人,环境监测站实有3人,其中县编1人)。

【第二次全国污染源普查】 2018年,乌什县环保局制定《乌什县第二次全国污染源普查试点工作实施方案》,按照政府统一领导、部门分工协作、各方共同参与原则开展普查工作。确认纳入清查各类污染源221个,对入户调查结果进行审核。

【环境监督执法】 2018年,乌什县环保局严防“三高”(高污染、高耗能、高排放)项目进乌什,依法审批建设项目203个。加大环境执法力度,作出行政处罚和行政命令8件,处罚33.9万元,查封扣押3起。受理群众投诉7起,处理率100%。

【生态保护】 2018年,乌什县环保局有序推进生态保护红线划定工作,强化自然保护区监管,配合做好地区“绿盾2018”专项行动执法检查。申报国家级生态乡(镇)1个、生态村3个,自治区级生态乡(镇)2个、生态村4个。争取中央农村环境综合整治资金750万元,惠及2个乡(镇)30个村。

【维护环境安全】 2018年,乌什县环保局开展重点区域、行业风险源隐患排查。审查、备案5家重点企业突发环境事件应急预案,落实企业主体责任。强化危险废物、核与辐射安全监管。对全县20家医疗单位的医疗“两废”(废水、废物)处理、核技术利用辐射安全情况开展专项执法检查,限期整改16家。

【环保宣传】 2018年,乌什县环保局利用“6·5”世界环境宣传日和自治区第五个环境保护教育月,开展环保宣传活动,发放环保宣传单3000份,赠送环保购物袋1000个,发放节能灯200个。

【中央环保督察反馈问题整改】 2018年,乌什县中央环保督察反馈意见整改任务8项,主要包括各级领导干部对生态文明建设认识不足、自然保护区管理不规范、水资源管理不严格、非法机井开采、已关闭非煤矿山恢复治理、污水处理厂运行缓慢、垃圾填埋场无害化处理等重点问题。各部门严格按照中央环保督察要求“对表”“对标”“对账”,按照“一个问题一套方案、一个问题一套销号台账”的原则,建立问题清单和台账,逐件落实整改,验收销号任务4项,其他4项任务按要求有序整改。

【大气污染防治】 2018年,乌什县环保局贯彻落实《乌什县大气污染防治行动计划实施方案》,建成区内7台燃煤小锅炉全部淘汰。加强城区扬尘污染控制,道路施工、市政工程等工地和构筑物拆除场地做好防风抑尘设施建设。实施机动车尾气排放监测,监测车辆4648辆,其中尾气排放达标3981辆,未达标黄标车667辆。年内,全县天气优良天数201天,优良率68.37%,位居全地区前列。

【水污染防治】 2018年,乌什县环保局制定《乌什县水污染防治工作实施方案》,严守水环境质量底线,以水污染防治工作中存在的主要问题为抓手,推进水污染防治各项重点工作。改善辖区水环境质量,对县域内托什干河托沙里桂兰克、阿热力大桥水文站断面分别进行监测,监测数据显示,水质好于Ⅲ类标准,无丧失使用功能断面。全年乌什县河流水质优良比例100%,丧失使用功能(劣Ⅴ类)断面比例为0。开展集中式饮用水源地环境整治专项行动,开展水源地安全隐患排查治理。全县2个城市集中式饮用水源地和10个农村水源地纳入全国水源地基础信息采集系统,对城镇集中式饮用水源地环境状况进行评估,集中式饮用水源地水质达标率100%。城镇污水处理厂于10月投入调试运行。16家畜禽养殖企业完成污染防治设施建设,畜禽养殖粪便综合利用率100%;完成9个加油站33个地下油罐改造工作。对县域内各类水环境状况进行逐一排查整治,未发现未纳入监管范围的水体;水污染防治目标责任书中明确的各类水体水质,经监测全部达标,无黑臭水体。

【土壤污染防治】 2018年,乌什县环保局加强土壤环境影响重点企业监管,与2家单位签订土壤污染防治目标责任书;完成土壤详查点位核查工作,开展重点行业企业用地调查信息采集工作。委托第三方对3个行政村开展土壤环境质量监测。持续推进排污许可制度及污染减排工作落实,做好重点行业企业排污许可证核发工作。完成16个污染减排项目,其中城镇污水处理厂工程减排项目1个、工业企业污水结构减排项目1个、畜禽养殖污染减排项目6个、燃煤锅炉淘汰整治项目7个、工业企业监督管理减排项目1个,预计可实现年消减二氧化硫5.3吨、氮氧化物1.15吨、化学需氧量562吨、氨氮32.35吨四项主要污染物总量减排目标。

(供稿人:甄　妮)

邮政·通信·交通

邮 政

【概况】 2018年,乌什县邮政局承担着全县13条、长999千米邮政线路邮运业务,年邮件转运量240万件。年底线收入计划496万元,实际完成收入496万元,比上年增长3.17%,完成率100%。

年内,乌什县邮政局有职工33人。内设市场部、办公室、投递室等3个机构,下辖8个乡(镇)邮政支局、7个邮政网点、1个储蓄网点。

【基础网点建设】 2018年,乌什县邮政局提高基层网点组织结构,增加收入占比,针对地域优势及用邮需求,调整生产组织结构。建立健全基层邮政专业化经营管理体系,先后对四团邮政支局开办航空订票、鲜花礼仪、新邮预定、代收电费、代收有线电视费用等业务,有效提高基层服务水平,形成适宜邮政各项业务健康快速发展的内部环境,使邮政服务遍及城乡。加强生产能力建设,对各网点基础设施进行更换,对服务标识和信箱信筒进行统一;窗口营业人员配置统一工作服,佩戴统一工号牌;营业生产现场进行"6S"(清理、整顿、清扫、安全、规范、素养)管理。营业电源、营业终端、验钞机、利率牌、报刊分发系统等普遍进行更新改造。

【邮政储蓄】 2018年,乌什县邮政局充分调动基层网点积极性,对邮政业务收入计划和储蓄余额净增计划实行"一个计划、分层考核"模式。分别下达年度保证计划和奋斗指标,实行"下不保底、上不封顶"的工效挂钩考核办法,激励各基层网点超产创收。年初确定目标任务和奖罚措施,鼓励职工提前完成任务,确保政策的连续性和稳定性。

【邮银合作】 2018年,乌什县邮政局坚持"邮银合作、共谋发展"原则,发挥各自强项,优势互补,扬长避短,合理分工,密切协作,共同推进邮银业务发展,实现携手共赢。坚持信贷业务与农资销售同步进行,与邮储银行乌什县支行建立邮银联席会议制度,分别抽调业务骨干组成信贷与农资销售小组,对县域各乡(镇)、农场和团场进行拉网式专访,推进销售工作。合力发展信贷业务,在地区邮政局和邮储银行的支持下,在乌什局农村网点有效开展邮政代理信贷业务。

【窗口服务】 2018年,乌什县邮政局通过宣传王顺友、阿孜古丽和“马班邮路”等先进事迹,用身边事教育身边人,充分发挥典型示范和幅射作用。开展群众性评选“文明服务示范窗口”、“文明服务标兵”和争当“岗位服务明星”活动,有效推进乌什邮政规范化服务。把文明服务窗口建设与文明单位、文明行业创建一起作为邮政文明“三大创建活动”之一,抓好服务质量。通过抓窗口服务作风整顿、完善窗口服务机制、加强员工服务能力水平考核评价等多种方式,不断提高群众对乌什县邮政局窗口服务的满意度。

(供稿人:李永红)

通　信

电　信

【概况】 2018 年,中国电信股份有限公司乌什分公司(以下简称乌什县电信分公司)认真履行一岗多责,以夯实基础、稳健经营为指导思想,以党建统领业务发展为第一要务,以强化管理为动力,以构建和谐企业为保障,不断完善企业运营管理,扎实开展企业文化建设,全面推动各项业务发展。

年内,乌什县电信分公司下设 7 个农村营业网点、1 个中心营业厅。有员工 36 名,党支部 1 个,党员 8 名。

【内部建设】 2018 年,乌什县电信分公司投入资金 6 万元,对单位宣传栏、营业厅、电子屏、墙壁、办公楼梯等公共设施进行翻新改造,制作精神文明、民族团结、道德模范等宣传栏和文明提示牌。投入资金 3 万元,在阿恰塔格乡制作户外大型宣传广告牌,宣传大美乌什和电信业务。投入资金 10 万元,对公司院落地面进行硬化处理,无漏落、凹凸不平土地;在院落内翻地开垦员工小菜园,加强员工团结协作能力,促进企业文化建设。按照企业文化视觉形象标准,打造整洁舒适、美观大方的用餐环境;完善硬件设施,对食堂电路、电器设施进行改造、更新,增强单位员工凝聚力。

(供稿人:牛　瑞)

移　动

【概况】 2018 年,中国移动通信集团新疆有限公司乌什县分公司(以下简称中国移动乌什县分公司)坚持“以市场为导向、以服务为宗旨、以创新为动力、以发展为目标”的工作思路,深化改革,加快发展。坚持高位推进,提升发展质量,保持行业领先;坚持在网络支撑、市场运营、企业管理三大领域创新变革,强化服务和发展两大职能。认真分析市场发展环境、政策形势,理清思路,明确目标;将基础管理工作放在首位,树立“以管理促发展,向管理要效益,注重以人为本”的观念;尊重员工,加强沟通,重视干部队伍和员工队伍素质提高,调动员工积极性,量化一切可量化指标，督促员工积极完成任务。

【大众市场经营】 2018年，乌什县移动到达客户数54325户，比上年同期增加5745户；38元套餐完成占比43.85%，完成分公司目标值49%；市场占有率50.02%，比2017年底下降3.01%，其中阿合雅片区下降3.69%、乌什县县城片区下降2.18%、依麻木片区下降3.69%。高价值客户目标值用户数21374户、保有率73.83%。有线宽带到达客户数6713户、较上年底净增用户3136户；网络电视到达客户数5508户，净增用户2741户。截至12月初，有线宽带到达客户数8000户。

【政企市场经营】 2018年，中国移动乌什县分公司针对已接入公司业务集团单位进行保有，重点对未接入互联网集团单位开展抢挖工作，新增2170条专线，年收益130.2万元；针对企业、政府等单位，开展POC对讲业务推广，新办理对讲机50部，保有对讲机1500部，共1550部，年信息化收入83万元。新拓展酒店宾馆（乡镇宿舍）业务8家，新增FTTH 200户，乐播180户，IMS 5户，新增年信息化收入7.83万元。

【渠道及终端】 2018年，中国移动乌什县分公司在用渠道47家，渠道份额44.76%；渠道分布4个归属区域，县城24家，阿合雅片区15家，依麻木片区8家，签约双专渠道32家。月缴费金额50元及以上的渠道建成133个服务站，覆盖至每个行政村。

【网络建设】 2018年，中国移动乌什县分公司在网运营2G基站141个（宏站140个、室分1个），3G基站117个（宏站117个），4G基站159个（宏站153个、室分6个）。传输线路1450千米。在网使用OLT 42个；在网PTN网元213个。开通2G基站计划20个、4G基站13个。新增光缆总长度220千米，无新建管道。新增室外直放站5座，手机伴侣4部，OTN6个，BAS新增1个。集客专线2421条，其中端到端2398条，互联网专线23条。家客新建点位41个，短扩容点位53个，集客乌什县农村二期监控项目覆盖6乡3镇所有区域，移动光缆覆盖村村通目标基本完成。完成GSM新建21个站点的机房、配套、传输建设工作，待开通1座；4G基站开通159座；完成FDD46个规划站点中的35个站点安装工作，开通15个。OLT替换2处和新增下沉OLT5处，本地网优化段布放9处，光缆45千米，新增光交13个，完成23个村144光交的下沉。

【基础业务】 2018年，中国移动乌什县分公司按照实名制规定"一查、二核、三验证、四拍照、五激活"要求，规范各营业厅、社会渠道网点单位及个人用户入网手续办理标准操作，完成人证一致性核验，确保新增客户100%实名。做好营业厅人员培训指导工作,通过培训、考试,提升营业员业务水平;协助解决营业厅反应的支撑类问题,强化公司各类设备及系统权限正确使用方法和操作规范;及时传达各类任务,按要求汇总上报;严格考核稽核出现的各类业务差错,汇总差错进行再次培训,降低差错率。制定优化集团产品欠费清缴措施,将欠费收缴工作与客户经理基础考核深度关联,强力推进清欠工作;专人主抓欠费清理工作,将重心转移到6个月以内坏账清理中,控制超长账龄欠费不再增长。

(供稿人:谢金娥)

联 通

【概况】 2018年,中国联合网络通信有限公司乌什分公司(以下简称中国联通乌什分公司)坚持以追求规模和高质量发展为中心,认真组织"峰值转化战役""百渠争鸣、用户份额抢夺战""一高、一低两大营销战役",开展各项营销工作,对任务目标量化细化,责任到人,激励到人,考核到人,完成全年生产经营任务。

【市场经营】 2018年,中国联通乌什分公司以"百渠争鸣、用户份额抢夺战""珠拉盛开、大队深耕攻坚战"营销活动为重心,开展各项工作。自有厅开展冰激凌营销活动,强化渠道激励措施。按照健渠道、保稳定、保生产、保政策的思路展开工作,统一思想,强化执行,发挥优势,紧密团结,做到当日事当日毕。

【营销活动】 2018年,中国联通乌什分公司积极开展各项营销活动,紧抓2I自订单转化不放松,鼓励社会渠道代理商走出去,突破业务发展瓶颈状态。自有厅与OPPO、GOV厂商合作,开展购手机送话费、现场以旧换新、赠送礼品等活动。

【渠道工作】 2018年,中国联通乌什分公司利用"抽丝剥茧图",认真分析公司业务范围和市场开展情况,结合信号、人流量、潜在市场等因素,帮扶新建渠道尽快掌握公司业务流程,经常与渠道沟通,取得渠道信任,保证上传下达畅通。坚持对渠道进行走访,帮助渠道做好硬件设备维护,耐心讲解系统操作流程,耐心听取渠道建议和意见,及时处理解决。经常关注竞争对手动向,及时掌握第一手市场信息资料,制定应对措施。通过分析对比,加深渠道对公司市场和业务的信心,防止渠道对假象疑惑,配合渠道做好用户解释宣传。高效率开展渠道培训工作。

(供稿人:李 蕊)

交 通

交通管理

【概况】 2018年,乌什县交通运输局核定编制11人,实有9人。乌什县交通系统有4家地区垂管单位和1家运输企业，分别为阿克苏地区公路管理局乌什公路分局、乌什路政管理局、乌什道路运输管理局、阿克苏运输总站乌什运输站，乌什县燕山汽车运输有限责任公司。

【公路建设】 2018年，乌什县交通运输局承接目标任务修建农村公路150千米，总投资5000万元，完成铺油260.34千米，投入资金10289.75万元。以工代赈项目总里程126.64千米，总投资5012.34万元，项目建设地点为阿合雅镇19.44千米、阿恰塔格乡24.62千米、依麻木镇20.59千米、亚科瑞克乡12.49千米、阿克托海乡18.58千米、奥特贝希乡15.67千米、亚曼苏乡15.25千米。2018年自治区“访惠聚”农村道路建设项目40.2千米，总投资1446.8万元，其中第一批“访惠聚”农村道路建设项目29个、35.1千米，总投资1450万元；第二批“访惠聚”农村道路建设项目5.1千米。财政整合涉农资金总里程52.75千米，总投资1904.75万元。撤并建制村、窄路拓宽、危桥改造等项目修建农村油路40.66千米，总投资1925.86万元。其中英阿瓦提乡英阿特村16.86千米，阿合雅镇荒地农场村、托万克阿合亚村4.8千米，亚曼苏乡博孜村、尤勒吐孜布拉克村5.3千米，阿克托海乡喀塔玉吉买村、英阿瓦提乡喀拉巴格村、亚喀艾日克村6.8千米，阿恰塔格乡奥依吐尔村—布干斯玛甫其村、亚曼苏乡阿依丁村、卡拉尤尔滚村等6.9千米。2016年至2018年危桥改造项目及生命防护工程项目桥梁2座，11月底完工。乌什县二级客运站建设项目规划占地面积20010平方米，总建筑面积3615平方米（其中站房3065平方米，附属用房550平方米），计划总投资1500万元，至年底主体已完工，正在安装相关设施设备。

【农村道路与交通运输市场管理】 2018年，乌什县交通运输局推进农村公路长效管养机制，明确管理养护重点和目标，落实人员和经费，投资30万元完成农村公路小修养护2500平方米。

【交通安全监管】 2018年，乌什县交通运输局开展“春运百日安全”活动、“三非”专项整治及城市客运交通安全检查，检查出租汽车146辆次、公交车47辆次。节假日安排专人在各站点开展安全督查，对进站候车旅客携带行李进行检查，严格查堵易燃易爆、危险品进站上车。加强公路运输安全监管，定期对出租车、城市公交车进行稽查，出动人员186人次，查处违章次数25次，对相关营运车辆进行停运处理，道路市场违法违规案件查处率100%，查处“黑车”13辆，收缴罚款7.5万元，确保城乡公交车辆、客运班线正常运行。

（供稿人：韩　勇）

公路养护

【概况】 2018年，阿克苏地区公路管理局乌什公路分局(以下简称乌什公路管理分局)承担辖区省道、边防专用公路及沿线服务设施养护和质量管理,公路交通战备、灾害处置、抢险救灾等工作。全年养护里程285千米,其中国道219线125千米、省道306线89千米、专用公路621线71千米;国道219线桥梁78座(其中,大桥1200米/3座,中桥488米/11座,小桥1368.77米/64座),涵洞3574.68米/277道;省道306线桥梁24座(其中,大桥40米/1座,中桥61.6米/2座,小桥313.07米/21座),涵洞128.38米/122道,过水路面2处;专用公路621线桥梁8座(其中,大桥131.65米/1座,小桥131.12米/7座),涵洞205.76米/22道。年检合格的机械设备25台(辆),其中汽车13辆,养路机械12台。

年内,乌什公路管理分局在职职工75名,其中干部35名,工人40名。

【路基工程】 2018年,乌什公路管理分局强化标准化和规范化养护,严格按照《公路养护技术规范》《路基养护工程检查评定标准》检查验收,3月初开始对国道219线K1859+600-K1984+373、省道306线K120-K146、专用公路621线K0-K71路段进行路容路貌恢复工作,施工中做到路肩平整、密实,边坡、护坡道平整、坚实、无冲沟,三线顺直,排水顺畅。整修路肩127248平方米,整修边坡346400平方米,整修护坡道140平方米,加宽路基455.98立方米,整修弃土堆3.8平方米,修筑弃土堆163.5立方米,填补路基缺口1366.85立方米,清理边沟770米。

【路面养护】 2018年,乌什公路管理分局做好预防性养护工作,成立沥青路面养护队,安排工程技术人员跟班作业,从5月初开始处治路面病害,做到严格控制试验配比。修补路面数量符合率95%以上,质量合格率100%,优良率60%以上。清扫路面4103280平方米,修补路面坑槽1812.29平方米,清除积雪152181立方米,清理过水路面535立方米。

【桥涵养护】 2018年,乌什公路管理分局严格按照阿克苏公路管理局制定的《桥涵养护管理办法》要求进行养护,成立桥涵养护队,加强桥涵养护,进行定期检查,认真填写桥涵养护卡片。清理桥面、涵洞内的积水和杂物,疏通泄水孔、排水槽,做到及时清理、及时更换损坏的泄水孔、维修伸缩缝。清理支座6004米,清理泄水孔802个,清理伸缩缝2082.8米。

【沿线设施养护】 2018年,乌什公路管理分局加强沿线设施养护,对损坏和不标准的桥头桩、里程碑、百米桩、示警桩进行重新预制、安装和更换,对沿线设施进行定期检查,填写卡片。清洁、刷新百米桩243.96平方米,刷新里程碑18.72平方米,刷新示警桩101平方米,刷新桥梁防撞墙两端及钢管扶手253.28平方米,清洗标志800平方米，擦洗波形护栏63270米，安装里程碑1个，安装警示桩3根。

【水毁预防与抢险】 2018年，乌什公路管理分局按照“预防为主、防治结合”原则，做到思想、组织、措施、物资“四到位”。对国道219线易发生水毁地段进行调查，根据调查结果购买钢筋、铁丝、编织袋等材料，焊接编制钢筋笼380立方米，编制铅丝笼2600平方米，做好灾害预防工作。

【安全生产】 2018年，乌什公路管理分局按照“安全第一、预防为主、综合治理”方针，开展各项安全隐患排查、岗前培训、安全生产月、“119”消防日、防灾减灾日等活动，与养护站和个人签订安全生产目标管理责任书，严格安全生产规范化管理，完善安全生产有关规章制度办法25项。开展《中华人民共和国安全生产法》《中华人民共和国道路交通安全法》等法律宣传活动，组织职工学习安全生产方面的文件、通知、指令。年内，召开安全知识学习会议33次、安全生产例会3次，未发生安全生产事故。

（供稿人：达尼亚尔）

旅　　游

旅游管理

【概况】　2018 年，乌什县已开发且具备接待能力的旅游景区景点（含农家乐、民俗旅游接待点）55 家，其中，星级及准星级宾馆 2 家，社会宾馆 8 家，生态酒店 1 家，AAAA 级旅游景区 2 家；农业观光新景点 3 个，星级农家乐 10 家。接待点由 2015 年的 23 家增加至 55 家。全县接待游客 44.3 万人次，比上年增长 40.3%；实现旅游收入 5129.6 万元。与 2015 年相比，旅游人次增加 5 倍，旅游收入增加 2.6 倍，旅游业成为拉动县域经济增长新引擎。

年内，乌什县人民政府旅游局（以下简称乌什县旅游局）核定编制 9 名（行政编制 4 名、事业编制 5 名），其中，领导职数 3 名（正科级 2 名、副科级 1 名），机关工勤事业编制 1 名。

【乌什百里休闲漫游道项目建设】　2018 年，乌什县旅游局开展乌什百里休闲漫游道项目建设，计划总投资 19604.25 万元（自治区旅游发展专项资金 200 万元，其余资金申请国家资金或 PPP 项目引入社会资本），完成投资 6000 万元（路面改造 5500 万元、驿站建设 500 万元），新增百里绿道旅游观光停靠区 5 处、旅游驿站 2 处。

【旅游精准扶贫工程】　2018 年，乌什县旅游局计划申报旅游扶贫村旅游带动扶贫项目 8 个，通过国家“三区三州”旅游规划公益帮扶行动，对接 3 家设计院，完成 4 个旅游扶贫村旅游规划编制工作。整合扶贫资金 200 万元，采购山地自行车、三人骑行自行车、四人连排骑行自行车、单人水上自行车、双人水上自行车、皮划艇、摩托艇、观光电瓶车等旅游设备设施。组织阿克托海乡、乌什镇 56 名贫困户成立旅游合作社（桥头堡旅游合作社），参与燕泉河景观带旅游服务。开发乌什县乡村旅游精准扶贫项目，新建农家乐 5 家，分别为幔利庄园农家乐、荷塘月色农家乐、皇园休闲园农家乐、依麻木镇闸口农家乐；改建农家乐 4 家，分别为水上绿洲生态园、天逸庄生态河谷度假村、奥特贝希水上乐园、玛尔浆湖休闲园；每家农家乐享受扶贫资金 30 万元，合计 270 万元。年内，创建“自治区旅游扶贫示范点”11 个（全疆共创建 60 个，阿克苏地区 12 个），旅游业带动 530 户 2000 人实现脱贫致富。

【全域旅游发展】　2018 年，乌什县旅游局深入贯彻落实习近平总书记关于旅游发展和旅游工作重要指示精神，全面贯彻落实自治区和地区旅游发展会议精神，制定下发《乌什县关于巩固自治区全域旅游示范区创建成果、发展乡村旅游助推脱贫攻坚的实施意见》《乌什县全域旅游改革试点方案》《乌什县创建国家全域旅游实施方案》等，加快国家全域旅游示范区创建步伐。

【旅游宣传推介】 2018 年，乌什县旅游局开展丰富多彩的旅游宣传活动，打造“丝路泉城 · 养生乌什”旅游品牌，提升乌什县知名度和美誉度。制定《乌什县 2018 年旅游宣传促销活动计划》，举办第五届“丝路泉城——杏花香”赏花摄影节、燕泉山杯钓鱼比赛、最美葡萄姑娘、房车游新疆等节庆活动，加大宣传推介力度，提升县域旅游知名度。立足地方特色，强化特色旅游商品开发，加大核桃、杏干、杏仁、鹰嘴豆、沙棘干果、沙棘酒、沙棘胶囊、沙棘饮料系列、核桃油、核桃胶囊、核桃鸟、核桃羊等旅游商品推介宣传，培育民族手工艺制品。

【景区景点创建】 2018 年，乌什县投资 1.9 亿元新建燕泉河景观带，打造“泉在城中流，城在泉中映，人在泉城游”的城市名片。构建食、住、行、游、购、娱六要素体系，按照“打造 AAAA 级旅游景区中的精品、夯实创建 AAAAA 级旅游景区基础”的思路，引进湖北红枫叶景观园林有限公司投资燕泉山景区改造工程，投入资金 1.15 亿元，重点实施大型游乐场、关帝庙、韦驮殿、宾馆装修改造、烧烤区、山上环路、金戈铁马雕塑等改造项目，完善景区基础设施，提升景区综合品位，把燕泉山景区建设成为婚纱摄影游、生态观光游、休闲度假游、民俗文化体验游、历史文化情感游、科普研学游于一体的精品景区。实施乌什县沙棘林休闲养生养老基地建设项目，建设生态酒店、体育馆、水疗馆、生态采摘大棚等基础设施，填补沙棘林国家湿地景区住宿、餐饮、娱乐空白，逐步建设集休闲度假、保健养生等功能于一体的全疆首个文化旅游养生养老基地。

农家乐简介

【概况】 2018 年，乌什县具有一定经营规模的农家乐 10 家，分别是天逸庄生态河谷度假村、奥特贝希水上乐园、玛尔浆湖休闲园、安加尼休闲园、水上绿洲生态休闲园、幔利庄园农家乐、荷塘月色农家乐、皇园休闲园农家乐、阿克优丽农家乐、依麻木镇闸口农家乐。

【天逸庄生态河谷度假村】 乌什县天逸庄生态河谷度假村位于奥特贝希乡西北 1 千米处，风景秀美的托什干河河谷地带，距乌什县城 8 千米，与奥特贝希水上乐园、玛尔浆湖休闲园毗邻，呈“金三角”之势。度假村占地面积 20 公顷，总投资 120 万元，建有可容纳 100 人的高标准餐厅、客房,为游客提供垂钓、休闲度假和生态河谷游、乡村民俗风情游、沙棘林观光游等服务项目。2009 年创建为自治区三星级农家乐,2015 年通过四星级农家乐评审。

【奥特贝希水上乐园】 乌什县奥特贝希水上乐园位于奥特贝希乡以北 1 千米处,具有可容纳 4 ~40 人就座的水上木屋及具有各民族特色的风味餐饮(以新疆特产冷水鱼为主),周围垂柳环绕。湖面涟漪,湖水清澈见底,可提供划船、赏景等服务项目。水上乐园占地面积 7. 87 公顷,累计投资 100 万元,年接待游客 2. 5 万人次,经营总额 90 万元,解决就业 10 人。2010 年创建为自治区三星级农家乐。

【玛尔浆湖休闲园】 乌什县玛尔浆湖休闲园位于奥特贝希乡以北 1. 5 千米处,占地面积 3. 33 公顷,有雅间 25 间、蒙古包 5 个,接待能力 600 人。内设大型游泳池和儿童游泳池,有杏园、梨园、葡萄长廊、蒙古包、小木屋、民族餐等。2009 年创建为自治区三星级农家乐,年接待游客 2. 5 万人次,经营总额 110 万元,解决就业 12 人。

【安加尼休闲园】 乌什县安加尼休闲园位于乌什镇九眼泉村,占地面积 2 公顷,设有杏园、梨园、葡萄长廊、小木屋、民族餐饮等,建有 300 平方米的豪华雅间,四周果园环抱,具有浓郁的田园气息。2013 年,投资 20 万元对果园、餐饮点进行美化、亮化改造,根据市场及游客需求,开发少数民族特色餐饮。2018 年,休闲园作为乌什县“优秀示范农家乐”获自治区旅游局 5 万元专项资金支持,并被推荐为“全国休闲农业与乡村旅游示范点”。累计投资 150 万元,年接待游客 2. 8 万人次,经营总额 100 万元,解决就业 10 人。

【水上绿洲生态农家乐】 乌什县水上绿洲生态农家乐位于乌什县城 6 千米处,托什干河沙棘湿地自然保护区内,占地面积 36 公顷,绿地面积和水域面积占总面积的 95% ,水资源丰富,绿树成荫,常有野鸡、野鸭、野兔出没。以自然原生态景观为主,在保护原有生态环境的基础上,合理开发利用建设农家乐接待设施。院内设有机蔬菜采摘园,可供游客采摘绿色无公害新鲜蔬菜,具有浓郁的乡村风情和民族特色。农家乐区位优势明显,交通便利,从县城发出的 1 路公交车从门前通过,且设有站点;创立以水上绿洲为主要品牌的系列餐饮标识,获自治区三星级农家乐、乌什县少数民族餐饮大赛三等奖。累计投资 180 万元,年接待游客 3 万人次,经营总额 100 万元,解决就业 10 人。

【幔利庄园农家乐】 乌什县幔利庄园农家乐位于阿合雅镇尤喀克阿合雅村,占地面积 86. 67 公顷,设有葡萄、杏子、核桃等特色林果业采摘园和小木屋。农家乐积极参与旅游产业脱贫项目,每年举办葡萄采摘节活动,给 40 名贫困户分红。先后投资400万元对果园进行硬化、绿化、亮化改造，按照无公害农产品和农业标准化示范区要求进行建设，发展以葡萄种植、葡萄酿酒、葡萄观光、葡萄采摘等为主的观光农业，是乌什县首个集科技示范、观光旅游、生态农业展示等功能于一体的产业化基地。

【荷塘月色农家乐】 乌什县荷塘月色农家乐位于英阿瓦提乡，2017年8月26日建成运营，总投资121万元，是集旅游环步道、游客体验区、特色餐厅、生态停车场、水冲式厕所等为一体的旅游精准扶贫项目，具有带动贫困户脱贫致富、提升旅游基础设施建设水平的效用。旅游精准扶贫分红由荷塘月色农家乐与英阿瓦提乡人民政府签订经营合同，与40户贫困户签订入股分红合同，每年每户贫困户分红1500元，连续分红5年，合计分红30万元。

【阿克优丽农家乐】 乌什县奥特贝希乡阿克优丽农家乐位于奥特贝希乡阿拉萨依村1组，占地面积0.4公顷。2016年，投资50万元对果园、餐饮点进行美化、亮化改造，设有特色林果采摘园，建有600平方米豪华雅间，四周果园环抱，具有浓郁的田园气息。阿克优丽农家乐有特色民族餐饮，为游客提供杏子、核桃、西瓜、甜瓜、樱桃等特色林果采摘，歌舞、KTV欢唱、稀有鸟类观赏等服务。累计投资60万元，年接待游客6万～8万人次，经营总额35万元，解决就业8人，同时为周边农牧民销售核桃、杏子等农产品，取得较好的社会效益。

宾馆、饭店简介

【燕山大酒店】 乌什县燕山大酒店位于燕子山脚下，占地面积1万平方米，建筑面积4500平方米，绿地面积4000平方米以上。固定资产1100万元，注册资金150万元，是乌什县旅游活动的重要机构和窗口。2013年，投资700万元重新装修宾馆，更换客房设施，2015年8月正式运行。

燕山大酒店是集餐饮、住宿、娱乐、休闲健身、旅游等为一体的综合性服务酒店，与乌什县游客接待中心、浙江衢州援乌指挥部、乌什县博物馆、燕泉山景区毗邻，素有“闹市静舍”之美称。下辖总经理办公室、旅游接待部、计划财务部、安全保卫部、物业管理部等。

酒店可提供飞机、火车、汽车票代购，车辆出租，大型停车场及洗车、洗衣、打字、复印、传真、旅游纪念品、日用小百货、物品寄存等服务项目，设有综合娱乐场所，包括棋牌、茶园、KTV、美容美发等项目。拥有标准房70间，床位100张，可同时接待120人住宿，24小时提供热水。

【龙泉大酒店】 乌什县龙泉大酒店位于燕山路1号（燕泉山景区内），建于2012年，占地面积8000平方米，集住宿、餐饮、会议于一体。2016 年 7 月,酒店投资 2000 万元重新装修,打造温馨、简洁、舒适的客居环境,2017 年 6 月重新营业。

酒店设施设备齐全,有不同功能的客房 83 间(包括单间、标准间、豪华套间、家庭房等),床位 147 个,可同时容纳 150 人。客房配有空调、全覆盖免费 Wi - Fi、卫星频道、液晶电视、沐浴等设施,有吹风机、一次性洗漱用品、拖鞋等个人卫生用品,提供各种饮料。酒店设有餐厅,可同时容纳 120 人用餐,设有大型停车场等基础设施和营业设施,拥有先进的消防监控系统、背景音乐、程控电话系统。

旅游景点简介

【燕泉山景区】 燕泉山景区位于乌什县城西面,距县城中心仅 0.2 千米,占地面积约 64 公顷,集历史文化景观与自然景观于一身。景区内有燕子山、九眼泉、石壁镌刻“远迈汉唐”和“继超追骞”、小长城、栈道、一览亭、小游园、小西湖、小岛、湖心石舫等景点,环绕湖周围的绿树林荫和造型别致的亭、台、楼、阁、桥等错落有致,连为一体,是南疆著名的旅游度假胜地,享有“天南第一泉”之誉。

燕子山坐落在乌什县燕泉山景区,垂直高度 90 米左右,是地壳运动形成的石山,南北两个山脊自东向西会集于山顶,中间是一条山谷。有史可查,清乾隆中后期,山上庙宇林立,山上的关帝庙有乾隆御笔铜字匾联,匾书“灵镇岩疆”、联书“轶轮名炳千秋日、靖边威行万里风”。山顶建有韦陀殿,山中还有众多的神殿、社稷坛城墙等,每年春秋两季和每月朔望日由大臣率领百官致祭和行礼。燕子山盛极一时,后毁于同治三年(1864 年)。中华人民共和国成立后,山顶仅存碉堡和城墙、白骨塔。

山上的景点有“燕子石”和“远迈汉唐”等石刻,均在南山梁上,山的外缘是悬崖,山脚是城区大道。所谓燕子石,并非燕子,而是一种古贝壳化石,卵形石上布满羽毛状网纹,形似燕羽,古称“燕子石”,《孚化志略》一书有记载。

燕泉山景区,南临燕子山脚,以园中九孔泉而得名,内有小西湖、湖心岛、泉水鱼庄、“望桥”、“九眼泉”和参天古树等景点。

燕泉山景区交通便利,景区含燕子山,水域面、绿地面,燕子山遗址,燕贝化石,观光亭等;自然资源以杏园、苹果园、游乐场、清雅山庄、江南水域等为主,加之景区气候宜人、冬暖夏凉,素有“南疆避暑胜地”之称。燕子山风景旅游区基础设施良好,娱乐、游玩项目齐备,休闲、度假设施齐全,管理科学、服务周到,旅游景色丰富。2015 年,乌什县投入 2000 万元资金提升改造燕泉山景区,增建瀑布,改建人行道,小西湖步道,迁址改造水车,草坪等,2016 年创建为国家 AAAA 级旅游景区。

【沙棘林湿地景区】 乌什县沙棘林湿地

景区位于县城西北方向奥特贝希乡黑山北麓，托什干河流域南岸河谷地带，距乌什县城27千米。景区先后投入建设资金2230万元，主要依托当地3213.33公顷天然沙棘林，人造沙棘林、河滩、山地、农牧民村落等景观资源，建成沙棘典故园、天然沙棘园、沙棘功能园、湿地景观和花镜景观5个功能区。景区占地面积约93.4公顷，园内总体建筑和各功能区风格与景区自然环境高度融合，主要采用木质建材建成，游步道全程采用木栈道铺设，长约3千米。游客沿木栈道前行，沿途可欣赏养生长廊、瞭望塔、清心亭、养心亭、圣柳亭、完美神木、百年胡杨、沁泉湖、通仙桥、大水车等主要景点。2015年创建为国家AAAA级旅游景区。

【燕泉河景区】 乌什县燕泉河景观带是一处开放式景区，主要建设景点有九眼泉广场、历史文化长廊、咏泉廊架、生态湿地、滨水廊桥、亲水平台等。结合现有古树，新增灌木、乔木、花草，建设河两岸城市绿地。采用高杆路灯、庭院灯、射灯，突出主要建筑物、雕塑、景观节点和植物等夜景。

乌什县燕泉河（亚瓦格渠）是贯穿乌什县城区的一条重要水系，河两侧房屋大多修建于二十世纪五六十年代，房屋破旧，无相关配套设施，两侧居民将生活垃圾和污水直接排放入河道，造成水质重度污染，严重威胁沿燕泉河两岸群众及牲畜的饮水安全和农田灌溉，“两代表一委员”多次提案，希望予以解决。2015年6月，县委、县政府决定对燕泉河实施污染治理，对两侧棚户区进行改造，切实改善沿燕泉河两岸居民居住、生产、生活环境和河道水质。2017年改造建设项目开始实施，2018年全部完工并投付使用。

项目总投资约1.9亿元，建设地点位于亚瓦格渠两侧，西起燕泉山公园西侧的秋格尔总干渠，东至县城入口东山头，全长约2.3千米，规划总面积35万平方米。项目意在建设集自然风光游赏、休闲、养生与文化体验于一体的城市滨河景观带，推动乌什县旅游业发展及城市品位提升。

2017年，乌什县进一步推广“旅游+扶贫”成功经验和做法，推动旅游开发与扶贫工作有机融合，逐步探索建立旅游扶贫长效机制，拓宽扶贫开发领域，促进贫困群众就地就近实现就业和脱贫致富，投入资金200万元购买旅游设备（含观光电瓶车摩托艇12辆，水上自行车、皮划艇等游乐设施），2018年3月31日投入运营，直接带动附近乡（镇）贫困户就业23人。

【钟鼓楼】 钟鼓楼位于乌什县三衢大厦（乌什县原人民政府）大院内，是南疆地区保存最完整的一座最具中原风格的清代建筑。钟鼓楼始建于清代，楼分三层，高14米，底层是石头砌成的基坐，只有上二层的石阶，没有门窗，第二层也是石头砌墙，外面描成砖砌的图案，三层全为木质结构。第二、三层飞檐斗拱，二层楼门是阁子门，窗子是圆形，窗格雕有木花，古朴典雅;三层是阁子门、阁子窗。二层外有12根立柱撑起四周屋檐,檐角都雕刻有口含木珠的木质龙首。钟鼓楼已成为乌什县爱国主义教育基地,被列入自治区级保护文物、红色旅游景点。

【柳树泉景区】 柳树泉景区位于县城正南方阿克托海乡苏依提喀村,距县城3千米,占地面积66.67公顷。柳树泉依山傍水,泉水奔涌而出,古柳与小树相依,垂柳与泉水相伴,环境十分优雅。柳树泉附近有一片绿荫广场,面积约6.67公顷,四周柳树成行,形似围墙,每年春季,赛马、叼羊、马上较力等民族特色努肉孜节运动会都在这里举行。

柳树泉景区的看点是水和柳树。泉水周围柳树成荫,故得名“柳树泉”。泉水自然汇集成三个水池,成“品”字形分布。柳树泉最奇的是水,能浮起硬币。当掷出硬币的角度准确时,硬币会浮在水面,否则硬币会飘悠到泉底,但也不会直坠下去。

柳树泉成葫芦状,泉水从葫芦口涌出,能直透水底,可以看到水底倒长的柳根,被青苔缠绕,形似株株塔松,构成奇妙的水下森林。泉中古树断柳依稀可见。古式吊桥于泉中池旁,碧水与蓝天、绿水与远山,相伴相依,相映成趣。

【香妃谷景区】 香妃谷景区位于乌什县亚曼苏乡北天山段,距托什干河5千米,距乌什县38千米。景区面积20平方千米,海拔2600米,谷内派生有溶岩谷、瀑布谷、蜂鸣谷、钻天谷、浪迹谷、水帘谷、波涛谷、涟漪谷、溪流谷等奇特小谷。香妃谷是历经千万年风剥雨蚀形成的,沙砾岩断面形象千奇百怪,大自然的鬼斧神工将香妃谷雕刻成一幅幅垂直悬挂、图案栩栩如生的画面,耐人回味。谷内空气湿润,谷内生长着骆驼刺、野蔷薇、苔藓植物、党参等植被,常有野生动物出没。香妃谷遗存有千万年前古人所画的岩画,图像清晰,所画动物逼真,线条优美。谷内还有千年冰川融化所形成的冰川泉水,甘甜芬芳。

【别迭里烽燧】 别迭里烽燧是东汉烽燧、古代军事遗址,位于乌什县城西北约40千米处,离边境25千米。烽燧成梯形状,底部东西长12.7米,南北宽9.8米,顶部东西长7.5米,南北宽3.5米,燧体残高7.5米。烽燧为两次修筑,原筑为夯土,始建于东汉年代,层厚15~20厘米,夯土间夹有木头层和柴枝层;木头直径8~12厘米,层与层间距10~15厘米。第二次修筑于唐代,在原烽燧四周用卵石垒砌,周边用长卵石垒砌加固,卵石间填有小砾石和土。别迭里烽燧整个形状是一个梯形体,西边是别迭里河,烽火台控制着别迭里山口的军事要冲,是丝绸之路的主要通道之一,是古代传递军事信息的建筑。现烽火台上还有木柴与狼粪燃烧留下的痕迹。

留存至今的古时烽火台十分稀少,如别迭里烽烽火台这样完美保留的更是凤毛麟角。因此，中国万里长城学会、中华集邮联合会、北京市邮政局将别迭里烽燧收入万里长城百关纪念封上，作为中国万里长城西端最尾部，也是古代军民保卫边疆的历史见证。

【八卦墩】　八卦墩位于都鲁乌尔山上，距乌什县城5千米。八卦墩下部为四方形，是汉唐时代的建筑形式，用一层树枝一层粘土夯实而成，高15米，周长30米。上部八角形是明代的建筑形式。因此，八卦墩的历史可追溯到汉唐时代。

【开锅泉】　开锅泉又名欢乐泉，距乌什县城4千米。欣赏这眼泉，主要看泉底，泉底汩汩涌出的泉水，像一锅滚开的水。有人站在泉边，泉底的水“开”得越大。如果再跺一下脚，泉水“开”得更大。据说，可能是泉边压力大小引起的变化。

【库木布隆沙疗场】　库木布隆沙疗场位于县城西南奥特贝希乡阿拉萨依村，距县城8千米，占地面积约3.33公顷，沙丘面积4000平方米，呈银色，沙质细匀柔软、滑腻如绵。每年6—8月县内外游客络绎不绝。

【托什干河流域风光】　托什干河是中吉国际性河流，发源于吉尔吉斯斯坦境内天山山脉的科克沙勒山，河源由两支源流组成，在吉尔吉斯斯坦境内汇合后称托什干河。

托什干河流向自西向东，沿程汇入多条支流，在中国境内途径阿合奇县、乌什县、温宿县、阿克苏市四县市，与库玛力克河汇合后称阿克苏河。托什干河全长512千米，在中国境内长344千米，流经乌什县境内129.5千米。河流平均高程3328米，平均坡降5.5‰。

托什干河年径流量分配不均，5—8月径流量占年径流量的64.6%，7—8月2个月径流量占年径流量的44.1%，多年平均径流量26.3亿立方米，最大年径流量37.36亿立方米，最小年径流量17.8亿立方米，最大与最小比值为2.1，是全疆径流年际变化最小的河流之一。

托什干河谷是地质构造年代的产物，河谷两岸的群山反映出各期构造运动的痕迹，可以说是地质学的活教材。从古生代到新生代的各期构造运动，是形成天山南脉托什干河坳陷的雏形。早更新世气候趋于干旱，天山南脉积雪大量消融，巨大洪流在托什干第三世坳陷内堆积洪积相西域砾石层；中更新世气候转冷，山区积雪，并发生冰川活动，形成由高山到低谷的砾石斜坡。中更新世后期构造运动趋于稳定，气温回升，冰川退缩，洪水下泄，托什干坳陷逐渐形成托什干河及河谷自然景观，可开发托什干河流域沿岸风光游。

【库马力克河流域风光】　库马力克河发源于吉尔吉斯斯坦，流入乌什县与温宿县交界处，从河源至中国境内托什干河汇合口全长293千米，中国境内流程105千米。协合拉以上至边境41千米全为山地,岸陡谷深,流域平均高程3830米,平均坡降16.2‰。径流形成主要是高山冰雪融水,春夏季多为洪水,含沙量较多,也叫流沙河,盛产黑宝等各类奇石。

流沙河位于乌什县英阿瓦提乡与温宿县天山神木园风景区的中间地段。流沙河与吐鲁番的火焰山、库车的女儿国、温宿城郊的高老庄一起,构成“丝绸之路”西游记文化的丰富内涵。流沙河河床两侧有雪山、野生林、草地、农田和果园等自然资源。河水蜿蜒流入塔里木河,野生胡杨林葱葱郁郁,雪山、绿水、蓝天、草原构成优美的景观背景;良好的环境优势、丰富的文化内涵和优越的区位特点,形成融自然生态与社会人文为一体的生态型综合游乐区和旅游休闲宝地。

【将军树(摇钱树)】 乌什县将军树(摇钱树)位于奥特贝希乡宫乡村1组,距乌什县城7千米,是一棵树龄300年以上的核桃古树,树冠冠幅24米×25米,地径1.52米。相传乾隆三十年(1765年),阿桂率大军路过此处,用树上的核桃为士兵补给,用乌什沙棘作为马匹草料,将士食用后精力充沛,战马食用后皮毛发亮,一举平定乱军,“将军树”因此得名,在当地也被称为“摇钱树”。关于“摇钱树”的故事在当地广为流传,教育后人劳动致富的道理。

【杏花村】 乌什县杏花村位于奥特贝希乡巴什阿克玛村黑山脚下,乌什县城西南方向23千米处。村内溪流环绕,泉水潺潺,居住着维吾尔族、柯尔克孜族、哈萨克族等民族。

村里农户房前屋后、道路两旁、农田里遍布着品种繁多的杏树,每年3月底至4月中旬杏花盛开时节,含苞待放的朵朵艳红,完全绽开的粉中透白,艳态娇姿,繁花丽色,胭脂万点,占尽春风。居家庭院里、农田中成列种植,春日里红云朵朵,非常壮观动人。偶有和垂柳混栽者,柳叶吐绿时,杏红柳绿相互辉映,更具鲜明色彩。村内多有种植十多年以上的老杏树,姿态苍劲,冠大枝垂,静静矗立在溪边,在清澈的溪水中形成古色古香的倒影,趣味无穷。

该村是春季踏青、骑行、摄影、徒步的好去处。2014年,乌什县在该村举办泉城杏花香——杏花摄影大赛,受到县内外摄影、徒步、骑行爱好者的青睐。

【核桃王】 核桃王古树位于乌什县亚科瑞克乡托万克喀拉霍加村1组,地径1.65米。核桃王景点由两组古树组成,一组为子母树,另一组为长寿树。子母树是三棵相连相生的古树,第一棵树的根系发达,裸露出地面,生出两棵核桃树,仿佛是一位母亲庇护着两个孩子,因此得名“子母树”。

(供稿人:许立燕)

教 育

教育管理

【概况】 2018 年,乌什县专任教师师资力量持续增强,高中阶段学生增幅明显,中小学校学生到校率稳步增加。小学比上年增加 3 所。中小学学生增加 1856 名;普通高中学生减少 116 名;职业中学学生增加 482 名;幼儿园入园幼儿较上年增加 1693 名。中小学教职工增加 537 名(县聘 312 名);幼儿园教职员工增加 265 名,增长率 52.5%。

年内,乌什县有各级各类学校 80 所。其中小学 65 所,小学教学点 8 所,初级中学 3 所,九年一贯制学校 1 所,完全中学 2 所,职业中学 1 所。有中小学在校生 42829 名,其中小学生 26273 名,初中生 8870 名,高中生 7686 名(普通高中生 4318 名,职业高中生 3368 名)。小学适龄儿童入学率 100%,毕业率 100%;初中适龄儿童入学率 100%,毕业率 100%。中小学教职工 3586 名。其中,专任教师 2842 名(高中专任教师 425 名,初中专任教师 674 名,小学专任教师 1357 名)。幼儿园 118 所,在园幼儿 18534 名,幼儿园教职工 769 名。南疆学前支教干部 298 名。

2018 年,乌什县教科局内设行政办、师资办、人事股、基建办、纪检监察室、信访办、条件装备办公室、基教股、职业教育与成人教育股、招生办、计财股、政教股、教研室、双语办、教育督导委员会办公室、党建办(工会)、教育营养办、安全办、教育核算中心、学生资助管理中心、青少年校外活动中心、科技兴县工作领导小组办公室等 22 个职能股室。有干部职工 43 名,其中领导 6 人。

【校园安保】 2018 年,乌什县教科局强化安全稳定宣传、督查工作,加强师生安全稳定教育。指导各学校完善各类安全工作应急预案,加强突发事件和自然灾害应急演练,增强师生安全意识,提高师生自救自护能力,推进教科系统应急管理工作规范化建设。5 月 12 日,组织各乡(镇)教育办主任、县直各中小学、幼儿园校(园)长及安全工作负责人 230 人观摩地震疏散、消防灭火等应急实战演练;6 月底,全县 199 所中小学、幼儿园完成推拉式硬隔离设备安装工作;9 月 5—8 日,联合县文化、卫生、市监、交通等部门,对校园周边商店、餐厅、网吧、迪吧、KTV、茶吧等娱乐场所进行安全生产检查,通过联合执法,防范和遏制安全生产事故发生;9 月 18 日,组织各乡(镇)教育办主任、县直各中小学、幼儿园校(园)长及安全负责人在阿克托海乡阿克托海村小学、奥特贝希乡苏盖特力克村小学观摩食品安全推进会;10月底,基本完成236栋老旧建筑消防验收工作,取得消防验收合格证书;11月9日,组织各乡(镇)教育办、县直各中小学、幼儿园安全负责人及消防管理员200人在县第一中学召开消防安全推进会,提升校园消防管理能力。

【德育教育】 2018年,乌什县教科局以促进学生全面发展、健康成长为原则,以“德育示范校、依法治校示范校”创建为抓手,坚持立德树人,大力推进德育教育。年内,创建地区级“德育示范校、依法治校示范校”1所、县级4所;先后创建“德育示范校、依法治校示范校”自治区级2所、地区级27所、县级38所。开展“民族团结一家亲”“三进两联一交友”主题活动,以第36个民族团结教育月为助力,通过开展民汉学校结对、民汉班级结对、民汉教师结对、民汉学生结对、民汉家庭结对,采取一对一、一对多、户对户等方式,形成各族师生多形式、深层次、全方位交流交往交融的格局。创新民族团结教育载体,研究制定《乌什县教科系统“德育储蓄银行”活动实施方案(试行)》,把各民族学生开展民族团结、爱国主义、法治教育等各类主题教育活动纳入学校德育储蓄银行收支细则,将民族团结与德育教育有机结合,建立多元德育评价体系,推动校园文明和谐建设。表彰德育工作先进集体4所、校园文化建设工作先进集体2所、民族团结先进模范集体2所,优秀班主任42名,民族团结模范个人33名。

【师德师风师能建设】 2018年,乌什县教科局开展作风建设及专项治理行动,把师德师风考核作为首要任务,实行“一票否决”,严格考核方法步骤,明确考核等次,落实结果运用。在师德师风专项考核中,被评为“优秀”教师324人,“合格”教师2177人,“基本合格”教师15人,“不合格”教师216人,命名表彰“师德师风优秀教师”39人。

【党建工作】 2018年,乌什县教科系统开展师德师风教育月等主题活动,收集学校领导干部对照检查材料290份,审阅一般教职工对照检查材料3165份。调整分流不合格教师129人。选优派强胜任国家通用语言教学党组织书记、校(园)长49名,对83名书记、校长强化国家通用语言培训,任命78名副校(园)长、36名校(园)长助理,选派18名书记、校长赴北疆挂职。新成立2所学校党组织,指导完成15所中小学校党组织换届选举工作,成立党总支2个、党支部76个。与各学校党组织书记签订《2018年乌什县教育系统党建工作责任书》140份,先后对党建工作开展专项督查4次,督查面100%。对全县各学校从严治党、从严治团工作督查指导6次,整改存在问题78条。处理各类违反党纪、政纪人员38人。

开展中心组学习28次，督查“两学一做”学习教育工作4次。在全县127所学校、2289名教师、1183个班级开展“三进两联一交友”“民族团结一家亲”活动，结对人数8973人。

【教育工会】 2018年，乌什县教育工会完善领导班子组织结构，制定工作制度，为保证教职工合法利益、开展各项活动打好基础。2月，组织召开职工大会，研究与教职工利益相关的管理、请销假、奖励、探亲、值班等有关制度。5月，组织开展各类系列活动，教科系统篮球队和拔河队获全县比赛“一等奖”。做好2018年乌什县教育工会业务工作目标任务分解，评选“五一先进能手”“五一先进集体”“地区工会优秀工作者”，创建地区级“模范职工之家”。

【国防教育】 2018年，乌什县教科系统以《中华人民共和国国防教育法》和中央《关于加强新形势下国防教育工作意见》为依据，深入开展国防教育活动。组织各学校围绕重大节日、纪念日，挖掘、运用红色资源，开展形式多样的宣传教育活动，营造全社会关心支持国防事业和军队建设事业的良好氛围。邀请军事单位人员进单位、进学校开展国防知识宣讲，组织领导干部、在校师生进军事单位学习，体验军旅生活。开展“全民国防教育日”活动，举办国防教育主题黑板报、手抄报比赛，聘请驻地现役军人进行国防教育授课，开展国防教育讲故事、读一本好书、学唱一首爱国歌曲、国防知识问答竞赛等活动。

【各级各类学校对口帮扶】 2018年，乌什县教科局做好乌什县各级各类学校对口帮扶工作，利用各项优质资源，提升教学质量。5月4日，阿克苏地区教研员方利清和张春梅老师到对口学校阿克托海乡中心小学，调研学校教育教学情况。5月12—19日，衢州援乌教育专家组到乌什县开展短期支教活动，分别对中小学语文、数学等8个学科开展示范课展示、工作室研讨、课程标准解读等活动。10月22—25日、10月29—31日，分别邀请4名衢州新华小学名师、9名衢州教育专家到乌什县开展系列教研活动。印发《关于组建教育发展共同体，促进义务教务教育均衡发展的实施方案》《乌什县教科局关于进一步做好教育结对帮扶工作的通知》，发挥乌什县优质教育资源辐射、示范、带动作用，促进薄弱学校管理水平和教育教学质量整体提升。

【教育常规管理】 2018年，乌什县教科局依据教研室每学期工作计划，规范教学常规督查制度，指导学校有序开展教育教学工作。提高学校中层干部管理能力，组织中小学教学副校长、教务主任（教研室主任）参加教务管理专题培训。加强教学常规督查，教研室每月分层组织开展教学常规管理检查1次，实行县直中小学、乡

(镇)中心小学、村级学校分别交叉检查。加强学校、教师考核,落实奖惩制度,7月对教学成绩滞后的教师进行为期8天的能力提升培训。

【综合实践活动】 2018年,乌什县教科局加强综合实践活动课程管理,规范综合实践活动课程开设。下发《关于印发乌什县中小学实施综合实践活动课程和地方与学校课程的指导意见》,严格落实自治区课程设置方案,开足开齐综合实践活动课。加强管理,每学期对综合实践活动课程开设情况进行过程督导,通过开展中小学综合实践课程研究性学习案例评选等活动,为师生搭建交流展示平台,引领中小学综合实践活动课程健康有序发展。多元评价,采取听随堂课和教学评比相结合的办法管理课堂教学,了解综合实践活动课程在学校实施情况。

基础教育

【学前教育】 2018年,乌什县推进学前教育,把教育摆在富民强县首要位置,树立"科教兴县、人才强县"理念,加大教育投入,深化教育改革,优化资源配置,推进学前三年教育,稳妥实施推进国家通用语言文字教学全覆盖。全县有幼儿园118所(含民办幼儿园1所),其中城区7所、乡(镇)9所、村级102所;在园幼儿18534人,幼儿园教职工504名,学前支教干部298人。学前三年免费教育普及率100%。年内,乌什县农村幼儿园教材由自治区统一免费发放,按照自治区《农村学前"双语"幼儿指导纲要》和《农村学前"双语"幼儿课程设置方案》要求统一授课。

【义务教育】 2018年,乌什县教科局加强国家通用语言教育,提高义务教育阶段教学质量。年内,全县有中小学在校生61363名,小学教学班687个,比上年减少25个;初中教学班186个,在校生8870人。小学适龄儿童入学率100%,辍学率为0。初中适龄儿童入学率102.96%,辍学率为0。

【普通高中教育】 2018年,乌什县有普通高级中学2所,截至2018年秋季学期,有普通高中教学班级86个,在校生4318人。7月,全县初中毕业生3328人,初中毕业升入普通高中人数1363人(升入县内普通高中人数1114人,升入县外普通高中人数249人),初中毕业学生普通高中入学率41%。参加上下半年(两次)普通高中学业水平考试考生18986人次。参加普通高考考生1216人,上线考生1161人,上线率95.5%;被各类高等院校录取学生950人(本科191人、专科759人),录取率78.1%。

【特殊教育】 2018年,乌什县教科局加强残疾儿童少年随班就读工作,建立残疾学生随班就读花名册,提高残障学生教学水平,确保残疾儿童少年入校学习。年内，全县有各类残疾学生 490 名。

【招生考试】　2018 年，乌什县教科局有序组织招生报名考试工作，完成 2018 年其他省市高中班、其他省市中职班和自治区内其他县市初中班考试各项准备工作。年内，乌什县报考其他省市高中班考生 426 名，录取 40 人，录取率 9.4%；其他省市中职班考生 70 名，录取 13 名，录取率 18.6%；自治区内其他县市初中班报考生 639 名，录取 418 名，录取率 65.4%；2018 年中考报名人数 2946 名，参加初中毕业升学考试人数 2946 名。

【体育、卫生、艺术教育】　2018 年，乌什县教科局邀请县疾控中心工作人员，对中小学师生、教职工开展疾病预防知识培训，累计培训 3 万人次。各学校利用每周五学生返校时间，围绕宣传主题，开展宣传教育活动；利用健康教育课、主题班会课、专题讲座、家校联系会、悬挂标语、宣传板报、手抄报、知识竞赛等形式，在学校食堂、宿舍、教室、图书馆、体育场馆等重要公共场所，张贴、散发传染病防治知识材料，提高师生防治传染病知识水平和自我防范能力，累计宣传教育 10 万人次。突出校园足球、篮球、排球等优势项目，发挥学校体育工作育人功能，举办中小学篮球、足球、排球等比赛活动 20 次。

【扶贫助学】　2018 年，乌什县普通高中国家助学金到位资金 886.8 万元，2017 年结余助学金 5.33 万元，累计普通高中国家助学金 892.13 万元。按照 2000 元/生·年的平均标准给予补助，建档立卡贫困家庭学生按照最高档次 3000 元/生·年标准给予补助；发放普通高中国家助学金 892.13 万元，惠及学生 8937 人次。乌什县职业技术学校助学金到位资金 379.5 万元；春季发放助学金 168.5 万元，惠及中职生 1685 人；秋季发放助学金 241.6 万，惠及中职生 2416 名。中央专项彩票公益金“励耕计划”“润雨计划”“滋蕙计划”资金总额 52 万元，惠及因遭受自然灾害、突发事故或重大疾病等原因造成家庭经济特别困难的一线教师 52 名；“滋蕙计划”资助总金额 44.2 万元，惠及高中建档学生 221 名。中央彩票公益金——家庭经济困难大学生入学资助项目，发放助学金 3 万元，惠及贫困大学生 60 名。“国酒茅台·国之栋梁——希望工程圆梦行动大型公益助学活动”项目，发放资助金 3.5 万元，惠及贫困大学生 7 名。2018 年普通高校家庭经济困难新生入学资助项目，发放资助金 9.7 万元，惠及贫困大学生 97 名。地区慈善总会大学新生慈善助学项目，发放资助金 3 万元，惠及贫困大学生 10 名。援乌资金资助其他省市普通高校乌什籍学生项目，发放助学金 160.8 万元，惠及贫困大学生 268 名。中国农业银行“金穗圆梦”深度贫困地区大学生项目，发放资助金 3.5 万元，惠及贫困大学生 7 名。志鸿助学补助项目，发放资助金 4.8 万元，惠及贫困大学生 43 名。

【扶贫帮困】 2018年,乌什县教科局90名干部定点帮扶奥特贝希乡宫乡村、亚阔坦村,结对帮扶194户贫困户。成立教育脱贫攻坚工作领导小组,制定《乌什县2018—2020年教育脱贫工作实施方案》,先后召开专题会议10次、培训会议16次,开展"一对一"帮扶活动,为奥特贝希乡宫乡村、亚阔坦村搭建"家庭国家通用语言文字学习角"90个。开展"我教孩子学国家通用语言"主题活动,为家庭成员搭建国家通用语言文字学习交流平台,实现干部与贫困户互动,辅导贫困户子女学习304次,提高贫困户子女学习成绩。帮助贫困户开展蔬菜种植、植树、修剪果树、修渠、打扫庭院、清理牛羊圈等劳动,参与人员459人次。资助普高、中职建档立卡品学兼优学生4名,资助金4000元;购买学习用品、生活用品、节日慰问品、生产物资等641件,折合27319元。先后协调奥特贝希乡宫乡村、亚阔坦村6名贫困户担任幼儿园保安和厨师,加快贫困户脱贫致富步伐。

职业教育

【概况】 2018年,乌什县职业技术学校坚持"以德立校、依法治校、产学兴校、质量强校"办学理念,完成各项教育教学任务。开设服装制作与生产管理、农用机械使用与维修、中餐烹饪与营养膳食、美发与形象设计、计算机应用、畜牧兽医、建筑装饰、果蔬花卉生产技术、汽车运用与维修等9个专业。8月,成功申报《乌什县职业技术学校2018年第二批现代职业教育质量提升计划补助资金项目》,项目资金400万元。

年内,乌什县职业技术学校有教职工133名,其中专任教师115名,其他岗位18名。新增教师64人,其中人才引进41人,中职定向免费师范生3人,县聘20人。

【工作业绩】 2018年,乌什县职业技术学校坚持制度建廉、教育倡廉、监督促廉,强化党风廉政建设,增强约束机制。培养年轻骨干教师入党,发展预备党员1名,入党积极分子3名。秋季招生发放通知书1500份,实际报到1515人,注册在校生3368人。两级职业技能大赛先后选派参赛学生40名,地区赛中获二等奖2名、三等奖5名,自治区赛中获一等奖1名、二等奖4名、三等奖4名;2018年新疆技能大赛暨第45届世界技能大赛新疆选拔赛中获二等奖1名、三等奖1名。5月18日,举办学校首届"成人礼"和第四届"职业教育活动周"活动,参与人数1800人。完成兜底招生工作,计划招生1300人,实际招生1506人,完成率116%。参加高考的50名学生中,13名学生考入新疆高职院校。改善办学条件,新购置台式电脑126台、笔记本电脑3台、照相机3台、摄像机3台、多功能复印机1台、A3复印机2台、打印机3台。选派学校骨干教师挂职学习,将优秀教师培养成骨干教师。年内,选派参加各级各类培训教职工81人次。

【农村职业教育】 2018年,乌什县职业技术学校完成农村富余劳动力转移再就业及"科技之冬"短期培训任务2201人次,涉及工种有服务业、农业、林业、牧业、加工制造业等。

【招生工作】 2018年,乌什县职业技术学校成立招生领导小组,5月初至6月底,多次到县国庆中学、县一中、衢州中学、阿合雅镇中学进行招生宣传,宣传国家"三免一补"(免课本费、免杂费、免文具费;对小学半寄宿制学生和初中困难学生生活给予补助)政策。年内,发放录取通知书1500份,完成招生1506人。

成人教育

【概况】 2018年,乌什县有乡级农牧民文化技术学校9所,村(社区)农牧民文化技术学校115所。

【农牧民培训】 2018年,乌什籍初中毕业生3432名,其中乌什县初中毕业生3307名、县外毕业生125名。年内,中职招生2119名,其中县内中职招生1510名。向自治区内外各职业院校输送609人,其中其他省市中职班及职业学校招生14人,地区各职业院校招生387人,北疆各职业院校招生63人,区属各职业院校招生134人,其他地州职业学校录取11人。

教育投入

【教育经费保障】 2018年,上级拨付农村三年免费学前教育保障机制经费3575.86万元,其中保教费(公用经费)1852.09万元、公用取暖费202.09万元、幼儿伙食费1521.68万元,惠及幼儿数16841人。上级拨付义务教育保障机制经费6645.16万元,其中公用经费2322.87万元(小学每生每年600元,初中800元标准)、公用取暖费336.22万元、寄宿生伙食补助费1592.47万元(小学每生每年1250元,初中1500元标准)、学生营养改善计划资金2393.6万元(每生每年800元标准),惠及人数33287人。上级拨付普通高中阶段免学费612.96万元,高中学生助学金886.8万元,惠及人数4434人。职业技术学校上级拨付资金1247.37万元,惠及人数2651人。

【农村中小学校、幼儿园建设】 2018年,乌什县投入资金10935.16万元,完成校舍建筑总面积25927.86平方米,幼儿园维修内外墙粉刷、屋顶防水、地面硬化、暖气改造等总面积92153平方米,涉及项目50个。其中,投入资金1141万元,完成2016年第一批"全面改薄"项目5个,校舍建筑总面积3062平方米;投入资金592万元,完成2017年中央基建投资预算项目1个,建筑总面积2961平方米;投入资金2539万元,完成2017年第一批"全面改薄"项目15个,校舍建筑总面积

6165 平方米;投入资金 178.58 万元,完成 2017 年农村学前教育经费保障机制园舍维修项目 14 个,完成维修内外墙粉刷、屋顶防水、地面硬化、暖气改造等总面积 57818 平方米;投入资金 959 万元,完成 2017 年第二批“全面改薄”项目 6 个,校舍建筑总面积 4059 平方米;投入资金 1500 万元,完成 2018 年浙江衢州援建项目 1 个,新建综合楼 2000 平方米、塑胶运动场 8000 平方米,改造教学楼 2 栋(含外墙、设施等),完成食堂改造(含设备等)、厕所改造(包括水箱、自采水设备等),乌什县第一小学室外供排水、暖气、绿化等相关附属配套工程建设;投入资金 107.58 万元,完成 2018 年农村学前教育经费保障机制园舍维修项目 6 个,完成维修内外墙粉刷、屋顶防水等总面积 34335 平方米;投入资金 537 万元,完成 2018 年涉农整合扶贫资金幼儿园项目 1 个,校舍建筑面积 1164 平方米及室外附属工程;投入资金 3381 万元,完成依麻木镇托万克麦盖提小学建设项目 1 个,校舍建筑总面积 6516.86 平方米。

队伍建设

【概况】 2018 年,乌什县有教职工 3586 人,其中专任教师 2842 人(高中阶段专任教师 425 人,初中阶段专任教师 674 人,小学阶段专任教师 1357 人,幼儿园阶段专任教师 386 人)。

【中小学教师招录】 2018 年,乌什县依托中央、自治区特岗教师(含自主招聘)、定向免费师范生招录计划,招录中小学特岗教师 250 名(高中教师 12 名,初中、小学特岗教师 175 名,幼儿园教师 63 名),定向分配教师 16 名,教育部直属免费师范生 3 名。

【教育培训】 2018 年,乌什县组织 1635 名教师参加各类教育培训。其中,组织 182 名教师参加继续教育培训,465 名教师参加计算机培训;选派 63 名中小学、幼儿园教师赴其他省市、自治区及地区参加“岗位能力提高”“国家通用语言强化”“跟班驻校”培训,选派 64 名中小学、幼儿园教师参加地区级“教育教学能力提升培训”;选派 86 名教师参加国家级培训(国培计划);组织 200 名幼儿园教师参加国培计划送教下乡培训,组织 190 名小学教师参加区培计划送教下乡培训;组织 385 名中小学、幼儿园新教师参加新教师岗前培训。

【教师资格认定】 2018 年春、秋季,乌什县教科局受理中小学、幼儿园教师资格认定材料 321 人,通过材料认定审核、教育教学能力测试、体检等环节,113 人通过教师资格认定,其中春季取得教师资格人数 45 名,秋季取得教师资格人数 68 名。

【人事档案管理】 2018 年,乌什县教科局对全县教师档案进行整理、扫描、归类、建档。查阅135名离退休人员档案年龄及参加工作时间，配合县人社局做好37名退休人员、25名调动人员及10名追加工龄人员档案整理工作。对2018年参加工作的456名教师学籍档案进行收集、归类、建档，对调动、辞职的57名人员提档进行登记。定期做好教职工档案分类入档工作。

【教师专业理论培训考核】 2018年9月1日，乌什县教科局对全县2183名中小学和幼儿园教师进行专业理论考核，设定考点2个（乌什县第一中学、乌什县国庆中学），考场91个。

教育督导

【概况】 2018年，乌什县教育督导委员会办公室以办好人民满意的教育为目标，围绕义务教育学校标准化建设评估验收和推进义务教育均衡发展开展教育督导工作，以督政、督学、监测为重心，对教育热点、难点问题开展专项督导，推进全县中小学校规范、有序、和谐、均衡发展。

【督学队伍建设】 2018年3月，乌什县教育督导委员会办公室聘任责任区挂牌督学8名（续聘5名、新聘3名），具体负责7个督学责任区80所中小学日常督导工作，监督指导各学校规范办学、有序开展教育教学工作。

【培训学习】 2018年，乌什县教育督导委员会办公室重视督学培训学习，坚持每周五组织督学开展不少于2小时政治理论学习，夯实责任区挂牌督学理论基础。采取综合督查、交叉督导、随机分组等方式，落实责任督学定期交流机制，实现互帮互助共同提高的目标。

【教育督导履职】 2018年，乌什县教育督导委员会办公室强化责任意识，发挥督政、督学职责，狠抓教育督导，助推教育事业发展。协助县委、县政府做好政府履行教育职责监督指导工作，对县直各职能单位、乡（镇）党委、政府履行教育职责开展督查2次，下发督办通知1期。贯彻落实《中华人民共和国教育法》《中华人民共和国义务教育法》等法律法规，抓紧抓实控辍保学工作，对各乡（镇）“控辍保学”工作落实情况开展专项督查1次，下发通报1期，督促各乡（镇）劝返辍学学生。每学期开学初组织责任区挂牌督学及教科局相关科室人员组成综合督查组，对全县中小学党建、政教、纪检、基础教育、教学常规管理、维吾尔语和汉语教育、安全、营养餐管理等工作进行综合督导检查。责任区挂牌督学定期不定期深入各学校，针对存在的问题提出指导性意见，跟踪问效整改情况。

【义务教育学校标准化建设和均衡发展】 2018年7月底，自治区对乌什县推进义务教育均衡发展工作进行过程性督导；11

月初,地区对乌什县义务教育学校标准化建设进行评估验收。乌什县教育督导委员会办公室做好义务教育学校标准化建设和均衡发展工作,开展义务教育学校标准化建设和均衡发展培训4次,赴拜城县观摩学习1次;对全县中小学义务教育学校标准化建设和均衡发展工作开展专项检查5次。做好义务教育均衡发展攻坚工作,年底从各中小学抽调12名骨干教师组建义务教育均衡发展专班,指导各中小学开展义务教育均衡发展工作,迎接2019年义务教育均衡发展评估验收。

教育科研

【教学改革情况调查】 2018年,乌什县教科局相继印发《乌什县中小学教学质量提升工程实施方案》《乌什县义务教育课程改革实施方案》,推进课程改革。利用专题会议、讲座培训、学习观摩、入校指导、校际间教研活动等多种形式和途径进行专业引领,强化新课改理念,提高课堂教学改革实践操作能力。组织教研员深入学校,指导教师分学科组或教研组进行课标再学习再讨论再实践,指导教师对"533"课堂教学模式改革进行学习研讨、实践运用。依托16个教学能手培养工作室,组织兼职教研员、学科带头人、骨干教师、教学能手开展校际间"同课异构"、示范课、研讨课、专题讲座、送教下乡等教科研活动。探索课堂教学改革新模式,加快推进课程改革,邀请援乌教师送课20节,参加教师1100人。加强乡(镇)学校校本培训和教研活动指导,提升乡村教师专业技能,稳步提高课堂教学改革实效。

【教育业务培训与竞赛】 2018年,乌什县教科局教研室继续发挥引领、示范、指导、服务和管理功能,围绕学校、学生、课堂、教师四大主题,以强化教育业务培训为抓手,结合各级各类竞赛活动,提高教师队伍教育教学水平。组织开展校长、书记、教务主任和教研室主任教学常规管理培训,培训人员500人次;借助援乌教师团队,开展解读部分学科课程标准和教材解读培训,培训教师1150名。开展学科教研活动,举办2018年小学语文、数学"高效课堂"优质课研赛活动、2018年小学数学"核心概念"教学研讨课活动、中学英语教师专业素养大赛、初中七年级学生英语书写比赛活动、中小学青年教师基本功研赛等竞赛活动10次;选拔参加地区研赛活动4次,获县级奖项教师200名,获地区奖项教师16名。开展县级教学名师、学科带头人、骨干教师、教学能手、教学新秀评选活动,通过教师现场备课、上微型课,根据教学获奖情况等进行评比,评选师德高尚、业务精湛的县级教学名师、学科带头人、骨干教师、教学能手、教学新秀60名。开展"一师一优课、一课一名师"网上晒课活动,分学科分学段评选县级一等奖80名、二等奖154名、三等奖180名。

【教育科研课题管理】 2018年，乌什县教科局重视中小学教师教学科研工作，做好教学科研课题研究工作。成立课题研究工作领导小组，解决教学实践中出现的具体问题，营造自主研修、自我提高氛围，提高教师队伍研修能力。借助援乌队伍力量、支教队伍力量，开展各级科研课题申报，在援乌教师指导下有序开展课题研究工作。组织教师申报县级及以上教学科研课题，地区审批立项课题3个，促进学校教育教学发展，推动教育事业稳步推进。

科学技术

综 述

【概况】 2018年,乌什县教科局继续实施《阿克苏地区"户户都有科技明白人培育工程"整体推进项目》,完善科技特派员选派、考核、奖励机制。争取自治区、地区各类科技项目,完成科技素质培训2.5万人次。做好"三区人才"科技服务工作。开展知识产权专项宣传和教育培训,完成年度专利申请受理及执法案件目标任务。

【党政领导科技进步目标责任制】 2018年,乌什县教科局开展"党政领导科技进步目标责任制"督查2次,按督查结果通报落实情况。结合《阿克苏地区农村"户户都有科技明白人"培育工程整体推进项目》,在奥特贝希乡、阿恰塔格乡打造地区级"户户都有科技明白人"培育工程实训基地2个,为农牧民提供学习平台,提高农牧民生产技能水平和脱贫致富本领。

【自治区科技精准扶贫项目】 2018年,乌什县教科局申报中粮屯河糖业股份有限公司承担的自治区科技扶贫行动项目——乌什县果蔬产业技术推广与应用。项目实施后,依托深度贫困村阿克托海乡阿克托海村核桃、番茄等林果、蔬菜资源优势,通过乌什果蔬制品有限公司的果蔬产业技术推广与应用,组织农户进行番茄、杏子、核桃等初级加工和精深产品生产。推行"公司+基地+农户"合同化番茄种植收购模式,直接受益番茄种植户6000户。收购杏原料7850.16吨,生产杏浆2869吨;收购番茄原料47284吨,生产番茄酱6506吨;收购苹果原料150吨,生产苹果浆50吨。支付农户原料款2535.41万元,带动6000户农户种植番茄1000公顷,亩收入增加200元。

【科技项目实施】 2018年,乌什县教科局做好各类科技项目征集、储备、筛选、申报工作,获批各类科技项目3个,落实项目资金47万元。其中,自治区科技特派员扶贫行动项目1个(乌什县果蔬产业技术推广与应用),项目资金25万元;地区科技兴阿项目2个(阿克苏地区农村"户户都有科技明白人"培育工程整体推进项目,项目资金12万元;深度贫困村蔬菜高产栽培技术示范推广项目,项目资金10万元)。对已实施的2017年自治区科技精准扶贫项目进行跟踪调研,实时掌握项目执行情况,确保科技项目按规实施。完成2019年自治区、地区科技项目征集、筛选、上报工作。

【科技特派员服务机制】 2018年3月23—24日，乌什县教科局举办科技特派员培训暨新一轮科技特派员授聘仪式，与新聘任102名科技特派员签订《2018—2019年科技特派员技术服务协议书》，开展为期2天的科技特派员培训，各乡（镇）分管科技工作领导、新聘任科技特派员及农民合作社代表共130人参加培训。实施第29届“科技之冬”活动，开展科技兴县素质工程培训，举办各类培训班252期，培训人员2.6万人次；举办技术示范现场会7场次，技术交流会12次，发放各类技术资料4万份。

【科技服务体系建设】 2018年，乌什县教科局实施农村“户户都有科技明白人”培育工程，聘请区、地、县专家，下派科技特派员，组成专家组开展优质科技服务活动。通过培训指导帮助农牧民进行科学种植、养殖，发展生产，降低成本，形成村村学科学、用科学，户户都有科技明白人的良好局面。年内，培养科技明白人户数36146户，人数114309人，实现有“科技明白人”的户数占总户数91.25%、“科技明白人”人数占有劳动力农村家庭总人数83.57%的目标。加强交流合作，提升科技特派员服务能力，经自治区科技厅统一组织，选派2人赴和田地区墨玉县参加科技特派员现场培训交流会，互相学习交流经验，发挥科技特派员引领作用。

【“三区人才”服务】 根据《新疆维吾尔自治区边远贫困县市科技人员专项支持计划实施方案》，2017—2018年自治区、地区下派乌什县“三区人才”科技人员18人，其中自治区院所下派2名，地区下派16名。乌什县教科局结合县域主导产业，按照“三区人才”专业及特长，精准设置服务岗位，全部分配至县企事业单位开展科技服务指导，签订《自治区边远贫困县市科技人员专项支持计划协议书》，不定期与“三区人才”科技人员、受援服务企事业单位沟通交流，了解服务工作开展情况，对“科技人才”进行考核，总结好的经验和做法。年内，开展科技培训20期，受益1800人次，帮扶指导企业5家。

知识产权保护

【法律宣传】 2018年，乌什县教科局（知识产权局）制定下发《乌什县2018年知识产权宣传周活动实施方案》。4月26日，联合县司法局、市场监管局、文广影视局、农机局、旅游局、科协等单位，在乌什县大十字开展知识产权宣传咨询活动，出动人员15人，悬挂宣传横幅5条，发放《知识产权海报》《新疆维吾尔自治区专利促进与保护条例》《法院手册》《农机机械化》等各类宣传单和宣传手册2300份，播放地震等各类科普知识宣传片2小时。开展鉴别真伪音像光盘、书刊、电子出版物，各类饮食、烟酒、茶叶等“三无”产品咨询服务活动，咨询群众520人次。组织各乡（镇）、县直中小学开展“4·26”知识产权宣传日活动,利用第二课堂制作知识产权板报、科技手抄报,通过电子屏宣传知识产权常识、科技发明知识,培养青少年知识产权意识。

【联合执法检查】 2018年4月25日,乌什县教科局(知识产权局)联合县市场监督管理局、文广影视局、农机局等部门,分3个组开展联合执法检查。文化稽查组出动3名执法人员、1辆车,对县城内音像制品店、书店、打字复印店、网吧等11家文化市场进行检查,收缴非法音像制品10张;农机、饮食检查组出动5名执法人员、2辆车,对县城内7家农机经销店和农机维修点、36家饮食零售商店进行执法检查,对6家经营不规范的销售部门限期责令整改。超市、药店检查组出动4名执法人员,对县城内5家大型药店、5家大中型超市进行专利执法检查,检查各类商品、药品600件,查出专利号的药品、日用品11件(项),1家超市的1种产品专利号已终止,向经营者宣传知识产权知识和专利保护常识。 (供稿人:赵 艳)

乌什县农广校

【概况】 2018年,新疆农业广播电视学校乌什县分校(简称乌什县农广校)围绕年初制定的工作目标,立足本职,发挥职能,多渠道、多形式、多层次开展各项培训工作。年内,乌什县农广校核定编制6名,在职干部职工7人。

【农牧民培训】 2018年,乌什县农广校以"科技之冬"培训为契机,配合相关部门开展培训工作。安排高级农艺师配合农业主管部门,在阿合雅镇托万克荒地村、依麻木镇拜什铁热克村、阿克托海乡托万克墩其格村开展"科技之冬"短期培训工作,主要培训对象为农民技术员,培训960人。通过为期8天的培训,使农民群众能掌握2门以上实用技术,增强农民科技意识。

【新型职业农牧民培训】 2018年1月,乌什县农广校根据2017年度新型职业农民培育工程方案要求,分类制定培训计划,统筹安排培训课程、培训班次、培训内容。年内,基本完成2017年培育新型职业农民80人项目理论及实践培训任务,其中培训贫困户32人。

【全日制教育班教学】 2018年,乌什县农广校按照全日制教育班教学工作要求,暂停新疆农广校全日制教育班教学管理工作,于2018年10月下旬正式开展全日班教育第四学期教学及管理工作。

(供稿人:蔡 琳)

地 震

【概况】 2018年,乌什县地震局加强群测群防网络体系建设,加快应急避难场所建设,健全应急救援队伍,加大隐患排查力度,多渠道开展防震减灾宣传教育和地震应急演练,增强全社会防震减灾意识和能力。年内,有干部职工 4 人。

【防震减灾】 2018 年,乌什县地震局修订完善《乌什县地震应急预案》,明确人事调动和应急避难场所分布情况。新修订印发《乌什县地震应急补充预案》,细化优化地震应急措施,明确县领导及县直相关单位在地震灾害应对工作中的责任,提高地震灾害应对能力。3 月 26 日,组织 11 个社区负责人在东山头社区开展地震应急演练观摩活动。5 月 12 日,在县国庆中学开展地震应急综合实战演练,参演单位 29 个,现场观摩人员 510 人;县分管领导带队,先后 5 次组织相关单位到学校、医院、超市、商场、菜市场等人员密集场所分别开展地震应急演练。5 月 7—14 日,组织开展第十个"防灾减灾日"宣传教育活动,指导县委机关大楼、县政府机关大楼、县行政服务中心大楼开展地震应急疏散演练。5 月 12 日 10 点 30 分,统一时间针对性开展全县性地震应急疏散演练 68 场次,参演人数 3 万人。7 月 28 日 10 点 30 分,统一时间针对性开展全县性地震应急疏散演练 81 场次,参演人数 4 万人。

【应急救援】 2018 年,乌什县地震局健全应急救援队伍,县消防应急队加强应急训练,做好防震减灾应急准备工作;各相关单位建立健全应急队伍通讯录,明确专业应急队伍职责,提高应对突发事件能力。乌什县新建应急物资储备库 1 处,2017 年底投入使用;2018 年,县财政投入资金 200 万元,对应急物资储备库配套设施进行完善,新增一批应急储备物资,增加物资储备数量和品种,加强物资储备库规范管理,做好物资应急储备工作。

【科普宣传】 2018 年,乌什县地震局会同县消防大队、市场监管局、教科局等单位,到学校、医院、超市、商场、菜市场等人员密集场所分别开展防震减灾知识和消防知识宣传。年初,在学校开展"开学第一课,地震知识进校园"活动,加强在校师生地震应急知识普及;组织人员在学校开展地震应急知识宣传 8 次,社区开展宣传 10 次,印制发放《地震应急科普知识宣传手册》1000 本,发放宣传资料 2 万份。5 月 12 日,组织相关单位在县中心广场开展防震减灾集中宣传活动,参加单位 39 个,参加人员 73 人,发放宣传资料 6600 份,摆放展板 55 张,悬挂横幅 8 条;各乡(镇)和行业部门组织开展防震减灾专题讲座 5 场,悬挂横幅 7 条,发放宣传单 3500 份,广播电视宣传 78 分钟,播放公益性广告 24 条次。7 月 28 日,在县中心广场开展防震减灾宣传咨询活动,参加单位 27 个,参加人员 46 名,摆放展板 23 张,悬挂横幅 1 条,发放宣传手册 2490 本,发放宣传资料 4930 条;各乡(镇)在人员密集场所以设立宣传咨询台、张贴宣传挂图、摆放宣传展板、发放宣传资料等形式开展防震减灾宣传咨询活动。

【督促检查】 2018 年 7 月,乌什县地震局联合县交通运输局、国土资源局等部门,到县维吾尔医院、客运站、运输公司、乌什镇等人员密集场所和重点单位督导地震应急工作和“7·28”唐山大地震42周年纪念日活动开展情况,到南关社区、东山头社区老旧危房和地质灾害隐患点实地查看地震隐患情况;对乡(镇)、县直单位、学校、社区和重点企业防震减灾工作开展情况进行重点督查,下发督查通报。

(供稿人:艾海提·依米尔)

气象及人工影响天气

【概况】 2018年,乌什县气象局坚持以提高预警预报能力和提升气象服务水平为中心,以建设现代化气象业务体系为重点,强化气象防灾减灾工作,有序推动乌什气象事业健康持续发展。

【气象预测】 2018年,乌什县气象局提高天气预报准确率,组建预报意见和预报与实况分析两个预报能力提升团队,开展团队工作争先进位赶超,提升预报服务能力水平。加强当地经验化预报订正,加强分析研讨机制,每月检验总结。

【气象业务】 2018年,乌什县气象局稳定地面气象观测数据综合质量,加强监控和维护,确保主站、备份站、区域站设备正常运行。主站故障确保备份站数据顺利切换上传,检查网络运行情况,开展每日业务自查,确保网络正常连接。完成本站监测软件重装,确保传输及时率。

【气象服务】 2018年,乌什县气象局做好气象为农服务,制定为农气象服务方案,开展春耕春播等农事气象服务。通过微信、手机短信等方式,发送服务短信给农业大户,便于安排农事活动。尝试新型农业经营主体气象服务,与县农业局合作开展新型农业经营主体直通式为农气象服务工作,共同确定农村经济合作社、农业种植养殖大户等服务对象90个,以手机短信、推广App、开展培训等方式联合开展直通式为农服务。

【气象防灾减灾】 2018年,乌什县气象局坚持“一年四季不放松、每次过程不放过”原则,牢筑气象防灾减灾第一道防线,有效防范气象灾害,优化站网布局,扎实开展监测预警服务,提升气象灾害监测预警能力。年内,发布预警信息100条、春运专题情报34条、膜内外信息33条、短时临近服务6条、实况服务43条、气象专题情报22条、月报12期、周报48期。

【人工影响天气】 2018年,乌什县人工影响天气办公室(以下简称乌什县人影办)围绕服务“三农”中心任务,以人工增雨防雹增雪工作为重点,依靠人影科技,落实业务工作。全年,乌什县发生天气过程42天次,较强天气过程18天次,强天气过程9天次,作业30天次,15辆流动火箭出车276车次,最大程度减小冰雹对农牧业灾害程度。作业人雨弹800发,火箭弹968枚。

年内,乌什县人影办核定编制23名,实有66人,其中在编人员22人,县编人员10人,公益性岗位人员8人,季节工26人(4—9月);内设指挥室、财务室和综合办3个职能科室。全县有12个固定作业点、11个流动作业点,分散在各乡(镇)为农业保驾护航。

【人影技能培训】 2018年,乌什县人影办本着为乌什县农林牧保驾护航的宗旨,做好人影防雹业务培训。以安全生产为抓手,制定《乌什县人影办2018年人影业务技能培训方案》,按计划完成培训任务。采取集中培训和进点后单独实际培训相结合的方式,对新招录季节临时工进行专门培训,以实际应用为根本,提高作业队伍战斗力,做到培训工作全覆盖。

【人影安全生产】 2018年,乌什县人影办坚持24小时岗位责任制和安全保卫值班制度,保持通信联络畅通,人影装备状态良好。注重提高队伍整体业务素质,加强人员业务训练和技能训练,促进和提高操作人员防灾减灾水平。根据《人工影响天气管理条例》,利用广播、宣传栏、微信群等媒体,在全县范围内播放人工影响天气作业公告,在各乡(镇)、村公示栏张贴人工影响天气作业公告,利用巴扎人员聚集时进行安全生产宣传,做到人工影响天气作业公告人人皆知。建立健全规章制度,明确分工,责任到人,层层签订责任书,及时解决工作中发现的问题,把不安全苗头解决在萌芽状态。全面核定所有作业点禁射区,要求作业人员严格执行各作业点禁射界规定,杜绝人为事故发生。做好设备维护保养和保管,加强电台和通信设备维护保养,随时保持通信联络畅通。

【人影设备管理】 2018年,乌什县人影办做好防雹弹药储备工作,在人影装备和人员下点时,为整合作业点配发足够弹药,保障人影防雹作业需求,做到“人清、车清、弹清、炮清”。在人影火器进点前,对设备进行年审,按照技术要求对设备进行检修、保养,坚持不通过审验和有问题装备“零”使用;对流动火箭车进行维修保养,确保作业装备不带病作业。

(供稿人:马俊武)

文化·体育·广播电视

文化·体育

【概况】 2018年,乌什县文化体育广播影视局(以下简称乌什县文广影视局)内设行政办、财务室,下设业余体校、文化市场综合执法大队、新闻出版管理办公室、广播电视台、文化馆、图书馆、文管所(博物馆)、文化站等事业机构。核定编制21名,其中,行政编制12名,事业编制9名。机关工勤事业编制2名。

【公共文化服务】 2018年,乌什县文广影视局以《乌什县构建现代公共文化服务体系实施方案》为总框架,加快构建覆盖城乡、布局合理、便捷高效、惠及全民的现代公共文化服务体系。加强公共文化基础设施建设,先后完成中央广播电视节目无线数字化覆盖工程,乌什县广播电视台《中国之声》、中央人民广播电视台维吾尔语频道、新疆人民广播电台维吾尔语综合频道、新疆人民广播电台维吾尔语交通频道建设,电子图书馆、电子博物馆、体育馆及广播电视一期、二期机房建设等惠民工程建设任务。完成全县广播站发射设备升级改造,“村村通”、“户户通”、大喇叭设备完好率、音响率均达到地区要求。引入市场机制,广播电视“户户通”直销店销售维修正式签约,结束9个乡(镇)没有“户户通”销售维修的历史。争取县财政资金17.78万元,为12个深度贫困村贫困户购买“户户通”设备、电视机设备326套。对17名广播电视大喇叭维护人员进行3天培训,确保发挥作用。

【文化市场管理】 2018年,乌什县文广影视局举办经营业主培训班2期,培训学员85人次;与业主签订2018年安全生产责任书。出动执法人员824人次,检查文化经营单位412家次,取缔无证经营打字复印店4家、歌舞厅3家、个体书店1家、印刷厂1家。对6乡3镇娱乐场所开展专项整治,对阿合雅镇、依麻木镇、英阿瓦提乡5家娱乐场所进行处理。针对文化市场存在的热点、难点问题,制定整治方案,先后组织开展暑期文化市场专项整治行动、印刷复制行业专项清理整治行动及教辅资料集中清理整治、校园周边文化环境综合整治、打击侵权盗版专项行动等。

【软件正版化】 2018年,乌什县文广影视局对软件正版化情况进行摸底,全县

77个党政事业单位及6乡3镇列入党政机关使用正版软件检查和整改单位，编制人数4918人，计算机总数3410台。2018年4月开始，由金山软件公司将全县77个党政部门单位及6乡3镇金山WPS 2016专业版office办公软件全部安装完毕，各单位360杀毒软件全部安装完毕。

【图书馆工作】 2018年初，乌什县图书馆统计少数民族语言文字图书7000册，目录报送地区图书馆。全年免费开馆330天，直接服务读者938人次，在全县建立9个图书馆流通服务点，与周边9个县(市)图书馆签署馆际互借协议。3月，乌什县图书馆对城区各中小学图书管理员进行图书编目、分类、上架等知识培训，参加培训人数90人。4月，对各乡(镇)图书室示范点图书管理员进行图书分类、编目、登记、排架、维护、管理及问题图书查找等知识培训，参加培训人数313人。11月，在县影剧院举办乡(镇)、村(社区)综合文化服务中心及图书阅览室管理人员培训班，共136人参加培训。

【文化馆工作】 2018年，乌什县文化馆利用寒假开设青少年乐器、舞蹈、美术等艺术培训班，外聘2名专业教师为160名青少年免费授课，馆内外开展舞蹈、美术、器乐培训1次，举办民间艺人那格拉唢呐培训班1场，参训人员40名。11月，开展为期10天的乌什县2018年度首届民间艺人中华传统文化“活二胡”培训班，为全县文艺爱好者创造学习条件。

【文博工作】 2018年，乌什县博物馆春节期间开展幸福中国年书画展、对联进万家活动。年内，博物馆接待参观团体30个，参观人数1.8万人次，发放宣传资料4500份。

【文工团工作】 2018年，乌什县文工团开展送戏下基层活动127场次(包括地区今冬明春送戏下基层演出、“民族团结一家亲”主题演出、文化“三下乡”演出等活动)。开展迎接、庆祝性文艺活动，参加“元旦晚会”“迎新春文艺晚会”“南孔圣地衢州有礼”衢州乌什两地文艺界交流晚会。

【群众体育】 2018年，乌什县文广影视局组织各乡(镇)、村(社区)群众开展篮球、乒乓球、拔河等民间传统体育活动，参与群众2000人次。联合县总工会在人民医院举办庆“五一”干部职工文体活动，参赛队8支，参赛队员200人，观看人员400人次；举行干部职工篮球比赛20场，共12个参赛队150名运动员参加比赛，观看人员800人次。5—7月，组织参加地委宣传部、地区文广影视局“U系列青少年足球、篮球、男女排球比赛活动”。12月，组织参加地委宣传部、地区文广影视局联合举办的“浙·阿体育比赛”，乌什县参赛队获集体三等奖、个人二等奖。

(供稿人：阿迪力)

广播电视

【概况】 2018年,乌什县广播电视台围绕全县中心工作,加大舆论宣传力度,继续发挥党和政府的喉舌作用。主要负责转播中央电视台1套(35频道)、7套(41频道),中央人民广播电台103.6频率,新疆电视台1套、2套及新疆人民广播电台105.4频率卫星节目;播出自办维吾尔语、汉语广播电视节目2套。

【县外宣传】 2018年,乌什县广播电视台积极配合新疆电视台采制脱贫攻坚、结亲、“访惠聚”等新闻稿件,其中,《黑木耳产业助力阿克苏5000贫困户高质量脱贫》《第一书记:当好乡亲们脱贫致富的“火车头”》《乌什县“旅游+扶贫”带动贫困户增收》《乌什县种好“一块田”养好“一头畜” 推进精准脱贫》等稿件在《新疆新闻联播》播发。全年累计在中央媒体发稿5条,自治区级媒体发稿240条,地区级媒体发稿380条。

【县内宣传】 2018年,乌什县广播电视台在《乌什新闻》开辟《扶贫攻坚》《环境保护》《民族团结一家亲》《访惠聚》《在习近平新时代中国特色社会主义思想指引下 新时代新气象新作为》《婚育新风进万家》《小康路上》《作风建设在路上》《这里是乌什》等新闻专栏,让各族群众在思想上、行动上与中央、自治区同频共振。完成县内宣传稿件430条,其中采制扶贫攻坚类稿件230条。

【广播电视栏目】 2018年,乌什县广播电视台开办维吾尔语广播《安全你我他》《健康有约》访谈节目,邀请10个部门的负责人做客电台,普及科学和法律知识。开办《习近平谈治国理政》专栏,累计播发300条次;继续对政论片《将改革进行到底》《法治中国》《辉煌中国》《强军》《大国外交》《巡视利剑》《不忘初心 继续前进》等专题节目进行循环播出。做好《党的惠民政策要知道》专题,每天在节目中滚动播发,全年累计播发3600条次。制作《以站为家 爱国护边》、廉政警示教育片《拍蝇》2部专题片;重新拍摄制作民族团结一家亲汇报片《聚焦总目标 构筑新长城》等2部汇报片。

【公益广告展播】 2018年,乌什县广播电视台做好公益广告、字幕标语展播工作,安排播出各类公益广告近30部,涉及社会主义核心价值观、扶贫攻坚、节能环保、道路安全、消防安全、文明旅游、非法集资、艾滋病防治、拒绝毒品等公益片,累计播发8000次。

【安全播出】 2018年,乌什县广播电视台完善《突发事件应急预案》《关于进一步加强值班的通知》等文件,规范管理制度。多次组织开展应急处理演练和岗位练兵活动,通过内部培训和演练,使每个岗位人员更加熟悉岗位职责、设备操作规程,提高在岗人员应急处理能力。认真排查、整改存在的隐患,保证各类机器设备正常运行。严格执行“零报告”制度,完成元旦、春节、元宵、“两会”、五一、国庆和古尔邦节等重大节日和会议的安全播出任务;抓好“中非合作论坛北京峰会”重要保障期间安全播出工作,确保乌什县安全播出全年无事故。

【农村公共文化服务】 2018 年,乌什县广播电视台新聘用 17 名乡(镇)“村村通”维护人员,成立农村公共服务管理中心,制定聘用人员标准、工资待遇、绩效考核等相关管理制度,增强操作性,形成县级管理指导、乡级维护主体设备、村级报送信息的三级服务体系,加快构建现代公共文化服务体系。

【农村广播电视】 2018 年,乌什县广播电视台加大农村广播电视建设和投入力度,投入资金 32 万元,购置 100 瓦地面无线数字发射机设备 1 套、300 瓦地面无线数字发射机设备 1 套。投入资金 5 万元,购买“村村通”设备配件 1 批(含高频头、电缆线、电容、遥控器、电缆线 F 头等)。申请县域涉农整合资金 17.79 万元,购买“户户通”及电视设备 253 套,为没有电视机的家庭购买电视机 73 台。

(供稿人:阿迪力)

卫　生

卫生管理

【概况】　2018 年,乌什县卫生局统筹规划卫生事业发展和防病工作,加强综合协调和政策引导,强化卫生行业法制建设、行政执法监督和信息服务工作,推进农村卫生保健工作,深化基本医疗保险制度改革,加强医疗卫生单位监督管理,有效提高卫生服务质量和工作效率。年内,乌什县卫生局核定行政编制 6 名,实有 7 人。

【医改工作】　2018 年,乌什县卫生局在县域内组建医共体 2 家,县人民医院与 5 家乡(镇)卫生院、县维吾尔医医院与 3 家乡(镇)卫生院建立医共体关系,指导乡(镇)卫生院设置手术室、口腔科等临床科室。年内,3 个卫生院完成标准化手术室设置,2 个卫生院具备开展下腹部手术服务能力,实施手术 309 例,有效提升乡(镇)卫生院服务能力。乌什县人民医院加入地区第二人民医院牵头组建的结核病专科联盟和地区第一人民医院牵头组建的医联体,地区第一人民医院下派 5 名专家常驻乌什县人民医院开展工作。投入 200 万元建成会诊、心电、影像等远程诊疗平台,覆盖所有乡(镇)卫生院;1—10 月,实施远程综合会诊 23 例、心电 1311 例、影像 178 例。乌什县人民医院与自治区人民医院、衢州市人民医院等建立远程会诊平台,实施远程会诊 145 例,培训 14 场次 140 人次。县级医院 HIS 系统全面接入自治区全民健康信息平台。落实家庭医生签约服务,按照“1 名医生 +1 名公卫 +1 名护士 + 村医”模式组建家庭医生签约服务团队,实行分片包干制,推进家庭医生签约服务信息化建设,签约服务 175987 人,签约服务覆盖率 77.2%,重点人群签约服务覆盖率 100%。规范运行基本药物制度,完成第二轮公立医院网上集中招标采购药品工作,全县乡(镇)、村两级医疗机构基本药物网上采购率和药品零差率销售均达 100%。医疗机构药品采购“两票制”(药品生产企业到流通企业开一次发票,流通企业到医疗机构开一次发票)覆盖率 66.8%。

【健康扶贫】　2018 年,乌什县卫生局成立健康扶贫领导小组,制定健康扶贫专项行动方案,明确各部门职责分工,建立常态联络机制。针对农村建档立卡贫困人口建立“基本医疗保险 + 大病保险 + 民政救助 + 医疗商业补充险”四重保障体系,解决贫困人口“因病致贫、因病返贫”问题。全县各级医疗机构实行“先诊疗后付费”和“一站式”结算。推进“三个一批”(大病集中救治一批、慢性病签约服务管理一批、重病兜底保障一批)行动计划,将因病致贫、因病返贫的2658名贫困人员全部纳入健康扶贫动态管理系统,进行动态管理,实现全覆盖。持续开展全民健康体检工作,设立全民健康体检经费专户,建立每月经费拨付机制。年内,应体检19.79万人,完成率100%;资金到位1450.27万元,到位率100%;设置体检点10个,投入DR10台,彩超20台,全自动生化仪20台,心电图机、血细胞分析仪等设备50台,工作人员280人。投入资金53万元,建立体检数据信息化管理平台。各级各类医疗机构开展健康教育和健康咨询100场次,引导群众建立健康生活理念。通过体检,核对完善健康档案信息6万份。做好结核病防治工作,落实肺结核患者营养早餐和集中服药,投入资金80万元,设立乌什县人民医院感染三科,做到应治尽治,控制肺结核疫情传播。

【基本公共卫生】　2018年,乌什县卫生局强化基本医疗卫生服务管理,按标准接种各类疫苗,深入实施麻疹流脑、甲胎蛋白、乙肝、手足口病、腹泻病监测工作,规范网络直报制度。建立电子健康档案214831人,建档率95.3%;更新宣传栏537期,举办健康教育讲座509场次,宣传教育群众5.84万人次;实现65岁以上老年人健康管理率58.4%,高血压患者管理率80%,糖尿病患者管理率76.9%,孕产妇系统管理率86.5%,住院分娩率、高危产妇管理率100%。开展严重精神障碍患者筛查4次,确诊936例,管理率100%。加强医疗机构监管,对202家监督单位开展巡查1014次;查处医疗机构违反相关卫生法律法规案件6件,查处非法黑门诊8家,现场实施查封取缔处理。强化医疗废物安全处置,对各医疗机构医疗废物处置情况进行专项督查,召开医疗机构医疗废物处置工作协调会议,医疗机构污水处理设施正常运行,在垃圾处理厂建设医疗垃圾焚烧炉,由县人民医院负责全县医疗垃圾收集、焚烧、处置、填埋工作,确保医疗废弃物妥善安全处置。

【宣传教育培训】　2018年,乌什县派出4支医疗队在乡(镇)卫生院开展对口支援,开展学习讲座12次,带教查房14次,各种疑难病例、危重病例讨论6次,提高受援单位业务技术水平。开展医疗质量管理及医疗纠纷排查,对发现的问题进行整改。加强宣传教育,公正处理医患纠纷。加大业务培训力度,举办执业医师考前培训班1期,各医疗卫生单位142名考生参加培训。县维吾尔医医院增设治未病科、针灸理疗科等中医药特色优势科室;定期组织中医药适宜技术培训,扩大中医药服务人群范围。8家乡(镇)卫生院、90%以上村卫生室具备中医药服务能力;4家乡(镇)卫生院中医药服务能力工程设备完成招标,全县中医药服务能力整体得到较大提升。11家医疗卫生单位开展平安医院建设,推进治安防控体系建设,维护医院治安安全、医疗安全、护理安全、党风廉政建设,保持全县卫生系统稳步发展。

(供稿人:徐巍卫)

卫生监督

【概况】 2018年,乌什县卫生监督所加强卫生事业发展和防病工作统筹规划,加强综合协调和政策引导,强化卫生行业法制建设、行政执法监督和信息服务工作,深化基本医疗保险制度改革,加强医疗卫生单位监督管理,提高卫生服务质量。年内,乌什县卫生监督所核定编制10名,在职在岗9人。

【卫生行政许可】 2018年,乌什县卫生监督所贯彻《中华人民共和国行政许可法》,实行“一站式”集中办理。树立优质服务意识,将优质服务延伸到咨询、受理、审核、发证全过程;新发、复核卫生许可证过程中,减少审批环节,缩短办理时限,简化审批程序,为申办者提供须知等材料,指导申办人填写有关申请材料。严格把好准入关,逐步提高准入条件,改善生产经营场所卫生状况。年内,受理卫生许可申请42件,审批发放卫生许可证42家,其中,新办卫生许可证28家,延续14家。

【公共场所、生活饮用水卫生监督管理】 2018年,乌什县卫生监督所结合量化分级管理,深入公共场所开展卫生检查,重点开展节假日卫生安全保障专项检查,在保证卫生监督量化分级100%工作目标的基础上,重点落实量化分级质量,提升生活饮用水监管水平。年内,开展公共场所卫生监督检查,出动执法人员466人次、执法车辆150辆次,对125家公共场所工作人员持证上岗、消毒管理、产品索证等情况进行检查;下发卫生监督意见书350份,立案7件,结案7件,罚款8800元。开展生活饮用水卫生监督专项检查,出动监督员14人次、监督车辆7辆次,对城市集中式供水单位、农村集中式供水单位进行专项监督检查,用DR820光度计分别测定出厂水和管网末梢水余氯含量,城市集中式供水单位持有阿克苏地区食品安全检测中心出具的测试结果合格报告单。

【学校卫生监督】 2018年,乌什县卫生监督所在3月、9月开学季集中开展学校卫生暨传染病专项监督检查,出动执法人员26人次、车辆14台次,检查学校194户次(其中,学校140户次,教学点54户次)、幼儿园59户次(其中,中心幼儿园22户次,村教学点37户次),下达卫生监督意见书82份。

【传染病卫生监督】 2018年3月、4月为两轮脊灰疫苗免疫接种期,乌什县卫生监督所监督员深入各接种点,对疫苗发放情况进行监督检查,重点检查接种点人员资质、疫苗贮存、运输、接种流程,对产生副反应处理、接种点不符合技术要求和规范等情况,及时下达监督意见书。集中开展医疗废物、消毒产品专项监督检查3次,出动执法人员67人次、车辆24台次、检查医疗机构122家、药店10家、CDC1家,下达卫生监督意见书236份。查处传染病类案件6起,罚款1.39万元。

【医疗市场监督管理】 2018年,乌什县卫生监督所按照《卫生厅关于印发〈诊所、门诊部执业行为计分公示制度〉的通知》,组织执法人员对辖区个体诊所、门诊部进行全面检查,监督覆盖率100%。对2家县级医疗机构、1家CDC、9家乡(镇)卫生院、11家私营医疗机构(私营医院、个体诊所、门诊部)及91家村卫生室进行地毯式检查,出动执法人员313人次、执法车辆98辆次,检查493户次。严格执行《诊所、门诊部执业行为计分公示制度》,公示率100%。对1家执业许可证过期未及时履行延续手续的私营医疗机构下达限期整改通知书,预期不达标按要求提请县卫生局进行行政处罚。年内,查处医疗机构违反相关卫生法律法规案件10件。开展打击非法行医(黑门诊)专项行动,查处非法黑门诊7家,立案7家,收缴罚没款4.25万元,对现场实施查封取缔处理,拍照存档。

【卫生监督协管】 2018年,乌什县卫生监督所召开卫生监督协管工作例会和法律法规培训会,人员到位率100%,与乡(镇)卫生监督协管分所签订目标责任书。5月,在阿克托海乡卫生监督协管分所召开卫生监督协管现场会,针对卫生监督协管工作薄弱环节,开展“一对一”现场带教;对被监督单位建立“一户一档”、卫生监督巡查中发现问题的处置、卫生监督协管信息上报等工作进行系统培训;通过检查和日常巡查,规范村卫生室诊疗活动。发挥协管员作用,动员村卫生室医务人员举报非法行医,处理非法行医案件1起,结案1起。年内,各分所辖区内被监督单位189家,开展巡查566次(村卫生室233次、学校24次、托幼机构18次、水厂6次、公共场所285次)。每季度对9所乡(镇)卫生监督协管分所进行绩效考核,按照考核标准严格评分,依据考核结果拨付卫生监督协管经费。

【突发事件处理】 2018年,乌什县卫生监督所成立突发事件应急处理领导小组及工作小组,制定突发事件处理预案。在预防脊髓灰质炎强化免疫期间,乌什县卫生监督所坚持统一指挥,统一行动,把卫生监督员分布在全县各角落,积极参与应急救援现场演练,观摩地震避险演练,开展消防演练。

【执法督察与稽查】 2018年,乌什县卫生监督所针对着装、纪律、文书制作、执法规范等问题开展专项稽查,针对个别工作人员上班着装不规范等问题下发稽查意见书,按要求开展案件评查。年内,查处各类案件21件,结案21件,收缴罚没款70.88万元,完成率105%。

【卫生法制宣传教育】 2018年,乌什县卫生监督所利用电视、宣传车、咨询点、宣传单等形式,开展法律法规宣传活动6次。3月开展“3·15”国际消费者权益日宣传活动,4月开展《中华人民共和国职业病防治法》宣传,5月开展饮用水卫生宣传周活动,6月开展应急管理宣传,为群众普及卫生法律知识。年内,编撰卫生监督信息62篇、调研报告2期、论文1期;乌什零距离微信平台刊登3期,阿克苏卫生监督微信平台刊登5期。

【卫生监督信息管理】 2018年,乌什县卫生监督所组织执法人员学习执法仪使用方法。有一线执法员5人,配备手持执法仪5台、蓝牙打印机3台,开展数据下载、执法结果上传、规范用语下载、操作手持机上报等工作。开展经常性监督531户次,通过新建业务平台制作案件8件。

【监督员队伍培训】 2018年,乌什县卫生监督所安排专人负责卫生监督员网络培训工作,监督员网络培训均达到45个学分,线上培训班3期,离线培训18学时,完成率100%。国家卫生监督信息平台录入处罚案件21起,各专业监督覆盖率均达到100%。

(供稿人:刘耀才)

妇幼保健

【概况】 2018年,乌什县妇幼保健院为辖区妇女儿童提供孕产保健、妇女保健、儿童保健等妇幼保健服务和妇女儿童常见病防治、开展婚前医学检查和出生缺陷综合防治服务等工作;受县卫生局委托,承担全县妇幼保健业务管理、项目管理、信息管理、培训和技术指导工作;承担上级交办的其他工作任务。年内,乌什县妇幼保健院核定事业编制17名。实有16人,其中,领导2人,干部职工14人;主治医师2人,助理医师(士)3人,护师(士)4人。

【督导培训】 2018年,乌什县妇幼保健院督导乡(镇)妇幼保健工作4次,开展妇幼专干和村医培训1次,利用县级例会培训妇幼专干12次,开展妇幼健康教育讲座15次,受教育人群2800人次。

【托幼机构儿童保健】 2018年,乌什县妇幼保健院开展春季和秋季儿童入托体检工作,体检儿童2836人;对体检中发现的中重度贫血儿童、龋齿儿童、中重度营养不良儿童进行健康指导和治疗;对筛查出的体弱儿、肥胖儿,按照管理要求建档,定期预约到儿保门诊复检,规范治疗,及时记录检查情况和指导内容。

【预防出生缺陷增补叶酸项目】 2018年,乌什县妇幼保健院强化预防出生缺陷各项工作，预防和减少神经管缺陷发生。全年新增应服用叶酸人数4115人，新增服用人数3901人，新增服用率94.8%；新增叶酸服用依从人数3346人，依从率85.8%；增补叶酸知识调查人数4337人，知晓人数4261人，知晓率98.2%。

【新生儿疾病筛查】 2018年，乌什县妇幼保健院加强新生儿疾病筛查工作，做到早发现、早诊断、早治疗。全年新生儿疾病筛查1438人，筛查率98.3%；听力筛查人数1428人，听力筛查率97.6%。

【"两癌"筛查】 2018年，乌什县妇幼保健院继续开展"两癌"（宫颈癌、乳腺癌）免费筛查工作。筛查宫颈癌1500人、乳腺癌1500人；发现妇科疾病916人、乳腺增生498人；钼靶检查35人，确诊宫颈癌3人，全部进行专档管理。通过张贴条幅、问卷调查等方式，宣传"两癌"筛查的重要性，提高农牧民群众对"两癌"知识的认识。

（供稿人：王 燕）

疾病防控

【概况】 2018年，乌什县疾病预防控制中心（以下简称乌什县疾控中心）坚持落实全县疾病预防与控制、应急预警与处置、疫情收集与报告、监测检验、健康教育与促进和乡（镇）公共卫生技术指导工作。年内，乌什县疾控中心核定编制28名，实有干部职工26人。内设疾控科、结防科、地方病科、检验科、体检科、性艾科、门诊部、行政办7个科室。

【传染病防治】 2018年，乌什县疾控中心做好麻疹防控和免疫规划专项整治工作，通过开展两次计划免疫疫苗接种抗体监测，有效检验计划免疫接种质量。1—11月，传染病信息系统报告无甲类传染病，乙类传染病发病率1194.49/10万。落实艾滋病防控措施，及时报告存活艾滋病病毒感染者及病人，随访检测艾滋病病毒感染者及病人。

【计划免疫接种】 截至2018年11月30日，乌什县预防接种疫苗10种（乙肝疫苗、卡介苗、脊灰糖丸、百白破、白破、麻风、麻腮风、甲肝、A+C群流脑、A流脑等疫苗接种），出生儿童数1592人，其中卡介苗接种率100%、乙肝疫苗接种率99.86%、脊灰疫苗接种率100%、百白破疫苗接种率99.76%、白破疫苗接种率99.78%%、麻风疫苗接种率94.7%、麻腮风疫苗接种率99.87%、A群流脑疫苗接种率99.62%、A+C群流脑疫苗接种率78.88%、甲肝疫苗接种率99.87%。6乡3镇和各级接生地点免疫规划信息管理系统覆盖率100%。

【"脊灰"强化免疫】 2018年3—4月，乌什县疾控中心开展两轮脊髓灰质炎补充免疫工作。第一轮接种适龄儿童应种数17743人，服苗儿童17669人，接种率99.58%。

第二轮接种适龄儿童应种数 17874 人,服苗儿童 17755 人,接种率 99.87%。两轮补充免疫均达到自治区评估要求。

【结核病防治】 2018 年,乌什县疾控中心做好结核病、慢性病督导工作。根据自治区肺结核患者“集中服药 + 营养早餐”项目实施方案要求,设置营养早餐点 115 个,营养早餐点设置覆盖率 100%。组织开展乌什县结核病重大专项工作培训和管理,协同县卫生局,每月督导乡(镇)卫生院做好慢性病和健康教育工作。

【地方病防治】 2018 年,乌什县疾控中心做好麻风病随访慰问工作,走访慰问阿合雅镇、亚科瑞克乡和阿克托海乡麻风病患者,发放大米 10 袋、面粉 10 袋,面对面开展麻风病健康教育。开展碘缺乏病防治工作,随机抽取奥特贝希乡等 5 个乡(镇)居民户,采取盐样本 300 份,经实验室检测,碘盐合格率 99.3%。强化补碘工作,应投服目标人群 2412 人,投服率 98.8%。在阿合雅镇、阿克托海乡、亚曼苏乡、英阿瓦提乡、乌什镇 5 个乡(镇)开展尿碘监测工作,8 ~ 10 岁儿童 B 超监测 200 人,学生尿碘检测 200 人,孕妇尿碘检测 100 人。完成发热病人血检人数 1.5 万人。开展包虫病防治工作,2018 年新发病人 9 例,其中 6 例病人免费服药,其余 3 例病人待肝肾功能正常后服药。做好水质监测工作,枯水期、丰水期共采水样 31 份,检测指标 33 项,经检测,枯水期和丰水期结果均在合格范围之内,上报国家水质监测专报系统。

【宣传工作】 2018 年,乌什县疾控中心加强健康教育宣传工作,利用麻风病、结核病、计划免疫、碘缺乏病宣传日和科技宣传周等开展专题宣传活动,采用制作宣传板报、设立咨询台、广播、宣传车宣传等形式,加强健康教育促进,发放宣传资料 6 万份,提高各族群众健康知识知晓率。

(供稿人:刘子安)

爱国卫生

【概况】 2018 年,乌什县爱国卫生运动委员会办公室(以下简称乌什县爱卫办)核定编制 5 人,实有 3 人。各乡(镇)建立 25 个基层爱国卫生委员会和 367 个爱国卫生小组。

【爱国卫生组织管理】 2018 年,乌什县爱卫办统筹安排各项工作,重点迎接自治区卫生县城整改复审工作。各乡(镇)、成员单位成立爱国卫生领导小组,发挥职能作用,深入开展爱国卫生工作。着力解决城乡环境卫生“脏乱差”问题。利用“学雷锋月”、“爱国卫生月”、“3·15”国际消费者权益保护日等时机,开展健康教育防病知识宣传。年内,开展健康教育讲座 235 场次,覆盖群众 91186 人次;爱国卫生月期间,组织全县干部群众 10 万人次开展爱国卫生月活动,清理卫生死角

230个,清理垃圾800吨,治理背街小巷17条、居民住宅区45个、城乡接合部9处。

【城市环境卫生治理】 2018年,乌什县爱卫办安排部署城乡环境卫生整治,建立健全城乡环境卫生整改台账,通过环卫大扫除,清理省道306线和国道219线两旁树沟垃圾、落叶、塑料袋,改善县域环境卫生。县住建、工商、环保、市场监管等部门发挥牵头作用,加强周边生活垃圾清理,创造清洁、和谐、文明的居住环境。对全县各乡(镇)、县直各单位、各社区开展卫生大检查、大整顿,清理生活垃圾400吨、卫生死角50处。

【卫生示范单位创建】 2018年,乌什县爱卫办开展自治区卫生县城整改复审工作,完成1个自治区级卫生单位、2个地区级卫生单位、1个地区级卫生示范乡(镇)和2个卫生示范村验收申报工作。结合文明单位创建活动,对25个拟申报地区级文明单位,同步进行卫生单位验收。

【病媒生物防治工作】 2018年,乌什县爱卫办结合"爱国卫生月"和春夏季爱国卫生运动,根据季节变化特点和卫生防病需要,部署病媒生物防治工作,开展灭鼠、灭蟑、灭蚊蝇活动,降低"四害"(苍蝇、蚊子、老鼠、蟑螂)密度。全县卫生单位与阿克苏专业病媒生物防治公司合作,在县域公共场所开展病媒生物消杀工作。县财政投入经费9万元,加强"四害"密度监测,对常用杀虫剂抗药性进行分析评估。联合市场监管部门完成城区300家餐饮、商铺、娱乐等公共场所除"四害"消杀工作。

【农村改厕】 2018年,乌什县爱卫办将农村改厕项目与富民安居工程建设、危旧房改造、新农村建设、农村环境综合治理有机结合起来,整合资源,整村推进,加快农村改厕进程,采取"四统一"(统一图纸、统一选址、统一建设标准、统一验收)原则,避免重复施工、重复建设,提高工作效率,提高全县农村卫生厕所普及率,改善农村环境卫生条件,促进美丽乡村建设。全年新建、改造农村户厕11667座,其中,新建的3857套富民安居房全部配套无害化卫生厕所,对7810户已建富民安居房未设置安装粪便无害化处理设施的农户厕所进行全面改造。对历年享受过改厕项目的农户厕所进行维修恢复。

(供稿人:伊力哈木·尼扎木丁)

计划生育

【概况】 2018年,乌什县人口和计划生育生殖健康服务站(以下简称乌什县计生站)承担计划生育宣传教育、技术服务、优生指导、药具发放、信息咨询、随访服务、生殖保健、人员培训等任务;开展孕前优生健康检查工作;承担全县计划生育技术服务业务管理、信息管理、培训和技术指导工作。

年内,乌什县计生站核定事业编制

12名,领导职数2名(副科级2名)。实有干部职工10人,其中副主任医师1人、医师(士)5人,主治护师1人、其他3人。内设财务科、技术科、行政办、检验科、功能科、男科、咨询室7个科室。固定资产总值278.5万元。

【妇女病普查普治】 2018年,乌什县计生站开展妇女病普查45610例,妇女病确诊4568人次,上门咨询35716人次,门诊咨询4841人次,随访3948人次。其中县站开展妇女病检查2037人次,妇女病确诊1829人次,门诊咨询2218人次,上门咨询3968人次。

【避孕药具管理】 2018年,乌什县计生站加快药具信息化建设步伐,启用自治区乡村级药具通用软件,数据准确率100%。对乡、村级避孕药具管理员开展培训4期,参训人员415人次,各乡(镇)自行组织避孕药具"三基知识"(基本理论、基本知识、基本技能)等培训98场次,参训人员1.89万人次。全县范围内设免费发放点77个,其中自助发放点26个,人工发放点51个。

【零售市场清理清查】 2018年,乌什县计生站加强免费避孕药具流入市场情况清理工作,开展国家免费提供的避孕药具流入零售市场清理清查2次,清理清查单位85个,其中县城单位27家、乡级单位58家。组织人员对全县17家药店、4家个体诊所、1家保健品店及5家宾馆进行清理清查;对部分乡(镇)进行抽查,未发现免费避孕药具流入市场情况。

【流动人口服务】 2018年,乌什县计生站开展流动人口计划生育避孕药具宣传活动,参加活动群众520人次。通过现场发放宣传品、宣传单,向流动育龄群众宣传计生政策,提高政策知晓率,免费为流动育龄群众提供生殖保健等知识咨询,发放各类宣传资料500份。

【督导培训】 2018年,乌什县计生站对各乡(镇)计生站避孕药具工作开展情况督查指导3次;召开全县计划生育技术人员业务培训4次,培训人员400人次;开展健康教育讲座3次,接受教育500人次。在培训基础上,不定期组织县乡技术人员集中开展业务学习,重点帮助技术人员提高计生服务检查诊断和医疗设备使用等方面的能力。

【宣传教育】 2018年,乌什县计生站结合"四下乡"活动,设立避孕药具发放台、避孕节育咨询台,免费为群众提供优质服务;参与活动人数5000人次,发放宣传资料5500份,解答咨询1100人次。结合计划生育知识进校园活动,开展生殖健康等科普知识宣讲2场次,参加人员2万人次。全年,印制发放宣传手册1000本、宣传折页7000册。

(供稿人:阿娜古丽)

乌什县人民医院

【概况】　2018 年，乌什县人民医院是一所集医疗、急救、教学、康复和预防保健于一体的二级综合性医院，是新疆医科大学一附院、自治区第一人民医院、自治区肿瘤医院、自治区胸科医院、浙江省衢州市人民医院、浙江省衢州市中医院、阿克苏地区第一人民医院的技术协作医院，在阿合雅镇库曲麦村新成立感染三科，推动学科发展。年内，乌什县人民医院编制床位 300 张，实际开放床位 550 张。全年收治门急诊病人 17.65 万人次，其中门诊 8.69 万人次、急诊 2.34 万人次、体检 6.62 万人次。住院病人 2.54 万人次，开展各类手术 3051 例，业务总收入 1.05 亿元。

2018 年，乌什县人民医院有员工 603 人，其中，正高级职称 5 人，副高级职称 22 人，中级职称 23 人。

【医疗基础设施设备】　2018 年，乌什县人民医院基础设施完备，功能齐全，专业技术人才储备厚实，有 16 排 CT、X 光机、电子胃镜、支气管镜、DR、心脏彩超(IE33)、腹腔镜、全自动生化分析仪、全自动五分类血球分析仪、全自动血凝分析仪、尿液分析仪、眼科超声诊断仪、非接触眼压器、红外线偏振光诊疗仪、麻醉机、呼吸机、全数字超声诊断系统、C 型臂、裂隙灯显微镜、手术显微镜、中心监控系统、体外碎石机等先进医疗仪器设备，固定资产 9000 万元。

【专业技术人才引进】　2018 年，乌什县人民医院从地区和兵团第一师聘请资深专家，每周定期到院查房、授课，开展疑难手术，带教骨干医师，形成“外聘专家、内强素质、带动科室、促进发展”的人才队伍建设大格局。出台人才引进激励机制，为引进人才专门建有一幢单身公寓作为临时住房，备有常用生活用品。先后派出 4 个人才招聘组到东北、西南、西北等地参加人才招聘会，引进人才 94 人，其中，本科生 45 人，大专生 44 人，中专 5 人。

【医学继续教育】　2018 年，乌什县人民医院制定实施《乌什县人民医院 2018 年度继续医学教育项目计划》，医务科、护理部、院感办、药剂科组织举办全院性大型业务专题培训 14 场次，开展医疗业务学习培训 57 次、护理业务培训学习 21 次、院感学习 12 次、药剂学习 9 次。借助自治区胸科医院、浙江省衢州市、哈密市伊州区、阿克苏地区第一人民医院援建平台，加强人员培训工作，派出 29 名技术骨干到浙江省级医院、浙江省衢州市人民医院、地区第一人民医院等进行为期 3 ~ 6 个月的进修学习。派出科主任、护士长及技术骨干参加自治区、地区及上级医院举办的短期培训 121 人次。

【优质护理服务】　2018 年，乌什县人民医院在全院临床科室开展优质护理服务，成立领导小组，制定实施方案，召开动员大会，组织护士对生活不能自理的患者实施床边洗头、洗脸、洗脚、剪指甲(趾甲)、翻身、打水、喂饭等生活护理。加强卫生健康宣传教育,督促病人加强个人卫生。科室配备电热水壶、吹风机、脸盆、脚盆、毛巾、香皂等日常生活用品,为患者免费提供针线、剪刀、一次性纸杯等。

【医院防交叉感染监测】 2018 年,乌什县人民医院各科室医院感染管理监控小组针对科室危险因素开展监测工作,每月定期对科室进行检查,进行空气污染、手污染情况监测及高压锅生物监测,确保无菌物品安全使用,控制、减少医院感染发生,保障医疗安全。加强医院感染病例监测工作,每月将监测结果、分析报告反馈给临床科室,控制医院感染病例的漏报。

【药事管理】 2018 年,乌什县人民医院继续完善医院药事管理委员会组织,明确职责,健全制度,完整记录,提高临床合理用药水平,降低患者医疗费用。定期对院内临床用药情况进行监督、评价和公示。落实处方点评制度,对处方实施动态监测、超常预警,对不合理用药及时予以干预。贯彻落实卫生部抗菌药物临床应用相关规定,遵循《抗菌药物临床应用指导原则》,坚持抗菌药物分级使用,开展合理用药培训教育,定期召开抗菌药物应用专题分析会议,落实“双十”制度,对滥用抗菌药物的医生采取个人谈话、通报批评、经济处罚等措施。建立有效的药品不良反应事件处理程序,做好数据收集和上报工作。加强麻醉药品、精神药品、毒性药品和高危药品等特殊种类药物的规范使用和管理,建立健全药品购置、安全保管和使用制度。

(供稿人:李瑞东)

乌什县维吾尔医医院

【概况】 2018 年,乌什县维吾尔医医院以等级医院持续改进、建设文明单位为抓手,加强内部管理,提升服务能力,强化服务质量,保障医疗安全,完成各项目标任务。年内,核定事业编制 42 名,实有 180 人,其中卫技人员占全院职工总数的 83%,有县级专业技术拔尖人才 2 名。医院编制床位 130 张,实际开放床位 150 张。

全年住院患者 4800 人次,门诊量 18007 人次,门诊非药物治疗 3363 人次,占总门诊人次的 18%,床位周转次数 29.3 次,床位使用率 101.1%,平均住院天数 8 天。医疗总收入 1151.28 万元,比上年增加 2.6%。医疗服务收入 591.04 万元,占总收入 51.7%,比上年增加 15%。耗材收入 25.16 万元,占医疗总收入 3%,比上年下降 1.2%。百元医疗收入的材料费 5.25 元。检查收入 95.14 万元,占医疗总收入 11.3%,比上年增加 4%。化验收入 173.48 万元,占总收入 12.3%,比上年下降 2.6%。

【医改工作】 2018 年,乌什县维吾尔医医院取消药品加成,调整服务价格,实施药品零差价销售,让利 28.84 万元。继续开展医药费用病种限价付费管理，修订病种最高费用控制标准，对单病种进行最高限价公示。结合病种最高限价完善转诊制度，控制病人流向，降低医疗费用和社保基金风险。年内，病种从12个增加到19个。实行“先诊疗后付费”，缓解群众“看病难、看病贵、看病不方便、看病不放心”等问题，为危重症患者开通生命“绿色通道”，确保病人第一时间得到安全有效治疗。

【人才队伍建设】 2018年，乌什县维吾尔医医院通过引进和培养方式优化人才队伍，做好人事制度改革及人才引进工作。采取送出去、请进来等方式，加强人才培养。年内，选派3名医护技人员赴浙江省江山市人民医院进修学习，选派1名医师在自治区中医院进修学习，选派2名护士在地区第一人民医院进修学习，选派48名各类专业技术人员参加上级部门举办的业务培训及学习。17名在职医务人员通过业余学习、自学等渠道提升学历档次。

【业务学习与培训】 2018年，乌什县维吾尔医医院加大教学力度，结合医院各专业特点，开展有针对性的专业知识讲座，提高医护人员理论和技术水平。举办业务培训54期，参加人数2600人。开展各类专业技术考试、考核36次，选派1名医师到和田地区民族医医院长期进修学习，分7批次选派19名业务骨干到地区中医院轮训学习，选送28名人员参加上级部门举办的各类业务学习。

【医疗病历管理】 2018年，乌什县维吾尔医医院从诊疗流程、首诊负责制、医疗质量督查、减轻患者负担、降低患者药费、合理检查、合理用药等方面落实医疗核心制度和各项诊疗常规。通过医院各种会议、业务培训、病种分析总结等方式，强化制度落实，使医务人员将制度和常规内化于心、外化于行。推进优势病种工作，规范诊疗行为，提高医疗服务效率，控制不合理医疗费用。加强学科建设，加大重点建设专科和扶持专科支持力度。年内，医院开展的维吾尔医诊疗技术项目22种，非药物治疗技术项目14种。落实规范医疗文书书写制度，定期进行培训和考核，提高医疗文书质量。按照《病历书写规范》和《处方管理办法》，由医务科牵头成立病历质控小组，负责全院病历抽查、质量评价，杜绝丙级病历发生。

【传染病管理】 2018年，乌什县维吾尔医医院调整充实传染病管理领导小组，安排专人负责传染病管理工作。利用业务学习日进行传染病知识培训，每月进行考试考核。年内，住院患者艾滋病和梅毒扩大监测率100%，提供免费自愿咨询服务患者45例。疟疾检测70人次，传染病网络报告147例，其中乙类135例，丙类5例。网络报告及时率100%，无漏报、瞒报、迟报。

【维吾尔医药特色发挥】 2018年，乌什县维吾尔医医院优先选用和引进维吾尔医药人才,注重维吾尔医特色疗法、特色护理及适用技术推广应用,制定维医药使用奖励机制和考核办法,提高维吾尔医药发挥能力。选派维吾尔医药专业技术人员参加自治区专科医院的专业培训,提高医院维吾尔医药理论知识及诊疗技术水平。科学拟定购药计划,严格正规渠道购入维吾尔医药饮片,严把药品入库质量关,保障用药安全。在病区开展民族医技术治疗服务、健康咨询与指导、维吾尔医保健知识及维吾尔医养生知识宣教。将维吾尔医药参与治疗率、处方书写合格率、维药饮片使用率纳入科室(个人)医疗质量与绩效考核范围,全院维吾尔医药使用率92.5%。发挥维吾尔医特色优势,继承、挖掘、整理民族医药遗产,加强遴选和使用维吾尔药品种。落实医疗核心制度和各项诊疗常规。

【对口支援工作】 2018年,乌什县维吾尔医医院以资源共享和人才下沉为导向,开展医共体对口支援工作。选派3名医护技人员在阿克托海乡卫生院开展对口支援工作,指导乡卫生院开展技术培训、行政查房、会诊、规范病历书写、护理操作等,有效解决乡卫生院专业技术难题。分批次下派各类专业技术人员540人次在各分院开展示范教学活动5次、临床教学查房24次、学术讲座8次,通过技术帮扶、人才培养、双向转诊等方式,提升3家乡(镇)卫生院的医疗服务水平,缓解群众"看病难、看病贵"问题。在阿克托海乡、亚科瑞克乡、阿恰塔格乡卫生院开展孜马得、怕雪亚、TDP、熏蒸、拔罐等适用技术推广疗法。

【重点专科建设】 2018年,乌什县维吾尔医医院以重点专科建设为抓手,加强学科建设,加大重点专科和扶持专科支持力度,规范科室管理,完善和优化学科建设体系,医院开展的民族医诊疗技术项目22种、非药物治疗技术项目14种,各临床科室严格执行各科诊疗常规,优化本科诊疗常规,对诊疗常规进行总结和分析优化。逐步健全和完善优化诊疗方案,制定专科优势病种12个、常见病及诊疗规范12个,开展民族医诊疗技术项目28项,非药物治疗技术22种,为群众提供"简、便、验、廉"的民族医药服务。

(供稿人:吐尔逊阿依·提力瓦力地)

社会生活

民　政

【概况】　2018 年,乌什县民政局履行改善民生、落实民权、维护民利基本职责,全面完成绩效目标任务,推动民政事业新发展。坚持精准认定、精准兜底,将符合社会救助兜底保障标准的 20338 名无力脱贫、无业可扶的“两无”贫困人员纳入低保、医疗救助兜底保障范围;发放城乡低保资金 1.27 亿元,惠及城乡低保户 21033 户 43049 人;发放各类医疗救助资金 681.7 万元,救助人数 11216 人;对全县 405 名农村五保对象发放五保供养资金 52 万元;发放残疾人“两项”补贴 410.33 万元,救助人数 5288 人;建立临时救助制度,发放临时救助资金 94 万元,救助人数 220 人;提升县、乡、村三级养老机构,拥有床位 758 个,进住集中供养对象 235 人,集中供养率 85% 以上。

年内,核定编制 31 名,实有干部职工 31 人,其中,局机关核定行政编制 7 名,实有 7 人;机关工勤事业编制 1 名,实有 1 人;乌什县城乡居民最低生活保障办公室(副科级建制)核定事业编制 6 名,实有 4 人;乌什县综合社会福利中心(副科级建制)核定事业编制 4 名,实有 4 人;依麻木镇敬老院、亚科瑞克乡敬老院、英阿瓦提乡敬老院、亚曼苏乡敬老院等 4 个敬老院均为股级建制,核定事业编制 4 名(每个敬老院 1 名),实有 3 人。

【社会保障兜底脱贫】　2018 年,乌什县民政局做好社会保障兜底脱贫工作,按照自治区扶贫线和低保线“两线合一”要求及关于提高农村低保标准文件精神,自 7 月 1 日起提高农村低保标准,由每人每年 3200 元提高到 3456 元,及时兑现提高部分的低保补贴。坚持精准认定、精准兜底,将符合社会救助兜底保障标准的 20338 名无力脱贫、无业可扶的“两无”贫困人员纳入低保范围。

【城乡低保】　2018 年,乌什县民政局按照“应保尽保、应退进退”城乡低保动态管理原则,全面展开城乡低保对象清理核查,对不符合条件的低保对象进行清理核查,对符合条件的低保家庭及时纳入保障范围。累计清理低保对象 2835 人,新增低保对象 2835 人,动态调整低保对象 19577 人,发放城乡低保资金 1.27 亿元。

【城乡医疗救助】　2018 年,乌什县民政局发挥城乡医疗救助一站式即时结算服务平台作用,将城乡低保对象、农村特困人员、“三无”人员、“一、二级”残疾人员、重特大疾病人员等全部纳入医疗救助范围。累计发放各类医疗救助资金681.7万元,救助人数11216人。

【临时救助】 2018年,乌什县民政局将临时救助制度纳入深改范畴,为困难群众开辟一条“救助有门、有难必救”的绿色通道,累计发放临时救助资金94.19万元,救助人数759人。

【五保供养】 2018年,乌什县建立上级拨付、县级配套为主的农村五保供养机制,对全县356名农村五保对象实施补贴,累计发放五保供养资金52万元,其中集中供养五保对象235人,分散供养对象121人。

【孤儿基本生活保障】 2018年,乌什县民政局加强孤儿基本生活保障工作,建立孤儿电子信息档案。全县有孤儿156人,其中散居孤儿111人,福利机构代养孤儿45人。按照集中供养孤儿每人每月900元,散居孤儿每人每月600元标准,累计发放孤儿基本生活保障金75.4万元。

【社会福利机构建设】 2018年,乌什县民政局加强民生项目建设,投资1880万元,实施新建乌什县阿恰塔格乡、亚科瑞克乡、奥特贝希乡、依麻木镇4个乡(镇)福利院和县福利中心“双集中”(孤儿集中收养、五保老人集中供养)提升改造项目、1个殡葬提升改造项目、1个困境儿童保护中心;县、乡、村三级养老服务机构15所,拥有床位758个,进住集中供养对象235人,集中供养率85%以上。

【救灾救济】 2018年,乌什县民政局履行灾害救助职能,做好救灾物资采购、储备及发放工作。累计发放救灾资金502万元,救助困难群众62606人。

【残疾人“两项”补贴政策】 2018年,乌什县纳入享受“两项”补贴政策的残疾人5288人,按照标准按时足额发放,累计发放残疾人“两项”补贴410.33万元。

【80岁高龄老人“两项制度”】 2018年,乌什县民政局贯彻落实80岁以上高龄老年人“两项制度”(“80周岁以上老年人基本生活津贴制度”和“80周岁以上老年人免费体检制度”),为653名80岁以上老年人发放生活补贴45万元,全部进行免费体检。

【婚姻登记】 2018年,乌什县民政局规范婚姻登记,依法办理结婚登记1348对、离婚登记298对,婚姻登记合格率100%。

【基层政权建设】 2018年,乌什县稳步推进村务公开、民主管理工作,村务公开公示率100%;指导村、社区健全完善村规民约,推动依法自治进程。完成108个行政村、11 个居民委员会基本信息采集及录入社会信用代码赋码系统工作，从自治区定点制作单位购买信用代码赋码证书 200 个、卡套 200 个。

【区划地名】 2018 年，乌什县民政局完成“一图一志”《中华人民共和国标准地名词典》（新疆部分）和《阿克苏地区地名图志》资料整理编撰及初稿审定工作。完成全县 11 个社区居民门牌编码及村民小组为单位的平面图绘制工作。做好“二维码”电子门牌设置，累计制作大门牌 1189 块、中门牌 5948 块、小门牌 55011 块、楼栋牌 273 块、单元牌 791 块、室（户）牌 11306 块。

【社会组织党建】 2018 年，乌什县民政局推进社会组织党建与社会组织管理“三同步”（社会组织成立登记与党组织组建同步、社会组织业务发展与党组织建设同步、社会组织年检评估与党建工作检查同步）机制，发展社会组织 14 家。有党员 30 名，1 家独立党支部，6 家挂靠行业主管部门；3 家成立工会组织，1 家成立妇联组织。

（供稿人：郭如美）

人力资源和社会保障

【概况】 2018 年，乌什县人力资源和社会保障局（以下简称乌什县人社局）以扩大城乡就业创业、完善社会保障体系、加强人才队伍建设、构建和谐劳动关系为重点，突出实效，提升服务能力，有序推进人力资源和社会保障工作。

年内，乌什县人社局核定编制 37 名，其中机关行政编制 11 名（领导职数 3 名），机关工勤事业编制 1 名；设行政办公室、事业单位人事管理办公室（专业技术人员职称办公室、军队转业安置管理办公室）、工资福利退休办公室（劳动能力鉴定办公室）、公务员管理办公室、社会保险管理办公室 5 个内设机构。所属事业单位 4 个，分别为乌什县公共就业服务局、乌什县劳动保障监察大队、乌什县劳动人事争议仲裁院、乌什县社会保险管理局。核定全额事业编制 25 名，其中领导职数 2 名。实有领导 5 名，在编正式干部 30 人，“三支一扶”人员 4 人，借调人员 1 人，公益性岗位人员 3 人，共 43 人。

【富余劳动力转移就业】 2018 年，乌什县人社局开展以“就业帮扶、真情相助，不让一个困难群众掉队”为主题的就业援助月专项活动。举办自治区级大型招聘活动 1 场，纺织服装企业专场招聘活动每月至少 1 次，通过招聘活动、巡回宣讲、广播宣传等方式，不间断、全天候向贫困群众推送就业岗位信息和就业政策。通过县政府网、公共就业服务群和乌什零距离多渠道发布求职信息、政策信息、工作动态信息等，拓宽就业服务渠道，方便群众择业就业。年内，全县新增城镇就业 1819 人次，实现就业困难人员就业 162 人次，城镇登记失业率控制在3.9%以内;农村富余劳动力转移就业24101人次。2018年应届高校毕业生报到登记600人,就业548人,就业率91.3%。

【职业技能培训】 2018年,乌什县人社局根据劳动力市场需求情况,主动调整职业技能培训方向,将全县用工需求量较大的家庭服务业、旅游餐饮服务业、建筑行业、纺织服装等专业作为职业技能培训重点工种,联合县公办院校和具有正规培训资质的民办培训机构,开展理论与实操相结合的职业技能培训。适当增加各工种实训课时,让培训者通过操作消化所学知识,更好地掌握所学技能,加大与小微企业的联系,将小微企业作为培训后安置学员的主要途径。年内,开展各类技能培训63期4277人,其中,贫困劳动力职业技能培训789人,纺织服装岗前培训169人,创业培训67人,岗位技能培训43人,基本劳动素质培训贫困劳动力600人,服装产业工人集中培训1107人。

【劳动关系执法检查】 2018年,乌什县人社局深入84家企业、个体用人单位和建设项目工地,对遵守劳动保障法律法规情况进行检查,督促补签劳动合同249份,企业劳动合同签订率96%。成立执法行动小组,对1家保安服务公司、5家招用劳务派遣员工的用工单位及12家有招工的用人单位进行检查,遏制职业中介领域和劳务派遣领域违法犯罪活动,规范用人单位招工用工行为。年内,接受劳动保障和工伤待遇政策咨询200起,协调化解涉及劳动报酬的来电来访46起,为326名劳动者解决工资519.41万元;办结监察案件5起,按期结案率100%,为54名劳动者追回拖欠工资33.6万元;受理劳动人事争议仲裁案件8件,审理完结8件,按期结案率100%;收取93个工程项目农民工工资保证金1630.24万元,退还130个项目保证金935.6万元,有效维护农民工合法权益。

【人才工作】 2018年,乌什县有事业单位人员4878人,其中管理员596人,专业技术人员3938人(正高7人、副高110人、中级575人、初级3246人);技能型人才344人(技师22人、高级工94人);引进人才366人(研究生9人、本科生197人)。办理教育系统特岗、农村幼儿园、村党支部书记、"天池计划"2018年事业单位招录、"引进人才"等人员入编手续248人。办理2017年19个系列及其他系列专业技术人员职称评审岗位变动工作,审核上报高、中级职称岗位变动225人。兑现7072人艰苦边远地区津贴,人均月增资247元。

(供稿人:盛喜军)

社会保险

【概况】 2018年,乌什县社会保险管理局(以下简称乌什县社保局)核定编制39

名(其中行政编制 23 名,参照公务员管理、事业编 16 名),实有 36 人。内设行政办公室、基金财务办公室、社会保险业务办公室、社会保险业务大厅、城乡居民基本养老保险办公室、档案室、社会保险复核办公室、退休人员社会化管理办公室、社会保险稽核办公室、社会保障卡管理办公室、信息网络管理办公室 11 个科室。主要负责全县城镇职工养老、医疗、失业、工伤、生育保险、城镇居民基本医疗保险、城乡居民基本养老保险七大保险征缴扩面、待遇支付、经办服务工作。

【各项保险基金管理】 2018 年,乌什县社保局五项保险计划参保任务 37771 人,实际完成参保 44114 人,完成率 117%;征缴基金 26446 万元,完成率 105%。地区下达全民参保任务基本养老保险 11.4 万人的 90%,实际完成参保人数 10.46 万人,完成总人数的 92%,完成地区下达任务的 102%。地区下达全民参保任务基本医疗保险 22.55 万人的 92%,实际完成 21.47 万人,完成总人数的 95%,完成地区下达任务的 103%。

【社保基金监督管理】 2018 年,乌什县社保局以"基金安全可持续运行"为核心,健全管理制度,完善政策规定,强化应对手段,建立科学有效的社保经办风险防控机制,控制风险增量,减少风险存量,坚守底线,织密筑牢社保基金安全网,防范和化解社保领域重大风险,保障社会保险事业持续健康发展。加强内控管理,加大书面稽核和实地稽核的督查力度。做好"两定机构"(医疗机构和零售药店医疗保障定点管理)管理工作,保证医疗保险基金安全。完善乡(镇)城乡居民基本养老保险死亡冒领、死亡报备核查机制,做好基金预结算、统计报表上报分析等各项工作。

【社会保险费征管职责划转】 2018 年,乌什县社保局做好社会保险费征管职责划转移交前业务培训和划转后实地业务经办指导工作。严格按照方案计划的时间节点完成移交工作,明确征管职责划转后的部门分工。做好征管职责划转后的宣传工作,通过电视、广播、巴扎(集市)、社区、微信零距离、进村入户等方式加强宣传。做好档案资料、数据信息移交工作;制定应急预案,确保社会保险费征管职责划转平稳过渡。

(供稿人:王秀娟)

扶贫开发

【概况】 2018 年,乌什县扶贫开发领导小组办公室(以下简称乌什县扶贫办)对照"六个精准"要求,紧扣"一超过、两不愁、三保障"脱贫标准,采取超常规举措,举全县之力攻坚中之坚、克难中之难,农村贫困人口持续减少,贫困发生率持续下降,农牧民生产生活条件极大改善,各族群众获得感、幸福感不断增强,脱贫攻坚取得阶段性进展,为决胜全面小康社会打下坚实基础。

【队伍建设】 2018 年,乌什县深入学习贯彻习近平总书记关于扶贫工作重要论述、重要讲话和重要指示批示精神及中央、自治区、地区扶贫开发工作有关会议、文件和领导讲话精神,深刻领会、准确把握内涵要义,坚决把思想和行动统一到习近平总书记关于脱贫攻坚重大意义的重要论述上来。县委理论学习中心组 14 次、县委常委(扩大)会议 3 次、县扶贫开发领导小组 17 次集中学习脱贫攻坚会议及文件精神。研究制定《乌什县深度贫困地区脱贫攻坚实施方案(2018—2020年)》及年度工作方案,配套 16 个专项组三年及年度工作实施方案等指导性文件,建立贫困户"一人一办法"、项目资金管理等 37 个实名制管理台账,精准绘制脱贫路线图、时间表。认真落实"中央统筹、自治区负总责、地县抓落实"工作机制,实行党政主要领导"双组长"制,县委按照"2 +1 +3"配备 1 名副书记、1 名常委、2 名副县长专职分管扶贫工作,夯实"五级书记抓脱贫"责任,层层立下军令状,靠紧压实责任。严格落实"双组长"遍访贫困村要求,各级领导干部以上率下,常态化深入定点联系乡(镇)、联系村、贫困户调研指导工作,现场解决困难和问题。

【专项治理】 2018 年,乌什县始终把扶贫领域监督执纪作为落实总目标、打赢脱贫攻坚战的重要纪律保障,开展脱贫攻坚作风建设年活动,印发《乌什县关于 2018—2020 年开展扶贫领域腐败和作风问题专项治理的实施方案》《乌什县贯彻落实地区深化专项治理扶贫领域腐败和作风问题工作 12 条措施的意见》等文件。年内,查办扶贫领域案件 140 件 166 人,追缴违纪扶贫资金 181.1 万元,通报 5 期 40 人。

【精准贫困退出】 2018 年,乌什县制定《乌什县 2018 年贫困退出实施方案》,县、乡(镇)、村严格按照程序,组织开展贫困退出核查验收工作。对贫困户收入是否达到脱贫标准,吃饭、穿衣、住房安全、安全饮水、用电是否有保障,是否有辍学学生;贫困户家庭成员是否参加新型农村合作医疗,符合条件的贫困户家庭成员是否参加农村基本养老保险等内容,由乡(镇)组织,逐户、逐人、逐项开展核查。对贫困村贫困发生率是否下降到 3% 以下,是否通水、通电、通路、通广播电视、通宽带或通信,是否有村"两委"班子且发挥作用、有支撑稳定增收的产业、有村集体经济收入、有村级党组织阵地(办公场所)、有幼儿园(中心幼儿园)、有便民服务中心(文化体育活动场所)、有卫生室等内容,由县扶贫开发领导小组组织,逐村核查验收。按照村、乡(镇)、县逐级报告、复核认定、公告等程序,全年实现 1370 户 5875 人脱贫,12 个贫困村退出。

【"六个一批"建设】 2018 年,乌什县聚力精准施策，扎实推进“六个一批”。通过转移就业扶持一批，采取跨县整建制转移就业、县内就近就地就业、季节性务工、农业内部转移就业等措施，实现贫困零就业家庭动态清零。通过发展产业扶持一批，因地制宜，把培育产业作为脱贫攻坚的根本出路。土地清理再分配扶持一批，积极稳妥、依法依规清理土地 1.67 万公顷，利用收益开发环卫、林果技术服务队等 9 大类农村公益性岗位 2017 个。通过转为护边员扶持一批，加强 3046 名护边员管理考核，落实每人每月 2000 元补助政策。通过实施生态补偿扶持一批，发挥生态保护在脱贫攻坚中的作用，落实国家新一轮草原保护补助奖励政策，选聘贫困户草场管护员 300 名、生态护林员 555 名，落实每人每年 1 万元补助，实现脱贫攻坚和生态文明建设“双赢”。通过综合社会保障措施兜底一批，执行低保、扶贫“两线合一”政策，将 7131 名老弱病残、鳏寡孤独、丧失或部分丧失劳动能力的贫困人员纳入兜底保障，确保脱贫攻坚路上不漏一户、不落一人。

【“三个加大力度”建设】 2018 年，乌什县加大教育扶贫力度，严格落实 15 年免费教育政策，落实学前教育、义务教育高中阶段各项教育资助政策及贫困大学生资助资金 6324.9 万元，惠及学生 6.2 万人。加大健康扶贫力度，实施全民体检和健康扶贫“三个一批”行动，贫困人口体检率 100%，做好传染病、地方病、慢性病等防治工作，对 391 名阳性结核病患者做到“应治尽治”；落实医疗保险报销比例提高 5%、大病保险报销比例提高 5%、补充医疗保险报销比例提高 5% 和医疗救助四项政策。加大基础设施建设力度，大力实施贫困村能力提升工程，不断完善基础设施；新修（改造）贫困户安全住房 360 套，通自来水 1150 户，修建农村公路 260.34 千米，新建 10 千伏线路 52.74 千米，改造 10 千伏线路 26.64 千米，新建低压线路 29.66 千米，改造低压线路 69.72 千米，新增及改造配电变压器 74 台，退出的 12 个贫困村党组织阵地、幼儿园（中心幼儿园）、文化活动场所、卫生室、广播电视、通讯网络等“五通七有”均达到标准。

【建档立卡信息数据调整和补录】 2018 年，乌什县扶贫办统一安排开展 2017 年建档立卡信息数据调整和补录工作，核查修正系统信息数据 3500 条。制定下发《乌什县 2018 年度扶贫对象动态管理和信息采集工作方案》，明确县乡村三级主体责任及职责分工，压实领导小组及县扶贫办统筹协调责任，做好建档立卡贫困人口信息数据动态管理工作。组成 3 个指导组，对各乡（镇）、村动态管理工作进行指导，及时发现问题，纠正问题。9 月 28 日，在亚科瑞克乡亚巴格村召开 2018 年度扶贫对象动态管理和信息采集工作动员会暨脱贫攻坚问题整改推进会，采取“解剖麻雀”的方式，开展“一对一”培训，明确动态管理及信息采集工作相关事宜。

10月27日,组织各乡(镇)分管扶贫领导和1名全国扶贫开发信息系统门户管理员对动态管理台账进行初审,为数据逻辑关系、基础数据信息准确提供有利保障。

【完善和落实实名制管理办法】 2018年,乌什县扶贫办制定《乌什县贯彻落实自治区〈关于在脱贫攻坚中推行实名制管理的实施意见〉任务分解方案》,对已有实名数据进行整理,建成以乡(镇)为基本单元的建档立卡贫困村、贫困户、贫困人口及16个专项组和相关行业部门为主体的“六个一批”“三个加大力度”实名数据库,建立“一户一策”“一人一办法”等37个实名制管理台账,形成“户有卡、村有表、乡有册、县有档”的实名制管理工作机制。坚持“谁主管、谁负责”“谁统计、谁签字”“谁建库、谁维护”原则,确保实名数据信息精准识别、实时更新、数据共享、深度利用。

【干部培训】 2018年,乌什县扶贫办强化干部培训,提升工作能力,县乡村三级配备专职扶贫干部611名。以培养锻炼一支懂扶贫、会帮扶、作风硬的县乡村扶贫干部队伍为目标,会同县委组织部制定《乌什县关于聚焦打好精准脱贫攻坚战加强干部教育培训实施方案》。围绕学习贯彻习近平总书记扶贫开发战略思想和党中央治疆方略、脱贫攻坚方针政策、脱贫攻坚工作方法、抓党建促脱贫、扶贫领域作风教育等内容,为县四套班子领导、县直各单位、各乡(镇)、108个村印发《乌什县脱贫攻坚政策汇编》。采取专题培训、以会代训、现场教学等形式,对县直行业部门干部、乡村扶贫干部、村第一书记、致富带头人等分批次开展培训,提高工作能力。累计培训县乡行业部门领导干部1312人次,培训县乡村三级扶贫干部2915人次。

【项目建设】 2018年,乌什县扶贫办抓好项目建设,确保扶贫成效,认真贯彻落实中央、自治区《关于打赢脱贫攻坚战三年行动的指导意见》,坚持“资金跟着项目走,项目跟着规划走,规划跟着脱贫需求走”的原则,成立县脱贫攻坚项目指挥部,制定完善乌什县财政专项扶贫项目、资金等管理办法,加大项目资金监督力度,确保“县有实施管理细则,乡(镇)、行业部门有项目实施方案,村有落实计划”。开展项目建设督查,对实施的扶贫项目进行跟踪审计,纠正问题,确保扶贫资金安全高效使用。

【问题整改落实】 2018年,针对自治区2017年扶贫开发工作成效考核、财政专项扶贫资金绩效评价、审计及三次联合督查巡查反馈的103条问题,乌什县委、县政府严肃对待、诚恳接受、照单全收,以最坚决的态度、最迅速的行动、最有力的举措彻查彻改。县委专门召开常委会研究审议整改方案,逐条制定整改措施,确保每项整改任务有责任领导、有责任人、有人抓落实,构建县乡村上下联动、层层抓落实的“网格式”整改工作格局。县委主要领导、分管领导先后多次组织召开整改工作专题会、协调会、推进会，听取整改情况汇报，协调解决整改过程中遇到的问题和困难，做到定期通报、定期召开协调会议。

【巩固提升脱贫成效】 2018 年，乌什县扶贫办落实脱贫攻坚“五个一”责任制，明确结对帮扶单位、浙江衢州市、定点联系县领导、村第一书记、“访惠聚”工作队包联责任，中央、自治区、地、县 118 个单位定点帮扶 108 个村，制定《县级领导定点联系 46 个深度贫困村实施方案》《2018—2020 年干部职工“一对一”帮扶活动实施方案》，凝聚起推进脱贫攻坚的磅礴力量。年内，中央定点帮扶单位中粮屯河糖业股份有限公司投入帮扶资金 530 万元，用于帮扶村改善民生和村级阵地建设等，帮助 194 名贫困劳动力实现转移就业；浙江衢州市投入援助资金 24493 万元，衢州市 19 个镇（管委会、街道办）和有实力的企业结对帮扶乌什县 46 个深度贫困村，捐物捐款折合资金 650 万元；自治区级定点帮扶单位投入帮扶资金 3186. 35 万元，地区级定点帮扶单位投入资金 244. 22 万元，县级定点帮扶单位投入资金 491. 51 万元；区内协作单位哈密市伊州区开展互访活动 3 次，引进成立乌伊之花刺绣合作社，解决 41 名贫困人口就业，2 个乡结对帮扶 2 个贫困村，选派 16 名教师、6 名医生开展支教支医活动，助力乌什县脱贫攻坚。

【党建促脱贫】 2018 年，乌什县坚持把夯实农村基层党组织同脱贫攻坚有机结合起来，着力建强基层组织，推行“一总多支”模式，在条件成熟的 10 个行政村建立党总支，所辖 56 个村民小组建立党支部；建立“村‘两委’+村民小组长+十支队伍”三级组织架构；县级领导包联整顿 11 个软弱涣散基层党组织全覆盖，“扫黑除恶”专项行动惩治村霸 2 名，向 27 个偏远散混区域配备村组干部 50 名。选优配强村“两委”班子，选派 45 名国家公职人员担任村党组织书记，向 108 个行政村选配科技副职、选派第一书记，“访惠聚”驻村工作队全覆盖；深入推进“民族团结一家亲”活动，7000 名党员干部入户开展“四同”（同吃、同住、同学习、同劳动）活动。落实村级组织正常运转经费 5 万元，大中小村每年 15 万元、10 万元、5 万元“访惠聚”为民办实事经费，发展壮大村集体经济，发挥好村级党组织在脱贫攻坚中的战斗堡垒作用。

【建立长效机制】 2018 年，乌什县紧盯脱贫户、退出村，实施产业扶贫、教育扶贫、健康扶贫、保障扶贫、基础设施和农村环境、结对帮扶、壮大村集体经济“七大脱贫巩固提升行动”，没有返贫贫困人口。坚持因地制宜、因势利导，把发展产业作为实现脱贫根本之策，在发展短期难见效、未来能够持续发挥效益的产业上下足

"绣花"功夫,注重加快发展带动贫困户增收作用明显的种植业、养殖业、林果业、农产品加工业、特色手工业、休闲农业和乡村旅游等产业,积极培育和推广有市场、有品牌、有效益的特色产品,促进产业升级,持续加大建设力度,推进延伸产业链条,带动贫困群众稳定可持续增收。为确保扶贫项目资金管理规范、高效运行、成效精准,制定印发《乌什县财政专项扶贫资金项目公告公示实施细则》《乌什县财政专项扶贫资金(扶贫发展)项目管理实施细则》《乌什县财政涉农整合资金管理暂行办法》《乌什县财政扶贫资金管理实施细则》《乌什县扶贫收益类项目现金管理办法》等指导性文件,强化扶贫项目资金监管,重点加强扶贫资金项目实名制管理,做到扶持对象可核查、扶持过程可追踪,提高整改工作的针对性、指向性,做到有的放矢、靶向整改,从根本上堵塞漏洞、解决问题。

(供稿人:李　江)

民族和宗教事务管理

【概况】 2018 年,乌什县民族宗教事务委员会(以下简称乌什县民宗委)核定编制 20 名(含乌什县伊斯兰教协会,简称伊协),其中民宗委行政编制 12 名,工勤事业编制 1 名;伊协编制 7 名。实有干部 11 人,其中伊协干部 5 人。

【教育管理】 2018 年,乌什县民宗委完善宗教教职人员基础信息,针对个人情况全部建档立卡,实现一人一档。规范宗教教职人员考核评议工作,形成基层党组织、各级宗教事务管理部门层层监督考核工作机制,考核参评率 100%。依托自治区、地区及县培训机构,对全县宗教教职人员进行培训,实现学习教育全覆盖。

【宗教活动管理】 2018 年,乌什县民宗委落实讲经制度,规范讲经时间和讲经内容,传达落实自治区、地区伊协阶段性工作安排。严格按照自治区伊斯兰教协会确立的入斋时间安排,统一下发自治区编撰的《卧尔兹演讲集》,做到入斋统一、开斋统一、讲经内容统一、节日会礼时间统一。强化联系工作落实,确定每名驻村管寺干部和"两项制度"联系干部包联人员和包联任务。

【清真寺管理】 2018 年,乌什县民宗委完善清真寺公共服务功能,最大限度满足信教群众合理需求,促进宗教与社会发展协调推进。组织开展宗教活动场所安全检查,自 7 月 16 日起,每月组织各乡(镇)开展安全生产大检查 2 次,查处安全隐患 126 处,整改 126 处;参与消防安全专项检查 3 次,抽查 6 个乡(镇)的清真寺,发现消防安全隐患 5 处,整改 5 处。组织指导乡(镇)清真寺开展应急演练,演练内容涉及防洪防汛、防火防震等,参加演练人数 250 人次。

【爱国宗教团体建设】 2018年，乌什县民宗委建立健全相关制度与管理办法，推进周学习会、月研讨会、季度报告会等制度落实，继续依托各级“爱国宗教人士之家”，对宗教领域热点、难点问题进行研讨，从宗教角度提出解决办法和建议。开展“民族团结一家亲”活动，县领导、科级干部与宗教教职人员开展“交朋友”活动，密切关系，增进感情。

【民族团结】 2018年，乌什县民宗委强化工作责任，将民族团结工作列入各乡(镇)和县直单位年度目标考核范围，实行目标管理。将“民族团结一家亲”活动和扶贫帮困、“联乡包村入户”工作结合起来，开展民族团结联谊等融情活动，做到结对认亲全覆盖。开展“三进两联一交友”活动，县级领导、科级领导、“访惠聚”工作队员、教职工与学生及家长交朋友，打造地区级民族团结教育基地2个，地区级民族团结进步示范单位17个，在现有有县级民族团结进步模范单位中推荐国家民族团结进步创建示范区1个。

【民族发展项目建设】 2018年，乌什县民宗委到位第一批项目资金2008万元，根据县委、县扶贫开发领导小组关于“扶贫项目由业务主管部门负责具体实施”的要求，民宗委将第一批少数民族发展资金项目委托相关行业部门实施，其中，棚圈建设项目及养殖小区建设项目总投资839万元，委托县畜牧局实施；服装加工与传统手工艺保护项目总投资100万元，委托县商信委实施；牲畜饮水项目总投资99万元，委托县水利局实施；卫星工厂建设项目总投资770万元，委托县商信委实施；特色村寨保护与发展项目总投资200万元，委托县旅游局实施。第二批项目到位资金1334万元，由县脱贫攻坚项目指挥部整合使用，涉及项目9个，有沙棘系列产品加工厂项目投资200万元；育苗温室项目投资46.6万元；温室大棚维修项目投资153.3万元；养殖小区项目投资200万元；创业产业园项目投资624万元；劳动力转移培训项目投资51.5万元；实用技术培训项目投资43.6万元；短期技能培训项目投资5万元；致富带头人培训项目投资10万元。

【扶贫帮困】 2018年，乌什县民宗委多次召开扶贫工作会议，对“一对一”帮扶工作进行安排部署，组织干部到结对帮扶贫困户家中进行摸底调查，对贫困户基础信息进行核查，开展走访调研，了解掌握贫困户家庭成员、致贫原因、脱贫需求等信息，制定帮扶计划，帮助脱贫致富。在重大节假日，组织干部深入联系户家中开展走访慰问，了解帮扶户思想动态，解决帮扶户生产生活困难，宣传党的民族宗教政策。发挥部门优势，利用少数民族发展资金项目，为联系村英阿特村争取专项扶贫资金316万元，扶持72户边区牧民发展和壮大养殖业。

（供稿人：魏国徽）

老龄工作

【概况】 2018 年,乌什县老龄办坚持“党政主导、社会参与、全民关怀”的方针,充分发挥“综合协调、督促检查、参谋助手”职能作用,求真务实,开拓创新,扎实工作,推进乌什县老龄事业全面发展,加强基层老龄工作,强化老年维权工作。至年底,全县 60 岁及以上老年人口 15421 人;80 周岁以上老年人 637 名,其中 100 岁以上 6 名、90 ~ 99 岁 76 名、80 ~ 89 岁 555 名。乌什县老龄办核定编制 3 名,实有 3 人。

【老年人服务管理】 2018 年,乌什县老龄办把老年维权作为一项重要的日常性、基础性工作,协调县司法、法院等部门为老年人提供法律咨询服务,热情接待来信来访老年人,做好政策宣传解释,提高老年人法制意识和自我保护能力。贯彻落实《自治区优待老年人规定》,做好老年优待证办理工作;在行政服务中心设立窗口,安排专人负责证件办理工作,对符合条件的当场制证、发证,对资料不全的实行一次性告知制度,把党委、政府对老年人的关怀落到实处。全年办理老年优待证 94 个。

【高龄特困老人慰问救助】 2018 年,乌什县老龄办针对高龄特困老年人行动不便、生活困难等问题,坚持春节、古尔邦节等重大节日看望慰问高龄特困老年人,及时将党和政府的关怀送到老年人家中。全年开展高龄特困老年人走访慰问 2 次,慰问救助 144 人次,发放慰问金 4.17 万元。

【敬老宣传月活动】 2018 年,乌什县老龄办印发《乌什县深入开展全国第九个“敬老月”活动方案》,安排部署全国第九个“敬老月”活动,利用横幅、广播、宣传栏等媒介,宣传《中华人民共和国老年人权益保障法》《新疆维吾尔自治区老年人权益保障条例》等法律法规。开展“营造敬老爱老社会氛围,纪念改革开放 40 周年”主题教育活动,中秋节、国庆节和重阳节,各单位为离退休干部及对口扶贫村贫困老年人送去祝福和慰问品。开展老年维权活动,发挥妇联在婚姻家庭矛盾中的优势作用,为老年人提供法律支持和帮助。通过发放宣传单、悬挂横幅等方式,向老年人开展防电信网络诈骗宣传,维护老年人合法权益。协调县人寿保险公司,按照每人 30 元标准,为全县 637 名 80 周岁以上老年人购买 2018 年意外伤害保险,提高老年人抵御意外风险能力。

【高龄老年人补贴发放】 2018 年,乌什县老龄办严格落实村(社区)、乡(镇)、县老龄办、县民政局逐级申请、审核、审批、公示等制度,每季度对新增、死亡、调标人员统计汇总一次,严格实行高龄老年人补贴动态管理,做到发放对象应停必停、应领必领，保证发放工作的严肃性和准确性。

【高龄老年人免费体检】 2018年，乌什县老龄办联合县卫生部门抓好高龄老年人免费体检工作，县人民医院、维吾尔医医院和乡（镇）卫生院具体负责实施免费体检，对行动不便的老年人提供上门服务，做到高龄老年人免费体检一个不漏。年内，体检80周岁以上老年人585名，占全县80周岁高龄老年人的89%。

（供稿人：阿卜杜克依木·阿吉）

乡(镇)建设及生产建设兵团四团简介

阿合雅镇

【概况】 乌什县阿合雅镇位于国道219线和省道306线交会处,距阿克苏市约55千米,距乌什县城约45千米。东与阿克苏市和温宿县阿热勒镇相接,南临卡拉特山与柯坪县相接,西接阿恰塔格乡,北连托什干河流域,有“乌什县东大门”之称。镇域总面积23.33万公顷。居住有汉族、维吾尔族、回族、柯尔克孜族等8个民族,农牧民9860户42876人(建档立卡贫困户2285户9648人,占全镇总人口22.5%)。耕地面积5791.77公顷,人均耕地面积0.14公顷,主要种植林果、小麦、水稻、玉米等作物;实现农村经济总收入49329.36元,农牧民人均纯收入9702元。

乌什县阿合雅镇辖永宁片区管委会和22个行政村,其中牧业村2个、农场1个,村民小组101个;设党总支2个,党支部34个,党员1299名;镇机关干部183人,村干部146人,“天池计划”人员3人,团支部成员115人,共青团员1313名;村民小组长101名,村民小组妇女委员101名,“四老”人员154名。2018年,村级储备年轻干部81人,科技副职22人,国家公职人员担任村党支部书记4人。

【农业农村经济】 2018年,乌什县阿合雅镇按照农业增效、农民增收目标,稳定粮食生产面积,调整品种结构,优化产业布局,促进农村经济有序发展,实现农村经济总收入49329.36万元,同比增长8.1%。完成密植园改造173.33公顷,林果业提质增效333.33公顷,果品总产量1.27万吨,实现林果业总收入25322.28万元,同比增长9.1%。畜牧养殖业健康发展,有效推广“四良一规范”(良种、良料、良舍、良法和规范化防疫)饲养管理模式,牲畜存栏12.71万头(只),出栏3.79万头(只),实现畜牧业总收入7726.13万元,同比增长9.7%;种植业持续丰产增收,广泛运用深松深翻、精量播种、测土配方施肥等技术,完成粮食种植面积0.5万公顷、总产量3.39万吨,实现种植业总收入14894.3万元,同比增长7.7%。完善农田水利基础设施,完成防渗渠道清淤25千米、新建及维修加固防洪堤8千米、高效节水0.3万公顷。电子商务异军突起,有序实施“互联网+”行动计划,建成村级电子商务服务站21个,带动贫困户20户,年户均创收1.5万元。不断增强农民专业合作社引导致富能力,成立种植业、林果业、畜牧业和服饰业等合作社65个,吸纳贫困户150户,户均年创收7000元。

【脱贫攻坚】 2018年,乌什县阿合雅镇落实镇、村两级党组织书记抓脱贫攻坚第一责任,形成主要领导亲自抓、分管领导具体负责、全社会共同参与脱贫攻坚新局面。年内,实现256户贫困户1085人脱贫,3个深度贫困村整村退出。新建日光温室大棚30座、蔬菜大拱棚114座、育苗温室2座、养殖合作社3座、养殖小区4座、卫星工厂3座、冷库58座;完成庭院经济建设149户、棚圈66座;实施林果提质增效1101户350.62公顷,特色蔬菜种植1885户120.11公顷,黑木耳种植20户4万菌棒;申请小额贴息贷款155户382.5万元,发放扶贫鸡6940只、扶贫鸭5000只、扶贫鹅5000只、扶贫鸽子17350羽、扶贫牛255头、扶贫驴200头。推进劳动力转移就业,建立党员干部带头抓思想促就业,“访惠聚”驻村工作队与村级党组织抓国家通用语言和劳动技能培训,企业、商铺带头抓就业的帮扶机制,引领带动建档立卡贫困户稳定就业1079人,零散外出就业1100人次,人均年增收2.5万元;季节性劳务输出5415人,人均增收6000元。落实国家新一轮草原生态保护补助政策,新增贫困户护林员岗位115人、草场管护员71人,使292名贫困户转为护林员、草场管护员,实现人均年增收1万元。调整贫困户护边员9名,实现人均年创收入2.4万元。新增贫困户低保238人,对0~3岁幼儿、65岁以上老人和患有疾病、残疾的贫困人口1173人实施社会保障兜底,实现脱贫路上不漏一人的目标。将土地清理所得收益用于扶贫岗位开发,387名贫困劳动力实现就近就地就业。

【社会和谐】 2018年,乌什县阿合雅镇深入开展自治区优秀平安乡(镇)创建工作,命名“平安家庭”9426户,创建“平安单位”81个、“平安校园”37个、“平安商铺”433个,创建率均达90%以上。开展道路交通安全整治,纠正违规行为170次,查扣违法违规车辆117辆,排查治理道路交通隐患167处,开展文明交通宣传90场次,受教育人数6万人次,农牧民群众文明交通和道路安全意识显著提升。受理化解群众来信来访8件8人次;摸排化解信访问题21件32人次。

【民生及社会事业】 2018年,乌什县阿合雅镇继续实施惠民工程,各项民生事业全部落地兑现。转移就业10301人次,其中整建制转移1329人次,季节性务工6382人次。持续改善教育基础设施和办学条件,农村学前三年适龄儿童“应入尽入”,中小学入学率和国家通用语言教育覆盖率均达100%,教育惠民政策惠及10201名在校学生。开展“科技之冬”“四下乡”“科普进农村”等活动,组织农牧民科技培训12期600人次。医药卫生事业健康发展,医共体成效明显,家庭医生签约服务率65%以上,重点人群签约率83%以上,贫困户签约率100%,完成全民健康体检3.1万人,逐人建立个人健康档案。

城乡居民养老、医疗参保率实现100%全覆盖。建设富民安居房325套,完成改厕4104户,修建村组道路25.14千米、桥梁3座。东风工程、农家书屋和绿色网吧等正常免费开放;“村村通、户户通”覆盖率99%,开展各类文体竞赛活动68场次。创建“生产嵌入式”示范点1个、民族团结敬老爱老服务示范点1个、“民族团结之家”1个,加深各民族交往交流交融。

【基层组织建设】 2018年,乌什县阿合雅镇坚持把学习贯彻习近平总书记关于新疆工作系列重要讲话、中共十九大和上级指示精神作为一项重大政治任务来抓,组织开展党委中心组学习14次。深入推进“访惠聚”驻村工作,实施自治区村级惠民生项目30个,涉及项目资金2135.1万元,为群众办实事好事2000件,组织农牧民实用技能培训163场次,开展国家通用语言培训1279场次,为特殊困难群体捐赠生活物资50.06万元,协调化解矛盾纠纷322件。健全村级党校+农牧民夜校+远程教育站点+实训基地“四位一体”培训体系。累计建成村民小组活动室60个、村民服务活动中心15座、便民超市2个、国家通用语言幼儿园40所、村卫生室22个,村级办公场所、警务室、周转房实现全覆盖。培养发展入党积极分子281名、预备党员111名、党员95名,村级储备干部168名,表彰奖励优秀共产党员79名、优秀党务工作者15名、先进基层党组织6个。加强软弱涣散党组织整顿,召开专题会议4次,研究解决软弱涣散整治问题17个,调整村党支部书记5人,村“两委”班子成员15人,村干部队伍呈现年纪轻、能力强、干劲足的新局面。

【党风廉政建设】 2018年,乌什县阿合雅镇落实党风廉政建设责任制,抓好各项措施落实。将党风廉政建设责任制列入党委、政府重要议事日程,组织召开党风廉政工作会议4次,协调解决党风廉政建设问题10个,纪委监督责任落实到位。壮大纪检干部队伍,配备纪检专职干部8人。有效落实“一岗双责”,逐级逐人签订党风廉政建设责任书,明确具体责任和工作要求,做到一级抓一级、层层抓落实。组织党员干部开展党风廉政和警示教育4次,撰写心得体会200份。开展党员干部“自查自省、践行忠诚”“聚焦总目标、作风再整顿”专项活动,组织党员干部撰写相关材料600份,查处“四风”“四气”案件11起,给予党纪处理13人。

(供稿人:龙小华)

阿恰塔格乡

【概况】 2018年,乌什县阿恰塔格乡位于阿克苏—乌什(省道306线)73千米处,总面积8.45万公顷,以发展林果为主、林农牧为辅。辖13个行政村59个村民小组,居住有汉族、维吾尔族、回族、柯尔克孜族4个民族,有5037户21026人,其中农业户籍人口19976人。基层党组织 20 个,党员 729 名(含预备党员),其中农牧民党员 636 名。阿恰塔格乡党委获县级、地区级先进基层党组织称号、乡人民政府获自治区级优秀平安乡(镇)称号。

乌什县阿恰塔格乡耕地面积 4240.67 公顷,人均耕地面积 0.2 公顷。小麦面积 1994.73 公顷(含套种),玉米面积 566.87 公顷,林果面积 3157.67 公顷,其中核桃面积 2963.33 公顷。牲畜存栏 65524 头(只),出栏 51137 头(只)。农田灌溉依靠托什干河总干渠,是乌什县粮、油、林果业、畜牧养殖基地之一。年内,农村经济总收入 32018.76 万元,比上年增长 15.3%,农牧民人均纯收入 10917.81 元,比上年增长 12.2%。

2018 年,阿恰塔格乡有 5 所小学、14 所幼儿园,在校学生 3402 人(小学 1896 人、幼儿园 1506 人),在职在册职工 161 人。卫生院 1 所,占地面积 1.4 万平方米,医护人员 25 人,各村设卫生室,有村医 28 人。

【编制情况】 2018 年,阿恰塔格乡有在编人员 116 人,其中乡政府在职 55 人(行政编制 44 人、事业编制 10 人),财政所在职 8 人,广播站在职 3 人,计生站在职 5 人,林管站在职 2 人,农机站在职 3 人,农技站在职 7 人,农经站在职 3 人,兽医站在职 9 人,文化站在职 2 人,镇规划发展中心在职 3 人,民政社会保障服务中心在职 3 人,食药站在职 3 人。

【种植业发展】 2018 年,乌什县阿恰塔格乡种植业合作组织开展“订单农业”,完成加工番茄订单面积 244.47 公顷,鹰嘴豆订单面积 141 公顷。调整种植业结构,扩大经济作物种植面积,发展小麦良繁和玉米制种业,加快发展设施农业,确保农业增产增效。全乡播种面积 4298.72 公顷,正播粮食面积 2887.79 公顷;经济作物播种面积 1341.61 公顷,其中甜菜 235.25 公顷、油料 44.33 公顷。强化农业科技推广服务,坚持把发展农民专业合作组织作为激活农村经济、促进农民增收重要途径,加大扶持力度。新成立深度贫困村蔬菜合作社 6 个。

【林果业建设】 2018 年,乌什县阿恰塔格乡狠抓林果示范园建设管理,利用一县一品、森林抚育、造林补贴等项目资金,以创建特色林果示范园为切入点,发挥典型带动、示范引领作用,激发农民自主性。建成核桃示范园 6 个,示范园面积 106.67 公顷。抓好密植园改造、果园提质增效工作,在充分尊重农民意愿的前提下开展密植园改造工作,通过政策性扶持,有针对性调优林果产业结构,推广林果简约化管理技术应用。做好葡萄长廊管理工作,指导村组做好日常葡萄管护,在葡萄长廊种植葡萄未上架前,由农户自主种植葫芦、瓜类等植物,形成建一片、绿一片。

【畜牧业养殖】 2018 年,乌什县阿恰塔格乡抓好重大动物疫情监管,按照重大动物疫病防控要求,实施“强制免疫和月月补针”,建立动物流动台账和畜禽出栏、补栏申报登记制度,免疫密度100%。突出抓好社会化服务组织创建和运营工作,按照“政府引导、市场运作、强化服务、示范带动”的市场化方向,以行政村为单位,村村组建集动物诊疗、疫病防控、品种改良及草畜联营为一体的社会化服务组织,负责开展所属行政村动物诊疗、疫病防控、品种改良及草畜联营相关工作。成立技术服务协会13个,协会班子成员72人,协会会员552人。

【水利设施建设】 2018年,乌什县阿恰塔格乡加强水管能力建设,提高水管业务能力,在全乡13个行政村成立农民用水户协会。开展防洪工作,对托什干河和南山防洪区域防洪加固3.85千米,确保农田和生产用水。加强农田水利基础设施建设,提高粮食综合生产能力,增加农民收入。防渗渠清淤15千米,维修防渗渠110米。

【农机作业】 2018年,乌什县阿恰塔格乡发挥农机协会引导作用,以行政村为单位,建立以机耕、机播、机收、机防、机修为一体的农机协会13个,为农牧民提供农机作业和服务工作,累计完成深松作业93.33公顷。改进农机服务方式,在主要农时季节前后,开展“农机技术服务周或服务日”活动,组织农机技术人员进村入户“点对面”开展农机技术服务和检审验工作,加大农机手技术培训力度,提高农机手作业水平;全年开展农机培训班5期,培训690人次。强化农机安全执法,常态化落实联合执法、田检路查、隐患排查等管控措施,不定期对农机维修网点、经销点和作业场所进行专项检查和全程监管。全年检查各类农机2785台次,其中拖拉机1485台次,各类农机1300台次。

【科技服务】 2018年,乌什县阿恰塔格乡以“科技之冬”、“四下乡”、农村“户户都有科技明白人”培育工程为契机,开展各类科技培训,举办各类技术培训班30期,培训8165人次。开展“户户都有科技明白人”培育工作,以“相对集中、点面结合、择优推荐、公平公正”为准则,从全乡4963户20102人中选出“科技明白人”4149户16621人。实现全乡6个深度贫困村6名科技特派员“全覆盖”,通过推广应用农业新品种、新技术,促进贫困村产业发展,为贫困村培养懂技术、会经营、善管理的本土人才。

【党的建设】 2018年,乌什县阿恰塔格乡抓好学习教育,强化思想政治建设,乡党政班子成员带头落实理论学习制度;利用村级党校、农牧民夜校、微信等平台,利用国旗下宣讲时机,向干部群众宣传党的政策方针和各项惠民政策。理顺工作机制,严格落实各项制度,强化各级党组织书记抓党建第一责任人职责,建立乡党委书记、各村第一书记、村党支部书记“三位一体”工作机制,运用绩效考核完善“管人”和“用人”导向机制。健全和完善制度,用制度规范基层党建工作;推进村级“四化”(标准化、信息化、美观化、特色化)建设,抓好阵地管理;严格落实“三会一课”“规范党组织生活”等工作机制,构建村“两委”抓村民小组、带“十支队伍”、联系千家万户三级组织架构。在“联乡入户”、每季度“双覆盖”等工作基础上,开展走访住户工作,达到“双覆盖”两个100%要求。抓好“七类二十四项”事务,增强村干部服务意识,组织乡村干部定期开展党、团志愿服务活动,开展“民族团结一家亲”入户走访。抓牢教育管理,提升党员党性观念,严格按照“25154”机制发展党员;利用村级党校、农牧民夜校等平台,乡领导和优秀党支部书记及经验丰富的“四老”人员走上讲台,为党员授课。开展“我是党员,向我看齐”、党员志愿服务等活动,增强党员模范带头意识。打牢基层基础,强化基层组织建设,制定《阿恰塔格乡“软弱基层党组织”整顿方案》,对软弱基层党组织建立整改措施及台账,提高党组织能力;以“星级化创建”为抓手,建设服务型党组织;通过摸底调查,调整4名村党支部书记、12名村“两委”副职,健全村组管理机构;重视培养村级后备干部,将思想政治强、文化水平高、能力素质强的干部列为后备干部培养对象。

【党风廉政建设】 2018年,乌什县阿恰塔格乡开展党风廉政教育活动,组织机关党员干部集中学习《中国共产党章程》《中国共产党廉洁自律准则》《中国共产党纪律处分条例》等法律法规,学习上级文件、典型案例,集中观看警示教育专题片《蜕变》《作风建设永远在路上》,开展“手抄党章”活动,撰写心得体会,坚定党员思想信念。开展党风廉政教育学习18次,党员受教育覆盖面100%。常抓党员干部教育,通过领导干部讲党课,党员干部重温入党誓词、主题党团日等活动,加强领导干部及机关党员党性修养和政治敏锐性;利用大喇叭、远程教育设备、红色影院等进行宣传,推进干部队伍及农牧民群众思想文化建设,营造良好舆论氛围,激发党员干部学习积极性。

【脱贫攻坚】 2018年,乌什县阿恰塔格乡健全各级组织机构和规划体系,成立脱贫攻坚工作领导小组,配备乡村两级扶贫专干。每周召开扶贫工作例会,共召开扶贫工作例会14次,“一对一”帮扶推进会4次。制定《阿恰塔格乡深度贫困地区2018年度实施计划》和《阿恰塔格乡2018—2020三年脱贫攻坚实施方案》,有序推进精准扶贫工作。做到“六个精准”,确保扶贫工作精准到位,对全乡建档立卡贫困户进行重新审核,最终确定贫困户1889户7440人;硬化6个深度贫困村的小组巷道路面24千米。构建“合作社+农户”体系,6个深度贫困村成立蔬菜专业合作社,按照“一村一品”种植蔬菜15.67公顷,建设冷库7座,便于夏季储存蔬菜。为1513户贫困户发放各类菜苗117.3万株,涉及扶贫资金15.07万元;为1139户贫困户发放各类作物种子7399.07千克,涉及扶贫资金10.61万元;发放育龄期长、品质好的家禽4.84万羽。在深度贫困村建设6个1000平方米标准化卫星工厂,就近就地提供就业岗位600个;完成第一批152户贫困户庭院经济项目及142户贫困户棚圈建设项目。落实“五个一”精准帮扶全覆盖要求,自治区党委选派6名县级领导干部担任6个深度贫困村第一书记,主持深度贫困村脱贫攻坚工作。地、县、乡三级813名干部对1807户建档立卡贫困户进行“一对一”帮扶。年内,蔬菜合作社成员户均增收500元,林果提质增效亩均增收300元,家禽养殖户均增收800元,公益性岗位人员人均增收12000元。通过劳务输出、卫星工厂就近就业、社会综合兜底保障等措施,巩固脱贫成效,防止贫困户返贫。

【精神文明建设】 2018年,乌什县阿恰塔格乡开展第17个“公民道德建设月”活动,开展各类宣讲145场次,受教育人员2.1万人次;挖掘评选“中国好人”“最美阿克苏人”“最美新疆人”等先进典型,以“阿恰塔格乡零距离”为载体,宣传报道先进人物和事迹,在全乡掀起人人争当典型的热潮,促进各民族交流交融。开展文明村镇、文明家庭建设,以庭院整治为契机,加大环境卫生整治力度,定期组织村民对各小组主干道及周边死角卫生进行清扫,确保村容村貌整洁。村委会门口设置环保垃圾桶和垃圾船,垃圾分类收集、定期清运,为群众营造更好的生产生活环境;全年投放垃圾桶500个、垃圾船106个、垃圾清运车1辆。持续开展“十星级文明户”评选活动,挂牌表彰2017年评选的“十星级文明户”,进一步规范评选标准,完善评选办法,确保评选活动家喻户晓,形成以得“星”、创“星”、争“星”为荣的浓厚氛围。

【宣传工作】 2018年,乌什县阿恰塔格乡紧抓宣传工作主题,以正面宣传为主,聚焦重点、打造亮点、突出特色,有计划、有重点地对全乡经济社会发展取得的新举措、新成效进行宣传,营造实干拼搏、奋进跨越的浓厚氛围。加大宣传力度,利用报刊、媒体、网络等优势,进行全方位、多角度、深层次宣传,争取上级资源,提高宣传质量,提升社会影响力。加强宣传队伍建设,把有一定功底、热爱新闻写作的青年干部充实到通讯员队伍中,加强与县信息、新闻相关单位的联系,举办通讯员培训班,扩大通讯员知识内存,提高写作能力,努力打造一支思想好、作风正、素质高、理论强、业务精的宣传队伍。

【文体事业】 2018年,乌什县阿恰塔格乡多形式开展群众性文体活动,发挥乡村文艺演出队作用,通过“一月一村一场”“月月有主题、周周有活动”等方式开展群众喜闻乐见的文体活动85场次,引领群众树立文明新风。利用在校大学生返乡时间,推动返乡大学生服务基层,通过开办补习班等形式,为村小学生开展帮学活动;返乡大学生用自己的所见所闻、家乡的巨大变化、党的惠民政策及开展“民族团结一家亲”活动的感受、感想,为农牧民群众开展思想教育工作。加强未成年人思想道德建设,协助乡文艺队创作文艺节目,让各族学生健康快乐成长。

(供稿人:王浩东)

依麻木镇

【概况】 乌什县依麻木镇位于天山南麓托什干河南岸,东接阿恰塔格乡,南与亚科瑞克乡接壤,西连阿克托海乡,北隔托什干河与英阿瓦提乡相望,距县城22千米,辖区总面积4.32万公顷;耕地面积5600公顷;以农业为主,畜牧业为辅。种植业以小麦、玉米为主,番茄、水稻为辅;养殖业以羊、牛为主,鸡、鸽子、兔子为辅;特色产业有黑木耳基地、花卉基地、养鸽基地、养兔基地等。全乡总户数6211户,总人口27298人(常住人口27057人)。

【经济发展】 2018年,乌什县依麻木镇财政拨款收入3240.74万元,比上年增加2025.39万元,同比增长166.65%。财政拨款支出3189.11万元,比上年增加1973.76万元,同比增长162.4%,其中基本支出1082.83万元,项目支出2106.28万元。财政拨款结转结余51.63万元,比上年增加51.63万元,同比增长100%。一般公共预算财政拨款收入2793.74万元,比上年增加1578.39万元,同比增长129.87%。一般公共预算财政拨款支出2742.11万元,比上年增加1526.76万元,同比增长125.62%,其中,一般公共服务支出1224.22万元,社会保障和就业支出107.72万元,城乡社区支出730.09万元,农林水支出600万元,住房保障支出80.08万元。

【种植业发展】 2018年,乌什县依麻木镇继续抓好产业结构调整、农业科学技术推广应用和农作物品种改良,不断优化小麦、水稻、复播玉米等农作物种植,提质增效。全镇各类作物总播种面积1.17万公顷(含承包户种植面积),其中小麦0.33万公顷、水稻686.67公顷、正播玉米0.49万公顷、复播玉米572.13公顷、番茄0.1万公顷。推广温室与拱棚相结合、集中连片种植模式,设施农业面积53.47公顷,其中贫困户种植面积28.33公顷;大田蔬菜种植面积200.53公顷;成立蔬菜专业合作社7个,春季种植露地蔬菜14.13公顷。

【林果业建设】 2018年,乌什县依麻木镇以林果业提质增效为重点,加强林果业管理,强化整形、修剪、嫁接、病虫害防治等管护措施,推进“一乡一品”工程,以核桃为主的优质果品成为全镇支柱产业,经济效益日趋明显。全镇林果总面积0.39万公顷,挂果面积0.31万公顷,规范运作林果业专业合作社12个,为林果业产业化发展奠定坚实的基础。建成镇党政领导干部林果责任示范园44个492.8公顷,干部群众义务植树4.7万株,新建防护林64公顷。开展果树枝枯病防控工作,落实大田果树25.53公顷,其中苹果4.67公顷、杜梨0.33公顷、香梨20.53公顷;庭院果树40303棵。

【畜牧业发展】 2018年,乌什县依麻木镇对全镇家禽进行拉网式防疫,确保防疫到位;安排专人对交易家禽进行监控,指导做好场地消毒;做好放牧家禽监管工作,建立专门档案,全面落实防控任务。加大各农贸市场畜禽及相关产品检疫力度,严禁病死、毒死和死因不明的畜禽及产品上市交易。查处不合格畜禽及产品40千克,全部进行无害化处理。

【劳务输出】 2018年,乌什县依麻木镇加强劳务输出工作,从宣传教育、技能培训、加强服务等方面下功夫,使党中央的富农政策有效落实到农民身上。加强劳务输出人员管理,确保劳工各项权益得到最大限度保障。全年组织劳务输出3360人次,年人均劳务增收5000元。

【社会保障】 2018年,乌什县依麻木镇有城乡低保救助对象2447户4483人。年内,因不符合低保条件取消低保916户2885人,现有城乡低保2315户4195人,发放城乡低保救助资金1260.69万元。发放救助物资面粉12吨、大米7.2吨、清油980桶,救助大病困难群众、家庭生活困难群众及轻度慢性病困难群众21户,累计发放临时救助资金4.8万元。为18名残疾人发放残疾人辅助器具18副,为470名重度残疾人、困难残疾人发放两项补贴资金58.6万元。建设安居富民房482户,完成率100%。

【基层组织建设】 2018年,乌什县依麻木镇有16个行政村、1个社区,91个村民小组;有14所学校,14个站所。有2个党总支,47个党支部,党员794人,递交入党申请书2708人,入党积极分子371人,团员943人。镇机关、站所干部156人(行政人员96人,事业类干部56人,机关工勤人员4人),村干部110人,后备干部80人(其中村党支部书记后备人选16人,村“两委”班子后备人选64人);“四老”人员101人。

【纪检监察】 2018年,乌什县依麻木镇处置问题线索104条,立案查处58人,其中,给予党内警告处分13人,党内严重警告处分35人,留党察看一年处分5人,开除党籍处分5人。召开警示教育大会6次。

【文化建设】 2018年,乌什县依麻木镇加大宣传力度,大力宣传党的路线方针和镇党委、政府的重大决策及科技、文化、脱贫攻坚等信息。全镇16个行政村91个村民小组广播覆盖率100%,喇叭正常使用率100%,户户通电视覆盖率100%。

有镇文化站、广播站各1所,村级文化室16个,农家书屋16处,收藏各类书刊5.8万册,演出队1个13人。

【教育教学】 2018年,乌什县依麻木镇共有小学、幼儿园31所,其中,小学14所,幼儿园17所。小学教学班87个,在校学生2987人;幼儿园教学班65个,在园幼儿2182人。严格按照《中华人民共和国义务教育法》,依法保障适龄儿童按时接受义务教育,小学生入学率、巩固率均为100%,无辍学学生。贯彻执行教育有关法律、法规、方针、政策,履行普及九年义务教育职责,优化管理,深化改革,实施素质教育,全面提升教育质量。

【文体活动】 2018年,乌什县依麻木镇组建镇级文体文艺队2支,以“百日文体活动”为契机,举办村级群众性文体活动635场次,其中,跨乡(镇)流动演出8场次,阿克托海乡库木奇吾斯塘村演出5场次,县委党校演出2场次,县夜市演出2场次,集体婚礼演出1场,镇派出所、养老院慰问演出3场次,农民巴扎演出2场次。开展图书下村活动16次;举办农牧民舞蹈培训班2次30天,调音台管理培训班2次,民间艺人培训班12次。免费开放镇文化站;开展文化市场检查30次,村图书室检查16次。

【统战民宗】 2018年,乌什县依麻木镇强化基层统战民宗工作组织建设,推荐干部参加统战民宗专项培训,提高干部工作能力和业务水平。关心关爱宗教教职人员,定期召开宗教领域座谈会,听取并协调解决有关问题。加强法律法规的学习宣传,开展民族团结进步创建、“民族团结一家亲”和民族团结联谊活动,推动“嵌入式”发展,促进各民族交往交流交融。建成民族团结嵌入式示范点2个、民族团结进步教育基地1个。坚持和完善党领导的政治协商制度,定期召开政协联络小组会议,组织政协委员开展调研、纂写提案,建言献策,为全县经济社会发展出谋划策。

【综合扶贫】 2018年,乌什县依麻木镇紧扣“六个精准”“一超过、两不愁、三保障”脱贫标准,采取“六个一批”脱贫措施,农村贫困人口显著减少,贫困发生率持续下降,基础设施及农牧民生产生活条件得到改善。发展黑木耳种植增收产业,以托万克麦盖提村贫困户为重点,在全地区率先发展黑木耳生产试点,参与贫困户60户,成立“燕山情黑木耳农民种植专业合作社”,注册“七村木耳”商标,出售干、湿黑木耳5.63吨,户均增收6450元。打造优质林果增收工程,加强全镇3993.33公顷核桃(贫困户种植1447户726.67公顷,占全镇核桃总面积的18.2%)的良种嫁接改造、整形修剪、水肥管理、物化投入;利用扶贫资金为891户贫困户种植的458.69公顷核桃施油渣622.7吨、磷酸二铵64.7吨、硫酸钾27.52吨,物化投入资金188.76万元。打造畜禽养殖增收工程,依托依麻木镇2家大型畜牧养殖企业,实行"企业+合作社+贫困户"托管模式,带动902户贫困户入社,平均分红收益10%(1100~1200元)。加大土地清理力度,依法依规清理土地0.34万公顷,通过土地流转和合作社承包经营的方式,将土地收益开发林果技术服务队、民兵、劝导员等9大类农村公益性岗位264个。实施贫困村能力提升工程,坚持脱贫标准,抓重点、攻难点、强弱项、补短板,完善基础设施,改善贫困地区生产生活条件。年内,新建贫困户安全住房144套,其中贫困户70户、低保贫困户67户、残疾贫困户7户;实施自来水入户574户,新建防渗渠23.4千米,开挖排碱渠37.5千米,道路硬化42.28千米。

(供稿人:杨 腾)

英阿瓦提乡

【概况】 2018年,乌什县英阿瓦提乡辖9个行政村(7个农业村、2个牧业村),46个村民小组,4940户19265人。贫困户2102户7964人。农村经济总收入3.09亿元,同比增长11.56%,农民人均纯收入11191.7元,同比增长15.44%。主要农作物有小麦、玉米、油菜、甜菜、胡麻、红枣、核桃、葡萄、香梨、苹果、杏子等。境内有自治区重点保护文物单位英艾阿依玛克古城遗址及托库孜沙热依千佛洞遗址。

【种植业发展】 2018年,乌什县英阿瓦提乡坚持把粮食安全放在首位,农作物总播种面积3943.67公顷,粮食总产量4.29万吨。种植蔬菜47.05公顷,瓜类7.73公顷,其他作物77.33公顷。打造农业示范区4个。

【林果业建设】 2018年,乌什县英阿瓦提乡壮大林果业,以核桃为主的林果总面积2348.86公顷,挂果面积2133.33公顷。开展林果业日常管护工作,加强病虫害防治。完成核桃嫁接95.39公顷,沤制绿肥8.2万立方米,植树造林287.57公顷。

【畜牧业养殖】 2018年,乌什县英阿瓦提乡抓好畜牧业品种改良、牲畜育肥、青贮饲料制作等生产环节,强化疫病防治管控,落实抓典型、抓示范,大力扶持养殖育肥大户工作。全年牲畜存栏11.17万头(只),出栏11.45万头(只),免疫率100%;创建畜牧养殖示范点3个,其中养牛示范点2个,养羊示范点1个。

【脱贫攻坚】 2018年,乌什县英阿瓦提乡加强和完善扶贫攻坚领导小组,成立各村扶贫工作室,各配备专职扶贫干部2名,各村民小组设扶贫小组长。健全规划体系,制定《英阿瓦提乡深度贫困地区脱贫攻坚实施方案》《英阿瓦提乡2018—2020三年脱贫攻坚实施方案》。健全工作机制,确定每周二为扶贫工作日,每晚召开扶贫工作调度会,及时研究解决突出问题。严格落实“六个精准”“六个一批”工作要求,加强贫困户摸底排查工作。立足贫困户“一超过两不愁三保障”、贫困村“五通七有”脱贫标准,做到“一人一策”,有针对性地制定帮扶计划,多种方法引导贫困户脱贫。年内,组建蔬菜合作社4个,贫困户种植蔬菜17.53公顷;开展土地清理,开发公益性扶贫岗位172个;实施核桃提质增效122.01公顷;修建棚圈149户、庭院126户,发放鸡、鸭、鹅、鸽子等家禽17.22万羽;建设养牛合作社1个、养殖小区2个;优化调整护边员,选聘贫困户护边员584人;落实生态补偿政策,聘用90名贫困人口为草原管护员,新增生态护林员55人;加大劳务输出力度,贫困户外出务工459人;社会保障应纳尽纳、应保尽保,享受低保贫困户2415人。全年42户168名贫困人口脱贫,1个深度贫困村退出。

【新农村建设】 2018年,乌什县英阿瓦提乡加快新农村建设步伐,改善住房、水、电、道路、农田水利、通信等基础设施。建成安居富民房500套,卫生改厕2407户。新建防渗渠18.7千米,维修防渗渠6.44千米,清淤渠道20.9千米,维修加固防洪坝5.84千米;新修农村道路29.4千米。开展生态文明建设和环境保护工作,规范落实河长制。

【精神文明建设】 2018年,乌什县英阿瓦提乡制定下发《2018年精神文明创建工作实施方案》,成立领导机构,组织召开协调会6次、汇报会4次。推进“中共十九大精神进万家”活动向纵深发展,组织各类宣讲778场次,参与群众2.4万人次。深入开展群众性文化体育活动,举办“全民学习教育”“七五普法”“百日文化活动”“千名少数民族干部返乡宣讲”“返乡大学生文艺表演”等系列活动534场次,参与群众3.7万人次。以乡机关“道德讲堂”为示范,组织各村开展“道德讲堂”活动30场;组织开展“每月之星”推荐评选工作,推荐道德模范1人;组织开展“我们的节日——春节、元宵节、端午节、重阳节”等活动5次;推出“英阿瓦提乡100个最”;组织党委中心组学习17次,集中学习30次,党报党刊征订和宣传工作完成率100%。开展师德师风专项整治;规范志愿服务管理工作,开展志愿服务活动30次。绘制农村文化墙、标语600平方米;自办乡广播12期,微信公众平台开设专栏5个。

【民族团结】 2018年,乌什县英阿瓦提乡贯彻党的民族宗教政策,开展“民族团结一家亲”活动。落实各级党员干部与基层群众结对认亲活动,共结成2245对。向地区推荐民族团结模范单位2个、先进典型6人,培育选树各类民族团结先进典型50个。依托毗邻一师四团优势,开展劳务输出、农业技术指导、基础设施建设、文化交流等工作。规范开展宗教活动,有序运行“爱国宗教人士之家”。

【党建工作】 2018 年,乌什县英阿瓦提乡推行乡议事规则和“开放式”党委会议制度,提升村级党组织规范“四项活动”核心能力;推进“星级化”创建工作,完善村“两委”抓村民小组长、带“十支队伍”、联系千家万户组织构架,“1 +3 +1”模式运转有力。落实“三会一课”“5 + X”制度,开展“一把手”上党课 6 次。抓好村级阵地建设,规范村级办公场所,建成村民活动室 4 个,新建村委会 1 个。开展软弱涣散基层党组织整顿工作。择优发展党员,从入口关做起,抓好入党申请、积极分子培养等工作,提高新发展党员质量。年内,新发展党员 72 名,其中农牧民党员 60 名。加大乡村两级干部培养力度,储备年轻干部 180 名,举办储备干部培训 1 期,安排实习岗位 30 个,6 名后备干部进入村“两委”队伍任职。发挥“访惠聚”驻村工作队优势,开展好群众工作,为民办实事好事,累计解决困难 149 个,捐赠物资 18 万元,开展农牧民实用技术培训 82 场次 7652 人次。加大国家通用语言普及力度,全力推进国家通用语言学习,开展国家通用语言培训 914 场次,参与学习 66193 人次。坚持从严管党治党,坚决落实党风廉政建设主体责任,组织参观警示教育基地 1 次。

【社会事业建设】 2018 年,乌什县英阿瓦提乡农牧民参合率 100%,大病医疗救助覆盖率 98% 以上。有序开展全民免费健康体检,实现农牧民健康档案全覆盖。不断完善社会救助体系,低收入群体纳入低保实现应纳尽纳,城乡低保对象 1820 户 3151 人;五保户 8 名,集中供养 4 名;临时救助 52 人 13.2 万元。开展双拥优抚工作,发放抚恤金、生活补助金。提升教育质量,适龄儿童学前教学全覆盖,小学入学人数 1971 人,幼儿园入园人数 1768 人,中小学控辍保学率均为 100%。加强文化服务功能,新建室外文化广场和露天舞台各 1 座;争取东风工程、农家书屋工程援助图书 1650 套,农村大喇叭利用率 99%;开展乡村文体活动 210 场次,受教育群众 2.2 万人次。普及科技兴农,新建科技示范基地 5 个,利用“科技之冬”“田间课堂”“远程教育网”等载体培训农牧民群众 3 万人次。开展就业创业工作,组织参加西式面点、砌筑、编结工等技能培训 150 人次,创业培训 30 人,帮助困难人员就业 12 人,新增城镇就业 37 人。富余劳动力转移就业 1750 人,就业脱贫 68 人。及时掌握未就业大中专毕业生就业意向,更新就业信息,采取跟进服务等措施,全年应届大中专毕业生 40 人,就业 38 人,就业率 95%。

(供稿人:王　军)

亚科瑞克乡

【概况】 2018 年,乌什县亚科瑞克乡总面积 1.69 万公顷,下辖 10 个行政村(贫困村8个、深度贫困村5个),53个村民小组,有4622户20009人;贫困户1833户7865人;农村户籍4486户19392人。耕地面积2811公顷,人均占有耕地0.14公顷,主要种植小麦、玉米、鹰嘴豆、核桃等;草场面积1.24万公顷。全年农村经济总收入25077.89万元、同比增长12.5%,其中第一产业收入24053.49万元、同比增长12.6%,第二产业收入325万元、同比增长9.4%,第三产业收入699.4万元、同比增长9.9%。农牧民人均纯收入9746.4元,同比增长13.5%。

全乡有1个乡党委,2个党总支(斯代村、文教办),27个党支部(斯代村7个村民小组党支部,9个村支部,5个机关党支部,5个学校党支部,卫生院党支部)。培养入党积极分子138名,确定发展对象76名,发展预备党员71名。

【种植业发展】 2018年,乌什县亚科瑞克乡在保证小麦等粮食种植面积的同时,大力发展以番茄、鹰嘴豆等为主的特色经济作物。全乡粮食面积稳定在1333.33公顷,创建示范区400公顷;蔬菜瓜果播种面积215.33公顷,设施农业面积60公顷,深度贫困村建立蔬菜合作社5个,规模2~3.33公顷蔬菜高产示范田2个,实施"一村一品"蔬菜种植,通过"农户+合作社+企业"模式,打造蔬菜种植增收工程,蔬菜订单销售人均增收400元以上。

【畜牧业养殖】 2018年,乌什县亚科瑞克乡开展牲畜品种改良、重大动物疫病防治等基础性工作,全年未发生重大动物疫情和畜产品质量安全事件。发挥科学养畜"三级"示范创建引领作用,大力扶持适度标准化规模养殖,制作"三贮一化"饲料4.05万吨,饲草料收储5.98万吨,创建亚巴格村养鸡、拜什克然木村养鹅、依力克其墩村养鸭、尤喀克喀赞其村养鸡4个家禽养殖示范点,牲畜存栏6.35万头(只),出栏4.71万头(只),肉类总产量0.2万吨。

【林果业建设】 2018年,乌什县亚科瑞克乡加大技术支持力度,建立健全特色林果业"专家团队+专业技术骨干+农民技术员+贫困户"的科技培训服务机制,围绕林果业提质关键技术环节,采取聘请专家授课、现场指导培训等方式,面对面给核桃种植户讲解病虫害防治技术,手把手示范整形修剪技术,每户至少培养一个科技明白人。全年有规范化管理测报点1个,悬挂杀虫灯415盏,沤制绿肥6.57万立方米。加强生态保护,绿化美化生活环境,义务植树造林26.67公顷,完成率100%。

【农田水利基础设施】 2018年,乌什县亚科瑞克乡健全农田灌溉和防洪体系,完成渠道清淤21千米,防渗渠道维修0.3千米,新建及维修加固防洪堤8.9千米。

【扶贫惠民工程】 2018年,乌什县亚科瑞克乡10个行政村均设立扶贫工作室和扶贫档案室,完成扶贫档案整理工作。坚持把“劳务输出、特色种植、林果管护、畜牧养殖”作为促进贫困户增收的支柱,实现贫困户转移就业3139人。鼓励贫困户发展特色种植产业,种植鹰嘴豆91.93公顷,种植番茄95.83公顷,核桃物化投入218.31公顷。在5个深度贫困村成立蔬菜专业合作社,吸收自愿入社贫困户280户,种植蔬菜13.13公顷。依托卫星工厂实现就近就地就业,191名贫困劳动力家门口就业增收。鼓励贫困户发展畜牧养殖带动增收,393户贫困户享受扶贫牛393头,1200户贫困户享受家禽6万羽,建设畜牧养殖合作社1个、养殖小区1个、林下家禽养殖产业试点2个。实施土地清理脱贫一批,分配公益性岗位人员165名;实施生态补偿脱贫一批,6户贫困户每年享受草原生态保护补助4000~5500元/户,5名草原管护员年工资1万元,93名贫困户护林员年工资9600元,稳定就业增收;实施社会保障兜底脱贫一批,落实社会保障兜底对象832人。在教育扶贫上持续用力,为23名新录取贫困大学生申请教育资助项目。在健康扶贫上持续用力,筑牢基本医保、大病保障、补充保险、医疗救助“四道保障线”,实现贫困人口合作医疗参保率100%,体检率100%,住院就诊报销比例最高达95%。在基础设施建设上持续用力,贫困户建房14户,自来水入户52户,供电线路升级改造5千米,新修农村巷道水泥硬化路16千米,新建村民服务中心2座,安装路灯200盏,完成改厕2043户,贫困村党组织阵地、幼儿园、卫生室、广播电视、通信网络实现全覆盖。年内,依力克其墩村退出深度贫困村,123户517人脱贫。

【教科惠民工程】 2018年,乌什县亚科瑞克乡加快学校标准化建设,7所学前国家通用语言幼儿园建成投用,学龄前儿童实现应入尽入。协调落实学前教育支教老师和驻村工作队同吃“一锅饭”,解决支教老师生活困难和临时教育场地,促进农村学前教育发展。开展“三进两联一交友”活动,乡领导每月至少开展1次走访活动,构建学校、家庭、社会“三位一体”教育网络。实施农村“户户都有科技明白人”培育工程,开展培训75场次,受教育群众9000人次,提高群众科学文化素质。

【医疗惠民工程】 2018年,乌什县亚科瑞克乡推行家庭医生签约服务模式,贫困人口和重点人群签约率100%。乡(村)卫生院(室)标准化建设全覆盖,卫生院和各村卫生室接诊病人8.8万人次,住院治疗病人2031人次。完成15023名群众免费健康体检,提高基本公共卫生服务均等化水平。落实计划生育基本国策,试点推行农村两孩政策,群众知晓率98%。

【暖心惠民工程】 2018年,乌什县亚科瑞克乡加强村组基础设施建设,大力推进水、路、邮政工程,贫困户自来水入户全覆盖,互联网行政村覆盖率100%,各项暖心惠民工程实实在在惠及全乡各族群众。新建安居富民住房350套,建设集中示范点2处,示范带动作用良好,各族群众特别是低收入人群住房条件明显改善。

【民族团结】 2018年,乌什县亚科瑞克乡开展“民族团结之星”评选活动,评选创建亚科瑞克村、多浪村、皮羌村、托库扎克村4个民族团结模范进步村,乡党委、广播站、中心小学、卫生院、财政所5个民族团结模范单位,28名民族团结模范个人,26个民族团结模范家庭。深入开展“民族团结一家亲”“结亲周”等融情活动。开展民族团结知识竞赛、文艺演出、趣味体育比赛等活动160场次,搭建民族团结文化大舞台11个,做到月月有演出、周周有活动。

【宣传文化】 2018年,乌什县亚科瑞克乡开展各类宣讲236场次;实施公民道德素质和文明创建提升工程,推出“感动乌什十大人物”2人。实施“东风工程”“村村通”等文化惠民工程,开展“双百”“送文化下基层”等活动。建立微信工作群4个,微信群成为指尖办公、学习、教育、工作交流的重要平台。超额完成宣传任务,在自治区级报刊刊载新闻稿件4篇,地区级报刊刊载32篇,自治区级电视台播出新闻报道3条,地区电视台播出12条。围绕“从我做起”“创业我能行”“怎样做一个合格母亲”“争做靓丽女性”等主题开展宣讲61场次,受教育妇女群众4.82万人次;组织开展“让漂亮脸蛋露出来,美丽头发飘起来”现代民族服饰展、演讲比赛、知识竞赛等女性风采展示活动6场,创建地区级“妇女之家”示范点1个。开展“美丽庭院”创建活动,确立“美丽庭院”试点村10个、示范户1250户。

【基层组织建设】 2018年,乌什县亚科瑞克乡推进乡(镇)站所管理体制改革,完成乡卫生院、水管所事权下放。实施“托峰计划”,开展村组干部培养培训,提拔1名村党支部后备人选担任村党支部书记,培养村级后备干部148人。发展预备党员55人,预备党员转正27人。落实包村领导和第一小组长选派制度,确保所有力量下沉到村组一线。推进党建带妇建,依托斯代村建立村级党总支和村民小组党支部的经验,在斯代村试点推进“会改妇”,延伸基层组织管理触角。常态化推进“两学一做”学习教育、“学转促”、“自查自省、践行忠诚”专项活动,开展“理清两笔账,感恩共产党”专题活动,清理违规享受各类惠民补贴问题,退还惠民补贴55万元。

(供稿人:郭晓森)

阿克托海乡

【概况】 2018年,乌什县阿克托海乡总面积2.44万公顷,耕地面积3600公顷,辖15个行政村、61个村民小组,居住着汉族、维吾尔族、柯尔克孜族、回族等民族,有 6122 户 26448 人。全年农村经济总收入 34032.47 万元,同比增长 13.1%,其中第一产业收入 32486.97 万元、第二产业收入 530 万元、第三产业收入 1015.5 万元。农牧民人均纯收入 10218.6 元,同比增长 11.4%。

【基层组织建设】 2018 年,乌什县阿克托海乡严格管党治党主体责任,持续推进“两学一做”学习教育常态化、制度化。抓好班子建设,落实“一岗三责”和奖罚措施,履行抓班子带队伍职责,先后 5 次召开专题会议研究处理履职不到位的乡村干部;培养选拔 45 名村级后备干部,调整 14 名不胜任现职的村级副职;统筹工作队、村警、驻村管寺等驻村工作力量,有效落实强基层 12 项工作。结合“两学一做”“自查自省、践行忠诚”“聚焦总目标 作风再整顿”学习教育要求,常态化推进党员干部教育。组织学习《中国共产党支部工作条例(试行)》《新疆维吾尔自治区村党支部工作规范》,不断规范党支部“5+X”和“三会一课”、民主生活会、组织生活会等党内生活;落实党员发展机制,先后发展 2 批 86 名党员。抓实“访惠聚”工作,有序推进“七统一”机制、农牧民党校、夜校规范化运行,村级组织“星级化”创建平稳有序,村集体经济收入明显提升,基本消除“空壳村”。开展党风廉政建设,严厉查处问题线索,立案查处部分党员干部,逐步形成不敢腐、不想腐、不能腐的防线,建立风清气正的政治生态。

【社会和谐】 2018 年,乌什县阿克托海乡结合“聚焦总目标 作风再整顿”专项活动,创新信访工作,开展领导干部遍访联系村农户,每个机关站所干部遍访 1 个村民小组农户,深化民生大走访、矛盾大调处、隐患大整治工作,发现问题及时研判化解。抓好安全生产工作,通过强化宣传引导,制定应急预案,不定期开展演练,强化群众安全生产及防灾减灾意识。

【农村经济建设】 2018 年,乌什县阿克托海乡种植粮食面积 0.33 万公顷,总产 25491.41 吨(其中小麦面积 0.21 万公顷,总产 1.46 万吨);特色经济作物番茄面积 0.03 万公顷、总产 2.35 万吨,鹰嘴豆面积 67.13 公顷、总产 196.6 吨;新技术、新品种覆盖率 98% 以上。有温室大棚 21 个,总面积 1.67 公顷;新建大拱棚 115 个,小拱棚 3800 个,总面积 30 公顷;集中育苗 40 万株,种植蔬菜 112.2 公顷。0.33 万公顷粮食和 0.04 万公顷订单农业获得丰收。强化 0.28 万公顷核桃标准化管理,建立高产“示范园”8 个,成立林果业技术服务队 15 个;稳步实施林果业提质增效工程,完成 83.33 公顷核桃密植园改造,建立 0.2 万公顷生产标准化管理示范园,果品产量 2.74 万吨。强化畜牧促增收,做好疫病防治工作,确保畜牧业稳中求进;全年牲畜存栏 6.01 万头(只),出栏 4.81 万头(只),产肉总量 2150 吨,为农牧民群众脱贫致富提供坚实保障。

【新农村建设】 2018 年,乌什县阿克托海乡严格落实河长制,河段长定期到分管河段视察生态情况。开展国土绿化行动,新增生态造林面积 40 公顷;加大农村环境卫生综合治理力度,实施亮化工程,不断规范洁净农村建设环境,逐步增强群众爱护环境、保护环境的意识。阿特房子村成功创建为自治区文明生态村。发挥妇联组织作用,动员群众积极参与美丽庭院创建活动,将房前屋后、道路两旁作为整治重点,定期开展家庭卫生大整治、大评比活动,树立一批美丽庭院、卫生家庭。新修农村硬化路 14.1 千米;争取涉农整合资金 193 万元新修 7 座平板桥;协调县供电公司投入资金 2125.42 万元实施农村电网改造。实施“厕所革命”,加大污染防治和环保治理力度,新(改)建卫生厕所 3173 座(化粪池),提升群众家居卫生条件。

【脱贫攻坚】 2018 年,乌什县阿克托海乡组织 5 个深度贫困村成立蔬菜合作社,按照“一村一品”的标准组织贫困户种植蔬菜,收益明显;落实各类项目 4779 万元,惠及全乡各族群众。争取 137.1 万元为 418 户贫困户发放家禽,户均增收 300 元;投入 109.4 万元实施林果提质增效,有效保障 728 户贫困户 314.98 公顷林果稳定增产增收;庭院建设、特色种植以项目形式帮助贫困户增收创收;协调、整合项目资金 742 万元,在玉斯屯克亚巴格村第 2 村民小组新建牲畜养殖、育肥等设备齐全、功能完备的大型畜牧养殖小区 1 座,引领带动全乡养殖业发展。开展土地清理再分配,开发公益性岗位 293 个,续聘、新增 50 名护林员和 49 名草原管护员,实现脱贫攻坚与生态文明建设“双赢”。老弱病残等丧失劳动能力的贫困户全部纳入兜底保障。新建贫困户安全住房 39 套。落实教育补贴 1193.21 万元,惠及全体学生。加大教育惠民力度,适龄学前幼儿和中小学生入园率、入校率均达 100%,全面落实 1193.21 万元“两免一补”(对农村义务教育阶段贫困家庭学生免杂费、免书本费、逐步补助寄宿生活费)资金。强化社保惠民,推进基本医疗保险应保尽保。落实健康扶贫,全民体检任务完成率 100%,大病患者和慢性病患者全部纳入救助范围,落实分级诊疗制度。强化吉格代力克村等扶贫车间的建设和规范运行,解决就业岗位 300 个。库木奇吾斯塘村塔兰特电动摩托车组装厂正常运转,贫困户实现就地就业。依托“国家电子商务进农村综合示范县”优势实施“互联网 +”行动计划,13 个电商服务点规范运行。年内,1 个贫困村退出,180 户贫困户 715 名贫困人口脱贫,贫困发生率降到 7.27%。持续深化安居惠民工程,投入 2355.9 万元新建(改造)安全住房 710 套。

【劳务输出】 2018 年,乌什县阿克托海乡按照“准确、清楚、动态”的要求,把就业作为第一目标,加大宣传力度,做到每户家庭有 2 个劳动力以上的至少输出 1

人,有3个劳动力以上的至少输出2人,增强贫困户内生动力。全年实现整建制转移就业965人,城乡劳动力就业培训809人;引导农村富余劳动力就近就地参与安居富民、农田水利等基础设施建设,就近就地转移就业2280人;有序组织农民工外出拾花,季节性转移就业3245人次;组织农业内部转移9113人次。

【精神文明建设】 2018年,乌什县阿克托海乡投入400万元加强村级活动中心建设,阿克博孜村、库木奇吾斯塘村、亚勒古孜玉瑞克村、麦盖提农场村群众活动中心建成并投入使用。发挥乡村两级文化阵地作用,落实"月月有主题、周周有活动"要求,常态化开展思想宣讲、文娱活动、体育赛事、影视教育等各类活动。年内,开展各类文体活动121场次、文艺活动62场次,参与群众30万人次。

【卫生科教事业】 2018年,乌什县阿克托海乡开展全民免费健康体检工作,免费体检16894人。全面推进"农村二孩"政策试点,提升人口素质。将教育惠民作为利长远的大事,全乡适龄学前幼儿和中小学生入园率、入校率均达100%,全面落实1193.21万元"两免一补"资金。持续推进"户户都有科技明白人"培育工程,开展各类培训75场次,受益农民8800人次,实现"户户都有科技明白人"4489户,占劳动力总户数的94%。推进全民学国家通用语言工作,通过夜校、远程教育等加大全民学国家通用语言培训力度,累计培训161场次27484人次。

(供稿人:刘飞德)

乌什镇

【概况】 乌什县乌什镇是乌什县政治、经济、文化中心,总面积2050公顷,东、南与阿克托海乡接壤,西与奥特贝希乡相邻,北以秋格尔总干渠为界,东、南、西三面环山,中间平坦,海拔1400米左右,辖区内主要旅游景点有燕泉山公园、燕泉河景观带。居住着汉族、维吾尔族、回族、柯尔克孜族等14个民族,其中少数民族人口占全镇总人口的81.84%。

2018年,乌什县乌什镇辖3个行政村、15个村民小组,11个社区,每个社区均设有一站式服务大厅和便民警务站。实有农(居)民12627户41878人,低保户3728户9730人(城市低保2819户7417人、农村低保909户2313人)。镇机关干部91人,站所干部43人,社区干部152人,公益性岗位62人,村干部18人。党员434人,入党积极分子202人,发展对象58人,共青团员358人,"四老人员"23人。

全镇耕地面积353.25公顷,其中小麦154.82公顷、玉米77.69公顷、蔬菜46.6公顷(大田21.67公顷,温室大棚、拱棚24.94公顷256座)、番茄25.31公顷、油料15.73公顷、马铃薯6.39公顷、瓜果2.8公顷、其他经济作物23.91公顷。林果业挂果200公顷,其中核桃140公顷、杏子33.6公顷、桃子20公顷、苹果4公顷、梨2.4公顷。全年牲畜存栏1.86万头(只),出栏1.27万头(只)。

【民生经济】 2018年,乌什县乌什镇农业内部转移2800人,季节性转移1170人,城镇新增就业1389人,就业困难群众就业515人;富裕劳动力转移就业800人,就业脱贫121人。职业资格培训100人,创业培训90人。城镇居民人均可支配收入28146元,同比增长9%;农村经济总收入6040.51万元,同比增长3%;农民人均收入9405.5元,比上年增收1308元。

【社会保障】 2018年,乌什县乌什镇发放城市低保2574户6027人2355.5万元,农村低保796户1695人455万元,为114名80岁以上老人发放生活补助7.3万元,为28名孤儿发放救助资金18.4万元,为重点优抚对象发放救助资金,为151户困难家庭发放临时救助19.9万元。城乡居民社会养老保险参保5600人,贫困人口参保率100%。基本医疗保险参保2.1万人,家庭医生签约服务率40%。

【脱贫攻坚】 2018年,乌什县乌什镇农村道路畅通率100%,农村人口自来水入户率100%,贫困户安全住房100%。不断加强脱贫攻坚基层组织基础,完成九眼泉社区1280平方米阵地整修、虹桥社区2100平方米服务大楼、友谊社区500平方米文化礼堂、南关社区290平方米干部周转房新建和九眼泉村阵地美化、硬化。压实干部包联责任,抓党建促脱贫成效显著。

【人居环境整治】 2018年,乌什县乌什镇开展城区环境整治,全力配合"全国卫生县城"创建工作,彻底消除315户城镇危旧房屋安全隐患,完成生态文明建设和环境保护目标责任。以建设美丽乡村为导向,开展农村人居环境改善工作,探索完善长效管理机制,实现全镇农村无垃圾堆放、无污水横流、无杂物挡道,日常生产生活物品堆放规范,道路两侧环境干净的"三无一规范一眼净"目标。

【教育事业】 2018年,乌什县乌什镇超额完成农村学前三年适龄儿童"应入尽入"目标任务,小班招生863人,中班招生863人,大班招生784人,县城小学、初中适龄儿童入学率均达100%,农村小学、初中适龄少年儿童入学率分别为99.5%和98%以上,小学、初中学生到校率分别为99%、98%以上,普通高中招生317人,中职招生89人。

【党建工作】 2018年,乌什县乌什镇常态化推进"两学一做"学习教育,落实民主集中制、"三会一课"等制度,持续发力"访惠聚"驻村工作,增强党的生机活力。铁腕整顿软弱涣散基层党组织,完善社区大党委,开展共驻共建工作,运行爱心超市。选派3名国家公职人员担任村党组织书记,落实村干部培养选拔“三大工程”,行政村科技副职实现全覆盖。严格党员发展程序,培养入党积极分子176人,发展对象43名,预备党员69人。开展“聚焦总目标 作风再整顿”专项活动,反腐败斗争压倒性态势基本形成,查处违纪违规案件26起。

(供稿人:胡义军)

奥特贝希乡

【概况】 乌什县奥特贝希乡总面积3.63万公顷,耕地面积3576.67公顷,人均耕地0.13公顷。有6319户27594人,居住有汉族、维吾尔族、回族、柯尔克孜族等6个民族。

年内,乌什县奥特贝希乡核定行政编制67名,实有96人;工勤编制3名,实有6人。辖13个行政村84个村民小组。有2个党总支(教育党总支、库木布隆村党总支)、35个党支部,党员895名。村干部98名,“天池计划”人员7名,“十支队伍”1789人,“四老”人员87人。

【种植业发展】 2018年,乌什县奥特贝希乡粮食种植面积3779.99公顷,其中小麦2482.2公顷、玉米915.53公顷、鹰嘴豆102公顷、蔬菜149.73公顷、瓜类38.8公顷、油料91.73公顷。完成拱棚搭建17.43公顷4782座,小拱棚种植数量持续增加,有效增加农牧民收入。

【林果业建设】 2018年,乌什县奥特贝希乡优化农业产业结构,开展林果业管护增收工作,落实日常嫁接管护措施,发展特色林果业,核桃产量全县排序持续靠前。全乡林果业面积3286.93公顷,其中核桃2386.67公顷、产量5452.6吨,杏树880公顷、产量14243.24吨,苹果20.26公顷、产量760吨。完成密植园改造77.33公顷,核桃密植园改造65.53公顷,新嫁接核桃136.67公顷,补嫁接核桃197.33公顷,林果业产量持续增加。

【畜牧养殖】 2018年,乌什县奥特贝希乡狠抓家禽养殖、品种改良、牲畜育肥、检疫防疫等环节,扩大牲畜养殖规模。全乡牲畜存栏6.81万头(只),出栏5.12万头(只),产肉2380吨,产羔25720只,成活24758只,成活率96.5%。畜牧防控疫苗、预防传染病疫苗、家禽免疫完成率100%,做到应免尽免。完成品种改良26019头(只),创建肉羊改良示范户110户,完成“三贮一化”饲草料加工4.95万吨。落实牲畜宰前、宰后检疫工作,全乡畜食品安全事故零发生。

【劳务输出】 2018年,乌什县奥特贝希乡采取政府组织与个人组织相结合的方式,以“精准扶贫”为契机,加大宣传引导力度,转变农民“穷家难舍”的思想,组织乡村干部走村入户与群众算经济账,让农民认识到外出务工是快速增收致富的有效途径,激发农民从“要我出去”到“我要出去”

的转变。坚持“走出去、请进来”原则,为季节性劳动力转移牵线搭桥,促进季节性劳务输出有序化、规模化发展,拓宽群众致富增收途径。创新劳务增收渠道,达到务工有去处、增收有门道的效果。年内,转移农村富余劳动力5550人次,其中,半年以上稳定转移就业1245人,季节性转移就业4305人次,人均劳务创收1260元以上。

【水利设施】 2018年,乌什县奥特贝希乡积极申请水利工程基础设施建设项目,改善水利工程基础设施。持续做好引水灌溉工作,保障全乡3614.53公顷耕地灌溉用水。抓好农村水利基础设施建设,维修、加固防洪设施,完成防渗渠清淤65.6千米,维修、加固防洪险段24.2千米,新建防渗渠3千米,维修防洪堤24.3千米,新建防洪堤6.5千米,惠及全乡各族群众。

【第二、三产业】 2018年,乌什县奥特贝希乡按照县委“旅游兴县”战略部署,全力打造杏花村、沙棘林湿地公园、“农家乐集群”、将军树等旅游品牌,启动“杏花村”踏青赏花休闲度假旅游区建设项目,投入资金561.7万元,打造杏花村旅游品牌。大力发展沙棘林湿地公园、将军树等农家乐集群,接待游客9万人以上,旅游创收25.9万元,解决贫困户就近就业42户67人。实施互联网+农村电商工程,规范运转1个乡级、13个村级电商服务站,年交易额84万元。

【民生事业】 2018年,乌什县奥特贝希乡有序推进职业技能培训,参加面点师、编织工等职业技能培训人员150人,建档立卡贫困户培训率73%。完成道路、改水、庭院改造、村级阵地升级等惠民生项目54个,协调解决群众关注的民生问题79件。实施人才培育、产业和技能培训,举办各类培训班52场10185人次。加大安全监管和隐患排查整治力度,安全生产形势持续稳定。新修农村公路23千米,实现村主干道和居民生活区道路全覆盖。打造美丽庭院示范点13个,新建农村安居富民房1050套,庭院改造130户,修建棚圈90座,新建、改建、恢复农村厕所3524座。完善基础设施,新建、改造农村电网11.44千米,电压器3台。完成全民免费健康体检,推进计生服务,群众来信来访化解率100%。落实贫困学生资助政策,适龄儿童入学率100%。发放城乡低保金1880.73万元,残疾人“两项补贴”73.7万元,医疗救助、临时救助21人3.5万元;农村居民基本医疗保险参保率99.9%。享受小额信贷群众821户2319.4万元。

【党的建设】 2018年,乌什县奥特贝希乡坚持从严治党,积极发挥党委主体作用,履行党建工作责任。召开基层党建专题会议2次,健全班子议事规则,明确班子责任分工。组织学习习近平新时代中国特色社会主义思想和中共十九大精神,中心组学习13次,政治理论学习64次。加强基层组织建设,调整6名国家公职人员担任村党支部书记,选派13名乡干部为村主任专职助理。严把党员入口关,新发展党员145名,预备党员转正111名,选拔配备行政村科技副职13名,培养村级储备年轻干部148名,使用19名。常态化开展“星级化”创建工作,13个行政村普遍增加1~2颗星。规范35个党组织“三会一课”“5+X”等制度落实,推进“访惠聚”“1+2+5”工作机制,督促指导工作队、村“两委”抓好抓实各项工作,为群众办好事实事2128件。坚持抓两头带中间,打造基层党建示范点3个,整治软弱涣散村党组织1个。规范村务监督委员会运行机制,明确65名监督员职能,推进村务监督各项工作落到实处。紧扣“五个一批”“六个精准”等脱贫措施,抓好贫困户增收工作,实现1个深度贫困村退出,135户543人脱贫,贫困发生率降至6.73%。持续推进乡村振兴,打造美丽庭院示范点13个,组建合作社4个。

【精准扶贫】 2018年,乌什县奥特贝希乡强化政治保障,乡脱贫攻坚领导小组实行“双组长”负责制;配备扶贫专职副书记1名、副乡长1名,扶贫专干13人,4个深度贫困村全部选派国家公职人员主抓扶贫工作;全年召开脱贫攻坚工作例会22次。抓好转移就业工作,建档立卡贫困户劳动力技能培训150人,其中就业96人;贫困户整建制、零散就业1128人。积极发展特色产业,建立以贫困户蔬菜生产为主体,乡机关、学校等财政保障性食堂及市场营销为一体的配送终端,形成“龙头企业(乡粮油购销公司)+合作社+贫困户”订单生产、销售模式;利用村级电商服务点配送蔬菜,带动贫困户实现订单与市场销售“两条腿走路”;抓好番茄、鹰嘴豆订单生产,种植户户均增收2000元以上。加大核桃产业提质增效力度,林果业提质增效项目发放油渣268785千克、二胺27918千克、硫酸钾11880千克,受益贫困户573户2632人。突出发展养殖业,发放扶贫牛(少数民族发展资金)21头,家禽养殖发放鸡23880羽、鸭4885羽、鸽子62662羽,没有养殖条件的贫困户配套建设棚圈90座;采取政府引导托管托养与贫困户自养相结合的方式,引导贫困户与养殖龙头企业、合作社签订托管养殖协议,建立合作养殖长效机制,有234户养殖户将2340只羊投入企业托管养殖;实施庭院经济建设130座。开展土地清理工作,依法依规清理土地3483.98公顷,利用收益资金开发环卫、民兵等9大类农村公益性岗位237个。实施生态补偿扶持一批,从贫困户中筛选3名草原管护员、174名生态护林员上岗就业。通过综合社会保障措施兜底一批,全乡2719户6714人享受低保,其中贫困户1415户3448人。加大教育扶贫力度,贫困户在校生2542人,入学率100%,其中学前教育655人、小学981人、初中502人、高中379人、大专及以上25人。加大健康扶贫力度,实施全民健康体检,贫困人口体检率100%。加大基础设施建设力度,坚持脱贫标准,抓重点、攻难点、强弱项、补短板,完善基础设施,改善贫困地区生产生活条件,实现贫困乡村水、电、路等基础设施和社会公共服务相关标准达到国家基本要求。完成2018年拟脱贫贫困户通自来水23户、安全住房23户,贫困村通村道路按照自治区脱贫标准实现全覆盖。

【精神文明建设】 2018年,乌什县奥特贝希乡加强理论学习,制定《奥特贝希乡2018年党委中心组理论学习方案》《奥特贝希乡党委中心组理论学习制度》《奥特贝希乡2018年党员干部理论学习实施方案》。开展党委中心组学习13次、党员干部大学习120场次、大讨论18场次,累计参与公职人员798人次、党员干部1280人次、群众89951人次,撰写心得体会300篇。严格抓好村党支部学习,将中共十九大报告及重点学习内容纳入村党支部学习计划,组织学习讨论、考试检测,开展乡村两级各类知识竞赛5场次。加强文化环境布置,利用宣传栏、阅报栏、横幅、标语、宣传单等载体,在沿国道住房墙体刷制新标语39条,街道、村组刷制标语、悬挂横幅78条;统一给农户发放农村工作袋6254个,为"民族团结一家亲"亲戚送报纸163户,发放维吾尔文版中共十九大报告6254份;更换、悬挂小国旗7000面,发放各类宣传单500份。对辖区环境卫生、交通秩序开展集中整治,确保创建文明单位家喻户晓。组织机关党员干部开展爱国主题教育2期、脱贫攻坚主题道德讲堂1期,强化党员干部思想认识。

(供稿人:何美玲)

亚曼苏柯尔克孜民族乡

【概况】 2018年,乌什县亚曼苏柯尔克孜民族乡(以下简称乌什县亚曼苏乡)总面积18.11万公顷,耕地面积1150.6公顷,林地面积12120.4公顷,牧草地面积106068.3公顷,水域面积2024公顷。全年农村经济总收入14309.89万元,比上年增长18%。种植业收入4485.37万元,林果业收入3421.07万元,畜牧业收入5967.05万元,第二、三产业收入436.4万元。外出劳务收入1099万元。农牧民人均纯收入9646.6元,比上年增长14%。

【种植业发展】 2018年,乌什县亚曼苏乡加大种植业结构调整力度,将种植业作为重点发展产业。全年粮食面积稳定在1704.4公顷,总产1.46万吨。重点针对种植业结构调整,聚焦发展订单农业和特色种植业,种植番茄69.87公顷、鹰嘴豆66.67公顷。在深度贫困村博孜村、喀拉玉勒滚村筹建由贫困户组成的蔬菜合作社2个,加大种植业结构调整力度,实现全乡种植业稳定增收。

【林果业发展】 2018年,乌什县亚曼苏乡加快林果业发展步伐,将林果业培育成为后备支柱产业。全年稳定林果面积

931.8 公顷(其中苹果、杏子等鲜果类面积 141.6 公顷,核桃等干果类面积 790.2 公顷),果品总产 3849.7 吨。稳步实施特色林果业提质增效工程、林果业“百千万”工程。完成核桃密植园改造 31.67 公顷,核桃嫁接改良 2 万株,沤制农家肥 4 万立方米,林果基肥得到保障。实现林果业总收入 3421.07 万元,比上年增长 37%。

【畜牧养殖】 2018 年,乌什县亚曼苏乡扩大畜牧业生产规模,畜牧业成为农牧民创收的重要手段。全年牲畜存栏 14.49 万头(只)、出栏 12.02 万头(只),家禽存栏 2.3 万羽、出栏 10.7 万羽,实现总产值 5967 万元。落实重大动物疫病防控责任,实行以村为单位的集中免疫,完成口蹄疫防疫 25.71 万头次,小反刍兽医防疫 7.54 万只,布病防疫 7.52 万头(只),禽流感免疫 7 万羽。年内,未发生重大动物疫情,保障畜产品质量安全。按照“科学养畜”示范创建考核标准,创建深度贫困村家禽养殖示范点 1 个(博孜村)。引入优良品种公绒山羊 27 只,完成肉羊改良 10023 只,完成黄牛冷配 1460 头,制作青贮饲料 1.7 万吨,落实饲草料收储 2.83 万吨,全乡牲畜饲料得到保障。出售活畜 3.3 万头,家禽 10.02 万只,畜肉 119 吨,羊、牛奶 99 吨,禽蛋 34.5 吨,兽皮 7600 张,畜毛(绒)85.8 吨。推广“四良一规范”饲养管理模式,新增养殖示范合作社 2 个,产肉 4882.4 吨,畜牧业人均收入 4408.23 元。逐步建立高效、安全的生态畜牧产业体系,实现规模化、产业化发展,建设人与自然和谐的生态畜牧业良性发展体系。

【水利设施】 2018 年,乌什县亚曼苏乡实施防洪、清淤等水利工程,不断完善农田水利设施,维修防渗渠 0.32 千米,重点防洪堤段除险加固 3.94 千米,防渗渠清淤 26 千米,土渠清淤 13 千米。维修乡村公路 10 千米,架设低压线路 3 千米;争取农机购置补贴 50 万元,农机检修 357 台。

【第三产业发展】 2018 年,乌什县亚曼苏乡第三产业发展初见成效,落实电子商务进农村工作,打造乡村两级农村电子商务示范点 4 个,为农牧民群众提供日常便利服务,完成代购 42 万元,代销 24 万元,增强农牧民群众网上消费、绿色消费观念。

【劳务创收】 2018 年,乌什县亚曼苏乡做好劳务输出宣传和培训工作,开展劳动力转移。年内,劳动力转移就业 3298 人次,其中富余劳动力转移 3200 人;大中专毕业生就业 22 人,就业率 100%。落实零就业家庭摸排工作,实现村级劳动保障站标准化建设,劳务创收 1099 万元。

【脱贫攻坚】 2018 年,乌什县亚曼苏乡通过组织引领、产业扶持、项目带动、驻村帮扶等方式,实现全乡贫困户如期脱贫。年内,3 个深度贫困村,受益扶贫鸡 3000 只,受益贫困户 60 户;受益扶贫鸭 360 只,受益贫困户 8 户；受益扶贫鹅 3580 只，受益贫困户 72 户；受益扶贫鸽子 13850 羽，受益贫困户 277 户；受益扶贫牛 196 头，受益户 196 户；庭院经济项目受益户 383 户；暖圈受益户 81 户。完成自来水改造工程，自来水入户全覆盖。新建安居富民房 100 座，贫困户安全住房有保障全覆盖。农村改厕项目涉及贫困户 500 户。

【社会事业】 2018 年，乌什县亚曼苏乡 7 个行政村国家通用语言幼儿园全覆盖，落实学前三年免费国家通用语言教育及干部支教工作，开展“三进两联一交友”工作。652 名学前适龄儿童入园，147 名职高及普通高中生入学，完成率 100%，实现 15 年免费教育。落实科技明白人工程，带动 2020 名科技明白人发挥作用；开展“冬季大培训”，培训农牧民 3500 人次。开展全民免费健康体检工程，建立居民健康档案 7800 份。落实计划生育综合配套奖励优惠政策，“三查一治”（查环情、查孕情、查病情，对“三查”时发现的妇科疾病开展治疗）检查率 99.7%。疫苗接种任务完成率 100%，口服脊髓灰质炎糖丸完成率 100%。完善社会救助体系、重特大疾病保障等制度，开展困难群体救助工作，剔除低保户 318 户 2939 人，减至 885 户 1525 人，城市低保 19 户 31 人，五保户 14 户 14 人；发放临时救助资金 5.2 万元，农村低保资金 729.29 万元，城市低保资金 18.77 万元，面粉 15 吨，清油 1.5 吨，冬季用煤 1110 吨。新型农村合作医疗参合 9398 人，养老保险参保 4320 人，参合率和参保率均为 100%。持续抓好安居、兴边惠民工程，修建富民安居房 100 套，解决 20 户贫困户、15 户低保户、65 户一般户住房问题。新建、改建、恢复农村卫生厕所 1247 座。

【基层组织建设】 2018 年，乌什县亚曼苏乡调整 2 名村党支部书记到村任职，培养入党申请人 168 名，入党积极分子 124 名，发展对象 55 名，发展党员 51 名。开展“星级化”创建管理，巩固提升党总支、村民小组党支部和村民小队（组）建设，牢固党组织管理触角。健全村级党校、农牧民夜校、远程教育站点、实训基地“四位一体”培训体系。强力推进“5＋2”工程，深入实施村级阵地绿化、美化、亮化工程，稳步推进阵地办公场所新、改、扩建，创建农村“爱心超市”1 所，实用人才培训基地 1 座，村委会办公场所、村警务室、村级周转房实现全覆盖。

【精神文明建设】 2018 年，乌什县亚曼苏乡开展中共十九大精神学习宣传活动，开展各类文体活动 132 场次，乡村两级文艺队演出 115 场次，播放红色电影 84 场次，完成上级指令播放和乡域广播 1700 条。举办“庆元旦”“五四”“七一”等大型系列文体活动。有序开展“十星级”文明户评选，评选县级“十星级”文明户 22 户、乡级“十星级”文明户 54 户。亚曼苏乡零距离每日定期推出、发布动态类信息

602 条、经验类信息 113 条。开展民族团结宣传教育和民族团结进步创建活动,打造民族团结进步示范村 1 个、“民族团结之家”示范点 1 个、民族团结嵌入式居住小区 1 个;表彰先进集体 14 个、先进个人 42 名,挖掘先进典型人物 12 名。结合每周一升国旗、农牧民夜校、党团员大会、返乡学生等载体,充分发挥“爱国宗教人士之家”和爱国宗教人士作用,开展宗教人士“学国家通用语言、用国家通用语言、推国家通用语言”工作,优化提质乡村公益性生态公墓。

(供稿人:孙宜品)

新疆生产建设兵团第一师四团

【概况】 2018 年,新疆生产建设兵团第一师四团(以下简称第一师四团)总人口 8567 人,其中汉族 6820 人,少数民族 1747 人。人口自然增长率 0.97‰。年末就业人数 3701 人。职工 1191 人,个体从业者 1160 人,机关事业单位公职人员 176 人。离休人员 21 人,退休人员 2225 人。土地总面积 8691.8 公顷。辖区有 12 个农业连队、1 个社区、1 个工业单位、2 个事业单位;有职工创业园区 1 个,占地面积 37.3 公顷。大中型拖拉机 254 台,农业机械总动力 33648 千瓦。

【经济建设】 2018 年,第一师四团实现生产总值 3.83 亿元,同比增长 19.2%,其中,一产 2.31 亿元,同比增长 21.1%;二产 0.34 亿元,同比增长 1.1%;三产 1.15 亿元,同比增长 21.7%;三次产业结构比调整为 60∶16∶30。农作物播种面积 5107.3 公顷(含复播),其中粮食播种面积 2620.8 公顷,总产 31356 吨;小麦播种面积 453.3 公顷,总产 4311 吨;玉米播种面积 2139.4 公顷,总产 26812 吨;辣椒播种面积 1057.9 公顷,总产 20435 吨;马铃薯播种面积 24 公顷,总产 230 吨;西红柿播种面积 110.7 公顷,总产 11267 吨。年末实有林地面积 7627.2 公顷(含国家级公益林)。牲畜存栏 3.83 万头(只),肉类总产 1045 吨,羊毛总产 110 吨,牛奶总产 10 387 吨,禽蛋总产 131 吨。拥有汽车 1673 台。全年社会消费品零售总额 2.47 亿元,年均增长 20.5%。完成全社会固定资产投资 0.15 亿元,增长 -18%。连队常住居民人均可支配收入 1.9 万元。

【社会事业】 2018 年,第一师四团有中小学 1 所,在校学生 539 人,在岗教师 48 人。中心幼儿园 1 所,在编教师 6 人。医院 1 所,在编人员 39 人,病床 60 张;连队卫生室 15 个;卫生防疫站 1 所。基层文化活动室 12 个。

【机关编制】 2018 年 11 月,第一师四团机关核定编制 35 名,团领导职数 5 名,实际在岗 5 人,申请提前退休 1 人,直接登记 5 人;一般干部核定编制 30 名,核定正科级领导职数 6 名,实际在岗 2 人;核定副科级领导职数 8 名,实际在岗 4 人;核定科员16名,实际在岗16人。团场机关有国民教育高校毕业生12人,国民教育本科生6人,其中35周岁以下4人;国民教育大专5人,其中35周岁以下4人。

【事业单位编制】 2018年11月,第一师四团事业单位核定编制41个,正科级领导核定职数5个,实际在岗2人,副科级领导核定职数8个,实际在岗1人;专业技术人员核定编制28人,实际在岗28人。高级职称1人,中级职称3人,初级职称17人,无职称10人。国民教育高校毕业生18人,国民教育本科生8人,其中35周岁以下8人;国民教育大专10人,其中35周岁以下10人。

【职工生活】 2018年,第一师四团连队常住居民人均可支配收入1.9万元。年内,为251人次低收入家庭发放低保金91.76万元,特困人员5人发放补助金6.63万元,发放残疾人补贴6.87万元,发放临时救助65.16万元,发放大病医疗救助34.397万元,发放80周岁以上老年人津贴17.31万元。

【"民族团结一家亲"活动】 2018年,第一师四团深入开展"民族团结一家亲"活动,制定下发《关于进一步深化四团"民族团结一家亲"和民族团结联谊活动工作的实施方案》。先后召开7次专题会议,听取并研究部署"民族团结一家亲"和民族团结联谊活动。组织各级干部和连队"两委"人员与辖区484名群众结对认亲,常态化开展"结亲周"活动工作。

【土地确权】 2018年,第一师四团根据职工人数、有效耕地面积、土地生产能力、社会保险、职工年均收入等要素,科学测算职工人均土地数量,每名职工定额身份地为2.73公顷,其中10连3.4公顷。全团划分职工身份地人数1154人,其中确权颁证859人,只确权不颁证295人,完成第一批确权颁证工作。

【新型经营主体】 2018年,第一师四团围绕兵团向南发展战略部署,加快新型农业经营体系构建步伐,建立"龙头企业+合作社+职工"经营模式,引导连队能人、大户牵头,组织成立农工专业合作社,鼓励引导种植、林果、养殖、农机等合作社发展,组织职工"抱团"闯市场,各连队已成立农、林、牧、机等各类农业专业合作社34家,注册资本6774.7万元,入社社员746人。

(供稿人:康　华)

附　　录

组织机构及其负责人名录
(2018 年)

【中共乌什县委员会】

书　记:王凯旋
副书记:吐尔洪・阿不拉(维吾尔族)
朱军生
祝升明(衢州援乌干部)
王　斌(自治区党委组织部挂职干部)
艾尔肯・吐拉克(维吾尔族,自治区林业厅挂职干部,3 月任职)
高云波(10 月任职)
吐尔洪・热合曼(维吾尔族,10 月任职)
艾尔肯・斯拉木(维吾尔族,10 月离任)
常　委:郑建林(衢州援乌干部)
黄振军
汪连江
阿孜古丽・阿不都肉素力(女,维吾尔族)
唐好全(兼奥特贝希乡党委书记)
加尔肯・努素别克(哈萨克族,4 月任职)
牟新页(8 月任职)
张林辉(11 月任职)
王俊武(自治区林业厅挂职干部,2 月离任)
代安军(9 月离任)
刘　强(11 月离任)

【县委各工作部门负责人】

中共乌什县委员会办公室
主　任:胡旭日(4 月任职)
任　锋(4 月离任)
副主任:艾克帕尔・胡西塔尔(维吾尔族)
丁日金(衢州援乌干部)
胡旭日(4 月离任)
县委机要局
局　长:庞陈明
副局长:刘容艳(女)
县委改革办副主任:柳　斌(专职)
刀顺荣(傣族)
县委专用通信局副局长:王永恒
县委信息综合室主任:青东明(3 月离任)

乌什县督查考评工作委员会办公室
主　任:牛　鑫(6 月任职)
张　杰(1 月离任)
副主任:李新勇
龙小华

中共乌什县委员会组织部
部　长:黄振军

副部长：王永伦
林　洁（兼人力资源和社会保障局党组副书记、局长，女）
史　玉（兼老干部局局长，女）
李金锁
阿吉然木·吐尔逊（女，维吾尔族）
毛伟健（衢州援乌干部）

中共乌什县委员会基层办

主　任：王海军
副主任：王　丹（1月任职）

中共乌什县委员会宣传部

部　长：阿孜古丽·阿不都肉素力（女，维吾尔族）
副部长：安晓军
佐热古丽·阿卜力孜（女，维吾尔族）
熊遇红
社科联主席：李芝兰（女）
宣传中心主任：王青松（1月任职）
外宣办专职副主任：杨金香（女）
文明办专职副主任：
古扎丽努尔·吾麦尔（女，维吾尔族，2月任职）

中共乌什县委政法委员会

书　记：朱军生
副书记：艾尔肯·斯拉木（维吾尔族）
付振一（兼县人大副主任、综治办主任）
阿力木江·托胡太木（维吾尔族）
史万军（2月任职）
综治办专职副主任：刘建海
法学会秘书长：三洪飞

中共乌什县委统一战线工作部

部　长：吐尔洪·热合曼（维吾尔族，10月任职）
艾尔肯·斯拉木（维吾尔族，10月离任）
副部长：黄孝东
艾力·拜力克（维吾尔族）
阿不力克木·热合曼（维吾尔族）

中共乌什县委农村工作领导小组办公室

主　任：王生和
副主任：李世虎（6月任职）

中共乌什县直属机关工作委员会

书　记：肖良才
副书记：麦合木提·麦麦提明（维吾尔族）

中共乌什县机构编制委员会办公室

主　任：张学顺
副主任：热合曼江·买买提（维吾尔族）
事业单位登记管理局
局　长：郭君珍（女，锡伯族）

乌什县网络安全和信息化委员会办公室

主　任：李　武（11月任职）
副主任：吴忠义（专职）
郭继伟

中共乌什县委党史研究室暨地方志办公室

主　任：汪喜平
副主任：吐尼沙克孜·艾力（女，维吾尔

族,6月离任)

乌什县档案局(馆)

局　长:彭新军(兼档案馆馆长,2月离任)
　　　陈学军(兼档案馆馆长,2月任职)
副局长:周志红(女)

中共乌什县委党校

常务副校长:曹　华(女)
副校长:阿米娜·阿不力孜(女,维吾尔族,6月离任)
　　　彭浩轩(7月任职)

中共乌什县委老干部局

局　长:史　玉(女)
副局长:图尔荪·热合木提(维吾尔族)

【乌什县人大常委会】

乌什县第十五届人大常委会

党组书记:朱军生(4月任职)
主　任:托合提·热合木提(维吾尔族)
副主任:阿布拉江·麦麦提(维吾尔族)
　　　付振一
　　　阿不来提·托乎提(维吾尔族)
　　　王克功(6月任职)

【人大各工作部门负责人】

乌什县人大办公室

主　任:王　红(女)

乌什县人大工作委员会

法制工作委员会主任:木太力甫·木沙(维吾尔族)
代表人事工作委员会主任:
　　努尔麦麦提·麦合苏提(维吾尔族)
科教文卫工作委员会主任:
　　李龙生(6月任职)
　　冯雪莲(女,6月离任)
财政经济工作委员会主任:许　琦

【乌什县人民政府】

县　长:吐尔洪·阿不拉(维吾尔族)
常务副县长:张林辉(11月任职)
　　　　　刘　强(11月离任)
副县长:郑建林(衢州援乌干部)
　　　孙慧生
　　　孙长满(兼阿合雅镇党委书记)
　　　吴湘芸(女)
　　　高建华(3月任职)
　　　阿不力米提·托乎提(维吾尔族,6月任职)
　　　牟新页(8月任职)
　　　阿迪力·阿布拉(维吾尔族,8月任职)
　　　买合木提·黑力力(维吾尔族,5月离任)
　　　吐尔洪·吐尔逊(维吾尔族,8月离任)
　　　贺　建(8月离任)

【政府各工作部门负责人】

乌什县人民政府办公室

主　任:周建运
副主任:艾海提·喀斯木(维吾尔族)
　　　柯增伟(兼机关事务管理办主任)
　　　周东亚(兼法制办主任)

丁　伟(2 月任职)

侨　联

主　席:沈建明(9 月任职)

副主席:阿布力克木·阿不都瓦依提(维吾尔族)

乌什县人民政府法制办公室

主　任:周东亚

中共乌什县委群众工作部(信访局)

群工部副部长、信访局局长:

熊书凤(4 月离任)

县委办副主任、信访局党支部书记:

蔡怀利

群工部副部长:艾力·卡德尔(维吾尔族)

乌什县人力资源和社会保障局

党组书记、副局长:艾力·阿不力孜(维吾尔族)

局长、党组副书记:林　洁(兼组织部副部长,女)

副局长:贾苏梅(女,6 月离任)

公共就业局局长:吴志武

劳动监察大队大队长:黄永胜

乌什县行政服务中心

党支部书记、副主任:吐尔洪·阿不力米提(维吾尔族)

专职副主任:陈红伟(女)

乌什县地震局

局　长:徐国旗(12 月离任)

副局长:吐尔逊阿依·麦麦提(女,维吾尔族)

【政协乌什县委员会】

政协乌什县第十四届委员会

党组书记:陈瑞喜

主　席:艾尔肯·斯拉木(维吾尔族)

副主席:伊得力司·卡迪尔(柯尔克孜族)

艾尔肯·达吾提(维吾尔族)

樊东海

【政协各工作部门负责人】

乌什县政协办公室

主　任:朱永福

专门委员会

社会和法制委员会主任:

木合塔尔·达吾提(维吾尔族)

经济环境委员会委员会主任:

吐逊·阿不都肉素力(维吾尔族)

科教文卫体委员会主任:

冯雪莲(女,6 月任职)

李龙生(6 月离任)

【中共乌什县纪律检查委员会】

书　记:汪连江

副书记:冯明伟

巴拉提江·艾依提(维吾尔族)

常　委:吾守尔·克然木(维吾尔族)

拜合提古丽·吐尔孙(女,维吾尔族)

王俊峰

陈国红

【乌什县监察委员会】

主　任:汪连江(1 月任职)

副主任:冯明伟(1月任职)
巴拉提江·艾依提(维吾尔族,1月任职)
委　员:陈国红(1月任职)
马伟新(回族,1月任职)
王俊峰(1月任职)
吾守尔·克然木(维吾尔族,1月任职)

【乌什县人民法院】

党组书记:张贺江
院　长:克力比努尔·哈皮孜(女,维吾尔族,7月任职)
阿不力米提·肉孜(维吾尔族,7月离任)
副院长:文伟龙
艾尼瓦尔·尕依提(维吾尔族,1月离任)
买买提江·司马义(维吾尔族,4月任职)
党组成员、纪检组组长:梁满军

【乌什县人民检察院】

党组书记:窦　伟(6月离任)
党组副书记:孟建明(6月任职)
检察长:艾买尔·吐地(维吾尔族)
副检察长:石兴军
艾力·木提扎(维吾尔族)
纪检组组长:姬海龙

乌什县公安局

党委书记、局长、督察长:
高建华(3月任职)
吐尔洪·吐尔逊(维吾尔族,3月离任)
党委副书记、政委:
托乎提·肉孜(维吾尔族,4月任职)
孟建明(4月离任)
党委委员、副局长:
李　武
柴建芳(衢州援乌干部)
王中华(2月任职)
张　磊(自治区公安厅挂职,4月任职)
郑何静(10月任职)
马文光(地区公安局挂职,10月任职)
赵志坤
史万军(2月离任)
党委委员、纪检书记:李德团
党委委员、政治处主任:韩　增
党委委员、国保大队长:
塔依尔·米吉提(维吾尔族)
党委委员、交警大队大队长:张　飞
党委委员、消防大队教导员:
牙森·依不拉音(维吾尔族)
党委委员、副局长、边防大队大队长:
阿米尔·克然木(维吾尔族)

乌什县公安消防大队

政治教导员:牙森·依不拉音(维吾尔族)
副大队长:马晓航

乌什县司法局

党组书记:赵有刚
党组副书记、局长:吐尔洪·牙克甫(维吾尔族)

党组副书记、副局长:张志琪
副局长:乌米提·吾满尔江(维吾尔族)

乌什县民族宗教事务委员会

书 记:王明辉
主 任:阿不力克木·热合曼(维吾尔族)
副主任:张治忠
伊斯兰教协会常务副会长:
巴图尔·艾海提(维吾尔族,11 月离任)

乌什县农业局

书 记:彭新军(2 月任职)
陈学军(2 月离任)
局 长:阿里木·木尔提扎(维吾尔族)
副局长:依麻木·买买提(维吾尔族)
焦建武(1 月离任)

乌什县农村经济管理局

局 长:周 伟(东乡族)
副局长:艾尼·阿不来提(维吾尔族,9 月离任)

乌什县农业技术推广站

站 长:如斯太木·亚森(维吾尔族)
副站长:郑冬梅(女)
艾斯卡尔·胡西塔尔(维吾尔族)

乌什县农牧机械管理局

书 记:依力哈尔·阿西木(维吾尔族)
局 长:陈利东

乌什县农业综合开发办公室

党支部书记:阿不来提·吐日(维吾尔族)
副主任:曹长剑

乌什县林业局

书 记:阿不来提·阿皮孜(维吾尔族)
副局长:杨海涛
郑 斌(衢州援乌干部)
湿地保护站站长:解富强

乌什县畜牧兽医局

党组书记:吐拉克孜·克依木(女,维吾尔族,2 月任职)
局 长:王 军
副局长:李雪凌

乌什县水利局

书 记:木合塔尔·牙生(维吾尔族)
局 长:潘 东(10 月离任)
副局长:阿不都外力·阿不都克日木(维吾尔族)
王泽涛

乌什县发展和改革委员会

主 任:贺宏坤
党组书记、副主任:古丽米热·坎吉(女,维吾尔族)
党组成员、副主任:杨凤来(兼粮食局局长)
郑剑亮(衢州援乌干部)
丁永利(7 月任职)
勾正军(2 月离任)
援乌办专职副主任:陈泮霖(女,6 月任职)
粮食稽查大队大队长:

阿布都艾尼·胡达拜尔(维吾尔族)

乌什县商务和经济信息化委员会

主　任:孙国元(10月离任)
　　　冯旺华(10月任职)
副主任:翟威兴
　　　冯旺华(兼招商局局长,10月离任)

乌什县工业园区管理委员会

党工委书记:段　斌
主　任:马　军
副主任:赵　斌

乌什县财政局

书　记:吐尼沙克孜·艾力(女,维吾尔族,6月任职)
局　长:田三平
副局长:徐国强
　　　张朝香(女)
国库支付中心
主　任:张喜贵
副主任:韩苏江
乡镇财政管理局
局　长:唐春明(女)
副局长:艾合买提江·穆萨(维吾尔族)

乌什县住房和城乡建设局

局　长:韩弟恩
党组书记:艾尔肯·米吉提(维吾尔族)
副局长:刘　峰
　　　黎鸿鹏

乌什县市场监督管理局

党组副书记、局长:李　炯
党组书记、副局长:马珊花(女,回族)
党组成员、副局长:张建明
　　　吐尔逊江·提力瓦迪(维吾尔族,6月离任)
　　　徐显军
　　　宋新村

乌什县国土资源管理局

党组书记、副局长:曹　勇
党组副书记、局长:木合甫力·甫拉提(维吾尔族)
党组成员、副局长:吾甫尔江·奥斯曼(维吾尔族)
　　　王勇军
党组成员、不动产登记中心主任:
　　图尼亚孜·艾赛提(维吾尔族,2月任职)

乌什县环境保护局

局　长:郭胜辉
书　记:赛依杜拉·赛麦提(维吾尔族)
副局长:阿不力米提·吾甫尔(维吾尔族)

乌什县交通运输局

书　记:麦麦提·吐拉洪(维吾尔族,6月任职)
局　长:王克功(6月离任)
副局长:段雪峰

乌什公路管理分局

书　记:陶言军

局　长:吐尔洪・吐尼牙孜(维吾尔族)
副局长:魏君强

乌什县统计局

书　记:阿不力米提・艾海提(维吾尔族,2月任职)
艾尔肯・麦麦提(维吾尔族,2月离任)
局　长:曹　华(女,11月任职)
吴　琼(女,回族,11月离任)
副局长:陈瑞强
社会经济调查队队长:张　娟(女)

乌什县审计局

党组书记:木合塔尔・克热木(维吾尔族)
局　长:张静梅(女)
副局长:陈　蓉(女)
经济责任审计中心主任:安广东

乌什县安全生产监督管理局

局　长:马战胜(1月任职、12月离任)
徐国旗(12月任职)
书　记:阿孜古丽・阿不来提(女,维吾尔族,6月离任)
吐尔逊江・提力瓦迪(维吾尔族,6月任职)
副局长:马战胜(1月离任)
李启超(2月任职)

国家税务总局乌什县税务局

党委书记、局长:咸　军(藏族)
党委副书记、副局长:王生学
党委委员、副局长:
阿不都米吉提・奥斯曼(维吾尔族)
阿依努尔・克然木(女,维吾尔族)
刘　钰
党委委员、纪检组长:方海波(蒙古族)
副局长:李　赓
杨俊生

乌什县气象局

副局长:张　杰

乌什县人工影响天气办公室

书记、副主任:麦合木提江・麦麦提(维吾尔族)
主任、副书记:焦建武

乌什县供销社

主　任:潘　军(10月离任)
书　记:阿布力克木・伊明(维吾尔族)
副书记、副主任:程　刚(10月任职)
丁灯宣

乌什县文化体育广播影视局

书　记:丁　毅
局　长:木合塔尔・麦麦提(维吾尔族,6月离任)
阿米娜・阿不力孜(女,维吾尔族,6月任职)
副局长:王向东

乌什县旅游局

党组书记、副局长:杨　怡(女)
党组副书记、局长:勾正军(2月任职)
党组成员、副局长:张　项

乌什县教科局

书　记:张　杰(11 月任职)
　　　麦米提明·热依木(维吾尔族,11 月离任)
局　长:麦米提明·热依木(维吾尔族,11 月任职)
　　　张　杰(1 月任职,11 月离任)
　　　李秀霞(女,1 月离任)
副局长:王光理
　　　贾天武

乌什县教育督导室

主　任:吴媛君(女)
副主任:吐松·尼牙孜(维吾尔族)

乌什县卫生局

书　记:依斯热依力·吐尔逊(维吾尔族)
局　长:史晓峰
副局长:杨　兰(女)

乌什县卫生监督所

所　长:刘耀财
副所长:麦合木提·努尔(维吾尔族)

乌什县疾病预防控制中心

副主任:梁新海
　　　阿娜古丽·亚森(女,维吾尔族)

乌什县爱国卫生运动委员会办公室

主　任:王　军(6 月任职)
　　　容新海(4 月离任)

乌什县民政局

书　记:孙　杰
局　长:哈里木热提·依斯马依(维吾尔族)
副局长:热孜亚·卡斯木(女,维吾尔族)
　　　赵恒泽
低保办主任:种绍刚
社会福利中心主任:王　博(女)

乌什县社会保险管理局

局　长:刘晓军
副局长:刘　宇(回族)

乌什县扶贫开发办公室

主　任:王汉卿(10 月离任)
　　　孙国元(10 月任职)
副主任:李纯坤
　　　罗德荣

乌什县计划生育委员会

书　记:张　平(女)
主　任:卡哈尔·库尔班(维吾尔族,11 月离任)
副主任:哈斯也提·沙力(女,维吾尔族)

乌什县人口和计划生育生殖健康服务站

站　长:王　萍(女)
副站长:排日代·瓦依提(女,维吾尔族)

【群众团体组织负责人名录】

乌什县总工会

党组书记:张　辉

主　席:穆太力甫·热合曼(维吾尔族)
副主席:申庆卫

共青团乌什县委员会

副书记:白继荣(6 月任职,主持工作)
　　杨德吉(女)
　　曹志强(2 月离任)

乌什县妇女联合会

党组书记:王玉珠(女)
党组副书记、主席:布尼亚孜汗·依麻木(女,维吾尔族,11 月任职)
党组成员、副主席:万天永(女,11 月任职)

乌什县残疾人联合会

书　记:李贵晴
理事长:布祖然木·赛地(女,维吾尔族)
副理事长:亚森·麦麦提(维吾尔族)

乌什县红十字会

副会长:梅　芳(女)

乌什县工商业联合会

主　席:樊东海(兼)
党组书记:黄孝东
新兴组织党工委副书记:陈川洲
常务副主席:阿热孜古丽·阿不力孜(女,维吾尔族)
副会长:牛旭林

乌什县科学技术协会

党组书记、主席:郑　元
副主席:茹库耶姆·阿吾提(女,维吾尔族)

乌什县老龄工作委员会办公室

专职副主任:赵向军(12 月离任)

【事业单位】

乌什县第一中学

书　记:王明星
校　长:阿不都沙拉木·阿不力孜(维吾尔族)
副校长:麦热木尼沙·胡达拜迪(女,维吾尔族)
　　吾拉木·热合曼(维吾尔族)
　　王海南(3 月任职)
　　米吉提·赛买提(维吾尔族,3 月任职)
　　李福荣

乌什县第二中学

书　记:吐逊克孜·拜克日(女,维吾尔族)
校　长:赵金芳(女,2 月任职)
　　靖　萍(女,1 月离任)
副校长:张新娣(女)
　　郑艳艳(女,3 月任职)
　　李寿成(6 月任职)
　　郑雄思(衢州援乌,11 月任职)
　　郑　芳(女,3 月离任)
　　赵金芳(女,2 月离任)

乌什县国庆中学

书　记:克然木·托胡提(维吾尔族,2 月任职)
　　翟卫宏(1 月离任)

校　长:翟卫宏(1 月任职)

副校长:张　鼎

玛依拉·吐尔逊(女,维吾尔族)

郑　芳(女,3 月任职)

苏　萍(女,3 月任职)

克然木·托胡提(维吾尔族,2 月离任)

阿里木·库尔班(维吾尔族,11 月任职)

乌什县衢州中学

校　长:塞米·买买提(维吾尔族,2 月离任)

副书记:艾力江·阿卜来提(维吾尔族,6 月任职)

李寿成(6 月离任)

副校长:阿里木·库尔班(维吾尔族,1 月离任)

赛买提·喀斯木(维吾尔族)

张　杰(4 月任职)

沈玲桃(女,3 月任职)

陈冬梅(女)

杨丽霞(女,9 月离任)

乌什县第一幼儿园

书　记:如克艳木·依力牙斯(女,维吾尔族)

园　长:常慧臻(女)

乌什县第二幼儿园

书　记:拜合提努尔·艾买提(女,维吾尔族)

园　长:周晓兰(女,东乡族,11 月任职)

乌什·衢州小学(乌什县第一小学)

书　记:王　娟(女,11 月任职)

布海丽且木·托合提(女,维吾尔族,11 月离任)

校　长:陆瑞敬(衢州援乌,11 月任职)

种　飞(1 月离任)

副校长:王顺杰(女,锡伯族,3 月任职)

方　平(女,衢州援乌,11 月任职)

王　炤(衢州援乌,11 月任职)

叶秀珍(女,衢州援乌,11 月任职)

王　娟(女)

乌什县第二小学

书　记:周生军

校　长:种　飞(1 月任职)

李红霞(女,1 月离任)

副校长:熊菁玲(女)

李永红(女)

布海丽且木·托合提(女,维吾尔族,11 月任职)

许得智(3 月任职、9 月离任)

胡玉茹(女,3 月任职)

乌什县第三小学

书　记:李宏伟

校　长:余腾娜(女)

副校长:吾麦尔江·克尤木(维吾尔族)

赵铭熠(3 月任职、7 月离任)

乌什县第四小学

书　记:吐尔逊·克斯木(维吾尔族,8 月

任职）

热合曼·托乎提（维吾尔族，8月离任）

校 长：曹宗兰（女）

副校长：陈小红（女，3月任职）

赛买提·库尔班（维吾尔族）

吴春花（女，9月离任）

乌什县第五小学

书 记：买买提·提来克（维吾尔族）

校 长：吴春花（女，9月任职）

刘秀军（3月任职、9月离任）

副校长：史瑞鹏（3月任职、9月离任）

乌什县职业技术学校

书 记：马合木提·瓦依提（维吾尔族）

校 长：郑 勤

副校长：阿布都萨拉木·阿不力米提（维吾尔族）

雷 强（3月任职）

居马洪·买买提（维吾尔族）

乌什县农广校

校 长：殷 武

副校长：吾麦尔江·热合曼（维吾尔族，2月离任）

乌什县广播电视台

书 记：王 军（6月离任）

副台长、副书记：王向东

副台长：阿不都沙拉木·司马义（维吾尔族）

乌什县妇幼保健院

党支部书记：阿依先木·阿尔祖（女，维吾尔族，7月离任）

院 长：何章义

副院长：马 娟（女）

乌什县人民医院

书记、副院长：阿里木·吾斯曼（维吾尔族）

院 长：邓志斌

副院长：肖秀国

牛忠辉（挂职，10月任职）

丁 力（衢州援乌，11月任职）

余 成（衢州援乌，11月离任）

纪检书记：马晓红（女，回族）

乌什县维吾尔医医院

书 记：张 军

院 长：阿依先木·阿尔祖（女，维吾尔族，7月任职）

米娜瓦尔·麦麦提（女，维吾尔族，7月离任）

副院长：赛买提·卡迪尔（维吾尔族）

马自昕（女）

【国有企业】

中国人民银行乌什县支行

党组书记、行长：张 龙

党组成员、副行长：廖晓亮（兼纪检组组长）

肖志勇（4月离任）

王 寅（4月任职）

中国农业银行股份有限公司乌什县支行

行　长:满新春
副行长:宋世英(1 月离任)
　　　刘　彦
　　　买合木提·买买提(1 月任职)

中国农业发展银行乌什县支行

党支部副书记、副行长:毕　虎(2 月任职)
　　　曹国庆(2 月离任)
党支部委员、副行长:张　磊
　　　刘建忠(2 月任职)

乌什农村信用合作联社

党委书记、理事长:席晓刚
党委委员、主任:吴　敏(女,11 月离任)
　　　赛来江·买买提(维吾尔族,11 月任职)
党委委员、纪委书记、监事长:颜景厚
党委委员、副主任:司马义·麦麦提(维吾尔族,11 月离任)

中国邮储银行乌什县支行

副行长:马秀梅(女,回族)

中国人民财产保险股份有限公司乌什县支公司

经　理:艾克热木江·尼亚孜(维吾尔族)

中华联合财产保险股份有限公司乌什县支公司

经　理:周彩涛

中国人寿保险股份有限公司乌什县支公司

经　理:杨　进(11 月离任)
　　　王志华(11 月任职)

国网新疆乌什县供电公司

经　理:张建强

乌什县邮政局

党支部书记、局长:杨国靖

中国电信股份有限公司乌什分公司

经　理:左剑平
副经理:安　亮(3 月任职)
　　　辛　云(12 月任职)
　　　唐志军(3 月离任)

中国移动通信集团新疆有限公司乌什县分公司

经　理:尹压西
副经理:何　政

中国联合网络通信有限公司乌什分公司

副总经理:迪力夏提·吾布力(维吾尔族,主持工作)

【乡(镇)】

阿合雅镇负责人名录

党委书记:孙长满
镇　长:艾尼瓦尔·玉散(维吾尔族)
人大主席:吐尔洪·卡迪尔(维吾尔族,1

月任职）

党委副书记：艾尼瓦尔·玉散（维吾尔族）

图尔迪·苏皮（兼政法书记，维吾尔族）

王国良（兼组织干事）

阿不力孜·阿合尼亚孜（维吾尔族）

党委委员：吐尔洪·卡迪尔（维吾尔族，1月任职）

艾海提·达吾提（兼统战干事，维吾尔族）

王　攀（8月任职）

陈　强（8月离任）

巨新贤

孙主元

艾斯卡尔·艾尔肯（兼纪检书记、监察办主任，维吾尔族，11月任职）

富学良（兼宣传干事，11月任职）

陈崇飞（兼宣传干事，11月离任）

皮力孜木·哈地尔（维吾尔族，6月离任）

副镇长：孙主元

阿依努热木·如孜（女，维吾尔族）

吐力干·白先（柯尔克孜族）

王　健

皮力孜木·哈地尔（维吾尔族，6月离任）

永宁片区管委会负责人名录

书　记：图尔迪·苏皮（维吾尔族）

副书记：贺　苇

副主任：玉素甫·约麦尔（维吾尔族）

努荣古丽·努尔麦麦提（女，维吾尔族）

富学良（11月离任）

阿合雅镇站所负责人名录

农经站站长：古力布斯坦·萨吾提（女，维吾尔族）

计生办主任：哈斯叶提·买买提（女，维吾尔族，10月离任）

阿尔祖古丽·阿卜来提（女，维吾尔族，10月任职）

文化站站长：吐尔荪·艾力（维吾尔族）

广播站站长：吾买尔·艾沙（维吾尔族）

林管站站长：努尔顿·克尤木（维吾尔族）

农技站站长：阿不力米提·吐尔地（维吾尔族）

农机站站长：艾合买提·亚生（维吾尔族）

兽医站站长：图尔贡·克尤木（维吾尔族）

财政所所长：古力布斯坦·萨吾提（女，维吾尔族）

司法所所长：艾力·玉苏普（维吾尔族）

水管所所长：乃比·吐尔地（维吾尔族）

国土所所长：木合塔尔·克依木（维吾尔族）

供电所所长：艾合买提·吐尼亚孜（维吾尔族）

供水站站长：扎伊尔·许库尔（维吾尔族）

阿恰塔格乡负责人名录

党委书记：肖俊胜（回族，4月离任）

任　锋（4月任职）

乡　长：阿不力米提·托乎提（维吾尔族）

人大主席:阿不力肯木·艾麦提(维吾尔族)
党委副书记:阿不力米提·托乎提(维吾尔族)
黄建平(兼纪检书记)
居来提·阿不都热合曼(兼政法书记,维吾尔族)
马　帅(11 月离任)
马　翔(回族)
马金林(挂职,回族,2 月任职)
许　辉(11 月任职)
党委委员:阿不都外力·买买提(兼宣传干事,维吾尔族)
阿不力肯木·艾麦提(维吾尔族)
李世虎(6 月离任)
王　波(6 月任职)
艾山·米吉提(兼统战干事、组织干事,维吾尔族)
副乡长:阿不都塞米·米吉提(维吾尔族)
罗　滔
马　帅(11 月离任)
热娜古丽·阿不力米提(女,维吾尔族,4 月离任)
吐松古丽·吐尔松(女,维吾尔族,6 月任职)

阿恰塔格乡站所负责人名录

农技站站长:艾尔肯·阿西木(维吾尔族)
林管站站长:阿卜杜萨拉木·麦皮孜(维吾尔族)
农经站站长:木合塔尔·木沙(维吾尔族,3 月离任)
阿不拉·阿不都瓦依提(维吾尔族,3 月任职)
农机站站长:艾尼瓦尔·吾斯曼(维吾尔族)
兽医站站长:吐逊·肉孜(维吾尔族)
文化站站长:麦日排提·图荪(女,维吾尔族)
广播站站长:阿不力孜·斯拉木(维吾尔族)
财政所所长:依敏江·阿不拉(维吾尔族)
国土所所长:阿不都沙拉木·依麻木(维吾尔族)
水管所所长:艾尔肯·毛尼亚孜(维吾尔族)
教育办主任:努尔·麦麦提(维吾尔族)
卫生院院长:希尔艾力·艾山(维吾尔族)
计生办主任:茹克耶姆·提力瓦力迪(女,维吾尔族)
司法所所长:张　先
民政办主任:买买提·穆萨(维吾尔族)

依麻木镇负责人名录

党委书记:李军荣
镇　长:阿孜古丽·阿不来提(女,维吾尔族,5 月任职)
木太力甫·米吉提(维吾尔族,5 月离任)
人大主席:伊力哈木·朱马(维吾尔族,11 月任职)
图尔贡·阿布杜克热木(维吾尔族,11 月离任)
党委副书记:宋清刚
王得春
麦麦提·库尔班(兼政法书记,维吾尔族)
邓　欢(苗族,1 月任职)

周长凌(4月任职)
党委委员:关　坤(兼纪检书记、监察办主任)
买买提江·阿不来提(兼组织干事,维吾尔族)
艾尔肯·尼亚孜(兼统战干事,维吾尔族,10月任职)
许大军
买买提江·毛拉吾东(维吾尔族)
图尔贡·阿布杜克热木(维吾尔族,11月离任)
伊力哈木·朱马(维吾尔族,11月任职)
副镇长:阿依先木古丽·托乎尼亚孜(女,维吾尔族)
李　毅
艾力·吾普尔(维吾尔族)
麦合木提·托合提(维吾尔族)

依麻木镇站所负责人名录

计生站站长:木尼热·木沙(女,维吾尔族)
卫生院院长:努尔敦·图尔贡(维吾尔族)
司法所所长:吐尔逊·玉苏普(维吾尔族)
财政所所长:麦尔耶姆·托合提尼亚孜(女,维吾尔族)
文化广播站站长:图尔贡·托合提(维吾尔族)
农技站站长:图尔荪·居麦(维吾尔族)
农机站站长:努尔买买提·毛尼亚孜(维吾尔族)
农经站站长:哈丽代姆·图尔荪(女,维吾尔族,8月离任)
巴哈尔古丽·图尔荪(女,维吾尔族,8月任职)
水管所所长:阿力木江·阿不力米提(维吾尔族)
林管站站长:吐尔洪·艾则孜(维吾尔族)
国土资源所所长:艾克拜尔·尼亚孜(维吾尔族)
兽医站站长:米娜瓦尔·吾甫尔(女,维吾尔族)
供电所所长:阿卜力米提·阿布拉(维吾尔族)
文教办主任:李　斌
信用社主任:吐尔逊·麦麦提(维吾尔族)

英阿瓦提乡负责人名录

党委书记:肖俊胜(回族,4月任职)
何　刚(4月离任)
乡　长:阿不里克木·米吉提(维吾尔族)
人大主席:阿不都热西提·依麻木(维吾尔族)
党委副书记:阿不里克木·米吉提(维吾尔族)
艾合麦提·马木提(兼政法书记,维吾尔族)
邢吉志
赛米江·买买提(挂职,维吾尔族,2月任职)
王登武(兼纪检书记,11月离任)
党委委员:阿不都热西提·依麻木(维吾尔族)

王晓东(兼宣传干事,11 月离任)
亚库甫江·亚生(维吾尔族,8 月离任)
艾克拜尔·吐拉克(兼统战干事,维吾尔族)
汤　森
库尔班·赛麦提(维吾尔族)
孙明智(兼纪检书记,11 月任职)
严　勇

副乡长:库尔班·赛麦提(维吾尔族)
艾尔肯·艾麦提(维吾尔族)
李　杨
肖红梅(女,4 月任职)
孙明智(11 月离任)
布力亚孜汗·依麻木(女,维吾尔族,2 月离任)

英阿瓦提乡站所负责人名录

农经站站长:阿不都瓦依提·艾散(维吾尔族)
农机站站长:阿卜拉·穆萨(维吾尔族)
兽医站站长:艾买尔·玉赛因(维吾尔族)
林管站站长:阿不都沙迪克·尕依提(维吾尔族)
农技站站长:帕提古丽·热西提(女,维吾尔族)
文化站站长:萨阿代提·库尔班(女,维吾尔族)
广播站站长:麦麦提·亚库甫(维吾尔族)
食药站站长:张　玉(女,12 月离职)
财政所所长:阿布都瓦依提·艾散(维吾尔族)
水管所所长:吐尔洪·吐热(维吾尔族)
国土所所长:图苏尼亚孜·喀日(维吾尔族)
司法所所长:余　波(3 月任职)
其曼古丽·艾海提(女,维吾尔族,3 月离任)
民政社保服务中心主任:
亚森·艾力(维吾尔族)
计生办负责人:阿曼古丽·托合提尼亚孜(女,维吾尔族)
卫生院院长:买合木提·艾则孜(维吾尔族)
劳保所所长:帕提麦姆·伊敏(女,维吾尔族)
文教办主任:阿力木江·阿布都瓦依提(维吾尔族)

亚科瑞克乡负责人名录

党委书记:张立群
乡　长:阿布里克木·萨吾提(维吾尔族)
人大主席:麦麦提·图拉克(维吾尔族,6 月离任)
图尔贡·阿布杜克热木(维吾尔族,11 月任职)
党委副书记:喀迪尔·麦麦提(兼政法书记,维吾尔族)
赛麦提·麦麦提(维吾尔族,2 月离任)
陈　冲
成　炎(1 月任职)
党委委员:亚力坤·麦麦提(维吾尔族)
刘旭俭
姚振华(兼宣传干事)
图尔贡·阿布杜克热木(维吾

尔族,11 月任职)
迪丽努尔·阿不都热合曼(兼纪检书记,女,维吾尔族,11 月任职)
张安定(8 月任职)
张廷义(8 月离任)
帕提古力·居麦(女,维吾尔族)
麦麦提·图拉克(维吾尔族,6 月离任)
许　辉(11 月离任)

副乡长:亚力坤·麦麦提(维吾尔族)
吐尔洪·阿不拉(维吾尔族)
许　辉(11 月离任)
阿不都肉苏力·吾不力(维吾尔族)
图拉洪·阿卜力克木(维吾尔族)

亚科瑞克乡站所负责人名录

农技站站长:阿依吐逊·赛买提(女,维吾尔族)
农机站站长:克依木·毛利(维吾尔族)
林管站站长:阿不都沙拉木·依明(维吾尔族)
兽医站站长:吐达洪·吐尔逊(维吾尔族)
农经站站长:艾尔肯·普拉提(维吾尔族)
水管所所长:艾尼瓦尔·麻木提(维吾尔族)
财政所所长:买买提江·艾力(维吾尔族)
文化站站长:阿依古丽·阿巴斯(女,维吾尔族)

阿克托海乡负责人名录

党委书记:艾散·玉苏普(维吾尔族)
乡　长:唐子龙
人大主席:吐然木·外力(维吾尔族)
副书记:唐子龙
郭书振(兼纪检书记)
艾海提·麦麦提(维吾尔族)
马吉祥(回族)
党委委员:伏建明(兼组织干事)
阿不都瓦依提·木沙(维吾尔族)
李　飞
吐然木·外力(维吾尔族)
侯国庆
阿力木江·库尔班(兼统战干事,维吾尔族,6 月任职)
李　昆(兼宣传干事)
吐尔逊·吾拉依木(兼统战干事,维吾尔族,4 月离任)
副乡长:马吉祥(回族)
阿不都瓦依提·木沙(维吾尔族)
艾拜杜拉·赛麦提(维吾尔族)
开沙尔江·依不拉音(兼库木奇吾斯塘村党支部书记,维吾尔族)
古丽努尔·吐尔逊(女,维吾尔族)

阿克托海乡站所负责人名录

财政所所长:祖皮耶·吐荪(女,维吾尔族)
农技站站长:古丽克孜·达吾提(女,维吾尔族)
农机站站长:艾力·阿卜杜克热木(维吾尔族)
农经站站长:阿依提拉·达吾提(女,维吾尔族)
林管站站长:买买提艾力·阿不力孜(维吾尔族)
水管站站长:阿布里肯木·阿布杜克然木(维吾尔族)

文化站站长:艾力·赛麦提(维吾尔族)
广播站站长:吾加木尼亚孜·米吉提(维吾尔族)
兽医站站长:阿依古丽·克热木(女,维吾尔族)
卫生院院长:吐逊阿依·艾麦提(女,维吾尔族)
文教办主任:普拉提·再依丁(维吾尔族)
司法所所长:买买提依明·马木提(维吾尔族)
计生办主任:刘冬玲(女)

乌什镇负责人名录

党委书记:何　刚(4月任职)
尹加明(4月离任)
镇　长:奴容沙·买买提(女,维吾尔族)
人大主席:阿卜杜喀迪尔·阿布拉(柯尔克孜族,2月任职)
艾则孜·马木提(维吾尔族,2月离任)
副书记:奴容沙·买买提(女,维吾尔族)
梁顺英
刘　莉(女)
艾则孜·马木提(兼政法书记,维吾尔族)
党委委员:赵伟峰
王中华(2月离任)
吐尔洪·卡迪尔(维吾尔族,1月离任)
孙　安(2月任职)
阿卜杜喀迪尔·阿布拉(柯尔克孜族,2月任职)
肖克来提·谢依克(维吾尔族)
艾合买提江·玉努斯(维吾尔族,11月任职)
陈　平
孜牙吾冬·阿吾提(维吾尔族,8月离任)
依力哈木·朱马(维吾尔族,11月离任)
副镇长:梁顺英
阿吉古丽·克热木(女,维吾尔族)
陈　涛(2月任职)
孜牙吾冬·阿吾提(维吾尔族,8月离任)

乌什镇社区负责人名录

九眼泉社区
书　记:杨志勇
主　任:阿地力·阿扎提(维吾尔族)
南关社区
书　记:姬根亭(11月任职)
肖长明(8月离任)
主　任:麦热艳木·阿不都热依木(女,维吾尔族)
团结社区
书　记:蒋立群
主　任:艾尼·阿不力米提(维吾尔族)
喀什博依社区
书　记:姬根亭(11月离任)
马　帅(11月任职)
主　任:阿不来提·哈斯木(维吾尔族)
英买力社区
书　记:陶　辉
主　任:皮力孜木·哈地尔(女,维吾尔尔

族,6 月任职)

东山头社区

书　记:王军强

主　任:艾米热古丽·苏力塔(女,维吾尔族)

燕山社区

书　记:王　军

主　任:库尔班·阿西木(维吾尔族)

新城社区

书　记:班恩博

主　任:哈丽沙木·阿布拉(女,维吾尔族)

友谊社区

书　记:冯华亮

主　任:吾买尔江·热合曼(维吾尔族,2 月任职)

艾则孜·瓦依提(维吾尔族,2 月离任)

振兴社区

书　记:刘　东

主　任:艾合麦提·阿吾提(维吾尔族)

虹桥社区

书　记:邱科鹏

主　任:玉苏甫·麦麦提(维吾尔族)

乌什镇站所负责人名录

林管站站长:布海力且木·艾买提(女,维吾尔族)

农经站站长:库尔班尼沙·居马克(女,维吾尔族)

农机站站长:艾合买提·艾依提(维吾尔族,7 月离任)

古丽扎尔·居马克(女,维吾尔族,7 月任职)

农技站站长:努曼古丽·卡地尔(女,维吾尔族)

文化站站长:比丽克孜·玉苏甫(女,维吾尔族)

广播站负责人:艾尔肯·艾买提(维吾尔族)

教育办负责人:吐松·提力瓦力地(维吾尔族)

计生办主任:哈力旦木·克然木(女,维吾尔族)

财政所所长:努荣沙·司马义(女,维吾尔族)

劳动保障所所长:努尔麦麦提·库尔班(维吾尔族)

水管所所长:约日耶提·艾山(女,维吾尔族)

兽医站站长:米丽凯木·卡米力(女,维吾尔族)

司法所所长:艾力·赛买提(维吾尔族)

社保所所长:艾合买提江·依地日斯(维吾尔族)

奥特贝希乡负责人名录

党委书记:唐好全

乡　长:艾尼瓦尔·买买提(维吾尔族)

人大主席:米吉提·沙吾提(维吾尔族)

副书记:艾尼瓦尔·买买提(维吾尔族,1 月任职)

孙　伟(兼纪检书记,1 月任职)

买买提·木尔提扎(维吾尔族,兼政法书记)

程　刚(10 月离任)

党委委员:米吉提·沙吾提(维吾尔族)

艾尔肯·提力克(兼统战干事,

维吾尔族)
陈　鹏(6 月任职)
何　孟(2 月任职)
孙　安(2 月离任)
亚森·马木提(维吾尔族)
热娜古丽·阿不力米提(女,维吾尔族,兼宣传干事,4 月任职)
曹志强(兼组织干事,2 月任职)
古方元(4 月任职)
李启超(2 月离任)

副乡长:艾尼·胡杜尤木(维吾尔族)
艾合买提·买买提(维吾尔族)
亚森·马木提(维吾尔族)
陈　鹏(6 月离任)
古方元(4 月任职)
孙　伟(1 月离任)

奥特贝希乡站所负责人名录

计生站站长:阿依图乃姆·科热木(女,维吾尔族,6 月任职)

计生办主任:马依努尔·艾则孜(女,维吾尔族)

林管站站长:麦麦提依明·热扎克(维吾尔族)

兽医站站长:古丽努尔·赛都拉(女,维吾尔族)

农经站站长:再努热木·萨比尔(女,维吾尔族,3 月任职)
帕提古丽·卡地尔(女,维吾尔族,3 月离任)

农技站站长:阿不拉江·热西提(维吾尔族)

农机站站长:吐尔洪·麦麦提(维吾尔族)

文化站站长:古丽扎尔·托合提(女,维吾尔族)

广播站站长:地力夏提·艾尔肯(维吾尔族)

水管所所长:伊利哈尔·托合提(维吾尔族)

司法所所长:艾麦提·麦麦提(维吾尔族,9 月任职)

财政所所长:吐尔洪·安外尔(维吾尔族)

食药站站长:王治平

土管所所长:卡司木江·买买提明(维吾尔族)

民政办主任:外力·热西提(维吾尔族,3 月任职)

劳保所所长:阿依古丽·阿不都肉苏力(女,维吾尔族)

供电所所长:吾买尔江·要里瓦斯(维吾尔族)

文教办主任:艾尼瓦尔·萨依木(维吾尔族)

卫生院院长:图尔洪·赛买提(维吾尔族)

亚曼苏柯尔克孜民族乡负责人名录

党委书记:郭新宇(7 月任职)
吴湘芸(女,7 月离任)

乡　长:阿曼吐尔·马木提(柯尔克孜族)

人大主席:艾海提·阿布拉(维吾尔族)

副书记:阿曼吐尔·麻木提(柯尔克孜族)
冉　伟(兼纪检书记)
阿卜杜萨拉木·祖农(兼政法书记,维吾尔族)

党委委员:托呼提·都先阿力(柯尔克孜族)
艾海提·阿布拉(维吾尔族)
李伟柏

艾萨江·图尔荪(兼组织干事、统战干事,维吾尔族)
杨　周(2月任职)

副乡长:庄兴亮
托呼提·都先阿力(柯尔克孜族)
古丽巴哈尔·吐尔洪(女,柯尔克孜族)
张建荣(2月任职)
杨　周(2月离任)
吐尔洪·卡孜(维吾尔族,2月任职)

亚曼苏柯尔克孜民族乡站所负责人名录

农技站站长:吾布力·热合曼(维吾尔族)
农经站站长:阿依努尔·都先阿力(女,柯尔克孜族)
农机站站长:凯伊萨尔·吾甫尔(维吾尔族)
林管站站长:阿里木·热合曼(维吾尔族)
水管所所长:赛买提·热合曼(维吾尔族)
兽医站站长:艾海提·阿吾提(维吾尔族)
财政所所长:钟海军
计生办主任:热艳古丽·阿吾提(女,维吾尔族)
文化站站长:热孜万古丽·瓦日斯(女,维吾尔族)
广播站站长:沙吉旦·克热木(女,维吾尔族)
司法所所长:热艳古丽·艾买提(女,维吾尔族)

【新疆生产建设兵团第一师四团】

党委书记、政委:殷　超
党委副书记、团长:张新建(8月离任)
党委副书记:扶红珍(女,12月任职)
党委常委、副团长:吐尔洪·热合曼(维吾尔族,3月离任)
侯小龙(3月离任)
艾尼瓦尔·玉素甫(维吾尔族,3月任职、8月离任)
党委常委、纪委书记:扶红珍(兼工会主席,女,12月离任)
党委常委、副政委:黄志平(3月任职)
马　睿(3月离任)
总农艺师:任志雄

【浙江省衢州市对口支援乌什县指挥部】

党委书记、指挥长:祝升明
党委副书记、副指挥长:严雪峰
党委委员、副指挥长:郑建林

荣 誉

乌什县2018年获国家级先进集体称号统计表

表1

获奖单位	获奖名称	获奖时间	授奖部门	授奖表彰文号
乌什县	全国殡葬综合改革试点地区	2017年11月	民政部	民办函〔2017〕319号
乌什县工商联	2017年全国“五好”县级工商联	2017年12月	中华全国工商业联合会	全联厅发〔2018〕69号
乌什县林业局	全国林业系统先进集体	2018年1月	人力资源和社会保障部、国家林业局	人社部发〔2018〕7号
乌什县	全国信访工作“三无”县(市、区)	2018年4月	国家信访局	奖牌
依麻木镇库尔干村	全国民主法治示范村	2018年7月	司法部 民政部	司发通〔2018〕71号
乌什县	健康扶贫工作表现突出的贫困县	2018年10月	国家卫生健康委员会办公厅、国务院扶贫办综合司	国卫办财务函〔2018〕879号

乌什县2018年获国家级先进个人称号统计表

表2

获奖单位	获奖名称	获奖时间	授奖部门	授奖表彰文号
王　丽	中国好人	2018年7月	中央精神文明建设指导委员会办公室	荣誉证书
李优优	2017—2018年度大学生志愿服务西部计划优秀志愿者	2018年9月	全国大学生志愿服务西部计划项目管理办公室	全国项目办发〔2018〕19号
库尔班·尼亚孜	改革先锋	2018年12月	中国共产党中央委员会、中华人民共和国国务院	荣誉证书、荣誉奖章

乌什县2018年获自治区级先进集体称号统计表

表3

获奖单位	获奖名称	获奖时间	授奖部门	授奖表彰文号
依麻木镇	自治区平安乡镇	2018年2月	新疆维吾尔自治区平安建设领导小组	新社综〔2018〕1号
乌什县	自治区旅游扶贫示范点	2018年3月	自治区党委、自治区人民政府	奖牌
县委组织部、党校、老干部局驻阿克托海乡库木奇吾斯塘村工作队	自治区"访惠聚"驻村工作2017年度先进工作队	2018年3月	自治区"访民情惠民生聚民心"驻村工作领导小组	新民组发〔2018〕2号
县发改委、粮油公司驻阿合雅镇尤喀克阿合亚村工作队	自治区"访惠聚"驻村工作2017年度先进工作队	2018年3月	自治区"访民情惠民生聚民心"驻村工作领导小组	新民组发〔2018〕2号
县妇幼保健院驻亚科瑞克乡斯代村工作队	自治区"访惠聚"驻村工作2017年度先进工作队	2018年3月	自治区"访民情惠民生聚民心"驻村工作领导小组	新民组发〔2018〕2号
乌什县	新疆维吾尔自治区全域旅游示范区	2018年8月	自治区旅游发展委员会	奖牌
乌什县林业局	自治区绿化先进集体	2018年11月	新疆维吾尔自治区绿化委员会	新绿字〔2018〕13号

乌什县2018年获自治区级先进个人称号统计表

表4

获奖单位	获奖名称	获奖时间	授奖部门	授奖表彰文号
黄振军	自治区"访惠聚"驻村工作2017年度先进工作者	2018年3月	自治区"访民情惠民生聚民心"驻村工作领导小组	新民组发〔2018〕2号
杨毅超	自治区"访惠聚"驻村工作2017年度先进工作者	2018年3月	自治区"访民情惠民生聚民心"驻村工作领导小组	新民组发〔2018〕2号
秦　娜	自治区"访惠聚"驻村工作2017年度先进工作者	2018年3月	自治区"访民情惠民生聚民心"驻村工作领导小组	新民组发〔2018〕2号
勾正军	自治区"访惠聚"驻村工作2017年度先进工作者	2018年3月	自治区"访民情惠民生聚民心"驻村工作领导小组	新民组发〔2018〕2号
马精胡	自治区"访惠聚"驻村工作2017年度先进工作者	2018年3月	自治区"访民情惠民生聚民心"驻村工作领导小组	新民组发〔2018〕2号

乌什县 2018 年获地区级先进集体称号统计表

表 5

获奖单位	获奖名称	获奖时间	授奖部门	授奖表彰文号
县委办公室	阿克苏地区民族团结进步示范单位	2018 年 1 月	地区民族团结进步创建活动领导小组	阿地民创办发〔2018〕1 号
衢州市援乌指挥部	阿克苏地区民族团结进步示范单位	2018 年 1 月	地区民族团结进步创建活动领导小组	阿地民创办发〔2018〕1 号
县纪委监委	阿克苏地区民族团结进步示范单位	2018 年 1 月	地区民族团结进步创建活动领导小组	阿地民创办发〔2018〕1 号
县委宣传部	阿克苏地区民族团结进步示范单位	2018 年 1 月	地区民族团结进步创建活动领导小组	阿地民创办发〔2018〕1 号
县委统战部	阿克苏地区民族团结进步示范单位	2018 年 1 月	地区民族团结进步创建活动领导小组	阿地民创办发〔2018〕1 号
县人民检察院	阿克苏地区民族团结进步示范单位	2018 年 1 月	地区民族团结进步创建活动领导小组	阿地民创办发〔2018〕1 号
县林业局	阿克苏地区民族团结进步示范单位	2018 年 1 月	地区民族团结进步创建活动领导小组	阿地民创办发〔2018〕1 号
县市场监督管理局	阿克苏地区民族团结进步示范单位	2018 年 1 月	地区民族团结进步创建活动领导小组	阿地民创办发〔2018〕1 号
县民宗委	阿克苏地区民族团结进步示范单位	2018 年 1 月	地区民族团结进步创建活动领导小组	阿地民创办发〔2018〕1 号
县人民医院	阿克苏地区民族团结进步示范单位	2018 年 1 月	地区民族团结进步创建活动领导小组	阿地民创办发〔2018〕1 号
国家电网乌什县供电公司	阿克苏地区民族团结进步示范单位	2018 年 1 月	地区民族团结进步创建活动领导小组	阿地民创办发〔2018〕1 号
县税务局	阿克苏地区民族团结进步示范单位	2018 年 1 月	地区民族团结进步创建活动领导小组	阿地民创办发〔2018〕1 号
乌什镇团结社区	阿克苏地区民族团结进步示范单位	2018 年 1 月	地区民族团结进步创建活动领导小组	阿地民创办发〔2018〕1 号
乌什镇燕山社区	阿克苏地区民族团结进步示范单位	2018 年 1 月	地区民族团结进步创建活动领导小组	阿地民创办发〔2018〕1 号
乌什镇英买里社区	阿克苏地区民族团结进步示范单位	2018 年 1 月	地区民族团结进步创建活动领导小组	阿地民创办发〔2018〕1 号
亚曼苏乡中心小学	阿克苏地区民族团结进步示范单位	2018 年 1 月	地区民族团结进步创建活动领导小组	阿地民创办发〔2018〕1 号
亚曼苏乡尤喀克亚曼苏村	阿克苏地区民族团结进步示范单位	2018 年 1 月	地区民族团结进步创建活动领导小组	阿地民创办发〔2018〕1 号
英阿瓦提乡米吉提·尤努斯民族团结大院	阿克苏地区民族团结进步教育基地	2018 年 1 月	地区民族团结进步创建活动领导小组	阿地民创办发〔2018〕1 号

续表 5

获奖单位	获奖名称	获奖时间	授奖部门	授奖表彰文号
依麻木镇国家通用语言小学	阿克苏地区民族团结进步教育基地	2018 年 1 月	地区民族团结进步创建活动领导小组	阿地民创办发〔2018〕1 号
县公安局治安管理大队	十九大安保先进集体	2018 年 1 月	新疆维吾尔自治区公安厅	新公政〔2018〕2 号
县公安局乌什镇派出所	十九大安保先进集体	2018 年 1 月	新疆维吾尔自治区公安厅	新公政〔2018〕2 号
县公安局综合技术侦察大队	十九大安保先进集体	2018 年 1 月	新疆维吾尔自治区公安厅	新公政〔2018〕2 号
县发改委	2018 年精神文明建设“五个一”亮点工程奖示范性道德讲堂	2018 年 1 月	阿克苏地区文明委	奖牌
依麻木镇国家通用语言小学	2018 年精神文明建设“五个一”亮点工程奖乡村德育示范学校	2018 年 1 月	阿克苏地区文明委	奖牌
县委组织部	2017 年地区“民族团结一家亲”和民族团结联谊活动先进集体	2018 年 2 月	阿克苏地委、行署	阿地党发〔2018〕10 号
县委宣传部	2017 年地区“民族团结一家亲”和民族团结联谊活动先进集体	2018 年 2 月	阿克苏地委、行署	阿地党发〔2018〕10 号
乌什镇人民政府	2017 年地区“民族团结一家亲”和民族团结联谊活动先进集体	2018 年 2 月	阿克苏地委、行署	阿地党发〔2018〕10 号
阿合雅镇中心小学	自治区双语教育示范性学校	2018 年 2 月	新疆维吾尔自治区教育厅	新教双〔2018〕2 号
阿恰塔格乡中心幼儿园	自治区双语教育示范性幼儿园	2018 年 2 月	新疆维吾尔自治区教育厅	新教双〔2018〕2 号
阿合雅镇荒地农场幼儿园	自治区双语教育示范性幼儿园	2018 年 2 月	新疆维吾尔自治区教育厅	新教双〔2018〕2 号
阿克托海乡阿特房子村	自治区级生态村	2018 年 2 月	新疆维吾尔自治区环境保护厅	奖牌
亚科瑞克乡托万克喀拉霍加村	自治区级生态村	2018 年 2 月	新疆维吾尔自治区环境保护厅	奖牌
县招商局	地区招商引资工作先进单位	2018 年 2 月	阿克苏地区行署	阿行署发〔2018〕15 号
县公安局国内安全保卫大队	集体二等功	2018 年 2 月	自治区公安厅	新公政〔2018〕17 号

续表5

获奖单位	获奖名称	获奖时间	授奖部门	授奖表彰文号
县公安局综合技术侦察大队	集体三等功	2018年2月	自治区公安厅	新公政〔2018〕17号
县公安局治安管理大队	集体三等功	2018年2月	自治区公安厅	新公政〔2018〕17号
县公安局乌什镇派出所	集体三等功	2018年2月	自治区公安厅	新公政〔2018〕17号
县委老干部局	自治区老干部工作先进集体	2018年2月	自治区党委组织部、老干部局、人力资源和社会保障厅	新人社发〔2018〕7号
县委组织部	《党员之友》《新疆党员报》2017年度先进组稿单位	2018年3月	新疆维吾尔自治区委员会组织部	荣誉证书
县“访惠聚”驻村工作领导小组办公室	自治区“访惠聚”驻村工作2017年度优秀组织单位	2018年3月	自治区“访民情惠民生聚民心”驻村工作领导小组	阿民组发〔2018〕4号
县委组织部	先进基层党组织	2018年6月	中共阿克苏地区委员会	阿地党组发〔2018〕48号
阿合雅镇党委	先进基层党组织	2018年6月	中共阿克苏地区委员会	阿地党组发〔2018〕48号
亚科瑞克乡卫生院党支部	先进基层党组织	2018年6月	中共阿克苏地区委员会	阿地党组发〔2018〕48号
阿克托海乡希玛勒麦盖提村	先进基层党组织	2018年6月	中共阿克苏地区委员会	阿地党组发〔2018〕48号
阿克托海乡中心小学党支部	2018年地区教育系统先进基层党组织	2018年6月	中共阿克苏地委教育工作委员会	阿地党教发〔2018〕25号
县公安局刑事侦查大队	集体二等功	2018年10月	自治区公安厅	新公政〔2018〕206号

乌什县2018年获地区级先进个人称号统计表

表6

获奖单位	获奖名称	获奖时间	授奖部门	授奖表彰文号
塔依尔·米吉提	个人一等功	2018年1月	新疆维吾尔自治区公安厅	新公政〔2018〕17号
廖善旭	个人三等功	2018年1月	新疆维吾尔自治区公安厅	新公政〔2018〕17号

续表6

获奖单位	获奖名称	获奖时间	授奖部门	授奖表彰文号
陈广龙	个人三等功	2018年1月	新疆维吾尔自治区公安厅	新公政〔2018〕17号
阿卜杜许库尔·麦麦提明	个人三等功	2018年1月	新疆维吾尔自治区公安厅	新公政〔2018〕17号
古吉阿西木·托胡提	个人三等功	2018年1月	新疆维吾尔自治区公安厅	新公政〔2018〕17号
柳雯雯	个人三等功	2018年1月	新疆维吾尔自治区公安厅	新公政〔2018〕17号
阿不都合里力·吉力力	个人三等功	2018年1月	新疆维吾尔自治区公安厅	新公政〔2018〕17号
高　辉	个人三等功	2018年1月	新疆维吾尔自治区公安厅	新公政〔2018〕17号
王　辉	个人三等功	2018年1月	新疆维吾尔自治区公安厅	新公政〔2018〕17号
塔依尔·米吉提	个人一等功	2018年1月	阿克苏地委、行署	阿地党发〔2018〕7号
吐尔洪·吐尔逊	个人二等功	2018年1月	阿克苏地委、行署	阿地党发〔2018〕7号
托乎提·肉孜	个人二等功	2018年1月	阿克苏地委、行署	阿地党发〔2018〕7号
廖善旭	个人三等功	2018年1月	阿克苏地委、行署	阿地党发〔2018〕7号
依力哈木江·米吉提	个人三等功	2018年1月	阿克苏地委、行署	阿地党发〔2018〕7号
斯拉木·依力亚斯	个人三等功	2018年1月	阿克苏地委、行署	阿地党发〔2018〕7号
李晓梅	2017年度优秀支教干部	2018年2月	阿克苏地委、行署	荣誉证书
阿不力克木·热合曼	地区“民族团结一家亲”先进个人	2018年2月	阿克苏地委、行署	阿地党发〔2018〕10号
亚合甫江·依麻木	阿克苏地区2017年度驻村管寺先进个人	2018年2月	阿克苏地委、行署	荣誉证书
邓志斌	第一届地区文明家庭	2018年2月	阿克苏地区文明委	荣誉证书
陈　霜	2018年“自治区岗位学雷锋标兵”	2018年3月	自治区党委宣传部、自治区文明办	荣誉证书
顾冉冉	自治区“访惠聚”驻村工作2017年度先进工作者	2018年3月	地区“访惠聚”驻村工作领导小组	荣誉证书

续表6

获奖单位	获奖名称	获奖时间	授奖部门	授奖表彰文号
卡哈尔・沙依提	自治区"访惠聚"驻村工作2017年度先进工作者	2018年3月	地区"访惠聚"驻村工作领导小组	荣誉证书
董小虎	自治区"访惠聚"驻村工作2017年度先进工作者	2018年3月	地区"访惠聚"驻村工作领导小组	荣誉证书
艾克帕尔・胡西塔尔	自治区"访惠聚"驻村工作2017年度先进工作者	2018年3月	地区"访惠聚"驻村工作领导小组	荣誉证书
尼加提・麦麦提	2018年3月份最美阿克苏人——助人为乐之星	2018年4月	阿克苏地区文明委	阿地文明委〔2018〕2号
陈冬梅	地区教育系统优秀共产党员	2018年6月	中共阿克苏地委教育工作委员会	阿地党教发〔2018〕25号
何　健	地区教育系统优秀共产党员	2018年6月	中共阿克苏地委教育工作委员会	阿地党教发〔2018〕25号
郑　勤	地区教育系统优秀党务工作者	2018年6月	中共阿克苏地委教育工作委员会	阿地党教发〔2018〕25号
贺宏坤	阿克苏地区优秀共产党员	2018年7月	中共阿克苏地区委员会	阿地党发〔2018〕27号
王登武	阿克苏地区优秀共产党员	2018年7月	中共阿克苏地区委员会	阿地党发〔2018〕27号
陶　辉	阿克苏地区优秀共产党员	2018年7月	中共阿克苏地区委员会	阿地党发〔2018〕27号
阿不力克木・热合曼	阿克苏地区优秀党务工作者	2018年7月	中共阿克苏地区委员会	阿地党发〔2018〕27号
邓志斌	阿克苏地区优秀党务工作者	2018年7月	中共阿克苏地区委员会	阿地党发〔2018〕27号
木合塔尔・热合木提	2018年7月份最美阿克苏人——执法为民之星	2018年8月	阿克苏地区文明委	阿地文明委〔2018〕17号
艾麦提・卡德尔	2018年11月最美阿克苏人——科技兴阿之星	2018年12月	阿克苏地区文明委	阿地文明委〔2018〕22号

重要文件

乌什县2018年国民经济和社会发展统计公报

2018年,在地委、行署大力支持下,在浙江衢州市的大力援助下,乌什县委、政府团结带领全县各族人民,始终坚持以习近平新时代中国特色社会主义思想为指导,聚焦总目标,贯彻新发展理念,坚持稳中求进总基调,坚决落实自治区党委"1+3+3+改革开放"工作部署,以供给侧结构性改革为主线,深入实施"76331"战略,统筹推进稳增长、促改革、调结构、惠民生、防风险、保稳定,进一步加强稳就业、稳金融、稳外贸、稳外资、稳投资,稳预期政策落实力度,坚定信心、持续发力、狠抓落实,继续保持了经济较快增长和各项社会事业健康发展的良好势头。

一、综合

初步核算,全年实现地方生产总值(GDP)32.12亿元,比上年增长7.2%。其中:第一产业增加值10.04亿元,增长6.4%;第二产业增加值5.35亿元,增长15.8%;第三产业增加值16.73亿元,增长5.3%。三次产业结构比为31.27:16.66:52.07。按常住人口计算,人均地方生产总值13783元。

二、农业

实现农村经济总收入267113.78万元,比上年增长13.9%。其中:农业(种植业)收入65716.17万元,增长12.2%;林果业收入130606.09万元,增长14.9%;畜牧业总收入61266.52万元,增长13.8%。

农作物播种面积(含复播)62.87万亩。其中:粮食含薯类51.18万亩,增长6.5%;油料1.14万亩,下降23%;甜菜0.91万亩,增长68.5%;蔬菜含工业番茄5.5万亩,增长48.6%。

粮食产量(含薯类)27.6万吨,增长11%。油料1920吨,下降19%。甜菜3.52万吨,增长46%。蔬菜含工业番茄11.79万吨,下降23.6%。

年末牲畜存栏77.34万头(只),比上年增长2.11%。全年牲畜出栏64.67万头(只),增长11.73%。肉类总产量27340吨,增长4.6%。其中:羊肉产量10364吨,增长7.05%;牛肉产量7574吨,增长24.66%;猪肉产量472吨,下降14.02%;禽肉产量7962吨。禽蛋产量1430吨。牛奶产量6060吨,增长0.3%。

年末农业机械总动力32.04千瓦,增长1.49%。拥有大中型拖拉机9222台,增长3.57%,小型拖拉机4085台,增长0.29%。大中型拖拉机配套农机具14755部,小型拖拉机配套农机具10540

部。农业机械机播面积 59.0565 万亩,机收面积 40.6863 万亩。

年末化肥施用量折纯 22800 吨,增长 1.79%。全社会用电量 11944.29 万千瓦时。

三、工业和建筑业

2018 年末,实现规上工业增加值 16022.5 万元,增长 4.4%。按经济类型分:重工业累计完成工业增加值 7582 万元,轻工业累计完成工业增加值 8440.5 万元;按行业类型分:农副食品加工业 1336.7 万元,食品制造业 943.9 万元,酒、饮料和精制茶制造业 5491.8 万元,纺织业 668.1 万元,化学原料和化学制品制造业 900.8 万元,电力热力生产和供应业 6681.2 万元。

建筑业实现增加值 33704 万元,同比增长 24.4%。

四、固定资产投资

全社会固定资产投资 24.63 亿元,比上年增长 27.25%。在三次产业中,第一产业投资 1.64 亿元,增长 9.40%;第二产业投资 6.04 亿元,增长 24.5%;第三产业投资 16.95 亿元,增长 30.3%。三次产业的投资结构比为 6.6:24.5:68.9。

房地产开发投资 50 万元。

五、国内贸易

社会消费品零售总额 2.4 亿元,比上年增长 5.01%。按地域划分,城镇消费品零售额 9848.2 万元,增长 5.01%;乡村消费品零售额 14171.6 万元,增长 5.01%。

按行业划分,批发和零售业零售额 21602.8 万元,增长 4.9%;住宿和餐饮业零售额 3426.3 万元,增长 17.5%。

六、对外经济和招商引资

货出口外贸总额 1664.7 万美元,增长 108.08%。其中出口 1664.7 万美元。

全年累计招商到位资金 13.51 亿元,增长 10.73%。

七、交通、邮电和旅游

全年全县境内公路里程数 1758.16 公里。

全县营运客车和货车拥有量 420 辆,完成客运总量 207.6 万人次;旅客周转量 23830122 人/公里;货运总量 13.85 万吨;货运周转量 2016 万吨/公里。

年末固定电话用户 0.82 万户,固定电话普及率达到 3.8 部/百人;移动电话用户 23.47 万户(其中移动 10.55 万户,电信 2.32 万户,联通 10.6 万户),增长 33.2%。国际互联网宽带用户 3.55 万户,手机上网用户 8.4 万户。

2018 年末,全县共有旅游星级饭店 1 个,A 级景区 2 个,星级农家乐 11 个。共接待国内游客 48 万人次;旅游收入 5200 万元。

八、财政和金融

年末全口径地方财政收入 18844 万元,增长 17.06%。其中:一般公共预算收入完成 15100 万元,增长 16.88%;政府性基金预算收入 3744 万元,增长 17.77%。

地方财政支出 356381 万元,增长 13.54%。其中:一般公共预算支出完成 350109 万元,增长 11.01%;基金预算支出 6272 万元,增长 301.0%。

2018 年末，乌什县全金融机构人民币各项存款余额 526185 万元，比上年减少0.34%。其中：单位存款余额247334 万元，减少16.42%；个人存款余额257662 万元，增长13.31%。

2018 年末，乌什县全金融机构人民币各项贷款余额 325948 万元，减少 0.87%。其中：短期贷款 81926 万元；中长期贷款142501 万元。个人消费贷款20774 万元。

全年保险业共实现保费收入 10050 万元，其中：财险公司保费收入 5861 万元，赔付支出3630 万元；人寿保险公司保费收入2904 万元，赔付支出462 万元；中华联合保险公司保费收入 1285 万元，赔付支出1096 万元。

九、教育和科学技术

中等职业教育学校 1 所，全年招生1533 人，在校生3368 人。

普通中学6 所。普通高中招生1114 人，在校生4318 人，毕业生1245 人。初中招生2998 人，在校生8870 人，毕业生3328 人。普通中学有教职工1198 人，其中：专任教师982 人。

普通小学73 所，全年招生4669 人，在校生26273 人，毕业生3320 人。普通小学有教职工 1485 人，其中：专任教师1357 人。

幼儿园118 所，在园幼儿18534 人。幼儿园有教职工769 人，其中：专任教师386 人。

小学学龄儿童入学率 99.9%，小学毕业生升学率100%，初中毕业升入普通高中升学率100 %。

全年受理专利申请0 项。其中：获得专利授权0 项。

十、文化和卫生

2018 年末，全县共有文化馆1 个，文化站9 个，图书馆1 个，文管所1 个加挂博物馆牌子，艺术表演团体 1 个，演出127 场次，乡镇文艺队9 个，演出1085 场次，广播站9 个，广播电视台1 个。广播综合人口覆盖率100%，电视综合人口覆盖率100%，农村户户通用户48958 户。

全县共有卫生机构134 个，其中：县级医院2 个；疾病预防控制中心1 个；卫生监督所1 个；妇幼保健院1 个；乡镇卫生院9 个；社区卫生服务站11 个；村卫生室108 个。卫生技术人员1159 人，其中：执业医师和助理医师198 人；注册护士332 人；乡镇卫生院卫生技术人员 561 人。全县病床数650 张，其中：乡镇卫生院拥有床位220 张。

十一、人口与人民生活

2018 年末，全县总人口233034 人，其中：乡村人口199478 人，城镇人口33556 人，城镇化率为14.39%。男性人口119392 人，女性人口113642 人，性别比为51∶49。出生人口3417 人，出生率14.58‰；死亡人口2525 人，死亡率10.77‰；自然增长892 人，增长率3.81‰（全县总人口数据包含第一师四团。四团总人数7625 人，其中乡村5321 人，城镇2304 人）。

全年城镇居民人均可支配收入28148 元，增长9%；农牧民人均可支配收入8226

元,增长8.8%。

十二、劳动就业和社会保障

年末全县城镇新增就业1890人,城镇登记失业率控制在3.9%以内;农村富余劳动力转移就业24626人次;就业困难人员实现就业166人,零就业家庭继续保持24小时动态清零;应届高校毕业生登记报到615人,就业582人,就业率94.6%;培训各类人次4325人次。

失业保险参保人数9256人,征缴基金547.87万元,支付失业金16.6万元。

工伤保险参保人数9256人,征缴基金294.32万元,支付工伤保险金299.55万元。

生育保险参保人数11217人,征缴基金351.52万元,支付生育保险金待遇231.79万元。

企业职工基本养老保险参保人数5228人(其中离退休1169人),征缴基金5637.83万元,支付养老金3420.66万元;城乡居民基本养老保险参保人数107594人(其中领取待遇12983人),征缴基金1076.91万元,支付养老金2203.72万元。机关事业单位养老保险制度的参保人数为9175人,其中离退休人数2101人,基金征缴13842.6万元,支付养老金13108.03万元。

城镇职工医疗保险13947人,征缴基金7477.27万元,支付保险金3096.57万元。

城乡居民基本医疗保险2018年参保人数201296人,参保率95%,征缴金额7976.81万元。城乡居民基本医疗保险费用支出9938.81万元,人均住院补偿1837元。

年末全县各种社会福利收养性单位4个,各种社会福利收养性单位床位数481张。城镇居民享受最低生活保障人数6751人,比上年同期减少3031人,同比下降30.9%;累计发放城镇居民最低生活保障金3277.8万元,比上年同期减少193万元,同比下降5.6%;农村居民享受最低生活保障人数35926人,同比减少17126人,下降32.3%;累计发放农村居民最低生活保障金12004.1万元,比上年同期增长1474.7万元,增长14%。

十三、环境和安全生产

全县SO_2、NO_2污染值处于较低水平,监测值均低于《环境空气质量标准》(GB 3095—2012)二级标准。县城集中水源地水质达到《地下水质量标准》(GB/T 14848—2017)三类标准。全县功能区声环境质量总体较好,功能区昼夜、夜间噪声等效声级均达到《声环境质量标准》(GB 3096—2008)标准限值。

2018年全县共发生生产经营性事故4起,死亡2人、受伤2人,财产损失0.17万元,均为道路交通领域。事故起数较2017年下降5起,降幅率55.56%;死亡人数及受伤人数较2017年分别下降11人和10人,降幅率分别为84.62%及83.33%;直接经济损失下降310.56万元,降幅率99.95%。除道路交通领域外,全年工矿、商贸等各行业领域实现“零事故”,并有效遏制了较大及以上生产经营性事故的发生。

注:1.本公报为初步统计数。

2.公报中,生产总值、各产业增加值及农林牧渔业总产值指标绝对数按现价计算,增长速度按可比价计算。

3.规模以上工业是指国有及年主营业务收入2000万元以上的工业企业。

4.全县总人口数据包含第一师四团,其它数据不含第一师四团。

乌什县2018年草原生态保护补助奖励政策实施方案

为保护草原生态,改造提升传统草原畜牧业,开拓创新现代畜牧业,促进牧区经济社会发展和牧民持续增收,根据中央、自治区及地区的有关规定和要求,在充分总结第一轮补奖政策的基础上,结合我县畜牧业发展实际,特制定本实施方案。

一、畜牧业现状

(一)草场利用情况。据1986年阿克苏地区草资源调查数据显示:乌什县天然草原毛面积51.53万公顷,占土地总面积的56.7%,可利用面积47.49万公顷(其中:禁牧区5.33万公顷,草蓄平衡区42.16万公顷),全部为山地草原,主要分布在县境南部、北部山地,核定载畜量26.25万只绵羊单位。由于原来草场重利用轻保护,导致草场过载严重,大部分草场出现了不同程度的退化现象,载畜能力大幅度降低。自2011年开始实施草原生态保护补助奖励政策以来,我县采取禁牧、草畜平衡、休牧和轮牧等措施,草场牲畜得到有效控制,由原来的35万只降低到了目前的23.6万只,禁牧区植被明显恢复,草畜平衡区植被得到改善。

(二)草场承包情况。乌什县天然草原所有权均属国有资产,1988年10月起固定草场使用权,发放草场使用证工作,1995年7月起进行草场有偿承包工作,2002年底完成并通过自治区验收。目前,全县已承包草原47.49万公顷,占总可利用草原面积的100%,涉及牧民1903户7621人。

(三)畜牧业生产现状。牲畜存栏75.83万头(只),出栏牲畜56.31万头(只),产肉2.6万吨,产奶0.61万吨,肉羊改良7年1万只,动物防检驱治完成572.75万头(只)次。畜牧业总收入5.38亿元,人均畜牧业收入1821.64元,占农民总收入的20.2%。

二、2018年补奖政策实施计划

(一)总体思路与实施原则

1.总体思路。坚持以科学发展观、习近平新时代特色社会主义思想为指导,以草原保护与生态恢复为目标,以民生改善为根本,通过项目整合、资金捆绑,大力实施“转人、减畜、转移生产能力”工程建设,保护和恢复天然草原生态环境,正确引导牧民对补助奖励资金的使用方向,增强牧民自我发展能力,加快传统畜牧业的改造提升和现代畜牧业的开拓创新,提高畜牧业生产效益,增强畜产品市场保障能力,增加牧民收入,实现牧区社会和谐稳定、经济繁荣发展,生态文明进步。

2. 实施原则。坚持生态优先、民生为本原则。遵循中央提出的建设“资源节约型、环境友好型”社会总体要求,按照自治区党委提出的“环保优先、生态立区、资源开发可持续和生态环境可持续”的发展思路,在突出草原生态保护的同时,加强民生工程建设,与自治区定居兴牧工程相结合,大力发展后续产业,确保牧民生产水平和生活质量稳步提高。坚持因地制宜、稳步实施原则。充分尊重客观实际,因地制宜,宜禁则禁,宜减则减,将生存环境恶劣、草原退化严重、不宜放牧以及风沙源区、重要水源涵养地的集中连片、相对独立自然地理单元列为草原禁牧区,严格管护,防止反弹。坚持“五到户”原则。任务落实到户,补助发放到户,服务指导到户,监督管理到户,建档立卡到户。坚持公平、公开、透明原则。广泛宣传,使每户牧民充分了解草原生态保护补助奖励政策的内容与操作方法,建立牧民代表参与的机制和补助奖励信息公示制度,加强政府、群众、社会监督,确保草原生态保护补助奖励政策公平、公开、透明有效落实。坚持多措并举、扎实推进原则。整合各项涉牧项目资金,推进牧民定居和人工草料地建设,加强标准化养殖小区建设,为生产能力向农区转移夯实基础,引导牧民将补助奖励资金重点用于生产和教育培训,兼顾生活。

(二)任务与目标

1. 任务。全县实施禁牧 5.33 万公顷,对实施禁牧的草原承包户给予补助;实施草畜平衡 42.16 万公顷,对合理利用草原、未超载过牧、实施草畜平衡的农牧民进行奖励。

2. 目标。利用 1 年时间,使全县天然草原生态环境明显改善,通过实施牧民定居,使我县以天然草原为主的传统饲养方式转向以舍饲养殖为主的现代养殖方式。

(三)草原生态保护工作方案。

1. 禁牧方案

禁牧原则:自然地理位置要相对独立、集中连片、能够实施、便于监管;生存环境恶劣、草原退化严重、不宜放牧的草地和风沙源地。

禁牧区域、面积:在亚曼苏乡设置 1 个禁牧区,总面积为 5.33 万公顷,温性荒漠类草地,冬草场,属于牧民冬季过渡性草原。

禁牧区四至界限:

79°10′24.07″, 41°16′44.32″

79°10′0.92″, 41°19′45.24″

79°06′37.12″, 41°21′16.34″

79°02′24.75″, 41°19′51.02″

78°58′01.77″, 41°18′0.42″

78°52′43.50″, 41°15′45.03″

78°47′59.96″, 41°13′47.36″

78°42′18.12″, 41°11′06.24″

78°43′14.50″, 41°09′47.65″

78°43′35.77″, 41°07′47.37″

78°44′47.68″, 41°05′47.17″

78°46′3.74″, 41°04′13.84″

78°57′33.09″, 41°08′20.16″

78°59′44.22″, 41°10′08.26″

79°00′26.75″, 41°10′59.65″

79°01′41.18″, 41°12′35.57″

79°03′40.80″, 41°14′07.49″

79°04′16.24″, 41°14′42.93″

79°05′07.63″, 41°15′31.67″

79°05′28.90″, 41°15′41.41″

79°06′51.30″, 41°15′34.33″

79°08′35.02″, 41°15′48.50″

禁牧涉及的牧户、牲畜数量：涉及牧民 424 户 1563 人，牲畜数量 3.28 万头（只）。

禁牧后牧民安置方案、牲畜转移方案：禁牧涉及牧民 424 户均已在农区定居，将原禁牧区 3.28 万头（只）牲畜转移至农区饲养，所需饲草从依麻木镇、四团等地购入。

禁牧管护方案：禁牧区域管护设施建设要坚持布点少、管护面大、运行成本低、效果好的原则，根据我县禁牧区实际情况，设立禁牧草场管护站，配备管护人员。禁牧区设置管护站 6 个，派驻管护员进行管理。管护站利用原护边、牧民房屋，聘用 300 名管护员，每名管护员每年发放补助 10000 元，平均每名管护员管护 0.13 万公顷草原。乡（镇）人民政府是禁牧工作的责任主体，主要领导是主要责任人，全面负责禁牧工作。县委宣传部、县草原站要通过电视、广播、“零距离”微信平台、远程教育等新闻媒体，加强对禁牧工作的宣传报道，宣传典型事例；禁牧区设立永久性标示牌、宣传牌，营造强大的社会舆论氛围，确保禁牧政策能够深入人心。

禁牧补助资金发放方案：

发放原则：按照谁使用谁受益的总体原则，草原承包面积以户为单位予以核定登记，分户以及发生流转租赁的草原以承包确权户为准。

发放依据：以草原承包证书的持有人为对象，以承包人承包草原核定的禁牧面积为依据核发补助。

发放标准：根据自治区划分标准，我县禁牧区属于温性荒漠类草地，按 6 元/亩发放补助，共需补助资金 480 万元。

发放程序：乡（镇）人民政府将牧民补奖名单及补奖金额等资料报县草原站核实后，在相关村进行公示；公示结束后县草原站将资料报县财政局；县财政局审核后将资金下拨至乡（镇）财政所，牧户凭承包证、身份证签字支取现金。

2. 草畜平衡方案。42.16 万公顷全部实行草畜平衡，管护人员从牧民中选取，落实草畜平衡制度，按每亩奖励 2.5 元计算，发放草畜平衡奖励资金 1580.725

万元。县畜牧兽医局负责提供《草畜平衡责任书》,各乡(镇)负责与牧民签订,并做好监管落实。各乡(镇)要对每家牧民核定的放牧头数进行公示,发动群众相互监督,对于举报查实的群众,可予以一定奖励。县草原站负责聘请草畜平衡管护员 300 人,每人每年发放补贴 10000 元,同时做好管护员管理工作。

乌什县第二轮草原生态保护补助奖励政策共发放资金 2060.725 万元,根据禁牧面积、草畜平衡面积、涉及牧民数量、禁牧补贴资金数额、草畜平衡奖励数额等因素综合考虑,保持资金动态平衡,以资金总额不超发、剩余数额不过多为前提,确定上封顶为 30000 元/户,下保底为 4000 元/户。

三、实施步骤

(一)组织准备阶段(2018 年 1 月 1 日—2 月 28 日)。进一步健全乌什县草原生态保护补助奖励工作领导小组办公室(以下简称:县领导小组办公室),处理草原生态保护补助奖励的日常事务,对 2016、2017 年度草原生态保护补助奖励政策工作进行总结。

(二)调查摸底阶段(2018 年 3 月 1 日—31 日)。各乡(镇)、县畜牧兽医局按照已确定的面积、范围迅速开展调查摸底,将补助奖励范围内的草原落实到草场使用和承包经营户,核实面积,确定四至边界,勾绘地形图,形成专题报告,报县领导小组办公室审核后,上报地区畜牧兽医局。

(三)组织实施阶段(2018 年 4 月 1 日—10 月 31 日)。县领导小组办公室组织人员对补助奖励草原落实情况进行检查验收,对验收合格的乡(镇),形成报告、图、表等相关资料,报县人民政府审批后,由县财政局根据批复及时将补助奖励资金拨付各乡(镇)资金专户。

(四)完善建档阶段(2018 年 11 月 1 日—30 日)。各乡(镇)、各单位认真收集整理在草原生态保护补助奖励政策工作中形成的各种图、表、册,装订成册,规范入档,查漏补缺,完善提高。

(五)总结验收阶段(2018 年 12 月 1 日—31 日)。各乡(镇)、各单位对 2018 年度草原生态保护奖励政策实施情况进行全面总结,并及时上报总结材料。

四、保障措施

(一)加强经费保障。经费自 2018 年 1 月开始计算列入县财政预算,2018 年需资金 310 万元,禁牧区管护员工资,平均每人每年 10000 元,300 人每年合计 300 万元;草原站禁牧、草畜平衡专项工作经费每年 10 万元。

(二)强化资金整合。在草原生态保护补助奖励政策的具体实施过程中要按照自治区的统一部署,重点抓好“八个结合”,即:与浙江省援建工作相结合,与牧区水利工程建设规划相结合,与转变畜牧业生产方式相结合,与推动牧区社会公共事业发展相结合,与实施牧区劳动力转移相结合,与建设畜牧业防灾减灾长效机制相结合,与完善草原承包和基本草原划定相结合,与扶贫攻坚工作相结合。

(三)健全监督机制。继续执行草原生态保护补助奖励政策信息公示复审制度,做到资金兑现公开、公正、透明,接受社会各界的监督,鼓励牧户之间的相互监督,对牧民检举冒领、挪用补助奖励资金和超载过牧、破坏草畜平衡的行为进行奖励。

(四)转化生产模式。将"牧民定居""富民兴牧"工程作为牧区经济协调发展的重要工程和民心工程,与抗震安居、新农村建设项目相结合,加强牧民定居点的文化、教育、卫生基础设施建设,推进牧民标准化定居进程,实现五分之一牧民劳动力转移、外出务工,五分之二牧民发展种植业、由牧转农,五分之二牧民从事养殖业提高经营效益的目标,促使牧民收入多元化,彻底改变传统靠天游牧掠夺草原的生产方式,向现代集约型畜牧业方向发展。

(五)加强基础工作。草原生态保护补助奖励政策工作是一项重要的生态保护工程,也是民生、民心工程。各乡(镇)、各有关单位要高度重视,层层……分解落实责任,扎实做好各项工作;要进一步加强饲草料基地建设,配套做好禁牧区草原"生态置换"工作,确保草原畜牧业可持续发展。

乌什县城乡"厕所革命"实施方案

为认真贯彻落实中央关于开展"厕所革命"的决策部署,全面提升我县城乡公厕及农村户厕建设管理水平和卫生状况,改善城乡人居环境,加快推进"美丽乌什"建设,根据自治区、地区关于改厕工作有关要求,结合我县实际,制定本方案。

一、指导思想

以习近平新时代中国特色社会主义思想为指导,深入贯彻落实中共十九大和十九届二中、三中全会精神,深刻领会习近平总书记关于"厕所革命"重要指示精神,牢固树立"小厕所、大文明,小厕所、大民生"理念,按照城乡一体化、公共服务均等化要求,扎实推进"厕所革命",以数量充足、布局合理、设施完善、管理精细、人民满意为目标,全面提升城乡公厕、农村户厕质量,加快推进无害化卫生厕所建设步伐,倡导健康文明生活方式,不断满足人民群众对美好生活的向往。

二、组织保障

为确保乌什县城区公共厕所和农村户厕新建、改建工作顺利进行,经研究,决定成立乌什县"厕所革命"工作领导小组,组成人员如下:

组　长:

吐尔洪·阿不拉　县委副书记、县长

副组长:

刘　强　县委常委、常务副县长

汪连江　县委常委、纪检委书记、监察委主任

阿不拉江·买买提　县人大常委会副主任

买合木提·黑力力　副县长、政法委副书记

艾尔肯·达吾提　县政协副主席

成　员:

胡旭日　县委办公室主任

周建运　县政府办公室主任

王永伦　县委组织部副部长

安晓军　县委宣传部副部长

王生和　县委农办主任

牛　鑫　县督查考评办负责人

贺宏坤　县发改委主任

孙国元　县商信委主任

张　杰　县教科局局长

田三平　县财政局局长

木合甫力·普拉提　县国土资源局局长

郭胜辉　县环保局局长

韩弟恩　县住建局局长

王克功　县交通运输局局长

潘　东　县水利局局长

彭新军　县农业局党组书记

王　军　县畜牧兽医局局长

丁　毅　县文广影视局党组书记

史晓峰　县卫生局局长

杨　怡　县旅游局党组书记

王汉卿　县扶贫办主任

李　炯　县市场监管局局长

王玉珠　县妇联党组书记

阿娜古丽·牙生　县疾控中心副主任

王　军　县爱卫办负责人

艾尼瓦尔·玉散　阿合雅镇党委副书记、镇长

阿不力米提·托乎提　阿恰塔格乡党委副书记、乡长

阿孜古丽·阿不来提　依麻木镇镇长

阿不力克木·米吉提　英阿瓦提乡党委副书记、乡长

阿不力克木·沙吾提　亚克瑞科乡党委副书记、乡长

唐子龙　阿克托海乡党委副书记、乡长

奴容沙·买买提　乌什镇党委副书记、镇长

艾尼瓦尔·买买提　奥特贝希乡党委副书记、乡长

阿曼吐尔·马木提　亚曼苏乡党委副书记、乡长

领导小组下设办公室,办公室主任由汪连江同志兼任,副主任由王军(县爱卫办负责人)、韩弟恩、王汉卿、郭胜辉同志兼任,办公室设在县爱卫办,工作人员从相关单位抽调,日常工作由县爱卫办、住建局、环保局具体负责。

三、职责分工

县委组织部:负责基层阵地改厕工作。

县委宣传部、县疾控中心:负责全县“厕所革命”健康教育宣传工作。

县督查考评办：负责全县“厕所革命”监督检查、考核验收等工作。

县发改委：负责项目审批工作。

县商信委：负责城乡加油站公厕建设及治理工作。

县教科局：负责中小学无害化卫生厕的规划编制，全面完成中小学无害化卫生厕所新建、改建工作。

县财政局：负责城乡公厕、农户厕所新建、改建所需资金的补贴，做好资金的监督与使用管理工作。

县国土资源局：负责保障公厕建设用地和改建公厕国有建设用地权籍调查、划拨手续办理等工作，构建公厕建设用地手续办理“绿色通道”。

县环保局：负责公厕、户厕建设环评备案及生态乡（镇）、生态村卫生厕所的建设和治理等工作；协同县住建局、爱卫办共同负责农村户厕新建、改建工作。

县住建局：负责落实建成区公厕的规划编制及审批；做好规范建设流程，指导各乡（镇）开展公厕建设工作；严格按照标准和要求，在建设富民安居房时，全面系统地完成室内外及地下管网、化粪池的安装调试工作，与县爱卫办共同做好户厕类型的选择、选址设计、施工监督等工作。

县交通运输局：负责长途客运站、G219 线、S306 线及收费站区域等交通沿线公厕建设和治理工作，监管县运输站和各乡（镇）客运站点公厕建设和治理工作。

县文广影视局：负责公共文化设施公厕治理工作。

县卫生局：负责各类卫生医疗机构卫生厕所建设和治理工作。

县旅游局：负责星级宾馆、饭店、旅游景区等厕所新建、改建和对外开放工作，牵头做好全县旅游厕所治理工作。

县市场监督管理局、卫生监督所：负责商场、超市、农贸市场、酒店、宾馆、娱乐场所等公厕建设和治理工作。

县爱卫办：牵头组织农村无害化卫生厕所工作；协同县住建局、环保局共同完成农村厕所新建、改建工作；协同县督查考评办做好全县“厕所革命”监督检查、考核验收等工作。

四、目标任务

我县城区现有公共厕所绝大多数为水冲式无害化卫生厕所，农村公共厕所绝大多数为旱厕。全县目前农牧民总户数 45990 户，历年来共建富民安居房 33658 套，其中：依托项目资金已建卫生厕所 10145 套，未建卫生厕所的有 23513 户。按照中央关于“厕所革命”的决策部署和自治区、地区关于县乡公共场所、乡（镇）卫生院及中小学校、旅游景区、农家乐、公路沿线、加油站等场所无害化卫生公厕达到 100% 全覆盖的要求，各乡（镇）、各单位要逐年对乡（镇）集贸市场、机关站所、村委会所在地涉农企业推行水冲式厕所，对城乡公厕及农村户厕进行全面新建、改建、恢复升级，通过 2 ~ 3 年的时间使我县公共区域、农户无害化卫生厕所基本达到全覆盖。

（一）农村户厕新建改建目标任务。2018 年计划全面新建、改建、恢复（修复）

农村户厕21812座,其中:对2018年新建的3857套富民安居房全部配套无害化卫生厕所,对历年来已建富民安居房未安装粪便无害化处理设施的7810户农户厕所进行全面改造,对历年来享受过改厕项目的10145户农户厕所进行维修恢复,恢复工作由各乡(镇)自行组织。具体任务为:阿合雅镇新建325座,改建800座,恢复维修2979座;阿恰塔格乡新建325座,改建1700座,恢复维修1118座;依麻木镇新建482座,改建834座,恢复维修499座;英阿瓦提乡新建500座,改建400座,恢复维修1449座;亚科瑞克乡新建350座,改建1200座,恢复维修493座;阿克托海乡新建710座,改建1500座,恢复维修963座;乌什镇新建15座,改建152座,恢复维修100座;奥特贝希乡新建1050座,改建624座,恢复维修1783座;亚曼苏乡新建100座,改建600座,恢复维修761座。

(二)城乡公厕新建改建目标任务。新建公厕41座,其中:城区5座(县住建局负责),学校26座(县教科局负责),旅游沿线3座(县旅游局负责),乡(镇)机关、集贸市场(巴扎)9座(各乡〈镇〉均新建1座)。改建公厕37座,其中:学校20座(县教科局负责),乡(镇)机关大院、乡、村文化活动中心、乡(镇)公共场所共17座(阿合雅镇2座,阿恰塔格乡1座,依麻木镇2座,英阿瓦提乡2座,亚克瑞科乡2座,乌什镇2座,阿克托海乡2座,奥特贝希乡2座,亚曼苏乡2座)。

五、完成时限

(一)农村户厕。新建户厕和富民安居房建设同步完成,改建和维修(恢复)的户厕于5月1日前全面启动,5月30日完成50%,6月30日前全面完成。

(二)城乡公厕。5月20日全面启动,8月25日全面完成。

(三)建档验收。9月中旬完成所有改厕建档工作,9月底前完成验收工作。

六、建设模式及标准

农村户厕全部采用钢筋混泥土浇灌,推行“三格式”无害化卫生厕所建造模式(具体参数指标见乌什县农村改厕图纸)。旅游公厕按一类标准新建、改建;其他公厕按二类标准新建、改建,有条件的村(社区)、学校机关厕所必须接入城镇污水处理管网。城乡公厕、农村户厕要实现“布局科学、数量达标、标准统一、管理规范、服务优质、群众满意”的目标。

七、资金筹措与管理

1. 采取“财政补助+项目资金+农户自筹”的方式在户厕新建、改造上给予资金补助。县财政局、扶贫办、环保局根据各乡(镇)任务完成情况分阶段将资金直接拨付给受益户,不足部分由各乡(镇)组织受益户以出工出劳的形式弥补,扩大受益面。各乡(镇)负责多方筹措资金确保本辖区公厕及农村户厕新建、改建所需资金。

2. 农村户厕所需资金由县财政局从涉农整合资金中拨付500万元,县环保局积极争取国家环保项目资金500万元,共

1000 万元用于解决 1000 户农村户厕新建、改建所需资金(其中:2018 年新建富民安居房〈一般户〉2190 户,历年来已建富民安居房 7810 户),每户受益户补助 1000 元,补助资金分批直接补助给农户;前期财政每户拨付 500 元启动资金,待验收合格后再拨付剩余的 500 元,不足部分由农牧民以投工投劳的方式自筹。新建的 1667 户富民安居房(四类户)和历年来享受过改厕项目的 10145 农户不再另行补助,由各乡(镇)组织农民自行维修确保厕所正常使用。

3. 学校公厕新建、改建所需资金由县教科局争取项目资金并全面完成任务。

4. 旅游沿线和城区街面公厕新建、改建所需资金分别由县旅游局、住建局争取项目资金并全面完成任务。

5. 各乡(镇)公厕新建、改建所需资金由各乡(镇)自行筹措资金并全面完成任务。

6. 县财政下拨的改厕资金由县财政局、扶贫办、环保局全权负责资金的监督使用与管理。

八、保障措施

(一)切实加强组织领导。县委、政府高度重视改厕工作,及时成立了“厕所革命”工作领导小组,并将改厕工作列入各乡(镇)、各单位年度工作目标责任考核体系,与社会稳定、脱贫攻坚同部署、同考核、同奖惩。各乡(镇)要将农村改厕工作作为社会主义新农村建设的一项重要内容,成立相应机构,由主要领导亲自抓;各村由第一书记负总责,“访惠聚”工作队及包村单位要全面配合实施好各村改厕工作。各乡(镇)要制定改厕新建、改建攻坚行动计划,细化建设任务,明确投资建设主体、建设选址、用地供给;要组建乡、村“农民工合作社”(即农民施工队),与受益户签订合同或协议,明确建厕改厕工作中各自承担的权利和义务,保证补助资金足额用到改厕建设上。各乡(镇)要明确开工建设及完工时限,倒排工期、挂图作战,严把质量关,加强建设过程管理,定期召开工作会议,及时研究建设过程中的问题,加大推进力度,确保改厕任务顺利完成。

(二)做好宣传动员工作。县委宣传部、县疾控中心要制定宣传教育方案,在县域各新闻媒体,开展多形式、多层次改厕科普知识宣传。在广播电视、乌什零距离等媒介开设“厕所革命”行动宣传专栏,制作通俗易懂的宣传手册和展板,加强“小厕所、大民生”宣传报道,重点宣传“厕所革命”对于改善人居环境、增进人民福祉的重要意义。动员社会各方面关注和支持改厕工作,提升公众对“厕所革命”的认知度和参与度,努力营造“人人参与‘厕所革命’、共建共享优美环境”的良好氛围,实现从“要我改”变成“我要改”,切实激发农民群众的改厕积极性。

(三)统一建设标准流程。农村户厕在尊重群众意愿的基础上,按照由点及面、示范引领、整体推进的原则,选择合理的无害化卫生厕所进行建设。县爱卫办要聘请专业技术人员制定农村户厕建设标准、设计标准、厕室厕具标准、验收标准。采取县爱卫办统一图纸,县住建局统一选址、统一技术要求,乡(镇)统一组织、统一施工,县爱卫办牵头逐个验收的方法开展工作。城乡公厕根据《城市居住区规划设计规范》《城市环境卫生设施规划规范》《环境卫生设施设置标准》等标准,对现有公厕规划实施情况进行评估,科学合理布局公厕点位,使城乡公厕在布局上与人口(含流动人口)密度相匹配,在数量上达到国家标准要求。县住建局要制定城乡公厕建设标准,明确规划条件、设计标准、装修标准、验收标准。

(四)严格监督检查机制。建立完善改厕管理制度,按照建管并重原则,加强改建管理工作和日常管护工作,确保有工作督导、技术指导和管护队伍,有日常管理制度,有工作管理专项保障资金,有考核奖惩办法。建立农村改厕数据库,全面开展农村户厕现状摸底调查工作,摸清基本情况,掌握基础数据,杜绝虚报漏报现象。建立考核激励机制,定期组织相关部门对农村改厕工作进行考核评估,总结推广经验,对工作进展迟缓的乡(镇)和未履行相关职责的单位予以通报批评。

(五)努力提升管理水平。将改厕工作与脱贫攻坚、新农村建设、富民安居、公共卫生医疗服务、美丽乡村建设等相结合,全力推进农村户厕维修改造和建设。加快推进农村公共场所无害化卫生公厕改建,重点完善城乡旅游、中小学校、乡(镇)卫生院、社区综合服务中心、集贸市场、乡(镇)政府机关等区域公厕改建,提高农村卫生厕所普及率。各乡(镇)要对农村户厕的定期检查和维修,做好建、管、用,探索引入有偿化社会服务机制,为村民提供粪便抽吸拉运和厕所维修服务,提高户厕完好率和使用率。县住建局要建立健全公厕管理机制,统一外包引入公厕运营管理理念,合理配备公厕管理人员,明确岗位职责,强化责任落实,完善公厕卫生保洁、维修维护、监督检查等管理制度;加强公厕配套设施日常维护,保障用水用电等基本设施运行良好、维护规范、更换及时;强化公厕管理人员教育培训,提升服务意识和管理技能。